U0139732

Inventors of Ideas

An Introduction to Western Political Philosophy

Third Edition

观念的发明者

西方政治哲学导论（第三版）

［美］唐纳德·坦嫩鲍姆（Donald G. Tannenbaum）著

毛兴贵 莫 娇 夏琬清 译

中信出版集团｜北京

图书在版编目（CIP）数据

观念的发明者：西方政治哲学导论：第三版 /
（美）唐纳德·坦嫩鲍姆著；毛兴贵，莫娇，夏琬清译
. -- 北京：中信出版社，2023.9
　　书名原文：Inventors of Ideas: An Introduction
to Western Political Philosophy, Third Edition
　　ISBN 978-7-5217-5813-9

　　I ①观… II. ①唐… ②毛… ③莫… ④夏… III.
①政治哲学－研究－西方国家 IV. ① D091

中国国家版本馆 CIP 数据核字（2023）第 137259 号

Inventors of Ideas: An Introduction to Western Political Philosophy, Third Edition
by Donald G. Tannenbaum
Copyright © 2012, 2004 Wadsworth, Cengage Learning
Original edition published by Cengage Learning. All Rights Reserved.
本书原版由圣智学习出版公司出版。版权所有，盗印必究。
本书中文简体字翻译版由圣智学习出版公司授权中信出版集团股份有限公司独家出版发行。此版本仅限在
中华人民共和国境内（不包括中国香港、澳门特别行政区及中国台湾）销售。未经授权的本书出口将被视
为违反版权法的行为。未经出版者预先书面许可，不得以任何方式复制或发行本书的任何部分。
本书封面贴有 Cengage Learning 防伪标签，无标签者不得销售。

观念的发明者：西方政治哲学导论（第三版）

著者：　　[美]唐纳德·坦嫩鲍姆
译者：　　毛兴贵　莫娇　夏琬清
出版发行：中信出版集团股份有限公司
　　　　　（北京市朝阳区东三环北路 27 号嘉铭中心　邮编　100020）
承印者：嘉业印刷（天津）有限公司

开本：880mm×1230mm　1/32　　印张：17　　　字数：396 千字
版次：2023 年 9 月第 1 版　　　　印次：2023 年 9 月第 1 次印刷
京权图字：01-2023-3049　　　　　书号：ISBN 978-7-5217-5813-9
定价：98.00 元

版权所有·侵权必究
如有印刷、装订问题，本公司负责调换。
服务热线：400-600-8099
投稿邮箱：author@citicpub.com

　　本书的翻译受到国家社科基金项目（项目编号：18BZX090）和西南大学创新研究 2035 先导计划（项目编号：SWU Pilot Plan 018）的资助。

目　录

前　言

你说你想要一场革命……

你说你将会改变宪法……

——甲壳虫乐队《革命》(1968)

为了使人类更有德性，当然也是为了使人类更幸福，男女两性必须根据同一个原则来行动；但是只允许一种性别看到原则的合理性，怎么能指望做到这一点？[1]

——玛丽·沃斯通克拉夫特《女权辩护》(1792)

甲壳虫乐队的歌词提出了他们那个时代的精神。那是一个变革和反叛并存的时期，当时的年轻人都质疑社会和政治的规范。早在大约两个世纪之前，沃斯通克拉夫特也对她那个时代的精神和假定提出了质疑。她是在回应一个根本性的问题，即男人和女人如何在一个男女不平等的世界里找到作为人的幸福。她的回答引

---

1 译文参照［英］玛丽·沃斯通克拉夫特：《女权辩护》，王蓁译，北京，商务印书馆，2017年，第252页。本书脚注均为译者注。

发了一场巨变，从长远来看，可以说这场巨变和英国革命、美国革命或法国大革命所引起的巨变一样重大（见第十、十一、十三、十五章）。前面引自甲壳虫乐队歌词和沃斯通克拉夫特著作的两段引文都表明，政治的根本问题一直涉及人类生存的一些最重要的方面。

我写《观念的发明者》这本书是为了帮助学生看到，政治哲学是如何以种种大多数人没有认识到的方式与人类生活的各个方面相联系的。本书是为第一次修习政治哲学课程的初学者及其教授者所写。这本书可以结合一手文献来使用，同时也可以独立地作为一本政治哲学导论，作为政治科学研究导论的组成部分，或作为研究该学科的范围和方法的课程的一部分。无论课程的具体内容是什么，本书都旨在成为一本针对该主题的读者友好型导论。

全书的总体目标是通过简要地讨论 17 位主要的西方政治思想家的观点，以阐明他们关于政治和社会的观点对于我们理解当代政治是多么重要。它会让学生深刻地认识到政治哲学是何等重要，无论他们想要一场革命，希望改变宪法，还是仅仅想知道如何改善人际关系。

一本政治哲学教科书，不必仅作为将书本里的信息传递给读者的渠道。一本教科书可以促进一种积极的学习方式，这种学习方式能够激发学生的兴趣，吸引学生，并且培养哲学探究的乐趣。它能表明哲学研究并不是理解和从事实际政治的阻碍。相反，对于任何受过良好教育的政治家或政治科学家来说，哲学和政治学必须结合起来，就如同亚里士多德（见第三章）在很多个世纪以前就注意到的那样。

身为专业人士和教师，我真切地感受到，虽然以学术性的方式陈述相应的主题很重要，但这却与初学者的需要之间存在着张力。因此，这本书的写作既尊重了"观念的发明者"，又使广泛的知识群体都能读懂他们。虽然我不预设读者之前有任何政治哲学背景，但我也试着通过运用一些富有挑战性的术语和引文来避免过度简化关键的观点和问题，对于任何一个试图理解该领域基本知识的人来说，学者们都会向他们推荐这些术语和引文。初学者可能感到陌生的名称、术语和概念往往也能在这本教材中看到。

范围广泛的思想家

任何政治哲学的教材都难以覆盖所有的哲学家，但是本书旨在呈现尽可能多的思想家，从柏拉图到卢梭、沃斯通克拉夫特，再到卡尔·马克思和后现代主义者。我希望学生开始意识到这个领域的深度和广度。我也希望，这些思想家能使学生不仅了解到每一位哲学家及其观点，而且还能探究信仰、理性、科学和怀疑之间的种种张力，这些张力贯穿了整个政治思想史。

关键主题和积极的学习策略

本书围绕着几个关键主题来展开，这些主题旨在激发学生去探究。例如，第一个主题是，教师可以让学生去比较，每一位思想家如何处理重视个人与支持集体之间永恒未决的张力；也可以让学生去比较，每一种回答如何影响人们对公共利益界定方式的不断变化。第二个主题考虑的是，在诸如平等和政府的作用这样一些关键价值上，一个哲学家是否持一种后现代观点而非中世纪观点，这在实践上和理论上会有何不同。第三个主题是探讨科学的演进如何作用于信仰对政治事务的影响，以及几个世纪以来，人们对女人、家庭以及公民身份的看法是如何演变的。

本书不仅会处理通常的导论课上会讲授的诸多传统主题，而且也会处理一些较新的问题。例如，性别问题在二手文献中是相对晚近的主题。处理这个主题与本书的下述目标是一致的：本书试图讨论，政治理论对于几个世纪以来受到哲学家区别对待的所有人群来说意味着什么。我们并没有犯一种时代错位的错误，以至于思想家仅仅考虑了某些观念，就去猜测他们的动机。通过一遍又一遍地处理同样的主题，学生要积极地参与讨论。

每一章都提出了一些不存在唯一答案的问题。提出这些问题是为了激发读者的批判性思维，并且这些问题也许能成为课堂讨论的基础。对各种回答的考虑可以局限于所讨论的哲学家，也可以进行扩展以便在不同哲学家之间进行比较，甚至可以参照当代的问题和难题进行讨论，这就要视每位教师的教学目标而定。

客观性与主观性

我尽可能地以客观的方式来呈现每一位哲学家，但是在如此有限的篇幅里，我们不可能讨论学者们提出的诸多替代性解读。对于选择将哪些解读包括进这本教材中，我当然不得不做出许多主观的选择，但是学生如果想要摆脱这种主观性，可以参考"注释"和每一章的"延伸阅读"，特别是标记了星号的参考文献，这些文献提出了与我不同的解读。那些研读了其中一部或多部参考书的学生，就不会对这些相互冲突的解读感到困惑或反感，反而能分析出这些差异的原因，以及各种解读对于理解公民身份、政府和每一个具体的哲学家来说有什么后果。这样，他们就能够亲自看到，政治哲学确实是一个多么富有生机和开放性的研究领域。

　　正是本着这种精神，我很高兴地推出了本书的第三版。我坚信，这本书的成功源于采用它的教师们。他们不仅承认书中的概念和内容可以作为有用的基础，用来讨论我们观念的发明者的思想，还因为本书的方法而选择了它。这种方法在第一章有更加充分的描述，它呈现出不同时代的伟大政治哲学家所使用的一种平行框架（parallel framework）。它不但显示出这些"伟人"的共同之处，还区分出了古代、中世纪、现代和后现代学派的方法。我的这种做法不仅能够为初学者所理解，而且为他们提供了一个基础，使其能更深入地理解每一位哲学家所做的独特贡献。这一点并不是通过对每位思想家的观点削足适履来实现的，而是通过表明其观念如何契合于我发现并称之为"共同方法"的东西来实现的。

新特征

　　这个版本在教学方法上的一个与众不同的新特征，即一系列的图表与相应的文本结合，这是同类著作所没有的。每一幅图表都形象地展示了主要思想家的关键概念，能够让人对一些核心政治观念留下生动的印象。如果一张图片要用千言万语来表述，那么这些图表就能提供一种视觉上的形象，使学生们能够用他们自己的语言来表达书中准确解释过的重要观念和关系。

　　我将上一版的 20 章浓缩为 17 章，这样就能更多地讨论主要的思想家，同时又让全书整体篇幅大致保持不变。一些次要人物的篇幅有所删减，同时我对西塞罗、奥古斯丁、阿奎那和柏克部分进行了扩展以使其独立成章，路德和加尔文那一章则是完全重写的。

我对这本教材进行了从头到尾的修订，以便包含关于这 17 位哲学家的新近研究、信息和分析。

每章都附有更新后的延伸阅读清单，这份清单能指引学生去了解经典的研究和最新的学术进展。

致　谢

许多人为本书的优点做出了贡献。我所读到过的学者著作以其洞见帮助我更充分地理解大师的观念，这些学者著作中很多我都有所引用。多年来，我的学生通过提问与评论促使我重新思考很多观点，并推动着我为将来的学生写出尽可能好的书。

以下人员阅读了全部或者部分手稿，并且提出了宝贵的修改意见：William Everdell（St. Ann's School, Brooklyn, N.Y.）；Sugwon Kang（Hartwick College）；Gary Johnson（Lake Superior State University）；Christopher Kelly（Boston College）；Harold Levy（University of Maryland, Baltimore County）；W. Wesley McDonald（Elizabethtown College）；George Menake（Montclair State University）；Ellyn Schumacher（Independent Scholar）；Peter Stillman（Vassar College）；James Stoner（Louisiana State University, Baton Rouge）；Dale Tahtinen（Michigan Technological University）；以及 Amie Godman Tannenbaum（Gettysburg College）。

我十分感谢沃兹沃思出版社（Wadsworth Press）以下审稿人

的意见和建议：Winfield H. Rose（Murray State University）；Robert Porter（Ventura College）；Peter Lawler（Berry College）；John Pottenger（University of Alabama, Huntsville）；Jack Waskey（Dalton State College），以及 Ruth Ann Watry,（Northern Michigan University）。另外，对于那些为圣马丁出版社（St. Martin's Press）审查本书第一版的人也表示感谢：Andrew Aoki（Augsburg College）；Andrea Ciliotta-Rubery（State University of New York, The College at Brockport）；David Freeman（Washburn University）；John Gunnell（SUNY Albany）；Thomas J. Hoffman（St. Mary's University）；Michael Hoover（Seminole Community College）；Barbara Knight（George Mason University）；Bradley Macdonald（Colorado State University）；Richard K. Matthews（Lehigh University）；Chris McDonald（University of Georgia）；Kenneth Peter（San Jose State University）；John Young（Andrews University）；Edward Younkins（Wheeling Jesuit University）。

同时感谢以下人员的支持：Bruce Auerbach（Albright College）；Susan Behuniak（LeMoyne College）；Jane Bennett（Goucher College）；Aryeh Botwinick（Temple University）；Marla Brettschneider（University of New Hampshire）；Ron Christenson（Gustavus Adolphus College）；Lisa Disch（University of Minnesota）；Kate Forhan（Siena College）；Barbara Koziak（St. Johns University）；Alan Levine（American University）；Joseph Losco（Ball State University）；Francis Moran III（Jersey City State College）；Nancy Love（Pennsylvania State University）；Lori Marso（Union College）；Wilson Carey McWilliams（Rutgers University, New Brunswick）；Peter O'Brien（Trinity University）；Kent Rissmiller（Worcester Polytechnical Institute）；Steven Salkever（Bryn Mawr College）；Gordon Schochet（Rutgers University, New Brunswick）；Mary Segers（Rutgers University, Newark）；Sussan Siavoshi（Trinity University）；Paul Stern（Ursinus College）；James Ward（University of Massachusetts, Boston）；以及 Kerry Whiteside（Franklin and Marshall College）。还要感谢这本书前两版的合著者 David Schultz（Hamline University）：感谢你的合作。特别感谢已故的 H. Mark Roelofs（New York University）多年来的建议和理解。

我还要特别感谢 Calynn Dowler 和 Kathleen Landis（Gettysburg College），谢谢你们在图表上的帮助，还有 Alexander Skufka（Gettysburg College），感谢你在参考书目上的帮助。

我很幸运能在沃兹沃思出版社拥有支持我的编辑人员，特别是我的编辑 Carolyn Merrill，没有她的帮助，完全不会有这个版本。

最后，无论你们觉得这是一本有价值的书，还是想要提出一些修改意见，我都欢迎你们的评论。

第一章

政治哲学：引入挑战

导　言

假设政府威胁你，倘若你不报告父母的宗教活动便会处决你，你会怎么做？

如果你一个最好的朋友被政府因叛国罪而处决，但你知道你的朋友是无辜的，你会对政府的这种司法制度有何看法？你可能会对它做些什么？

设想你的政府希望每个人都遵奉同一种宗教或经济理论，仅仅是因为领导人赞成它，即使这种立场不仅令你反感，而且还可能招致一场破坏性极大的内战。你会采用何种有说服力的论据来设法避免战争，或者证明采取其中某一种立场是正当的呢？

如果在工作多年后，仅仅因为一个新政党开始掌权，你就失去了高级别但无党派性的政府职位，你会怎样？你能够或者愿意采取什么行动来要回你原来的工作？

或者再设想，政府通过了一项你认为是不道德的法律。你是否总有义务去遵守它呢？如果你能违反一项法律且不会被抓住，你会这样做吗？

　　诸如此类的问题都鼓舞着从柏拉图到马基雅维利、洛克以及密尔等伟大的政治哲学家去写作。当今世界各地的人们都还面临着相似的问题，你在生活中有时也会亲身遭遇这些问题。例如，为什么应该允许总统（及其官僚机构）给你下达命令，甚至可能是命令你去死（通过处决你或将你调到战区），即使你曾投票反对他（或她）？考虑这个问题时应意识到，处在政治体制最高层的人是统治者，也即体制内的最高政治权威，无论该体制的政府是否民主。某些（但并非所有）政治体制拥有一个合法的最高权威：它是对统治者所发布的正义命令的最高来源，它要么是人（一个最高法院），要么是一份文件（一部宪法）。

　　合法的最高权威是对统治者的制衡。你认为这种制衡有多重要？如果没有来自这种权威的制衡，那么你拥有的是何种政府？你会看到，大多数政治哲学家都会建议用人或者用文件来制衡统治者。另一方面，你可能会倾向于思考不那么切身的问题。历史，作为人类生活的记录，对很多人来说可能令人不快且充满了苦难，那么它是否有意义呢？如果有意义的话，依据是什么？能想象出来的最好的政体或政府是什么样的？人们应该拥有绝对、完全的自由去质疑这样的政府或与之相关的经济体制吗？为什么？人性是什么，以及关于人性的各种不同回答与人们对政府和公共利益的看法之间有什么联系呢？

　　思考这样的问题对你来说十分有益，因为年轻人不仅是未来的遗赠人，同样也是过去的继承者。这种观点反映出一种双重义务：了解过去，开创未来。两种责任都要求既要意识到遗产，又要在当下拥有灵感来源。本书提供了一种视角，这种视角能使年轻人理解过去所创造的最美好的东西，并理解当下可以采取何种行动来帮助实现一个更美好的未来。

西方政治思想的起源

西方政治思想的源头从柏拉图开始，他问道：

> 那么你是否赞成，当我们说一个人对某一类事物有激情时，我们的意思是，他对那一类事物中的每一个都有完全相同的欲望？……
>
> 因此，哲学家对智慧有激情，他想要所有的智慧，而不是仅仅想要智慧的某个部分。1 [1]

亚里士多德告诉我们，对智慧的追寻，也即哲学的源头，自惊异开始。[2] 历史证据表明，有组织的政治社会、惊异感以及对智慧的追求，在哲学家产生之前就已存在。[3] 很久以前，人们便对诸如权威、正义以及服从等持有信念。在众多成文的以及口述的材料中能找到关于这些信念的证据，这些材料构成了古代民族的传统，例如神话、传说以及民俗，从《旧约》和维京传说到希腊诗人和戏剧家。

然而在西方，有记录的体系化哲学似乎始于古希腊人。有人开创了关于心灵（psyche）或灵魂（soul）的哲学观念，也许就是苏格拉底（约公元前469—前399）。[4] 这种观念意味着人类对人生有一种更高的目标，而不仅仅是为了生存或者得到身体欲望的满足。从那时起到现在，最基本的哲学问题一直是：那个更高的目标是什么？如何才能实现？政治哲学的基本问题也根源于这些疑

---

1 译文参照［古希腊］柏拉图：《理想国》，顾寿观译，吴天岳校注，长沙，岳麓书社，2018年，第253页。

问：政府应该扮演怎样的角色来帮助人类实现他们更高的目标？为了回答这个问题以及相关的疑问[5]，政治哲学家对好政府（那些有助于此的政府）和坏政府做了定性的区分。[6]

政治哲学并不仅仅是抽象的活动。观念确实很重要。它们被用作武器去质疑、追问和挑战权威，甚至为其辩护。纵观整个历史，苏格拉底、马丁·路德，以及约翰·洛克等政治哲学家都因为他们所拥护的观念而受到政治权威的迫害，甚至遭到处决。他们的观念是一种威胁，因为政治哲学代表着理解世界的种种不同方式，它要描述不同的人、政府、宗教、家庭以及社会成员之间的关系。因此，政治哲学是一幅充满生机的织锦画，包含着希望、损失以及围绕着观念及其政治后果而展开的斗争。

这并不是说我们能充分地认识到遵循某一套融贯的观念之后果，就如同我们未必知道政治行为的结果一样。例如，旨在减少贫穷的法律可能会产生更多的贫困人口。为了阻止恐怖主义而采取的措施，已经导致了更多的恐怖主义活动。尽管如此，我们也能合理预见政治观念的某些结果。例如，如果只有独裁者被称赞，我们又如何能指望民主的产生？如果我们不向压迫发起挑战，自由又如何能繁荣昌盛？但是，只要民主和自由这些价值有可能实现，它们便会成为可能的选择。

共同的关注，不同的结果

虽然政治哲学家们都彼此独立地写作，但是他们通常都十分熟悉前人的作品，这使得他们都在处理一些共同的重大问题。哲学家中的这种共同性反映在几个关键的领域，而本书会探讨其中的几个领域。

首先，哲学家会考虑他们所处时代推动着他们去写作的那种政治危机或者一系列的问题。这种危机可能表现为一种国外或国内势力对当前政治秩序的挑战，社会层面可以看到的衰落，甚至是来自一套令人憎恶的宗教、政治或者经济观念的思想威胁。在回应每一种危机时，他们都提供了哲学答案，他们实际上是在追问：我们应该做什么，以及为什么这样做。

其次，每个哲学家都会提出自己的方法论，或者思考政治的方法。方法论包含一种针对现实的观点、一套关于社会的假定，以及一个关于世界的定义——这个定义对每个哲学家来说既是合理的，也是普遍的，因为它适用于所有人、所有地方，尽管不同的思想家会有不同的方法论。此外，每个哲学家都在问：我们如何才能为政治上的解决方案辩护？政治上的真理可以通过理性来证明吗？或说只有基于信仰我们才能接受真理？真的存在所有人都认同的真理吗？简言之，哲学家想知道如何处理他们想要帮助解决的每一个问题，以及如何为他们的解决方案辩护。

再次，他们都提出了自己对人性（或说人的真实面貌）的个人看法。在这个问题上，他们通常不仅仅讨论人性善或人性恶的问题，而且还会进行一些更为复杂的分析，这种分析涉及对更高目标的讨论。例如，对人性的定义能够导致重视个人而非集体，反之亦然。或者把我们带向这样一些问题：人是否从本性上说是爱好和平的，但这一本性早已被社会所侵蚀。关于人性的问题可以使人们思考：我们本质上是理性的，还是主要受激情所驱使？以及，如果其中一种说法为真，会有什么后果？这些问题甚至还包括：事实上是否存在一个永恒不变的、可预测的人性？此外，男人和女人在本性上相同吗？如果不同，这种信念会如何影响他们关于社会秩序的观念呢？也许"最好的"人应该去统治，其余的人应该服从。在这种情况下，哲学家会问，谁是"最好的"，以及在衡量这种品质时什么因素最重要。

最后，对于政府在处理他们所发现的危机和一系列问题时的恰当角色，哲学家们提出了一种看法。在这种情况下，什么是符合公共利益的？何种应对措施对于面临这些关键问题的人来说是最佳的？对公共利益的看法都基于每个思想家的方法论及其人性理论，当然还包括他们对政府的形式、组织、结构以及职责的讨论。这个主题还涉及政府与那些非政府性事物之间的关系，比如经济、宗教、教育、社会阶级、家庭等，有时候甚至包括政府的恰当地理位置。

但如果哲学家们的作品反映出对某些问题的共同关注，那么他们既不会同等地重视这些问题，也不会涉及相同的细节，更不会得出类似的结论。如果他们的结论彼此十分相近，那么研究这么多种哲学便没有什么意义。事实上，正是他们的方法和结论的多样性才使得它们如此有趣，而且最终是有用的。

我们生来就处于一种文化中，这种文化向我们提供了对权威、正义、自由和平等的官方看法。当我们认识到这一点时，我们就能够意识到这种多样性的价值。大多数人花了很长时间才发现，我们只接受了一种可能的看法，而且我们的看法经不起充分审视，更不用说改变了，除非我们有了不同的视野或观念。因此，除了在解决难题时人类可能会有的内在兴趣外，通过沉思和比较不同观念，学习政治哲学还能给我们的思想和行动提供多种视角。

一方面，哲学家告诉我们的一些事情涉及他们的文化、他们面临的问题以及他们提供的直接解决方案。但另一方面，他们可能也做出了一些超越其具体境况的评论，处理的甚至是一些持续至今的问题。圣托马斯·阿奎纳和圣奥古斯丁的著作涉及教会—国家的问题，或者宗教与政府的恰当关系。柏拉图和亚里士多德处理的是谁最适合统治以及什么是组织社会的最佳方式等问题。约翰·洛克的著作涉及政治权力的限制，以及政府应该有多大控制权这样的问题。同时，柏拉图、沃斯通克拉夫特、弗里德里希·尼采、约翰·斯图尔特·密尔则通过探讨女性在社会中应发挥的作用而开辟了新领域。

通过回答这些广泛的问题，任何哲学家的著作都可以作为一把钥匙，为你开启自己的价值观和信念之门。在阅读本书时问问自己，哪些观点让你觉得真的有趣而正确，以及为何如此？你自己有哪些相关的经历？实际上，你有哪些政治方面的经历？无论在一开始这些经历可能看起来多么微不足道，它们都能使你形成自己的政治哲学基础。用哲学家提供的铁砧来锤炼你的观念，能使你最充分地利用那些经验，特别是当你和你的社会面临政治危机时。

政治哲学家之比较

一旦理解了每个哲学家在他们所处时代背景的见解，我们就能够比较不同哲学家的观念。我们可以通过审视概念中的相似与差异来比较，或者通过审视每个哲学家所谓人性、正义、平等以及诸如此类的术语是什么意思来比较。但是除了对哲学家进行逐个比较以外，还可以根据西方政治哲学中发现的一致模式将不同群体哲学的观点进行分类，来加以归纳总结。哲学家们通常被描述为是不是"古代的""中世纪的""现代的"或者"后现代的"。[7]

这些标签有多种使用方式，其中之一与本书的一个重要主题有关：理性和科学在政治哲学中的作用。一些例子可以阐明关于这个主题的不同观点：

> 因为你已经被告知，知识的最高对象就是那个善（Good）[1]的本质，一切善的或正确的事物对我们的价值都源于它。……因此，只有当我们的城邦由一个确实拥有这种知识的护卫者来看护时，它才能秩序井然。
>
> ——柏拉图，一位古代哲学家 [2] [8]

> 我们一直在讨论的"上帝之城"是有《圣经》为佐证的。《圣经》高于人类天赋的一切作品，这种至高无上的地位并不依赖于人类心灵的偶然冲动。
>
> ——圣奥古斯丁，一位中世纪思想家 [3] [9]

> 因此，我首先作为全人类的普遍倾向提出来的便是，得其一思其二、死而后已、永无休止的权势欲。
>
> ——托马斯·霍布斯，很大程度上作为一名现代哲学家 [4] [10]

1　Good 一词既有"善"的意思，也有"好"的意思，这里勉强一律译为"善"。

2　译文参照［古希腊］柏拉图：《理想国》，第 304、306 页。

3　译文参照［古罗马］奥古斯丁：《上帝之城》，上卷，王晓朝译，北京，人民出版社，2006 年，第 443 页。

4　译文参照［英］托马斯·霍布斯：《利维坦》，黎思复、李廷弼译，杨昌裕校，北京，商务印书馆，2009 年，第 72 页。

自哥白尼以后，人似乎被置于一个斜坡上，他已经越来越快地滚离了中心地位——滚向何方？滚向虚无？

——尼采，一位后现代主义者 [1] [11]

更具体来说，本书主要关注科学、理性、信仰以及其他认识形式在界定和证成政治知识时所起的作用。本书的核心关切是：思想家采用何种论证和证据去支撑他们的政治哲学？政治真理存在吗？如果存在，我们是如何认识它的？如果没有真理，或者如果我们无法认识真理，是否意味着没有对错可言？这些问题对所有政治哲学家来说都至关重要。

如果信仰（faith）和信念（belief）经常被援引来支持政治主张，那么科学和理性也是如此。科学最早的发展源于史前时期的人、古埃及以及美索不达米亚人对天的观察。但正是在希腊世界，科学的进步才与哲学的发展相吻合。[12]

可以把科学定义为通过观察（或者，用较为晚近的说法，实验）而获得的关于物理世界的系统化知识。在古代雅典，早期的科学思想家拒绝了关于物理事件的神话解释，那种解释认为神会亲自干预人类事务。相较而言，他们更偏好的是一些集中于自然原因和自然理由的解释，这使德谟克利特提出了他的原子论，使科斯的希波克拉底（Hippocrates of Cos）开创了医学的源头。

科学发现使得一些思想家得出结论：他们能够通过运用自然的推理能力来处理人类问题，包括那些涉及政治的问题，从而改善自己的生活。他们运用科学和理性来追问种种深刻的问题，这

---

1 译文参照［德］尼采：《论道德的谱系》，周弘译，北京，生活·读书·新知三联书店，2017 年，第 157 页。

些问题涉及形而上学（何为真实的）、认识论（我们如何知道我们所知道什么）、伦理学（我们应如何行动），以及方法论（回答这些问题的最佳方法是什么）。各个哲学家对这些问题的具体回应将在后续章节中讨论。但是方法论，或说一个哲学家思考政治问题的方法，能够揭示出不同的思想家是如何运用理性、科学和信仰来得出政治问题的结论，以及如何对这些思想家进行分类和比较。

从柏拉图到西塞罗，很多古代政治哲学家的方法可以被描述为理想主义（idealism）。理想主义意味着，崇高的理想（ideal），或者我们所谓的抽象原则，例如正义、真理、德性以及理性，都被视为真实的实体（entity）。说它们是真实的，意味着它们比那些被认为价值更少的目标，例如财富、权力或得到民众支持等更重要，更为优先。这种理想主义是理性的，因为对于柏拉图以及其他古代或古典的思想家来说，纯粹的理性可以被用来发现某种作为政治哲学之基础的真正的真理或者理念。

从奥古斯丁的时代到整个中世纪，大多数基督教思想家都反映出一种中世纪的观点，他们相信宗教信仰和《圣经》是一切重要知识的来源。这些思想家可以被描述为神学理想主义者（theo-idealists），因为他们通过将理想主义置于为信仰而非理性服务的地位，调和了异教的理想主义与中世纪的基督教信仰。对他们来说，神不仅是真实的，同时也是其他理想价值的化身。因此，对神学理想主义者来说，人类的最高目标即为获得天国的救赎，并且即使在政治的领域，该目标也优先于更次要显然也更实际的世俗目标，例如财富、政治影响力、体力，甚至世俗智慧。神学理想主义的取向影响了路德和加尔文这样的前现代（pre-modern）思想家。

现代主义者（moderns）是个多样化的群体，范围涵盖了从早期现代起经过新现代（neomodern）再到晚期现代（late modern）的哲学家。自马基雅维利以来的早期现代主义者都是物质主义者（materialists），并且通常是经验主义者或理性主义者。对他们来说，物质性的价值优先于从理想或者救赎中获得的任何利益。这些价值不仅可以借由经验知识通过我们的感觉而变得显而易见，还可以借由理性分析通过我们的心智而变得显而易见。对现代主义者来说，"彼岸世界"的目标如若还有点儿价值，也往往被视作次要的。就马基雅维利而言，伦理问题与政治考量相分离，并且行动替代了沉思。另一方面，早期现代主义者信奉一些被古代以及中世纪政治哲学家轻视或拒斥的价值。诸如政治权力、财富、身体的快乐、通过科学发现和技术发明带来的进步，以及现世的满足等价值被早期现代主义者看作人们能追求的最高目标。从方法上说，早期现代主义者（包括霍布斯和洛克）通过诉诸更实际的理由和更具经验性的分析（这些都是古代哲学家不赞成的）来将物质优先性与目标相连。这些思想家于是创造了人造的政治实体，或说政府，它们能让人们实现其物质目标。[13]

后来，这些现代的物质主义者的批评者包括柏克、卢梭以及马克思。他们对很多之前关于知识和真理的假定发起挑战，主张这些假定并不像早期现代主义者所认为的那样确定和准确。对这些新现代批评者来说，现代物质主义是一个必要的但只是暂时的目标，如果我们想要实现自己真正的人性，它作为一种方法和目标就必须被取代。[14]新现代的方法代表了一种向古代哲人理想主义的回归，但这种方法是基于人类激情而非理性。正是这种将理想主义和情感主义（emotionalism）相结合的做法，而不仅仅是他们对早期现代主义者的批评，构成了他们独特观点的标志。

晚期现代主义者（例如约翰·斯图尔特·密尔）又回到了早期

现代主义者的实践理性，但他们的观点因柏克和卢梭这样的新现代批评者而有所缓和。为了回应这些批评，他们通过调和物质主义和其他人类价值来改变现代思想。在这个过程中，他们拒绝了一些较早的教条，例如自然法、自然权利与契约理论，以便将个人和集体联合起来。

我们要考虑的最后一群思想家包括自尼采以来的后现代哲学家。后现代主义者的方法本质上对理性持怀疑和批判的态度。其立场是，自柏拉图以来，任何前人在方法论上的或其他方面的确定性都不适宜今天的世界。他们反对整个人类历史中有任何的进步或者发展，更不用说政治哲学家所说的观念进步了。因此，他们让我们去批判甚至拒绝过去接受的所有东西，并且用不断变化、不断发展的方法来代替过去的一切，这种方法是碎片化的、无定论的、有趣的、不带有任何的严肃感，并且最终将我们当下在观念上的哲学枯竭转化为"地方性冲动的异质性"[15]。在某些意义上，后现代的方法论体现了一种向古代雅典的苏格拉底的回归。苏格拉底质疑一切，并且要求人们面对他的诘问来为自己的信念辩护，这被他视作获得关于真理的真正知识的唯一手段，结果可能只不过是我们不能确定地知道任何东西。但这也同样提醒我们理性至高无上的价值，以及在构想政治目标时，尽可能地好好思考和仔细思考是何等重要。

在阅读不同的政治哲学家时，不妨问问他们是如何为其论点辩护的。同时也问问，当他们在为其主张辩护时，诉诸的是何种源头，以及他们的政治哲学采纳了哪些目标和假设。需要注意，在每个时代，似乎都有某些方法和假设居于主导地位，这些方法和假设将每个阶段的哲学家联系起来，并将他们与更早或更晚的政治思想传统中的哲学家相比较。

个人与集体

在他为现代自由撰写的颂词里，约翰·斯图尔特·密尔说：

> 有一件事，也许无论多少次向人们提醒都不嫌其过：从前有一个名叫苏格拉底的人，跟他那个时代的司法当局和公众意见发生了令人难忘的冲突。……这个为有史以来一切杰出思想家所公认的宗师……经过审判后，被其国人以不敬神和不道德的罪名处死。[1] [16]

对于人类处境所强加给我们的基本问题来说，这只是一个沉痛的实例，一个有着重大政治后果的实例。所有伟大的西方政治哲学家都承认，"个人"与"集体"这两个难以满足的实体的要求之间存在冲突。[17]一些哲学家强调个人利益的重要性，而另一些哲学家则更加重视集体利益。这就给我们提供了两个有用的相互对照的标签：个人主义者和集体主义者。

个人与集体间的冲突也叫作一与多的问题。也有人称之为犹太教和基督教的"我"和"你"困境，"自我"和"他者"之间的存在主义冲突，或者人类精神中的混乱无序与协同一致之间的内战。[18]

无论如何称呼，这种冲突都是西方政治哲学的核心问题，并且没有哪个伟大的政治哲学家只偏袒其中一方。问题在于，为了产生对双方来说都是最好的结果，哪一方更重要？迄今为止，没

---

1 译文参照［英］穆勒（密尔）：《论自由》，孟凡礼译，桂林，广西师范大学出版社，2011年，第27页。

有一个思想家对此问题的解决方法能让其他所有竞争者满意，并将他们排除在外。

给哲学家的重要著作贴上"个人主义"或"集体主义"的标签可能会扭曲他们整体观点的独特性，因为伟大的哲学家们在一定程度上确实对双方的主张都予以考虑。他们可能会在其著作中表达出与所得到的笼统标签完全矛盾的概念。因此称某些思想家为"个人主义者"，就相当于说，他们的著作所主要强调的东西使得这种称呼是一个有用的标签，可以用来比较他们与其他思想家，而并不是说，他们在其哲学的所有方面都必然只表达了个人主义思想。

那些支持集体优先的哲学家通常将社会描绘为一个有机体。在有机的社会中，个人与集体的联系就如同器官（例如心脏或是肝脏）与身体的联系。他们有机地相互依赖着，就如同考虑相对于身体而言的肝脏权利很愚蠢一样，谈论相对于集体的个人幸福或个体权利也是愚蠢的。因此，他们相信公共利益将在一种有机政治（organic politics）中发现，这种政治将整体福祉置于其部分之上。

另一方面，那些支持个人优先于集体的思想家将社会视作其不同组成部分的聚合物或总和。对他们来说，公共利益是聚合政治（aggregate politics）的结果，在这种政治中，个体的选择汇总以后就形成一个多数派立场，这种立场决定了谁去领导政府，以及何种政策值得被执行。

家庭和性别角色

许多伟大政治哲学家的研究都受到这样一种批评：他们通常忽略或者明确地将女性、各种少数种族和少数民族以及（通常是较低的）社会阶层排除在政治过程之外。这种批评被运用于每个哲学家观点的语境中（比如亚里士多德对奴隶制的讨论，马克思对阶级作用的看法）的一类人或多类人。本书审视了这种批评的依据。就目前而言，以三段关于男人和女人的本性与角色的论述为例子，足以让我们初步了解这种批评的依据：

> 显然，道德上的善是所有人的一种品质……男女的节制并不相同，男女的勇敢和正义同样如此。（男人的这些品质在发号施令中显示出来，而女人的这些品质则体现在服从的行为上。）[1] [19]
>
> ——亚里士多德

> 你们作妻子的，当顺服自己的丈夫，如同顺服主。因为丈夫是妻子的头，如同基督是教会的头。他又是教会全体的救主。教会怎样顺服基督，妻子也要怎样凡事顺服丈夫。[2] [20]
>
> ——《圣经·新约》

> 男人的幸福是：我要。女人的幸福是：他要。[3] [21]
>
> ——尼采

1　译文参照《亚里士多德全集》，第 9 卷，苗力田主编，北京，中国人民大学出版社，2016 年，第 28 页。

2　译文引自《圣经》和合本，国际圣经协会发布，1998 年版。以下引用的经文皆出自该版本。

3　译文参照［德］尼采：《查拉图斯特拉如是说》，钱春绮译，北京，生活·读书·新知三联书店，2007 年，第 71 页。

男人和女人的角色及本性之比较

如果作为西方政治思想之标志的一种二元对立是个人和集体，那么另一种作为其标志且带有明显政治意味的二元对立便是男性和女性。男人和女人的角色，以及与此相关的家庭的角色，为许多政治理论家所直接关注，同时也隐含在其他人的思想中。在大多数哲学家所处的社会中，男人有效地主导了政治过程，正如富人通常控制着穷人、主人统治着奴隶那样。即使伟大的哲学家们质疑过其社会的某些核心假定，但他们却接受了其他的假定。大多数思想家都是男性，并且他们所界定的两性关系通常是等级制的。这要么反映出其明确立场，要么意味着男人支配女人是恰当的。特别是对许多古代和中世纪的思想家来说，关于女性的观念被当作一种原则来使用，那种原则赋予女性一种从属的政治角色，并且将她们视为满足男性需要的造物。对一些现代主义者来说，女性原则（the feminine principle）是消极的，象征地表现着古代哲学中较为柔弱的领域；在实践中，女性原则被用作将女性排除于政治之外的依据。

正如一位颇具洞察力的思想家所言，男性的支配地位可以通过多种方式表现出来。[22]这种支配地位可能是显而易见的，在这里，女性由于被认为具有女性的本性而受制于男性。在这种情况下，女人在社会中被赋予重要的角色，但该角色被认为与她们特殊且不同的本性相符。她们被认为是柔弱的、顺从的、情绪化的，生来就应该从事与家庭和繁殖活动相关的任务。另一方面，男人从本性来说就是理性的、坚忍的，并且更适合从事更大的社会和政府中的任务。他们生来就是决策者、政治家以及战士。然而女人的地位是从属的，她们处于这个位置是很自然的，因此无论如何也不能认为这是残酷的或者专制的。处于这种位置实际上对女人和社会都好。这种男人对女人显而易见的支配得到了自亚里士多德以来的思想家的拥护，尽管在整个历史上，对这种观点也有一些值得注意的例外和挑战。

对性别支配的提倡也可能暗含在哲学家的言论中。这些言论也许并不旨在直接讨论性别问题，但仍然会产生一些对男人和女人来说有所不同的政治后果。例如，霍布斯可能认为他关于婚姻和家庭的言论并不带有任何性别偏见，也不打算支持任何性别偏见。他甚至可能会声称自己根本无须处理性别问题，因为性别似乎与他的核心关切毫无关系。但由于他的言论确实具有与性别相关的政治意义，无论是在他的时代还是我们的时代，因此这种意义及其后果就像其政治哲学的其他关键方面一样值得讨论。

此外，在一些似乎明确倡导与性别支配相反观念的思想家那里，也能找到对性别支配的隐含的支持。自柏拉图以来，有一群政治哲学家提出了性别平等。但是，如果仔细地研究他们的建议就会发现，这些建议中有很多都意味着，这样的平等只适用于那些表现出与男性相关素质的女人。那些能与男人享受平等地位的女人，应该将那些与女性行为相关的倾向（从情感到生育）置于次要地位，以利于发展坚韧和克己这样的男性特征。

正如当下关于性别平等以及性别角色的争论使我们意识到的那样，一些人相信，支持男性主导的那些观念反映了显而易见的真理，而另一些人却强烈地反对这种观点。但是，就算是不赞成这种观点的人，阅读这样的哲学也仍有价值，因为它们在定义西方的知识传统上很重要。即使对于拒绝某些观念的人（认为它们有偏见或过时了）来说，去认识这些观念是什么也是重要的，因为它们在描述许多对当今女性主义思想来说十分关键的问题时极其重要（即使只作为负面例子）。

总之，在每个思想家的整体哲学里，男性和女性间的相互作用影响着分配给男人和女人的角色，而这些被认识到的差异也影响了哲学家对家庭和政府之间关系的规定。

家庭在政治思考中的角色

西方政治思想中的另一种二元对立涉及公与私。这些概念有许多含义和内涵，但就我们的目的而言，私人领域意味着家庭和亲属关系，公共领域就是政治社会。[23] 核心问题在于，公与私如何相互关联和相互促进，具体来说，即家庭的结构如何为政治社会的组织方式提供范例。例如，某些政治思想家通过论证如果有一个人是一家之主，那么就应该有一个人是政府首脑，来为君主制辩护。

在整个西方政治思想中，家庭概念对政治哲学至关重要。[24] 有时候，家庭被描述为第一个政治社会以及政治的基础；在其他情况下，它又作为与政治领域对立的家庭生活领域存在。在阅读时既要注意这样的问题：家庭是否被视为自然的？男人和女人在家庭中有着何种角色？男人和女人在政治中又有着何种角色？也要注意另外一些问题：家庭是如何被界定的？又是如何被用来为政治目标服务的？问问自己：家庭对每种政治哲学来说有多重要，为男女在家庭中的角色辩护的理由有着怎样的说服力，以及这些角色以何种方式成为我们定义政治权威的范例。

政治哲学的历史发展

政治哲学提出并评判信念或价值，它为我们接受其中的一些而拒斥其中的另一些提供理由。在大多数社会中，主流的信念通常在很长一段时间都不会受到挑战。虽然任何对现实的官方描述都旨在稳固社会，但在传统文化中却尤其如此。在传统文化中，社会群体（例如氏族、部落或村庄）的习俗都被视作"正确的"，不需要任何证成。它们之所以免于被质疑，部分原因在于其观念受到护卫者（例如大祭司、巫医）的保护。通常，只有当危机或一些其他事件促使人们去质疑从前视为理所当然的信念时，才有必要加以证成。如果这样的质疑产生了与旧价值观冲突的新价值观，政治危机就会出现。各个社会早已多次面临这样的危机，尤其是在经历变革时。社会经济变革就是一个例子，这时候，贫富差距增大；或者也可能是军事变革，这时候，一个政治实体败于战争，赢得或失去一个帝国。在一些极为罕见的情况下，一个事件就可能导致一个哲学家拒斥整个社会。比如，苏格拉底受到审判和处决导致柏拉图质疑当时雅典民主的整个道德秩序，尤其是其正义观。同样，卢梭主张，文明与文化奴役了人性。

反复的危机甚至可能带来近乎彻底的观点转变。随着与旧信念相冲突的新信念的出现，哲学家们也尝试着调和二者。如果这种调和不可能，第一选择便是将旧信念当作过时且无用之物加以拒斥，并全身心地拥抱新信念。这便是柏拉图对雅典民主制的做法以及现代主义者对中世纪视角的做法。

然而，另一种进路的方法拒斥新的价值观，认为它们极大地威胁着人们珍惜的生活方式。旧信念和以之为基础的政府变成了绝对不可质疑甚至不可仔细审视的"圣牛"（sacred cows）。这便是雅典人对苏格拉底的质疑的回应。第三种进路试图调和新旧信念，以便使得它们在哲学上能够彼此相容。在某种程度上，这就是亚里士多德对柏拉图的观念的回应，以及洛克对霍布斯的观念的回应。因此，通过有选择地调和不同的进路，你就可以赞成哲学家提出的某些价值观，而无须接受他们的所有观念。

调和信念冲突的技巧

调和哲学冲突的努力是试图澄清和阐明价值或信念的深层含义，并弄清它们如何相互冲突。首先应注意，政治哲学家至少能在两个不同层面上写作：哲学层面和制度层面。这两个层面不应被混淆。在哲学层面，思想家处理各种抽象观念，涉及人性，政府的目的，社会、宗教以及家庭的作用，还涉及诸如权力、正义和自由等的价值。这些观念对社会的整体定义十分重要，并且影响着哲学家提出的制度建议。但是在制度层面，政治哲学家会讨论更具体的问题，例如政治进程（谁来挑选政治领袖，如何挑选，合法决定以何种方式做出），地理关切（政治体的最佳规模以及人口数量），领土各部分之间的关系（单一的或联邦的），以及具体的个人权利。一些思想家提出了一套比较有限的具体制度（例如柏拉图在《理想国》中的构想），而另一些思想家却提供了多种可供选择的方案（例如亚里士多德详细地讨论了多种政府形式）。

描述性陈述与规定性陈述

在哲学层面，我们需要区分关于政治世界的描述性陈述（descriptive statement）和规定性陈述（prescriptive statement）。一般来说，描述性陈述告诉我们"是"（is）什么，而规定性陈述告诉我们"应该是"（should be）什么。不过，有时候区分这两种陈述并不容易，因为它们可能有着相同的句式结构。[25]

不妨以"人人生而平等"这句陈述为例。在语法形式上，它类似于以下的描述性陈述："房间里人人都超过了 16 岁。"但是将前一陈述当作描述性陈述可能导致（且已经导致）极大的混乱和精力的浪费。关于政治哲学家著作的一种流行批评是：他们做出了很多含混且主观的陈述，我们无法从这些陈述得出具体结论，或者我们几乎能从中推出任何结论。那些将"人人生而平等"视作描述性陈述的人相当尖锐地提出了这种批评。他们既愤慨又沮丧，而且追问道：我们如何能在并未更加精确地定义平等的情况下，实际上弄清或者衡量该陈述是否为真。

这种观点假设，通过确定平等究竟是指智力、财富、职业、性别、种族、宗教上的平等，还是指其他标准，或者某些标准的结合，就可以确定人人生而平等这个陈述是否为真，而且能使观察者以科学的方式证实或者拒绝该陈述。但是当这个假定被应用于政治哲学家的著作时，便显得不合适，因为他们的著作清晰地表明，当他们断言"人是……"（或者更恰当地说："人类是……"）时，他们是在提出关于人性的假定。因此，就如同其他关于人性的哲学陈述一样，"人人生而平等"并不是描述性陈述，它不能被当作一个科学命题，然后便通过定义平等、观察人或者收集事实来"证明"它是正确的。相反，该陈述是规定性的。[26] 它是一个价值陈述或道德建议，要回答诸如"我们的主要目标应当是什么"、"我们应该被如何对待"，以及"社会应当被如何组织以使得我们能够实现那个目标"等哲学问题。换句话说，该陈述只是一种简略的表达方式，这种表达方式被解释为一项道德规定：应该把全人类当作平等的来对待，以便他们可以实现自己的人生目标。或者另一种说法：为了帮助你的同伴达到其真正目的，要把他们当作平等的来对待，尽管他们之间存在一些明显的差异，而且要在此基础上组织政治制度以及相关的制度（即社会制度和经济制度）。[27] 理解了哲学陈述的规定性目的，我们就能意识到，每位思想家都要求读者用一种特殊方式去看待或理解现实，并且按照这种理解去行动，但并不否认我们的感觉或科学的现实性。

概念澄清

在调和哲学冲突时，下一步便是通过澄清概念来揭示其深层含义。在这样做时，我们必须尽可能地保持客观、不带偏见，时刻按照哲学家的思想来看待问题。概念的澄清要求我们在正义或平等这些观念的抽象或一般形式中去看待这些观念。正如我们所看到的那样，"人人生而平等"是一项道德规定。但因为提倡者的不同，该陈述可能指一种模糊的机会平等，或者政治平等（一人一票），甚至是某种社会或经济平等以及除此之外的其他平等。澄清概念能使这一建议走出纯粹修辞的领域，那个领域让人们感觉良好，但其实没什么意义。

另一个表明概念澄清之必要性的例子是"民主"这个词。"民主"一词的一个广为接受的意思是指统治者由普选产生的国家。但是如果一个哲学家建议一套我们叫作"独裁政体"（统治者都不是由普选产生）的体制，并声称他的政府是"人民的民主"，那我们又如何理解这个哲学家呢？我们需要探究他究竟是什么意思，他的建议是否真的是民主的，最终我们需要探究"民主"一词的意思。

概念澄清还要求我们联系观念的历史背景来看待它们，因为哲学家们旨在为影响其同时代的人而创作。背景既包括哲学家所处时代的经济、政治、社会和制度，也包括他们的生活状况。例如，倘若柏拉图从未亲自认识苏格拉底，他或许仍能写出深刻的政治哲学著作，但会与《理想国》有着极大的不同。然而，在其时代背景中理解哲学家并不意味着他们的观念与我们当下无关，这种观点混淆了与生平有关的写作动机和哲学建议。因此，我们虽然可以将柏拉图对正义的极大关切追溯到苏格拉底的命运，从而更完整地了解其来源，但这个问题不同于柏拉图所说的"正义"究竟是什么意思这个问题。的确，柏拉图及其继承者为了影响同时代的人，写作时确实涉及了其个人经验，但是他们所处理的更宏大的问题以及他们所提出的建议有着永恒且普遍的价值。这两者并不相互排斥。

结　论

美国思想家亨利·大卫·梭罗凭借其一贯的洞察力，确定了政治哲学的几个核心问题：

> 不公正的法律依然存在：我们是甘心服从这法律，还是致力于修正之；在达到目的之后才来服从，还是立即破坏了它……为何它总是钉死基督，将哥白尼和路德逐出教会，指责华盛顿和富兰克林策动叛乱？[1][28]

政治哲学家对一些他们认为与政府有关的问题做出回应，那些问题事关我们所处社会中实际的人类难题或冲突。西方政治哲

1　译文参照《西方公民不服从的传统》，何怀宏编，长春，吉林人民出版社，
2001 年，第 24 页。

学的悠久传统源于他们对这些政治难题的审视，以及他们对旧有的既定理论做出的反应，和甚至想将其取而代之的需要。

通过创造新理论，政治哲学家提出了一套指导人们政治行为的新建议，也基于尽可能清晰且融贯的信念而提出了一些规定。他们用继承下来的语言发表言论，并将其发扬光大，创造出我们用于组织我们政治生活的词汇，并且建议我们遵从他们支持的价值。因此，西方政治哲学的传统代表了一种为把人们带向更美好社会而改变人类关于政治世界的思考的不懈努力。

本书讨论的哲学家超越了自己社会所面临的狭隘或具体的问题，而是对一些与普通受众有关的宏大问题进行一般性的思考。他们对自己的社会和我们的社会都发起了挑战，因此他们超越了时代。无论其表达的信息内容是什么，每个哲学家都提供了一个完备的视野，以及一个在不断变化的世界中处理问题的新视角。每个哲学家都可以被视为一个拿笔杆子的真正革命者，他们远胜于我们中的大多数，能够以更有力、更清晰、更智慧以及更完备的方式说话。在这一过程中，他们通常与我们"对话"，也彼此"对话"。

哲学家写起书来都比较抽象，尽管对初学者来说有时会难以理解，但这种抽象对于促进这种对话是极为重要的。若无这种抽象性，他们或许便成为囿于时间的流行读物写手，仅仅为其同时代人处理一些狭隘的问题并提出解决方案进行写作。然而哲学家们必定不是这样。他们最初为了解决时代问题而提出的观念，能够在一定限度内应用于他们从未预想过的情况。例如，19世纪思想家卡尔·马克思的观念就被改造从而适应了20世纪许多不同的社会和情况。尽管东欧所建立的以马克思观念为基础（可能有些人会不恰当地这样主张）的多个政权倒台了，但有很多人相信他的著作仍然对我们的世界很有意义。这对任何伟大的政治哲学家或许都可以这样说。

由于政治哲学会随着彼此冲突的信念的互动而发展，其写作风格通常是论辩式的。例如，我们能看到，尽管卢梭在与洛克对话，但同时也反对他；现代主义者也拒斥古代思想家。然而这样的反对并不是读者唯一可能采取的视角。另一个视角或许能从古印度盲人摸象的故事中找到（这是对人性的又一种解释）。这个故事有多种版本，其中一个讲的是：一个富有的贵族招募了一些盲人，并要求每个人仅凭其触觉来描述一头大象。一个人摸到大象的鼻子，便说它像一条蛇；另一个人摸到它的尾巴，便将它描述为像一条绳子；第三个人摸到了大象的侧面，便断言它像一堵墙。当然大象由这些部分组成，却又远远不限于此。因此我们可以认为，每位哲学家都为我们理解所谓的"人类进步"这一复杂事物增添了宝贵的新视角。[29]

人类进步这个范畴有许多子范畴，其中一个便是政治进步。多数人摆脱了少数人专断的、非理性的以及暴虐的控制，这就可以被称作一种进步。就西方政治哲学而言，这种变化发生在人们根据某些观念而行动之时，那些观念导致强者的政治（以及经济）权力被对这些精英的控制所取代。然而，这种变化反过来又通过促进更大的个人幸福与社会幸福，激发了更多人的创造潜能。

政治进步的另一方面随着民主政府的兴起而出现。自柏拉图以来，哲学家已经认识到，有必要保护少数个体以及少数群体的自由。这些少数派不赞成多数派意见，却又受到渴望权力的暴民的威胁，他们试图直接压制这些异议的和平表述，或者让政府来压制。[30]

政治进步并不总是一帆风顺的，而是遵循着一条曲折蜿蜒、未知难料甚至时有倒退的道路。从这个角度看，20世纪总体上似乎反映了退步而非进步。[31] 今天，政治权力似乎通常只为强势的少数人服务，他们将多数人束缚在破坏性力量之中，有的破坏性力量甚至威胁到整个人类的存亡。过去，在人类灭绝之前，总会出现新的政治哲学家，他们试图重新设定人类进步的方向。这会再次出现吗？为了认识何为"新"，以及这种"新"是否以及何时会出现，我们就必须首先认识到何为"旧"。

接下来，本书旨在为你介绍旧有观念，从而帮助你了解从古至今已取得的长足发展，并帮助你做好迎接新观念的准备。在阅读每一位哲学家时，你应当思考：作为个体，哪些观念最能引起你的共鸣，以及你如何通过将它们相互关联以形成你自己的政治哲学的基础。问问自己：那种哲学在哪些方面运用和改进了以往思想家的观点？对于我们如今面对的主要问题，这种哲学处理了（或没有处理）哪一些？

延伸阅读

带星号（＊）的表示不同的解读。以下各章同。

Dahl, Robert A. *On Democracy*. New Haven, Conn.: Yale University Press, 1998.

D'Entrèves, A. P. *The Notion of the State*. Oxford: Clarendon, 1967.

Orend, Brian. *The Morality of War*. Peterborough, Ont.: Broadview Press, 2000.

Rosen, Stanley. *The Ancients and the Moderns*: *Rethinking Moder-*

nity. New Haven, Conn.: Yale University Press, 1989.

　　*Strauss, Leo. *Natural Right and History*. Chicago: University of Chicago Press, 1953.

　　下列作品同本书的许多章节相关：

　　Coole, Diana H. *Women in Political Theory*. Boulder, Colo.: Lynne Rienner, 1988, 1993.

　　Elshtain, Jean Bethke. *Public Man, Private Woman*. Princeton, N.J.: Princeton University Press, 1981, 1991.

　　Gilligan, Carol and David A. J. Richards. *The Deepening Darkness: Patriarchy, Resistance, and Democracy's Future*. New York: Cambridge University Press, 2009.

　　Okin, Susan Moller. *Women in Western Political Thought*. Princeton, N.J.: Princeton University Press, 1979, 1992.

　　Pateman, Carole. *The Sexual Contract*. Palo Alto, Calif.: Stanford University Press, 1988.

　　Saxonhouse, Arlene W. *Women in the History of Political Thought: Ancient Greece to Machiavelli*. New York: Praeger, 1985.

　　Spelman, Elizabeth V. *Inessential Women: Problems of Exclusion in Feminist Thought*. Boston: Beacon, 1988, 1990.

　　Wolin, Sheldon S. *Politics and Vision: Continuity and Innovation in Western Political Thought*. Boston: Little, Brown, 1960 (expanded ed., Princeton, N.J.: Princeton University Press, 2004).

第二章

柏拉图：倡导正义

导　言

如果所有的哲学仅仅是柏拉图的注脚，那么，要是柏拉图选择进入的是别的事业，哲学将会变成什么样？柏拉图（Plato，约公元前 427—前 347），出生于雅典的一个望族，其祖上可以追溯到伟大的政治家梭伦。他的许多亲属都活跃于政坛，且大多站在反民主之列。[1] 但柏拉图选择了一条不同的道路，即成为哲学家，以纠正政治家们对他尊敬的师友苏格拉底所施加的不义。哲学家苏格拉底以不敬神和败坏青年的罪名被处决，因为他总是追问一些与当权者有关且令人窘迫不已的问题。苏格拉底之死使得柏拉图走上了建构"对话圣地"的道路，以致敬苏格拉底——那个他认为应成为雅典统治者而非其受害者的人。[2]

柏拉图的《理想国》被认为是西方政治思想的核心经典。这不仅是柏拉图最具理想主义色彩的著作，也是他在很多方面最具影响力的作品。它论证了苏格拉底式的知识、哲学和教育的重要性，并断言追求物质财富与强权政治毫无意义。它既是对苏格拉底的指控者的答复，又是对苏格拉底立场的辩护，这种答复和辩护显然出自一个既爱苏格拉底的观念也爱苏格拉底的人之手。[3]

大多数柏拉图对话最初是为了向感兴趣的听众以口头的方式传播而写成的，其语气通常是戏剧式的。例如，《申辩篇》给出了苏格拉底在审判中针对陪审团的指控所做的回应。《克力同篇》讨论了苏格拉底的一个朋友试图说服他逃走以免除死刑，以及苏格拉底拒绝逃走的理由。但是，除了叙述事件外，这些对话以及其他对话真正重要的是，它们包含了对一些在《理想国》中也有所讨论的重大主题的诸多反思。这些主题包括宇宙与人类生活的起源和意义，获取真知的方法，以及教育、艺术与爱情的重要性。

《理想国》始于苏格拉底与几位提问者在一位退休富商凯帕洛（Cephalus）家中的一场对话或讨论。在整部著作中，他们以这种或那种形式所探讨的核心问题都是——"何为正义？"讨论是从容不迫且较为平和的，而且（尤其对苏格拉底来说）是如此合乎逻辑，以至于至少从表面上看，很难明显地看出这场对话发生在雅典城邦正面临严重危机的时候。政治和经济的新近发展扩大了贫富差距，同时多个阶级间日益增加的不平等引出了正义问题。

更切近的是，在苏格拉底被处决之前，雅典于伯罗奔尼撒战争（从公元前431年持续到公元前404年）中被其敌人希腊城邦斯巴达彻底击败。由于此次战败，许多雅典人不再相信他们继承自其部族祖先的传统信念。对他们来说，追寻正义已不再是遵循基于神灵意志的旧习俗的问题。他们备感迷茫，试图寻找新的方向。

这样的迷茫，以及由此导致的蔓延至整个城邦的道德危机，都反映在柏拉图的同伴们对正义截然不同的定义之中。凯帕洛作为此次集会中最传统的成员，认为正义即是诚实，并且给予人和神各自应得之物。凯帕洛的儿子波策玛尔科（Polemarchus）则声称，正义在于帮助朋友伤害敌人。特拉需玛科（Thrasymachus）

部分地得到了柏拉图的两位兄长格劳孔（Glaucon）和阿黛依曼特（Adeimantus）的支持，将正义视为强者的利益。他们一起代表着诸多思想家，那些思想家与苏格拉底一道，试图通过提出一些根本性的问题来解决雅典的道德危机。[1][4]

他们提出的问题不仅深刻复杂，同时也简单易懂：为什么事物会改变，或者至少可以说，为什么诸如旧部落生活方式之类的事物似乎在改变？是否有任何恒定之物，也即不变之物？任何有价值之物都是永恒或持久的吗？人类在这一切中有着何种地位？我们应当如何恰当地与社会秩序相连，并最终和宇宙相连？他们给出的回答基于一种新的思维方式，这种思维方式拒斥对事件所做的传统的、神话的解释。相反，他们寻求自然的原因。这意味着，倘若人类能理解自然，便能掌控自己的生活和未来。

这些新的哲学家分成两派。一派是相对主义者（relativists），他们宣称不存在确定的或永恒的真理。与之相反，所有真理都与具体情境相关，并且基于地方性的实践，无论该实践是什么。除了部落习俗以外，公众意见也能作为真理的基础。即使部落习俗被相对主义者视为真理的来源，它也是个不断变化的基础，而不是确切而永恒的指导，就像在前危机时代它为传统主义者及其追随者提供的指导那样。

另一派是绝对主义者（absolutists），他们相信存在并且一直存在着真实的真理，它独立于我们不断变化的欲望、习俗或公众意见而存在。无论我们是否希望如此，它都存在着。我们的义务便是去找到它，并遵循它而生活。

1　参见［美］谢尔登·沃林：《政治与构想》，辛亨复译，上海，上海人民出版社，2009年，第30~35页。

相对主义的立场可以用其主要代表群体之一的智者为例来说明。在《理想国》中，特拉需玛科充当智者的主要代言人。对智者来说，实在（reality）是在永恒变化的学说中发现的。我们的感觉使我们意识到周围的世界，并且告诉我们，没有什么是固定的或持久的；物质对象、意见和人都在不断经历着变化。在每一个地方，不同的个体从不同的角度在不同地点感知物质，觉察更替。所有的政治信念和实践都只是约定俗成的，它们基于不同社会不断变化的历史、传统以及意见。这也是人们生活在具有不同规则与制度的不同类型政府之下的原因。

因此，正义既不是自然的，对各地的人们来说也不是同一个事物，更没有在所有社会都相同的意义。相反，它是约定的，并且因地而异，取决于在任意时刻被该社会的公众意见如何定义。特拉需玛科告诉苏格拉底，这种意见不断变化以遵循强者的利益，而强者以左右公众意见的能力著称。强者为了他们自私的目的而掌控社会，这反映出一种人类的基本欲望，这种欲望只有少数人能应对自如。任何人都必须追随强者，否则将受到镇压。伟大的哲学理想或者公共善不会指导政治行动，真正起作用的是权力及其实实在在的回报，比如财富和声望。

同他们对政治的实际看法一致，智者们被雇用为政治顾问和律师。他们在雅典公民中训练那些具有雄心抱负的官员，教他们说服别人，让别人为自己投票，并在政治上支持自己。同时，他们也为法庭上的诉讼当事人提供建议，通过说服大型陪审团中的多数人，可以影响法庭的判决。

同智者相反，绝对主义者的立场可以用柏拉图（借苏格拉底之口发言）作为例子来说明。柏拉图的对话，例如《理想国》，展示了如何通过理性的辩论使用辩证法来寻求真理。辩证法的观点是，双方都强调自己所主张的命题及其反命题的逻辑涵义，直到最后只剩下清晰明了的、未加掩饰的真理。当然，我们在《理想国》中看到的不全是那样。这本书的叙述方式是要让睿智的苏格拉底不断揭露智者立场的错误逻辑。苏格拉底对手的观点并没有得到充分考虑，随着讨论的深入，他们的观点越发被忽视，直到只剩下辩论中的一方。这些对话表面上具有开放性，将苏格拉底描绘为一个质疑者和真理探索者，他声称没有人（包括他自己）真的知道什么是正义。但在这些开放性背后，是一个关于宇宙本质的基本假定，这个假定直接导向了绝对主义的结论。

柏拉图的方法

格劳孔与苏格拉底的一段对话引出了柏拉图思考政治问题的方法：

格劳孔 那么所谓真正的哲学家，你指的是哪些人呢？

苏格拉底 那些热衷于看到真理的人。

格劳孔 当然是对的；但是，请你解释一下这句话。

苏格拉底 要向每个人都解释可不容易。可是你，我想，你将会同意我的前提。

格劳孔 哪一个前提？

苏格拉底 因为美和丑是相反的东西，因此，它们是两件事物；因为是两件事情，因此，每一件都是一。同样，关于正义与非正义，好和坏，以及一切至关重要的型相（form），道理是一样的，它们每一个在自身中都是一，但是，由于它

们和行为、物体相结合，也彼此相结合，并在各种各样的结合中显现自身，因此，它们每一个似乎也是多。[1] [5]

柏拉图的方法始于这样的假定，即关于"事物为何变化"的一种解释可以在"型相学说"（the doctrine of forms）中找到。该学说部分地赞成相对主义观点，即所有事物都在不断地经历变化和衰败。然而，柏拉图走得更远：在不断变化的物质对象背后，以及在以之为基础的制度和意见背后，有一个恒定的实在。它由许多从不改变且永远存在的永恒型相构成，这些不可见的型相独立于感官的物质世界而存在于天上。每个型相都是一个普遍的理念，一种神圣的价值，唯有智力非凡的人才能知晓，它们胜于任何世俗的、物质性的或者传统的目标。

例如，当我们称某人为"人"时，我们的意思是该个体与所谓的"人"这个范畴中的其他成员有一些相似的特征。当我们将一物体命名为"桌子"时，我们是说它有桌子之为桌子的必要属性。对柏拉图来说，型相才是真正真实的，所有的物质客体都仅仅是型相发散出来的表象。此外，所有事物都有一个理想的型相——人类、城邦，甚至正义，概莫能外。在柏拉图看来，只有哲学家才能认识型相，他们是唯一能够发现型相的人，因为他们拥有饱经历练的理性能力。因此，相对主义者试图用来定义和应用诸如正义这样的价值的感官经验，就只能提供一种扭曲且败坏了的实在观。遵从感官经验，在非理性欲望的驱使下，我们就会在一种意见和另一种意见之间跳跃，到头来就会对一切政治价值和实践都持怀疑态度。

1　译文参照［古希腊］柏拉图：《理想国》，顾寿观译，吴天岳校注，长沙，岳麓书社，2018年，第253~254页。

然而那些知道型相的人，则认识到物质客体以及事件真正的本性（nature）、本质（essence）、理想的形态（ideal shape）或者本性的模式（natural pattern）。合乎本性的东西就是实在的基础，可以通过运用理性来认识它。理性能力存在于不朽的灵魂中，这种灵魂在身体死后仍然存在。理性能力将哲学家带至更高的目的，向他们指出善恶的区别，以及绝对的、完全可知的关于"善"（或理想的正义）的标准。

正义是政治生活的最高目标，因为它使每个人能够充分地实现自我，展现其真正的本性。在我们生命的最深处，所有人都有着寻求正义的冲动，并且我们有义务在个人智力或者本性允许的范围内寻求它。这项义务要求个体由理性来引导，要求社会由那些有充分理性思考能力的人来统治。因此，那完全知道并且理解了真正的正义之型相的人，即睿智的哲学家，应当被擢升为理想城邦的政治领袖。唯有这种安排才能作为理想国的正确基础。

知识与正义

对型相的知识始于感官，却以独立于感官的概念而告终。柏拉图用一条分为高低两节的垂直的直线来解释这一点，其中每一节再一分为二，由此产生四个部分或四段。较低的那一节代表了物质与表象组成的物理世界。在其中的第一段也即最下面那一段，人们只能看到事物的影子，也即对象的影像（image）。最低等的动物以及不善思考的普通人都能察觉到这个由纯粹的存在（mere existence）构成的世界。在其中的第二段，对象（object）本身出现了。这就导致活跃于这个层面的人（如智者）表达他们的信念和意见。

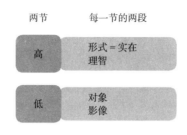

图表 2.1　柏拉图：线喻

　　较高那一节是心灵和灵魂的世界。第三段即抽象阶段。这是那些充分理解理论性问题的人（数学家、科学家、逻辑学家）的领域。第四段，也就是关于认知的那一段，只有少数从本性而言具有更高智慧并且受过相当教育的人才能够达到。这一段是实在（reality），或者关于型相的真正知识，唯有哲学家能达到。

　　此外，在所有型相中，在最高那一段中处于最高位置的型相是"善的本质，一切善的或正确的事物对我们的价值都源自于它"[1] [6]。所有其他的型相都以此善的观念为参照。它是评价一切的绝对标准，且不依赖任何事物，它是宇宙的最初原因。因此，它将宇宙中的所有物质事物统一起来，并且对个人和政府双方都适用。

人　性

　　柏拉图认为所有事物都能够且必须被判断为"善"或"恶"（bad），一张桌子、一个人或一个政体，是"善"还是"恶"取

1　译文参照［古希腊］柏拉图：《理想国》，第 304 页。

决于每个事物实现其本性或本质的程度。善的型相是这种判断的依据。它是伦理的，因为它确立起了用来判断不完美的、实际的人类和政府的标准。但它同时也是政治的，因为它能作为根据真正的人性建立起来的政府（或国家）的坚实基础。只有充分为人民的真正本性服务的国家才可被判断为善的。因此，在国家及其公民中实现善即是正义的基础。

回想一下，《理想国》便是苏格拉底与其同伴之间一场关于正义本质的哲学讨论。苏格拉底拒绝了其同伴提出的几种关于正义的片面定义：正义是道德的（凯帕洛）、伦理的（波策玛尔科）、政治的（特拉需玛科），或者社会的（格劳孔和阿黛依曼特）。他的拒绝基于其绝对主义观点，即认为自然正义（natural justice）将他们所有的片面观点都整合为一体了。他说，正义是一种品质，是一种关于善的观念，它使人类立刻成为道德的、伦理的、社会的，以及政治的。这样，它将城邦正义同个人正义相结合，将私人领域融入公共领域之中。唯有在正义的国家中，个人才能充分实现其真正的本性，既成为好人，也成为好公民。若无这样的政治秩序，他们将陷入混乱。

正义的所有这些方面都被柏拉图的下述观念统一到一起：所有人就本性而言都是理性的，因为他们都有着一定的理性能力，但他们就本性而言也是不平等的，因为有些人比其他人拥有更多的理性能力。在每个灵魂中，理性都应统治欲望，而在正义的或者理想的国家中，那些理性更多的人应当统治理性更少的人。

理想的国家

国家起源于这样一个事实，即孤立的个人不是自足的。与之相反，他们是因某些基本需求而联合起来的社会（也即政治）动物。这些需求首先是安全和经济自足这样的物质需求，但在更高层次上，也是友谊这样的社会需求。柏拉图说，若要正义地对待人类，所有人都必须先视他人为公民，同时正义的国家也应当在此基础上组建。

专业化的需要

> 你应当还记得，在我们一开始建造起我们的城邦的时候，我们就好几次提出了一条普遍的原则：每个人都应该在共同体中发挥最适合其本性的功能。我认为，那条原则或它的某种形式就是正义。[1] [7]

对每个个体而言，何为正义因其能力而异；正义要求一个人做最适合其本性的事。柏拉图假定，对每个人来说都有且只有一种适宜的角色。有的人生来就是统治者，而有的人生来就是劳动者。正义的国家应建立在这条专业化原则，也即这种经济上的劳动分工之上。因此，公民必须让个人的愿望服从于更高的理性，并为了公共善而去做被吩咐之事。结果就是，给所有社会成员间的和谐以及每个灵魂中的安宁带来了社会和心理的双重秩序。正义的国家将他们真正的经济需求与社会政治本性统一了起来。

上述图景与处于完全混乱中的非正义国家形成鲜明对比。在非正义国家中，由于欲望凌驾于理性之上，人们的经济和社会需求相互对抗。当权者将其个人欲望置于集体善之上。他们对更多

1　译文参照［古希腊］柏拉图：《理想国》，第 183 页。

的控制权与奢靡之物无休无止的欲望将导致内部不稳定、战争以及持续不断的社会动荡。个人的成长受到限制，同时整个社会的适当发展也受到限制，因为人们最深层的需求难以满足。就柏拉图而言，混乱无序的国家意味着远不及理想状态的国家。在这样的国家，对那里的大多数公民来说，真正的哲学家似乎是无用的，因为人们不知道自己何等需要他们。大多数人就如同患病者，虽身染病症，但却将想要施以援手的医生（即哲学家）视作胡言乱语的梦呓者。此外，大多数人的意见诱使许多潜在的哲学家成了迎合公众所想的智者。这一切能够有所改变，但这种改变只有将哲学家与合法统治者的单独活动统一到哲学王的角色中才可实现。

柏拉图通过"洞穴之喻"（Allegory of the Cave）来想象这种结合如何实现。那洞穴就如同民主政体，柏拉图憎恨它，因为它是个助长过度和不义的欲望以及公众意见的政权。住在这个洞穴中的居民处于认知的较低层次，仅仅能看到对象的影子，就如同在民主制下大多数人都生活在伪知识的迷梦中那样。他们对具体事物持有信念，并且也许还能识别出一件精美的艺术品或者一条正义的法律，但是他们判断这些物质性的事物所用的标准是粗陋浅薄、变化无常的。

相比之下，哲学家就像那走出洞穴的人，在充溢的阳光下看见了真实的世界。换句话说，他抵达了认知的第四个阶段，并且认识到了善的型相。但是当他回到洞穴，告诉其他人自己所见的一切后，却遭到了嘲笑。那洞穴中的大多数人自信满满，他们相信自己已经看到的东西，因为公众意见站在他们这边。

然而，通过耐心的理性推理和教育的帮助，真正的哲学能够帮助每个人依其本性而分享善。哲学家的责任就是返回洞穴，带领大众亲自去看，就像苏格拉底所尝试的那样。最终，当哲学家被赋予统治的权威时，国家就成了正义的。哲学家们并不像伪哲学家智者那样，为了权力而谋取权力。相反，他们之所以统治，是因为他们意识到如果不这么做，自己便会被较差的人统治，正义的国家也无从建立。

阶级结构与职能

　　这样，如果一个国家是基于自然的原则而建立起来的，它作为一个整体所拥有的那种智慧便是由于它最小的那个部分所拥有的知识，也就是那个带领并统治其余部分的部分。唯有这种知识才配称为智慧。似乎自然规定了，有特权拥有这种知识的人总是最少数……

　　当我们挑选战士并训练他们的身心时，这也是在尽力做同样的事情……这样，由于有良好的性情且受到了正确的教育，他们关于应该畏惧什么以及其他问题上的信念就会坚定不移……这样一种根据我们的制度始终对应该畏惧或不应该畏惧的事物维持正确信念的能力，就是我所谓的勇气……

　　现在看来，这些保护我们国家的人过的生活与鞋匠、其他工匠或农夫的生活相比，既更好，也更光荣。[1][8]

　　柏拉图为正义国家——他称之为"理想国"（Republic）——的结构提供了一些细节。他将国家的成员分成三个阶级：统治者、（统治者的）辅助者、劳动者。这些阶级在政治上是不平等的。辅助者和劳动者是被统治阶级，并不参与政府决策的制定。他们只

1　译文参照［古希腊］柏拉图：《理想国》，第 175、177、237 页。

是执行统治者下达的命令。[1][9]

但是每个阶级都在这个有机的或相互关联的城邦中扮演着必要的角色。每个阶级都执行着其关键的职能，这也是他们对整体的贡献。每个阶级都有自身的特征，这些特征规定着指引他们行动的义务和回报。这些特征还为每个个体规定了其在社会中的位置。阶级之间有清楚的界线，并且每个阶级都被限定于一种职能。

劳动者构成了最庞大但政治地位最低的阶级，他们的特征是易受欲望的驱使。他们追求财富以及其他物质性的东西，以满足其身体上的欲望和需要。与城邦中的另外两个阶级不同，他们可以拥有私人财产，缔结婚姻以及生活在自己的核心家庭中。但与此同时，由于受到了一定的教育，他们也有充分的理性，会承认那有智慧之人的统治权利。因此，他们抑制自己的欲望，心甘情愿地让自己的财富受到统治者的限制，以促进社会正义与社会和谐。这意味着在劳动者中没有极端的贫富之分。在经济上，劳动者的职能即满足理想国的物质需求。该阶级的成员（从农民到鞋匠再到木匠）从事着经济繁荣所必需的所有农业与手工业等任务。[10]

然而较高的两个阶级——统治者和辅助者，都被称作护卫者（guardian）。他们是城邦的统治者，两者的组成男女皆有，这些男女根据自己的阶级特征而彼此平等。

辅助者们充满激情、勇敢刚毅，他们历经训练变得热爱荣誉。他们和善地对待自己的朋友以及顺从的同胞，但对敌人却残酷无情。"就像狗要服从国家的牧羊人一样"，他们的职能就是执行统治者的决定。[2][11]他们组成了理想国的官僚机构，包括警察和军队，

1　参见［古希腊］柏拉图：《理想国》，第 197 页。
2　参见上书，第 198 页。

而警察和军队对于控制劳动者中的贪婪迹象来说是必要的。

作为少数的统治者，也就是哲学王以及哲学女王，理性是他们的关键特征，其职能是做决策。统治者是训练有素的管理阶级和政治阶级，指挥着整个理想国，包括教育进程，还要给每个人分配恰当的阶级和职能。他们是全部法律和指令的来源，这些法律和指令以他们对公道或公平的理解为根据，并且以一种只有他们才拥有的理性为基础。

统治者对政治权力拥有合法的权利，这种权利是绝对的。这种绝对权利的正当性既在于他们的自然禀赋，也在于他们受到的教育。他们能"认识自己"，也就是说，他们能明辨善恶，并且将这种知识运用到自己的决策中。他们之所以能这样做，是因为他们早已理性地认识到"善"，这使其得以控制自身欲望，实现正义的统治。

这两个护卫者阶级都是无私心的、纪律严明的，并且忠于职守。他们从不期望通过履职来获得个人的幸福或是经济收益。在他们看来，统治对于将最高水平的知识和德性结合起来的人来说是最重要也最适合的工作。但是，为了防止私人利益或阶级利益同他们的政治义务冲突，柏拉图为他们设置了两种限制，而这些限制并不适用于劳动者。第一，护卫者不能拥有核心家庭。丈夫、妻子和孩子一样，都是公有的。为了防止不正义的种姓制度出现，后代不可以继承父母的阶级身份。相反，当他们成年后，所有的孩子都将被安放在符合其个人特质的阶级中。第二，护卫者不能拥有私人财产。在一种共产制或说共同所有制下，他们的所有益品都是共同持有的，仅仅根据基本需求而进行分配。[12] 他们将不会享受任何的奢侈品，而且在共同营房中居住，在公共食堂里用餐。护卫者对这些限制欣然接受，因为他们更关心整个国家的善，而

阶级	主导性的阶级特征	阶级职能
劳动者	欲望	经济
辅助者	激情	执行
统治者	理性	决策

图表 2.2　理想国的阶级结构

非他们自己或孩子的善。他们知道服务和正义的价值比财富、权力或者家庭更重要。

教育和审查

柏拉图相信，公民德性或者良好的公民是可以教育出来的。他的教育方案被设计为法律的替代物。这种教育要教导每个阶级各自的义务，并鼓励他们尽可能地自我约束。鉴于这项使命，教育完全掌握在公共权威手中。

监督下一代统治者的选拔和训练是每一代统治者的职责，因为统治者也是哲学教育家。教育的目的是培养儿童从小接受社会规范，以便他们可能成为合群的、快乐的公民。这种教育刚开始的时候对所有人开放，但本质上是个精英主义的计划，只有天资卓越以及是社会所需的少数人能接受进一步训练。[13]

劳动者所受的教育是要教他们服从上级，约束任何过度的物质欲望。辅助者要学会接受并遵从其统治者的每一项命令，他们被训练得勇敢无畏，以更好地保卫国家。柏拉图的教育方案产生了一些拥有智慧的统治者。尽管只有统治者会被教育得能认识善，但其他所有人都可以通过学习适合其所在阶级的特殊德性来分享统治者的善。那些特殊德性使所有臣民成为有资格生活在良序的理想国中的良善个体。

所有的教育都旨在服务国家——团结各个阶级，增强统治者的统领作用。诸如音乐、文学以及艺术等学科，都不是为了教授而教授，而是为了其更高的道德和政治价值。出于这一目的，对于所有新的音乐形式和诗歌段落，如果树立了不良榜样，破坏了人们对神明的信仰，那么加以审查就是正当的。这一目的也允许出于国家所赞成的有效理由而教授的神话和"高贵的"谎言。例如，"金属之喻"（Allegory of the Metals）便支持这种阶级结构：

> 我们要在这个寓意里告诉我们的人民，你们在这片土地上的所有人都是兄弟，但是造你们的神在造你们中那些适合统治的人时混入了黄金，因此他们具有最珍贵的品质；他在辅助者身上加入了白银，而在农夫和工匠身上加入了铁和铜。[1] [14]

这些神话虽不完全合乎理性，但应加以教授，所有人（甚至包括统治者）都要将其作为真理来接受，柏拉图把这样的神话与有害的谎言（例如智者的意见）区别开来。那些有害的谎言可能会使理想国分裂，使敌对的阶级相互对抗，结果使少数政客获益。

女性的角色

柏拉图旗帜鲜明地打破了一些关于女性社会地位的古希腊传统观点。[15] 回想一下，柏拉图构想的护卫者阶级是由平等的男女构成，且他们都不能生活在核心家庭之中。柏拉图之所以这样主张，是因为他否定了护卫者的任何私人角色，这使他从根本上质

1　译文参照［古希腊］柏拉图：《理想国》，第 155 页。

疑两性间每一个与政治相关的差异。[16] 由此，柏拉图被称作革命者和女性主义者，他被认为持有这样的主张：生物学上的差异并不能决定人的命运，女性的才智能够对政府有积极贡献。[17] 但他到底有多激进呢？

在理想国中，一些女性是护卫者，因此也是决策者。但是柏拉图建立起一个从根本上来说是精英主义的社会，在这个社会中，大多数人都是永久的臣民，无论男女。此外，获得了与男性平等地位的女性无法进入家庭这一私人领域。对于一些女性主义批评家来说，那些女性失去了最重要的东西，即她们女性的一面，这无法通过发展她们的理性或者与少数男性享有平等地位来弥补。然而，柏拉图确立了一条原则：要想对两性在政治上进行差别对待，就要有证据证明这种差别对待是正当的。

理想的国家不可避免的衰落

柏拉图的愿景也有其悲剧性的一面：即使理想的国家可以建立，它也无法持续存在。他构筑的世界被创造、衰败和解体的循环所支配，这个循环几乎无法摆脱，即使摆脱也只能是短暂的。他看到了理想国有朝一日会被另一种政府形式取代，他称之为荣誉政体（timocracy），强调勇气、荣誉、战争的辅助者将会取代哲学家的位置。

但是这种形式也不会长久。随着时间推移，勇气消逝了，在后世，荣誉政体被寡头政体（oligarchy）或说富人的统治取代。驱动着富人的是贪婪，是害怕失去自己的东西。他们控制政府以保护和增加他们的财富。不久以后，贫穷的大众要求自由和民主，在民主制中，所有人都可以参与统治，并且众多穷人的需求被摆在第一位。据柏拉图所言，近乎无政府的状态不可避免地来临。于是有的人开始呼唤一个强者去恢复秩序。那个强者起初以一个仁慈的独裁者身份进行统治，但很快便以一个僭主的面目出现。他同哲学家完全相反，反映的是特拉需玛科的价值观。作为一个受过教育但内心扭曲的天才，他将国家引向最糟糕的境地。在僭主政体（tyranny）下，统治者只关心如何去满足个人欲望，灵魂献祭于欲望，德性让位于恶行。这是柏拉图所能想象的最恶劣的政体。

结　论

在某些方面，我们所处的这个混乱的时代类似于柏拉图的时代，他时常表达的那种确定性在当前可能和在当时一样难以理解。我们可以重复阿黛依曼特的一个判断，即理想国中的统治者不会幸福，以此来质疑柏拉图关于理想国的提议。对此，苏格拉底的回答是，他们作为个人可能不会幸福，但是理想国的目标并不在于让任何一个个人或者阶级幸福，而是要保障作为一个整体的国家的最大幸福。其结果是一个和谐的社会，其中的所有人都有机地相互关联。柏拉图的前提是，国家只不过是大写的个人。正如理性、激情、欲望等特征在正义的个人身上有机地相互依存，理性统治着激情和欲望，在一个正义的国家中也是如此。统治者依赖劳动者来满足物质需求，劳动者依赖统治者以获得指导。如果每个阶级都有其自身的特征和职能，那便不会有阶级斗争，甚至也不会有不和谐，因为每个阶级都拥有尽其职分和幸福生活的经济条件。在《理想国》中，贫富观念没有意义。

　　柏拉图的一个核心观念对当下的我们来说再熟悉不过，以至于我们几乎视之为理所当然。这个观念就是，一个政府要想成为正义的，它就必须服务于公共利益，也即生活在其中的所有人的利益。对柏拉图来说，这意味着一个良善的国家有义务向其全体公民提供正义，或者根据其基本的个人本性提供参与机会。

　　他认为，我们生来便具有不平等的特质、能力以及才干，政府只能由那些有能力组织一个正义社会的人来指导。他的选择反映出第二个原创性的观念：政治权威必须交给这样一些人，他们能将智慧和权力相结合，能够给予国家必要的团结以便它对其全体成员而言都是一个良善国家。

　　无论人们是否赞成其具体细节，《理想国》一书都极为重要，因为它是西方政治哲学的首部重要著作。柏拉图的观点是全面的，它以某种真理观为基础构成了一个整体，这种真理观比任何现存政权中可以找到的真理观都更为优越，"它在政治哲学上永远留下了其天才的印记"[1][18]。它代表了系统地区分根本性要素（正当或正义）和生活中的偶然之物（社会可接受的或者权宜之计）的最早努力。这部原创著作提醒我们：我们有义务去质疑我们生活的社会，而不是将它当作唯一的可能性来接受。正如未经审视的生活是不值得过的一样，未经审视的国家也是不值得生活于其中的。

　　柏拉图的思想并非现代意义上的"科学"。但是他的态度及其同时代哲学家的态度，包括相对主义者和绝对主义者，都促进了早期科学观点的形成，即政治问题和社会问题都可以用理性分析来解决，并且可以用理性来让政治与人民变得温和。[19]

　　当然，那些主张所有政治思想（事实上，所有西方哲学）都只

1　译文参照［美］谢尔登·沃林：《政治与构想》，第 34 页。

是柏拉图的注脚的人还是有道理的。无论是拒绝还是赞成其结论，所有后继的思想家都不得不接受他广博的视野。

《理想国》主张集体的重要性高于个人。柏拉图对集体（政府和社会）和个人都抱有一种真诚的关切。其结论是，这些实体的福祉可以通过一种政治系统而得到最好的促进，这种政治系统与其说确立了一种国家凌驾于社会之上或集体凌驾于个人之上的等级制，不如说是拒绝对它们做出区分。[20] 究其原因，我们可以追溯到柏拉图这样一种立场，即实在是一种在型相中发现的理想，而这种型相只有真正的哲学家才能认识。然后，他意识到，哲学家更卓越的理性是正义政府的合法来源，它将长期职责置于眼前的欲望之上，对个人以及共同体都是最有益的。

显然，柏拉图所想的共同体在地理上类似于一个城邦。无论统治者获得智慧的能力如何，柏拉图可能认为，国家越大，统治者越难充分了解彼此和其臣民，也越难像柏拉图的方案所要求的那样彻底地控制社会以实现正义。

一些柏拉图《理想国》的诠释者声称，柏拉图写下此书是因为他相信能付诸实践。他们常常摈弃这本书的政治结论，认为它们是一个乌托邦梦想家的产物。[21] 但也有人集中关注柏拉图的一个悲剧性观点，即一个被认为很理想的城邦不可避免地会衰败。在这些人看来，柏拉图的作品并不是一个真实社会的蓝图。相反，他们认为该作品要为评价现实的政府设立一种标准，要为缩小"政治想象所把握的可能性与政治存在的实际情况之间的鸿沟"做准备。[1] [22] 他们援引柏拉图的神话和寓言来说明，建立和维持一个理想国是何其困难，甚至完全不可能。因为，我们如何能指望理性

1　译文参照［美］谢尔登·沃林：《政治与构想》，第 20 页。

的哲学家会相信这些神话和寓言呢？正如苏格拉底在后来对话中问的那样，"行动不如思想那么接近真理，这难道不合乎事物的本性吗？"[1] [23]

这种观点表明，即使一种理论可能永远不能在实践中完全实现，它也能有益于表达关于政府的质疑。从这个视角来看，《理想国》并未给我们提供多少答案，但是它以真正的苏格拉底的方式带领我们意识到寻求正义时人们会面临的问题。倘若我们不采用政治哲学家们的综合性观点去评判并更新问题重重的政府，我们还能运用什么更有效的评判标准呢？因此，《理想国》不仅是柏拉图对智者的回应，而且永远都是对终极政治问题的回应。

延伸阅读

Guthrie, W. K. C. *Socrates*. Cambridge, UK: Cambridge University Press, 1971.

Lampert, Laurence. *How Philosophy Became Socratic: A Study of Plato's Protagoras, Charmides, and Republic*. Chicago: University of Chicago Press, 2010.

Monoson, S. Sara. *Plato's Democratic Entanglements: Athenian Politics and the Practice of Philosophy*. Princeton, N.J.: Princeton University Press, 2000.

Nichols, Mary P. *Socrates on Friendship and Community: Reflections on Plato's Symposium. Phaedrus, and Lysis*. Cambridge,

---

1　译文参照［古希腊］柏拉图：《理想国》，第 250 页。

UK: Cambridge University Press, 2009.

Ophir, Adi. *Plato's Invisible Cities: Discourse and Power in the Republic*. New York: Barnes & Noble, 1991.

*Popper, Karl. *The Open Society and Its Enemies,* Vol. I. *The Spell of Plato*. 5th ed. Princeton, N.J.: Princeton University Press, 1966.

Schindler, D. C. *Plato's Critique of Impure Reason: On Goodness and Truth in the Republic*. Washington, D.C.: Catholic University of America Press, 2008.

Taylor, Alfred. *Socrates: The Man and His Thought*. Garden City, N.Y.: Doubleday, 1953.

Zeitlin, Irving M. *Plato's Vision: The Classical Origins of Social and Political Thought.* Englewood Cliffs, N.J.: Prentice Hall, 1993.

第三章

亚里士多德：支持共同体

导　言

在亚里士多德（公元前 384—前 322）一生进行的所有长途旅行中，最重要的那次旅行是他年轻时从遥远的出生地去到雅典城。在那儿，这位少年成了柏拉图学园中的一个学生，而此时创立学园的那位大师已经 60 多岁了。与柏拉图相处的这段岁月深刻影响了亚里士多德的思想。[1]

亚里士多德在很多著作中都讨论过政治问题，但《政治学》被认为是对他最重要的政治观点的阐述。[2]尽管亚里士多德在很多问题上与柏拉图的《理想国》有很大分歧（稍后将提到），但他也与他的老师同样持有某些假定和结论，例如教育十分重要，以及一生都致力于追求政治权力和财富是很愚蠢的。由于亚里士多德不是在雅典出生的，因此他没有资格成为雅典公民。[3]尽管如此，他却是个雅典城邦的忠实崇拜者。从《政治学》开篇第一段就能十分明显地看出这一点。该段落直接将我们的注意力引向所有联合体（association）中"最高的那个"，它"包含了其他一切联合体"，并且旨在追求对所有人来说都是至善之物，也即人类幸福和美好生活。[1] [4] 唯有像城邦这样的联合体才能使良善生活成为可能。亚里士多德在政治学中的核心关切很简单地说就是：为什么希腊城邦，尤其是雅典城邦，作为一种可行的政府形式却走向了衰落？以及，应当为此做些什么？[2] [5]

雅典的衰落伴随着马其顿军事帝国的崛起，这个帝国由亚里士多德曾经的学生亚历山大大帝领导。亚里士多德在《政治学》中表达的整套哲学都拒斥亚历山大的帝国模式，并且在第二卷中，他还对其他的许多选项提出了质疑。一个主要的靶子便是柏拉图的《理想国》。

亚里士多德同柏拉图的分歧是双重的。首先，他反对柏拉图的政治经济学。亚里士多德不赞成柏拉图为护卫者阶级设计的"共产主义"，他认为家庭和财产的公有完全违背了人性。这样做摧毁了所有人（甚至是最智慧的人）都具有的两种基本需求，其中之一即是家庭之爱。亚里士多德说，一个人无法做到像爱他自己拥有之物那样爱所有人共同拥有之物。他还主张，适量的私有财产是所有人（包括统治者在内）的自然需求。它对每个人实现其正当的经济目标来说都很重要，不仅能保障他们自身的基本生活需要，还能通过慈善来对其同伴表现出善意。此外，一个人从保有和运用财富中获得的快乐是无害的，只要不过度、不自私。因此，亚里士多德得出结论，财产可以被保留在私人手中，但其使用应该有助于促进共同体目标的实现。

第二个他与柏拉图的观点有着极大分歧的领域集中在亚里士

---

1   参见《亚里士多德全集》，第 9 卷，北京，中国人民大学出版社，1990 年，第 3 页。

2   参见［美］谢尔登·沃林：《政治与构想》，第 63 页。

多德对哲学王统治的反对上。与统治者基于对型相的理论知识进行统治相反，亚里士多德认为源自经验的实践知识才是更合理的统治基础。

亚里士多德的方法

　　亚里士多德同柏拉图的分歧根源在于他们对什么是真实的有着不同看法。柏拉图相信，实在是由天上的永恒型相组成。亚里士多德则认为，任何事物的真实本性都不可能在对象本身之外找到。他认识实在的方法是聚焦于一个对象的最高目的或目标。对任何事物来说，这个最重要的目的（被称为 telos，终极目的）就是其生长完成后它所成为的样子，如果它能从其内在本性充分发展的话。例如，一粒橡子的终极目的便是成为一棵橡树，橡树尚不存在，但是如果橡子自然地发展，橡树就会存在。因此，对亚里士多德来说，我们可以在对象中发现或"看见"实在。由于实体源自对象内在的终极目的，因此它并不是一种高于对象且在对象之外的柏拉图式型相。与其说亚里士多德拒斥型相，不如说他将型相与经验结合了起来，从而将柏拉图带回了地上。在这种意义上，亚里士多德比柏拉图更为"科学"。

　　此外，亚里士多德认为，人通过塑造对象去实现其基本的（或自然的）人类需求，这是很自然的。因此，终极目的也可以指一个事物（无论椅子还是城邦）被塑造完成时的样子。此外，只有研究过许多实际的城邦后，人们才能知晓城邦的目的。为了寻求这种知识，亚里士多德和他的同事对 158 个希腊城邦的政制进行了研究，这是已知的关于比较政治学的最早探索。最后，知识使人们得以运用独特的人类判断力，因为一旦我们知道了任何特定对象的终极目的，就可以判断它（无论它是树、椅子、人，还是城邦）是良善还是恶劣。

幸福、价值与人性

> 灵魂是以一个主人的权威来统治肉体，而心智则是用一个政治家或君主的权威来统治欲望。在这一领域（即人的内在生活领域）中，灵魂统治肉体，这显然是自然的且有益于身体；心智和理性部分统治灵魂的激情部分，这也显然是自然的且有益于灵魂的激情部分。[1] [6]

对亚里士多德来说，评判任何城邦的依据都在于该城邦的终极目的，即人类幸福或者良善生活。他同意柏拉图所说的，这个终极目的是灵魂的而非身体的活动；换句话说，幸福同生理上的快乐不是一回事。相反，幸福包含了寻求能把我们带向智慧的知识，而正是智慧能让人实现自我并获得幸福。

亚里士多德的幸福概念包含了两种决定或者行为的区别，即"理性的"和"非理性的"。理性的行为是基于心智的使用，并且为人类所独有。由此，亚里士多德得出结论，人的本性是理性的。人本质上是一种理性动物，这意味着其目标在于最充分地运用其理性，唯有如此，他才能幸福。凭借理性，人也是一种政治动物。只有这样的理性存在者才能建立起一个以理性为基础的城邦，离

1　译文参照《亚里士多德全集》，第 9 卷，第 11 页。

开了城邦，他们就无法过上正义的生活。

　　作为理性动物和政治动物，人完全是一个有机共同体的一部分，在那里，个人与集体相互依赖。好城邦绝不是一群人在公共竞技场追求私利的地方。当一个人为满足其个人关切而使自己脱离城邦时，他便伤害了整个共同体。亚里士多德认为，他们的行为是非理性的。过着这样一种离群索居的生活，他们要么是野兽，要么是神，但绝不会是人。

　　亚里士多德认为，表达欲望或欲求的情绪只要被理性控制，就会在城邦中占据适当的位置。理性受中道（golden mean）原则指导时，便能对欲望进行控制。中道是亚里士多德关于正确行动提出的最佳指南的看法。他认为，几乎所有事物都具有良善的（或恰当的）以及恶劣的（不恰当的）用法。任何一个方向的过度或不及都会损害有价值的事物。例如，对于身体来说，过度可能包含过多或过少的锻炼、饮食或者睡眠。因此，良善的事物并不是如柏拉图所想的那样，是某种理想（ideal），而是过度和缺乏两种极端之间的中道。好城邦的任务就是要在它必须加以管理的事情上确定恰当的中道，并且将之变为法律。亚里士多德认为，好的法律在人民中树立好榜样，培养好习惯，这也是一个好城邦的基础。

政治经济学

　　我们所拥有的一切事物都有两种用途，两者都属于事物自身，但方式不同，因为一种用途是恰当的，为该事物所特有，而另一种用途则不是。[1][7]

政治经济学，或说政治与经济间的相互关系，对亚里士多德和柏拉图来说都同等重要。亚里士多德对二者关系的处理，也可以用来阐明中道学说发挥作用的一种方式。就其本性来说，经济只是工具性的，也就是说，只是一种工具。如同食物或饮品一样，经济也会受到理性或非理性地使用。它可以是实现城邦理性目的（即幸福）的一种手段，也可能招致不幸福。尽管一个城邦在追寻这个目标时必须平衡许多工具价值，但经济却只用考虑一个方面：真正的幸福所必需的财富数量。财富有一个恰当的限度，这个限度由城邦的更高目的或目标决定。当服从于理性的政治时，财富便能得到良好的使用，从而有助于城邦。但如果失衡或放任其过度发展，如果它迎合了疯狂渴求经济优势的公民的非理性欲望，财富便会从根本上腐蚀城邦。总而言之，这些原则使人们认识到，有些经济活动对城邦来说是理性的或者好的，而有些经济活动则是非理性的或者坏的。

好的经济活动的最基本形式是对产品的使用，例如耕种、打鱼或给自己制鞋。在这样的情况下，人力用于原材料，产品直接满足制造者及其家庭的需求。因此，这种活动是自然的，它自身并不是目的，但它具有使用价值。

随着家庭发展成村落，贸易活动增加了，劳动变得更加专业化，经济也变得更加复杂。人们开始在以物易物的体系下制造产品来交换他人生产的产品。由此，除使用价值外，事物具有交换价值。只要一个产品的交换价值能让使用者从生产者处得到一种

1　译文参照《亚里士多德全集》，第 9 卷，第 19 页。

图表 3.1　亚里士多德：经济和共同体间的关系

产品，那么这种交换就是好的。

　　社会进一步发展为城邦，货币也由此被引入了经济。只有当货币作为以物易物系统的一种改进时，也就是说，只有当它被用作比较不一样的交换物的依据，且产品最自然的价值（即使用价值）在经济进程中仍然处于核心位置的时候，它的作用才是好的。然而，当利益变成货币的目的时，它对城邦的作用则是不自然且有害的。最极端的情况就像是支付利息那样，为了赚到更多的钱而不断投资。在这种情形下，生产和贸易的自然目的，以及对使用价值的集中关注全部消失。逐利的动机带来了不正义，对财富的无限欲望取代了人类需要的自然界限。脱缰的非理性欲望将会失去控制，而经济和政治间的自然关系——中道——遭到毁灭。这样的城邦注定要灭亡。

　　显然，亚里士多德认为物质商品是必要的，人们无法在经济上被剥夺后却仍然享有幸福。但是，用于追寻更高目的的物质手段绝不能被当作目的本身。在亚里士多德的价值等级表中，灵魂的幸福远胜于财富。[8]

共同体

　　人们即便在并不需要相互帮助时也想要过一种社会生活，

> 之所以如此，原因之一便在于自然的冲动。共同的利益也会把他们聚集起来，各自按自己应得的一份享有良善生活。无论是对于作为整体的共同体来说，还是对于作为个体的我们每一个人来说，良善生活都是最高的目的。[1] [9]

柏拉图主要关心的是正义。但与他不同，亚里士多德集中关注的是共同体。这并不意味着亚里士多德对正义没兴趣，相反，他同样对正义充满兴趣。但是，与他和柏拉图在实体本质上的分歧相似，亚里士多德认为正义是一种能在现实的共同体中找到的东西，而不是一种能在天上型相的人间代表中找到的东西。

亚里士多德说，作为人，就其定义而言，就是要成为一个共同体的一部分。所有的共同体都源自维持人类生活的需要，但却以其成员的幸福为最终目标。遵循中道原则的共同体避免了走向极端，为每个人去追寻其良善生活提供了必要条件。这些条件既包括友谊、政治稳定，也包括满足基本的物质需求。唯有生活在一个能够提供这些条件的共同体中，人们才有望找到幸福。

在亚里士多德的构想中有三种共同体，每一种共同体都因某种比生存抑或物质利益更高的目标而建立。将这些共同体由低至高地列出，便是家庭、村落以及城邦。

家庭、妻子、女人与奴隶

家庭源自男女与所有其他动物共有的生物冲动。因此，家庭建立在自然关系的基础之上，人们进入这种关系是受本能冲动的驱使，而不仅仅是出于理性或审慎。在经济层面，家庭建立在家

1　译文参照《亚里士多德全集》，第9卷，第84页。

庭成员以使用为目的的生产基础之上。但它的建立，不仅仅是为了满足其成员的基本需求或生存。其目的之一便是家庭生活，包括丈夫和妻子间的相互依赖。二者在满足家庭需求上都发挥着关键作用。

尽管相互依赖，丈夫和妻子却不是平等的。因为亚里士多德断定男人就本性而言在理性上更胜一筹，故应占据主导地位。这一点可以在亚里士多德描述男人在家庭中的三种角色（父亲、丈夫、主人）时清晰地看出。作为父亲，他们必须统治孩子，以便孩子为离家之后的生活做好准备。女孩必须为了成为妻子而经受训练。虽然这种训练主要是母亲的任务，但女儿与父亲的关系却能教会她以后如何恰当地同丈夫相处。另一方面，儿子的训练不仅是为了成为丈夫，同时也是为了作为自由人和公民而生活。

作为丈夫，男人必须永远统治妻子。鉴于他们的理性能力，他们具有自然的优越性，因此他们更适宜发号施令，而女人则更适宜服从。尽管如此，女人也绝不能被视作奴隶，因为就其本性而言，她们并不仅仅是被创造出来供男人使用的工具。相反，她们是男人的有益补充。丈夫必须"依宪地"（constitutionally）统治妻子，即用理性进行统治，而非"专制地"（despotically）进行统治。

就男人作为主人这一角色而言，亚里士多德认识到存在两种奴隶：约定的（conventional）奴隶和自然的（natural）奴隶。约定的奴隶并非就其本性而言即适宜成为奴隶。这些人拥有理性，在自己的城邦中具备成为公民的资格。他们通常是由于自己的军队战败而被俘为奴，这在亚里士多德所在的时代是一种常见的做法。另一方面，自然的奴隶缺乏理性，必须永远被主人统治。这样的安排对主人和奴隶都大有裨益。若放任自流，自然的奴隶是没有理性的，无法安排好自己的事务。但是当他们服从于其主人的理性命令时，他们将过得更好，因为通过服从，他们能够分有其主人的德性。当然，主人也会因此获益，因为这使他们拥有了公民所必需的闲暇时间。

亚里士多德关于女人和奴隶之所以得出这样的结论，是因为他将所有人都视为自然秩序的一部分，这种秩序是基于理性能力从高到低来安排的。就如同灵魂统治身体、理性统治激情那样，男人必须统治女人，主人必须统治奴隶。为了每个人的共同利益，那些缺乏理性的人要生活在服务于人的位置上。[10]

村 落

村落或说社会共同体，起源于家庭的结合，其目的是双重的。与构成该村落的任何单个家庭相比，村落提供了更大程度上的保护与经济自足。它允许以交换为目的的生产，而一个家庭却仅限于以使用为目的的生产。此外，村落还促进了友谊，友谊在亚里士多德看来是所有人的自然需求，并且还能促进社会的和谐。

最高的友谊只能建立在平等的基础之上。这在家庭中无法实现，因为无论是作为丈夫、父亲或主人，男人都会被卷入一种不平等关系中，这种关系排除了真正的友谊。村落为理性男人间的兄弟情谊提供了自然的场所。

城 邦

《政治学》的核心在于第三卷关于城邦的论述，它被视为西方政治科学的基石。在亚里士多德看来：

> 等级制，就像是目的论那样，赋予世界以意义，因为它确立了什么是最高的，什么是最好的。凡存在的，皆是为了

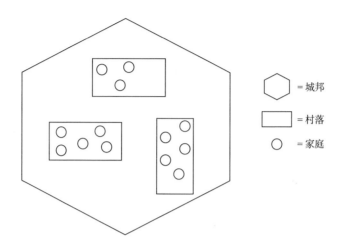

图表 3.2　亚里士多德的相互依存的共同体

那最好之物而存在。若没有等级制，世界将失去意义，自然
将陷入混乱。[11]

　　亚里士多德认为，城邦作为最高的共同体，具有所有共同体
的最高目的。城邦的目的之所以是最高的，是因为它不仅包含了
全部居民，还使理性的个体得以参与到政治过程之中，从而获得
在任何更小的共同体中无法获得的更高程度的幸福和德性。

　　作为村落的联结，城邦克服了家庭和村落的局限，这使它成
为一种更自然从而也更好的联合体。然而，城邦并不能替代另外
两个较低形式的共同体。它仍然需要它们继续存在下去，并发挥
其自然的功用。对亚里士多德来说，从属并不要求压制。

　　城邦的目的是良善生活。这既包括政治上的幸福，也包括经
济的和社会的和谐。在城邦中，货币被恰当地用来换取商品和服

务。从经济上来看，城邦是一个"自给自足的联合体"（autarky）。自给自足的联合体是一个自足的经济单位，无须进出口贸易来满足其所有成员的自然需求。人们需要的一切都能在城邦中制造出来。这反过来又基于专业化的劳动分工，在这种分工下，每个人都能在生活中找到自然的任务。与柏拉图一样，亚里士多德认为，只有城邦才足够大，才可以允许这样的职业化分工。与自给自足的能力相结合，城邦的专业化经济就可以促进每个成员形成一个合乎伦理的、全面丰富的自我。

在社会领域，城邦促成了最高形式的友谊——政治友谊。城邦还表现出一种充满善意的氛围，在这种氛围中，所有人都意识到，在实现共同体的目标时他们要相互依赖。这并不要求所有人持一种相同的意见，只要大家都希望每个人的观点相互和谐并一起服务于一个更高的终极目的即可。

城邦的政治形式

在谈及城邦的政治形式或结构时，亚里士多德与柏拉图截然不同。柏拉图赞成的政府形式是由永久的统治者支配的，而且他的统治是不需要法律的。亚里士多德指出了这种安排中一个极大的危险。即使柏拉图所言的统治者拥有极大的德性与智慧，他（或她）仍然是人，会潜在地受制于情感和欲望，因此是会腐化的。亚里士多德认为，一个人的统治，或者少数人的统治，都比多数人的统治容易腐败。

他还说，让所有自由人在城邦中都发挥作用有助于稳固政权，因为将某些适宜参与的人排除在外容易把他们变成政府的敌人。这就引出了一个问题：谁最适合评判政府政策的结果是否符合公共利益——统治者还是被统治者？他的结论是，与其依赖最在行的统治者，不如依靠作为多数的被统治者。

　　然而，亚里士多德依赖的不是大众的情绪和激情，而是他们的集体智慧。每个公民都可以为统治这个集体任务带来一些德性、经验以及个人智慧。有的人看到了问题或解决方案的一面，有的人则看到了另一面，结合起来他们便获悉了事物的全貌。换句话说，加总起来而形成的建设和谐城邦的集体能力胜于一个或少数智慧的人的能力。尽管如此，那些在任何时候都担任政治职务的少数统治者所具有的专业知识也不能忽视。他们也有作用可以发挥。实际上，亚里士多德总结道，在大多数情况下，一个正义的政府都是一个混合政府，它能够充分集思广益，并为每个公民分配一个角色。

　　亚里士多德进一步认为，富裕和贫困在任何社会都是无法避免的，因此每个城邦都存在着少数富人和多数穷人间的阶级分化。这是一个不容忽视的社会现实。其结果便是阶级冲突以及不稳定、暴力、革命带来的持续威胁。然而，公民才能的混合可以带来阶级利益的融合，无论是富人、穷人还是中产阶级，都能为社会带来贡献。在这一点上，亚里士多德在支持政治平等的同时，也支持经济不平等。

　　除了将混合政府作为最稳定的政府形式加以支持外，亚里士多德还为法治这一重要推论提供了强有力的理由：

　　　　恰当制定的法律应该是最高的主权者；人的统治，无论是一个人的统治还是一群人的统治，只有在法律不能做出确切的宣告——因为很难为所有偶然情况制定一般性的规

则——之处才应该是至高无上的。[1] [12]

那"恰当制定"的法律便是亚里士多德的合法的最高权威。[13]因为我们无从确定统治者能够永远有德性、永远优先考虑公共利益，于是给予他们全部权力是有风险的。因此，让所有人制定的法律成为最高权威比赋予统治者一种可能走向专断的最高权威更好。

一般来说，亚里士多德将"政制"一词用于所有形式的政府。更具体地说，它指的是"一个国家的职务安排方式，它确定职务的分配方法与最高权威的归属，也规定联合体及其成员所追求的目标之本质"[14]。换句话说，官职或政治机构的设立，通过规章和程序对其职能进行的分配，主权者或统治者的确立都基于城邦的终极目的，以及人民自己的善观念。在最好的城邦中，这种善观念被转化为约束所有人的法律，既约束统治者，也约束被统治者。

在第四卷中，亚里士多德基于前面提到过的他对 158 个希腊城邦政制的研究概括了实际的政治及其变种。他指出，存在着许多种类的政制，由此也有许多不同的政府形式，每一种都符合特定共同体居民的本性。《政治学》首先讨论了很多种政府，例如五种不同的君主政体和五种民主政体。然后，基于他自己的偏好（他偏好由所有阶级组成的混合政府，它符合公共利益，在那里，法律是至高无上的），亚里士多德根据由谁统治，以及这种统治在他看来是真正的还是扭曲的，划分出政府的几种类型。

---

1   译文参照《亚里士多德全集》，第 9 卷，第 97 页。

谁统治	好的政府形式	坏的政府形式
一个人	君主政体（Monarchy）	僭主政体（Tyranny）
少数人	贵族政体（Aristocracy）	寡头政体（Oligarchy）
多数人	共和政体（Polity）	民主政体（Democracy）

图表 3.3　亚里士多德：政府形式分类

统治权力可能掌握在一个人手中，他将最终决定权保留在他自己手中；也可能掌握在少数人手中，他们通过一个相对平等的委员会行使最高权威；还可能掌握在多数人手中，他们通过一个会议进行立法。所有真正的政制都具有一个正义的或符合所有人公共利益的终极目的，这意味着存在一种混合政府，许多阶级都在其中有所代表，并且法律具有至高无上的地位。然而，一个扭曲的政府形式是这样一种政府，它由一个单一的统治者或统治阶级的私有利益所主导，在这里，统治者的意志取代了法律的统治。这种划分产生了六种类型的政体，比柏拉图在《理想国》中描述的政体更复杂、灵活，并展现出各自相对的优点（或缺点）。因为在《理想国》中，仅有一种真正的政制，其他政制全都被认为是扭曲的。尽管在这六种政府形式中亚里士多德有其自身的偏好，但他也愿意考虑其中每一种政体的某些优点。事实上，没有哪个政体是毫无所长的，只要正确地引入教育和新的法律，它们都能发展为一种更为正义的政府。

在君主政体或王制下，由一个有德性的人在法律的指导下进行统治，这种法律要求公职的轮换，并使决策导向公共利益。僭主政体建立在一个终身制暴君的专断统治基础上，他凌驾于法律之上，为了满足个人利益而统治。亚里士多德认为僭主政体是最坏的政府形式，但也认为，对于他那个时代的那些大型国家，那些正威胁着希腊城邦独立性的军事帝国，僭主政体是唯一可能的政府形式。

贵族政体则是由那些最好的少数人统治，他们将个人功绩和财富与为了公共利益而统治相结合。然而在寡头政体中，作为少数的统治者也是富有的，但他们却促进自己阶级的利益，并将它置于其他阶级的利益之上。

民主政体，对亚里士多德来说是一个用来指代扭曲政制的贬义词。它服务于许多自由民出身的穷人那无法无天的贪欲，他们构成了多数派。尽管该政体实际上是暴民的统治（"暴民政体"），亚里士多德却认为它是那三种扭曲政体中最不糟糕的，因为相较另外两个政体而言，它符合更多人构成的阶级的利益，因而更接近全体人民的利益。[15]

另一方面，亚里士多德用共和政体一词来指代真正的政制可能具备的最好形式。这是一个有德性的民族最有可能拥有的真正的政府形式。它之所以是最好的，是因为它反映了理性和适度，被构建得能够对抗任何社会中的阶级冲突所导致的潜在不稳定因素。共和政体将质量与数量、德性与财富同人数相结合，将制衡权交给多数人，但把有效的控制权交给有德性的中产阶级，这个阶级在法律的约束下依照公共利益行使最高权威。

一个稳固的共和政体需要一个庞大的中产阶级存在。亚里士多德将中产阶级定义为：富人中较贫穷的部分以及下层阶级中较富有的部分的结合。正因为处于中间位置，这个聚合的阶级能够综合穷人和富人的视角来反映中道。中产阶级的规模必须足够大，以便在政治上主导整个城邦，由此，无论是极其富裕的人还是极其贫穷的人，都无法控制城邦。亚里士多德认为，中产阶级最好比富人和穷人的总和还要大，或者至少应该大于另外两个阶级中的任何一个。富人和自由民出生的穷人都应该被列为正式公民，轮流担当统治者和臣民。[16]

柏拉图在《理想国》中说，大众的参与应当只包括对权威的服从，然而亚里士多德却将政治视为一项艰巨的任务，应当时不时地让几乎全体公民都轮番担任政治职务。[17]这样的参与方式对共和政体大有裨益，因为合理的观点可以得到考虑，对政府潜在的反对也可以得到避免。亚里士多德认为，混合且稳定的政府能够带来良善的法律以及守法的公民，而守法的公民又会强化通过混合阶级身份而确立起来的稳定性。他还说，关于稳定性的最终检验标准，不是多数人完全支持该政制，而是再没有哪个重要的派系或阶级赞成暴力变革。[18]

政治变革

在第五卷中，亚里士多德考察了政治衰落的原因，其中一些原因在前文已经提到。他说，正因为所有国家都有一些缺点，由于大众的无知、激情以及缺乏足够的德性等腐蚀性因素，国家只能部分地实现其潜能。尽管意识到退化是无可避免的，但亚里士多德还是认为，如果公民理解了政治缺点的来源，他们就可以在一定限度内控制政治衰落的步伐。

> 显然可以得出的结论就是，要真正配得上城邦这一名称而非徒有其名，就必须关心德性问题；否则政治联合体就会变成一个单纯的联盟，它与其他联盟形式的区别就仅仅在于

空间方面，就是说，其成员毗邻而居，而其他联盟的成员的居住地都相隔甚远。而且，法律也成了纯粹的契约，用智者吕科富隆（Sophist Lycophron）的话来说，法律只是"彼此之间权利的保证人"，而不再是一种会让城邦成员变得良善而正义的生活规则。[1] [19]

亚里士多德在第三卷中就指出，好城邦衰落的一个根本原因，是在任何以贫富悬殊为特征的社会中发生的关于正义的冲突。这样的冲突既表明又加剧了中道的丧失，即政府的维系所必需的有机和谐丧失了。由此，公民便过度关注个人的幸福，而非作为一个整体的城邦。法律也仅仅保障权利，而不规定相互的义务。随之而来的是城邦被明确地划分为对立的经济阶级。富人面对着许多穷人，中产阶级则被排除在外。这样的衰退进程中，下一个阶段可能就会是暴力和革命。

亚里士多德意识到，即使最好的法律和制度以及混合阶级的体系，也无法确保一个稳定的城邦。一个健全城邦的制度与实践背后是其政制的精神。如果允许这种精神衰退，那么该城邦也必将堕落。为了防止衰退，公民的行动就必须始终把公共利益放在心上。他们必须对法律的条文和精神表现出最大的尊重，即使是在最微不足道的事情上也应如此。此外，政府官员不得从其任职中谋取私利。

教育必须支持健全的宪制结构和有德性的行为。教育在培养公民与生俱来的潜在德性上发挥着主要作用，为此，尤其要教育他们适度，并且愿意为共同利益做出牺牲。[20] 除了儿童在家中以

1　译文参照《亚里士多德全集》，第 9 卷，第 91 页。

父母为榜样所学到的东西外，教育是国家的职责。它应当使男人为公民身份、分享决策制定权以及轮番而治做好准备。在某些方面，教育是持续一生的，因为公民将从其他公民有德性的榜样行为和正义城邦的法律中学习。对有德性的民众来说，教育以及良善的法律是比警察权力的威胁更为有效的教师，它们是抵御良善城邦走向衰落的最佳防卫手段。

亚里士多德以一个客观的政治学家的身份进行写作，但其目的可能是减轻扭曲政制下臣民所遭受的压迫，他甚至还告诉腐败政权的统治者如何维持其权力。例如，当他向统治着所有政府中最不稳固的政府的僭主建议如何减缓其政权不可避免的衰落进程时，他便比马基雅维利早了一步。[21] 他力劝僭主分化和征服人民，建立一个对反对力量非常警惕的强大间谍系统，以及消灭那些威胁到其权力的人。僭主还应当鼓励贫富之间的阶级仇恨甚至战争。应当不惜一切代价使臣民相互之间成为陌路人。任何能促进友谊或利益共同体的联合体都必须被镇压，因为一旦臣民开始彼此信任，他们便会组织起来向僭主发起挑战。亚里士多德还说，僭主在幕后操纵群众时，他们应该尽可能地表现得像一个君主。他不应该通过乱花钱来炫耀自己的财富，相反，他应修建一些宏伟的公共工程来让公民崇拜，也要为穷人提供稳定的就业机会。他还应该公开地进行神灵崇拜，并且遵从传统的仪式和惯例，以便形式上表现得很虔诚，因为这会使得普通大众认为他不是不正义的，无论其政权采取了什么样的压迫行为。亚里士多德解释了自己给出这些建议的原因，毕竟这些建议已经超出了对所有类型的政制进行科学研究的范围。他总结道，如果僭主倾尽全力地表现得像一个君主，那么他们不仅能统治得更长久，同时也能发展出一些减轻人民负担的举措。

结　论

亚里士多德同柏拉图一样，强调集体优先的角色以及个体相对次要的地位。但这两位哲学家都不太关心个人和集体的等级排序。相较而言，他们更关注将所有成员融合到一个严丝合缝的整体之中。他们都专注于一个有机的共同体，在那里，政治遍及所有的个人活动和社会活动。对于"规定了每一种德性在总体和谐的人类生活体系中的位置"[1] [22]的宇宙秩序，他们也有一个共同的观点。正义、真正的自由以及幸福都能通过参与良善城邦而得到实现。

就支持这些目标以及他们实现这些目标的方法而言，亚里士多德和柏拉图都反映出一种保守的、精英主义的以及典型属于古代人的气质。亚里士多德极为关注维护城邦的稳定，就此而言，他是保守的。同柏拉图一样，他也意识到变革可能是无法避免的，而且始终有革命的可能性。他希望能尽可能地延缓变革和革命，以维护政治的稳定并实现渐进的变革，因为他反对暴力而支持教育。他们都是精英主义者。他们一致认为，一些人就其本性而言优于其他人，即便他们对这些优越者究竟是谁持有不同意见。

亚里士多德和柏拉图还分享着一个古代的视角，他们对实在的理解有相似之处，这使得他们对个人与集体之间的关系持有类似的观点。他们都持有一种观点，即理想是真实的，比物质性的东西更重要。他们还认为，理性是"引擎"，它推动着我们去评判城邦，并为人们提供了做政治判断所必需的标准。

1　译文参照［美］麦金太尔：《追寻美德》，宋继杰译，南京，译林出版社，2003年，第180页。

与此同时，亚里士多德和柏拉图对于理想究竟位于天上还是存在于对象之中也有分歧，这导致他们在一些具体问题上有不同看法。相对而言，亚里士多德在几个关键问题上的立场比柏拉图更为温和。亚里士多德坚持认为，任何对象的终极目的都必须从其本身去寻找，而不是像柏拉图所主张的，在对象之外去找。亚里士多德在提倡中道时表现出一种更加"务实的"视角，这是一种介于各种极端之间的理想，而不是柏拉图乌托邦式的理想，后者是一种极端。亚里士多德完全不信任任何形式的过度。

因此，亚里士多德并不提倡从头开始来实现一个较好的（更不必说完美的）城邦，可以说柏拉图就会这样。他更喜欢从现行的法律、风俗、习惯和民众的本性着手，这些是城邦大写的政制。除一种政府形式以外，对其他的形式都加以彻底谴责，这是亚里士多德所不愿意的。相反，他在《政治学》中允许以多种方式去实现一个正义的城邦。

亚里士多德有一个理论上的理想，但他愿意勉强接受一种作为实践理性产物的政府形式。他的这种更温和、更实际的观点使他去捍卫多数人的统治，并将其视为最可行的政府形式，而不是去支持一个仅由少数智慧的统治者统治的政权。他将哲学的任务与统治的任务区分开来，提倡法律（法律是一种中道）之治，而不是一个全知的（all-wise）统治者的法令之治。但是当他拒斥了哲学王的精英主义时，他同样也拒斥了柏拉图所主张的统治阶级内部的性别平等和"共产主义"式的平等。他用来取而代之的是一个以男性为主导的政制，在该政制下，经济差异、女性的次等地位以及"自然的"奴隶被当作理所当然。[23]

最后，尽管亚里士多德认为城邦的政治是有机的，城邦本身就是一个有机的统一体，但这种统一却并不是完全的统一。相反，他认为城邦由很多部分组成。如果说生活中大多数最高善将在共同体中实现，那么少数最高善，例如追求智慧，则可以由个人私下去完成。自我实现，甚至是一些能够与城邦的目的相融的自爱（self-love），只要不过度（即威胁到城邦的基本统一），都可以被允许。

因此，亚里士多德在很多方面都拒斥他的老师柏拉图在《理想国》中提出的一些主要观念。他通过为政治思想确立一个新的、不那么理想化的基础来反驳那些观念。然而，亚里士多德却并没有取代柏拉图的贡献。相反，柏拉图充当了亚里士多德的基础，他是亚里士多德观念的来源，亚里士多德修正了他的观念从而呈现出一种不同的视角。若是柏拉图没有写下《理想国》，亚里士多德的《政治学》必将有所不同。二者都对后世政治哲学家产生了强有力的影响。[24] 因此，我们有必要问问那些继承他们思想的哲学家，他们的哪些思想反映了柏拉图的影响？哪些表明了亚里士多德观念的力量？

延伸阅读

Barnes, Jonathan. *Aristotle*. New York: Oxford University Press, 1992.

Curren, Randall R. *Aristotle on the Necessity of Public Education*. Savage, Md.: Rowman & Littlefield, 2000.

Kraut, Richard. Aristotle: *Political Philosophy*. New York: Oxford University Press, 2002.

MacIntyre, Alasdair. *After Virtue: A Study in Moral Theory.*

London: Duckworth, 1981.

Manville, Philip B. *The Origins of Citizenship in Ancient Athens.* Princeton, N.J.: Princeton University Press, 1990.

Nichols, Mary P. *Citizens and Statesmen: A Study of Aristotle's Politics.* Savage, Md.: Rowman & Littlefield, 1992.

Salem, Eric. *In the Pursuit of Good: Intellect and Action in Aristotle's Ethics.* Philadelphia: Paul Dry Books, 2010.

Salkever, Steven G. *Finding the Mean: Theory and Practice in Aristotelian Political Philosophy.* Princeton, N.J.: Princeton University Press, 1990.

Vella, John A. *Aristotle: A Guide for the Perplexed.* New York: Continuum, 2008.

Yack, Bernard. *The Problems of a Political Animal: Community, Justice, and Conflict in Aristotelian Thought.* Berkeley: University of California Press, 1993.

第四章

西塞罗：扩大公民权

导　言

马尔库斯·图利乌斯·西塞罗（Marcus Tullius Cicero，公元前106—前43）是一位罗马政治思想家、演说家、律师与政治家，曾任罗马执政官。[1] 正如他所坦率承认的那样，他的作品并非原创，它们都是以前的斯多亚学派思想家观点的汇编。但这些作品得到了广泛的阅读和引用，他的一些关键观念对后来的政治思想和实践产生了重大影响。总的来说，他的目标在于恢复那个逐渐衰落的罗马共和国。西塞罗特别关注的是捍卫公民政治参与的价值，同时反对另外一些哲学家，他们倡导远离政治生活，转而进入专属个人的事务中去，比如家庭生活、商业生活或者纯粹沉思的生活。[2]

如果说柏拉图致力于哲学而反对修辞学，智者致力于修辞学而反对哲学，那么西塞罗则旨在将修辞学与哲学相结合。他认为，最好的社会是一个可以用说服来战胜暴力的社会。因此，最好的政府所需的政治家，能同时理解修辞学和哲学的价值，并能将它们付诸实践。

西塞罗的两本主要的政治著作是《论共和国》（*On the Common-*

wealth，对柏拉图《理想国》中对话和论证的延续）[3]和《论法律》（*On the Laws*）[4]。《论共和国》关注的主题是最好的或最正义的政治制度。《论法律》讨论了理想的共和国所必需的制度和法律。他还写了《论义务》（*On Duties*）[5]和《论演说家》（*On the Orator*）[6]，这两本书都谈到了个人德性以及政治成功所必需的技能。善政的另一个关键方面是说服的能力。在《论演说家》一书中，西塞罗阐述了公开演说的艺术、必需的教育，以及这些技巧对一个有效的统治者的重要性。此外，我们还知道他发表了约 774 封书信，以及 57 篇演说。

西塞罗的方法

西塞罗的政治观点很大程度上源自斯多亚主义哲学，这种哲学起源于希腊城邦衰落之际。斯多亚主义与柏拉图和亚里士多德关心同一个问题，并重新定义了这两个哲学家曾处理过的个人与集体间的关系。[7]

希腊的政治学以及政治思想具有一种向内的关切，关注增进城邦里共同的公民权。斯多亚主义并不像希腊人那样强调城邦，取而代之的是，它的眼光超越了城邦或任何其他的世俗政治实体，反映了每个人两种身份之间的根本张力：一方面，个人是地方性的、特殊的以及有限的政治体的一部分；另一方面，个人又是一个超越了一切更加有限的政治边界的世界共同体的成员。正如一位晚期罗马斯多亚主义者塞涅卡（Seneca）所写的那样：

让我们牢记这样一个事实：有两个共同体——一个是巨大的、真正普遍的共同体，它涵盖了诸神与人，在这里，我们不关注这个或那个角落，而是以太阳来丈量我们国家的边界；另一个是因我们偶然的出生而被分配所至的共同体。[8]

西塞罗在塞涅卡之前就提出了这种类比。《论共和国》最初的主题便是一个谣言，据说有人在天上看到两个太阳。这使得书中的一位人物莱利乌斯（Laelius）去询问，发生在家外的事情是否同人们的私人生活有关联。书中的第二个人物菲卢斯（Philius）回应道，家并不仅仅是由四面墙组成的结构，而是囊括了整个宇宙。因此，西塞罗的斯多亚主义观点使得他着重论述了这样一个宇宙，在其中，全人类都是一个更大的世界共同体的成员。这个更大的共同体是理性的，也就是说，共同体中的所有不同部分都由理性统一起来。正是理性使任何行动都变得正义，正是理性自然地使个体聚集起来正义地行动，正是理性充当着人类社会、政府及其法律的基础。我们的理性指导我们区分轻重。

那些在物质性事物（即柏拉图所说的对象）中寻求安全的人无法获得成功，因为他们专注于无关紧要的事情。只有那些对物质对象持冷静态度的人才会同更大的宇宙相一致：

> 只有这样的人才真正可以不是根据源自罗马的（地方性）法律的真理，而是根据继承自贤哲的权利，有权要求那些东西归他们所有。他们这样做不是由于市民法下的正式契约，而是由于普遍的自然法——自然法禁止任何东西为任何人所有，除非一个人知道这东西的用处以及如何明智地使用它。[1] [9]

1　译文参照［古罗马］西塞罗：《论共和国　论法律》，王焕生译，北京，中国政法大学出版社，1997 年，第 31 页。

西塞罗的普遍主义（universalist）方法使他得出了自己关于自然法和理性的观点，这种方法对未来政治哲学的发展具有重大意义。如果他设法将其普遍主义观点同自己的历史思考更充分地结合，这种方法还能产生更大的影响，他的历史思考显然是为了给予实践方面更重要的考量。[10] 与此同时，西塞罗的斯多亚主义极具实践性。例如，柏拉图说，知识和德性的获得本身就是回报，但西塞罗却认为，德性必须加以应用，真正的知识在于行动、言论和实际事物中。

希腊哲学家们认为历史和事件即便是有作用，也是微弱的。与之相反，西塞罗在提到罗马的过去时完全是批判性的。他谈到了罗马的历史，但却是以一种具有高度选择性的、往往是错误的方式（如果我们考虑一下实际事实的话）。他这样做的目的是要证明其观点，即罗马的制度随着时间的推移而发展，形成了最好的共和国以及理想的政制，或者至少从实际情况已经是尽可能地理想了。尽管他所选择的历史可能有所压缩，但它却向我们呈现出一种方法论上的不一致，因为它在一定程度上削弱了他更为理性、更为抽象的哲学论证。好像西塞罗拥有至少两个他想使其作品遵循的方向，任何一个方向都将破坏另一个方向。

即使我们能拥有西塞罗所有作品的完整版本 [11]，这种内在矛盾也无助于我们对他的论证得出一种自成一体的理解。他的观点有着根本性的不一致。这种不一致始于其方法论，并延续到他对人性与政府的看法，进而影响了他对自然法与市民法的讨论。为了正确地理解西塞罗，我们必须接受这种内在矛盾和这种方法论上的不一致，不仅要从中推出其思想可能存在着的混乱和不完整性 [12]，并且要认识到，这种不一致对于理解西塞罗及其对（包括我们在内的）后人的影响有着深刻贡献。换句话说，如果西塞罗政治哲学中没有内在矛盾和冲突，他对我们的贡献便会有所不同，甚至可能变得少之又少。

人　性

西塞罗的斯多亚主义使他把所有人看作一个由理性存在者构成的单一而普遍的共同体中的组成部分，无论他身居何处，也无论他是何地位。自然是理性的，因此，作为自然的一部分的人也是理性的。将这个共同体统一起来的理性是自然之神的理性，自然之神是整个宇宙的最高创造者和主人，也是自然法的颁布者。当人类理性地行动时，他们便显露出神的神圣理性。在这个意义上，所有人都是神的造物或儿女。他们彼此也是兄弟，是一个共同的人类大家庭的一员，这个大家庭超越了特定政府和国家的界限。正因所有人都如此服从，他们才都是一个理性宇宙下的同胞公民，这样，他们都是平等的。正如西塞罗所说："……理性——仅凭理性，就使我们超越于其他动物之上——毫无疑问是我们所有人共同具有的，尽管因受教育程度不同而有差异，但学习的能力都是一样的。……事实上，任何一个种族的人中都不可能找到这样的人：他找到了导师，却不能养成德性。"[1] [13]

西塞罗所言的"人民"不仅仅是独立的个体，而且是一个更大的理性秩序的一部分。他们都平等地受制于自然法。所有人都有能力运用他们的理性去认识自然法，这使人们能够过上良善生活，并知道他们作为人类以及公民的义务。自然法不允许基于阶级、

1　译文参照［古罗马］西塞罗：《论共和国　论法律》，第 195 页。

种族、国家或者生活中的地位等狭隘的考虑而在他们之间有偏见和区别。在自然法之下，人类大家庭由平等者组成。它将无视那些被更有限的、更次要的政治实体——它们因时空而变化——所强调的差异，例如罗马人、希腊人或蛮族人，自由的公民或奴隶，富人或穷人，出身良好之人或底层阶级之人。[14]

人类理性的一个方面是"一种属于人之本性的社会本能"，基于此：

> 人民是许多人基于对正义的共识和利益的一致性而联合起来的集体。这种联合的首要原因与其说在于个人的软弱性，不如说在于自然植于人身上的合群性。因为人类不是一种独居的或非社会性的动物，而是生而具有一种本性，即使万物丰裕［，他也不愿意孤独地生活］。[1] [15]

这些平等的存在者就其本性而言便是社会性的和政治性的。也就是说，他们的理性迫使其生活在共同体之中，这是自然的，因为这契合了人们的理性本性。因此，人类只有通过作为公民共同参与其中，才能实现其真正的本性——他们为之而生的东西。这也导致了在他们的家庭以及更大的社会（包括国家）中的关系产生。所有联合起来的人都能认识到那"印在所有人心中"的普遍法则。[16]《论义务》考察了应当用什么规则来指导人们的行为，以及人们对其行为所应承担的责任。西塞罗引入了"适恰"（decorum）这一概念，意思是"恰当"（fitting），作为一种运用理性以确保人的灵魂同本性相和谐的方式。[17] 倘若能在灵魂中达到与本性和谐，我

1　译文参照［古罗马］西塞罗：《论共和国 论法律》，第39页。

们便能被引向正义和有德性的生活。

　　但是西塞罗并不总是将其哲学的理性倾向贯彻到底，同时他也让自己对普遍平等的辩护变得缓和了一些。在与支持下层阶级或平民事业的罗马政治家喀提林（Cataline）的对峙中，西塞罗促成了贵族和商界的合作来对抗穷人。这与西塞罗个人对于既定秩序和上层阶级的倾向，以及对暴民的恐惧相吻合。因为尽管人们被聚集到共同体之中是遵循自然的指引，但正是怀着保卫其财产的希望，他们才寻求城邦的保护。[18] 但是他偏袒有产阶级的倾向却再清楚不过了。在这段表明女人从属于其丈夫的话中，性别平等也遭到质疑："实际上也不需要像希腊人的习惯那样，设立官员去管理女人，但是应当有监察官去教导丈夫统治他们的妻子。"[1] [19] 西塞罗所吹嘘的平等主义结果也是相当有限的，至少根据其保存下来的文本是如此。[20]

政　府

　　罗马的政治思考受到其历史的影响。大约在公元前 509 年，君主制被颠覆，被一个共和国取代。这个共和国大致持续到公元前 31 年。共和国统治之下，长期存在一个元老院（senate），这是一个由罗马重要家族的领头人组成的世袭贵族机构；还有两名选举产生的执政官（consuls）或最高行政长官，他们偏向贵族一边；以及 10 个制约执政官的保民官（tribunes），保民官由平民或普通人选举产生，并代表他们。

1　译文参照［古罗马］西塞罗：《论共和国 论法律》，第 136 页。

西塞罗是一位务实的思想家，他见证了罗马共和国——的确是一个名副其实的共和国——的复兴，这种复兴是通过逐渐吸取教训以巩固共和国的制度来实现的。在某种程度上，他向我们呈现了一个神话般的罗马共和国。罗马由战神马尔斯（Mars）之子罗慕路斯（Romulus）建立，他本人在死后也被尊崇为神。这个共和国显示了罗马在起源上的智慧和正义，由此也体现了其高贵的目的。如果要建立和维持一个共和国，它必须以这种高尚的原则为基础。但是，若无制度来维持它们，这种原则性的目标是不够的。

西塞罗在讨论两个太阳的谣言时处理了这些制度的统一性问题。在《论共和国》中，关于这个问题的讨论促使莱利乌斯指出，最近在罗马发生的事件似乎产生了两个元老院以及两个人民。他问道，人民和元老院的联合如何才能有效。对话的另一位参与者斯基皮奥（Scipio）给出了答案，他为一个国家或一个真正的共和国的最佳政制给出了定义：

> 因为，共和国（commonwealth）如果不是人民的事务又是什么呢？因此，它是共同的事务，即一种属于国家的事务。那么如果不是在某种和谐的纽带下聚集在一起的一些人，国家又是什么呢？[21]

在这里，个体灵魂中和谐的重要性与它在政府中的作用相联系。

一个共和国的建立是为了满足人类的社会需要，这种需要对所有人来说都是自然的，而不是因为人性中的任何弱点或缺点。共和国是一个结合了权利和法律的伦理价值的政治共同体。国家就是这个共同体融合了一种政治和法律结构后形成的组织，因此它可以延续并繁荣。共和国的政府以所有公民都以一定的政治角色和一定程度的个人自由为基础，并且还以允许统治者让公众同意智慧（这种智慧蕴含于法律中）的统治为基础，因此它最接近于可行的最好政府。公民因共同寻求在政策及其执行过程中实现公共利益或正义而联系起来。这种共同的探索就是要寻找符合自然法原则的市民法，而且，"共享法律的人也必将共享正义，共享了这一切的人将被视为同一个共和国的成员" [1] [22]。

西塞罗让他的另一个自我即斯基皮奥跟随波利比乌斯（一个研究罗马政治制度的早期学者）的指引。[23] 斯基皮奥告诉我们，存在三种纯粹的政府形式：君主制、贵族制以及民主制。这三种形式都以统治者对其臣民的爱为特征，并且每种形式都以理性、智慧或者自由而加以区分。然而，一个共和国并不能等同于这些纯粹形式中的任何一种。每一种形式都偏袒占主导的统治阶级：单个统治者、贵族或者多数贫民。纯粹的政体将不可避免地因其缺陷而衰败，变成僭主制、寡头制或暴民统治。尽管西塞罗认为，在理想的状态下，君主制是纯粹形式中最好的，但是将三种纯粹形式混合而成的新形式才是最稳定的，因而也是所有形式中最切实可行的。混合政体既考虑到了少数人智慧的、正义的统治，与此同时也满足了大众对于自由的渴望。

西塞罗为其偏好提供了两个理由。首先，对所有纯粹国家来说，在其衰退为腐化形式前都有着一个有限的生命周期。混合政府能够制止，或者至少能减缓朝着腐化形式的转变。其次，一个混合的国家能够实现并平衡每一种政府形式中所发现的积极价值，

1　译文参照［古希腊］西塞罗：《论共和国 论法律》，第 192 页。

因为它结合了理性、智慧以及自由等几种德性。正如斯基皮奥所指出的，如果我们不赞成使人们的财富均等，而与生俱来的能力平等又是不可能的，那至少同一个共和国的公民的法定权利应当是平等的。因此，混合国家实现了社会不同阶级间权利和义务的平衡。混合政府还使每个阶级能够通过其在政府中被分配的角色，来抑制其他阶级非理性的过度行为，从而遏制任何一个或更多阶级做出自私行为和违背公共利益行为的倾向。

在共和国中，所有阶级共同治理，每个阶级都倾向于某个关键的制度，但他们都关心整个共同体的善，即便（至少短期来看）这会有损于他们自己的阶级。作为爱国者的西塞罗总结道，罗马便是这种混合共和国的典范。在某种程度上，他认为罗马政府是更为优越的，因为它是数代人思想和实践的产物。[24] 罗马混合政制的产生要归功于许多富有才智的人的贡献，他们身处不同背景，一个一个地解决当时出现的实际问题。西塞罗认为，由此所形成的政体并不是一个由多种原材料拼凑成的大杂烩，而是一个最稳定、最无与伦比的政府形式。这为他的制度论证提供了一个历史维度。

至于对政府来说最佳的地理环境，罗马同样为西塞罗提供了一个范例。当然，它是一个城市国家 [25]，对这样一个城市来说，罗马所处的是最佳位置。它离海洋之侵蚀足够遥远，且扼山为守，又足够靠近河流，可谓有百利而无一弊。

在他的混合政府中，西塞罗将罗马共和政制的贵族概念与贵族元老阶级相联系，也与他本人所属的、拥有大量土地的骑士中产阶级相联系。[26] 在制度上，罗马的混合政制赋予了行政官（magistrate）一段有限时间（两年）的权力，也按照法律和习俗赋予上层阶级的元老院以及中产阶级的骑士以影响力，赋予大众以自由。下层阶级以无记名投票的方式选出将要在政府中担任要职的贵族。由此，那些当选的人就应当按照大多数选民的利益行动，不是要给予选民他们想要的一切，而是要正义地统治他们。需要注意，混合政制中的大众成员很大程度上服从于贵族阶级。

法　律

罗马的斯多亚主义者、皇帝马可·奥勒留（Marcus Aurelius，121—180）说：理性、法律、人类平等以及更大的共同体是宇宙链条中的关键纽带。

> 如果理智（intellectual）是我们共有的，那么使我们成为理性存在者的那种理性也是共有的；如果是这样，那么指导我们何事该为何事不该为之理性也是共有的；如果是这样，那么也就有共同的法律；如果是这样，我们便都是同胞公民；如果是这样，那么我们便都是同一个政治共同体的成员；如果是这样，宇宙就犹如一个城邦。要知道，有谁能把由整个人类构成的政治共同体称为其他什么呢？[1] [27]

按照这一链条生活，就是遵循自然的道路，或人与自然之间天然亲和的道路。这条道路给予我们一条普遍的法则，它支配着包括人类在内的全体造物，以寻求一种不受人类欲望或政治野心腐化的生活。这一法则与我们的理性进行对话，告诉我们何为正

1　译文参照［古罗马］奥勒留：《沉思录》，王焕生译，上海，上海三联书店，2010 年，第 34 页。

义以及何为不义。它指引我们通往和谐的生活，即使我们还身处一个并不和谐且似乎濒临衰退的政治共同体中。马可·奥勒留的观点反映了一个帝王对西塞罗共和主义法律观的解释。

对西塞罗来说，最好的共和国是能带来和谐的共和国。唯有当国家真正是人民的事务并将全体人民联合在一起时，和谐才能实现。国家通过促进良法以实现这一点。一个共和国寻求和谐或平衡的方式在很大程度上就像音乐对和谐的要求那样，而实现和谐的必经之路就是：法律要以正义为目标。正义的法律保护了所有人平等的权利。尽管如此，正义仍要求尊重社会中群体和阶级之间的差异。

《论共和国》中对话的另一位参与者菲卢斯认为，对正义的追寻应该排除自然，并仅限于社会。[28] 菲卢斯说：

> 如果正义是自然的，那么自然就已经制定了我们所有的法律；所有民族将会受制于同样的法律；并且同样的人不会在不同的时间受制于不同的法律。现在，我问你一个问题：如果一个正义的人和一个良善公民的义务都是遵守法律，那么他们应该遵守什么法律？ 1 [29]

莱利乌斯回答道，法律不是约定的，毋宁说：

> 将会有一种永恒的、不变的法律在任何时候都对所有民族具有约束力；而且人类将会有一个共同的主人和统治者，即上帝，他是这一法律的创造者、解释者和发起人。不服从

1　译文参照［古罗马］西塞罗：《论共和国 论法律》，第 110 页。

该法律的人遗弃了他更为良善的自我，并且他否定人的真实本性，从而将会遭受最严厉的惩罚，即便他躲过了人们称之为惩罚的其他后果。[1] [30]

一个共和国以其共同的法律系统为基础。市民法建立于自然法的基础之上，旨在确认公民的自由以及政府合法的权力及其界限。法律旨在维护现存政治和社会秩序中最好的部分，并允许那些可以变得更正义的领域逐步变革。[31]

人类的政治联合体，在它们不再受到建立它们的目的指导时，便丧失了其合法性并不再是共和国。这些目的就是正义，或符合公共利益的行动。自然法理论推动了追求正义过程中伦理与政治的结合。政府必须以源于自然法的伦理原则为基础。西塞罗将自然法等同于上帝的心灵，更具体而言就是罗马神话中至高无上之神朱庇特（Jupiter）的正确理性。自然法统治着世间万物。无生命之物必须通过其存在来服从它；有生命之物，包括除人类以外的所有动物，必须本能地服从它。只有人类并不是从肉体上被造成这样：他们服从是因为受到了理性能力的驱使。

对于那些将要帮助管理共和国的人来说，无论他们是政治家还是普通公民，关于自然法的知识都至关重要。前者必须具备一种意识，这种意识类似于"舵手的天文学知识，或者医生的自然哲学知识。舵手和医生把自己的知识运用于技艺，而不是妨碍自己履行职责"[2] [32]。公民们也必须具备一种同样的意识，这样他们才能一同将市民法引向正义。自然法的观念包含了这样一种观点，

1　译文参照［古罗马］西塞罗：《论共和国 论法律》，第120页。

2　译文参照上书，第146页。

即公民对其特定国家之法律的忠诚是有条件的，而不是绝对的，不遵循自然法原则的法律并不配得到好公民的服从。自然法这枚硬币的另一面是，公民必须服从其国家制定的与自然法相符的或理性的法律。由此导致了这样一种观念：在对统治者和被统治者具有同样约束效力的法律面前，所有人享有平等的权利。只有符合这一说法的政府才可被视为合法的。

由于自然法原则极为笼统，市民法或实在法不必做到全世界完全一样。它可以因地而异，只要不违背自然法即可。市民法的改变是为了使共和国朝着正义的方向前行，罗马便是因此才发展成为西塞罗所青睐的共和政体的。自然法授予我们正义的首要原则，根据这些原则，政治不仅仅是一系列随机且不相关的行为。政府正是通过市民法将这些行为引向正义的目的。根据自然法，个人首先是一个世界公民，其次才是某一特定的、有限的城邦的成员。

与柏拉图和亚里士多德一样，西塞罗的观念也产生于一个正在衰落的政治体。西塞罗以其自然法理论来对抗这种衰落，并为传统的罗马政治实践做辩护。他认为，罗马政制的很多方面都反映了自然法的原则，正是短视的精英伙同身无分文的大众在毁灭一个严格遵循自然法的政治系统。

公共的、私人的与法律

拉丁语中的"共和国"一词写作 *res publica*，意思是"公共的事物"（public thing）。共和国的政府同"私人的事物"（private thing，拉丁语写作 *res privita*）形成鲜明对比。西塞罗意识到公共的与私人的之间、个人与集体之间有着无法避免的张力，并试图在其著作中削减这些张力及其对共和国与公民潜在的消极影响。由此，他考虑了好人和好公民间的区分，并通过一个由真正的正义所统治的共和国来调和二者。在那里，好人和好公民所要求的德性是一样的。试回想，莱利乌斯曾发问，发生于家外之事是否会影响私人生活。对此给出的回答为，我们的家囊括了整个宇宙。这可能意味着，公共的和私人的之间的区分被西塞罗所废止。任何事务，无论是家庭的、共和国的还是宇宙中的，皆为一体，不可区分。然而，西塞罗的天才头脑使其避免了如此简单化的结论。相反，在运用一条普遍原则的同时，他也保留了这种区分。

西塞罗描述了在一个共和国中法律的作用：

> 法律是被植入本性中的最高理性，它命令当做之事，禁止相反的行为。这种理性在人的心灵中牢固确立并充分发展后，便是法律。[1] [33]

对他来说，法律是一种自然的力量，是上帝的指令并且与上帝同权。它是正义之起源，被定义为宇宙中对与错的基本含义。其正义会永远发出命令或禁令：它是个人行为和政治行为永恒不变的普遍标准。例如，即使并没有反对人身侵犯的成文法或惯例，这种行为仍然是错误的。

所有理性的人，那些同自然和谐相处的人，都能认识这一法律。[34] 它被称作永恒法或自然法。建立于正确理性、正义与自然之上的自然法，是我们评价任何人类法好坏的标准。它是普遍的，因为它平等地适用于世界各地的所有人，无论其地位或政治重要

1　译文参照［古罗马］西塞罗：《论共和国 论法律》，第189页。

性如何。它是永恒的，适用于所有时代。它是自然的，因为它同自然相符。因此，自然法优于实在法或公法（public law），后者在特定且有限的时空里处理其管辖范围内的事项。公法是人民的集体呼声，政治权威就是根据该法而行使的权力。以正义的方式行使权力的行政官或其官员行事之所以正义，是因为他们的职务是由选民依照法律赋予的。

所有人都拥有两个公民身份，并同时服从于两份忠诚，因为我们都是两个世界的公民。双重公民身份这个概念概括了自然法和公法之间的伦理关系，并且将我们对共和国（或国家）的义务与对自身的义务统一起来。它通过保持二者的分离，但同时又将它们置于自然法的统治之下来做到这一点。在真正的共和国，即为人民服务的共和国中，有一条共同的纽带将全体公民团结在一起，那就是对真正的正义、永恒的理性自然法和自然之尊重。这一纽带通过统一人类法与自然法而促成了和谐。我们首要的忠诚当归于宇宙法或自然法，它当然是理性法则、伦理法则与道德法则。它包揽万象，使得所有人都成为人类这一更大社会（整个世界）的平等公民，从而超越了所有特定的、世俗的划分，诸如国家、种族或氏族。自然法为他们提供了为所有人所共同拥有的自然权利。它拥有他们首要的忠诚，并包含了根据他们的权利而得以实现的私人目标，以及那些为所有其他个体所享有的权利。

人们对世俗国家的公法负有次要的忠诚。这一法律使他们成为特定地区的公民，那些地区有边界和政府，也有一个或多个颁布并执行公法的统治者。这种公民身份是排外且受限的，只有部分人可能成为成员。公法仅能获得有条件的服从，是否服从取决于它有多正义。市民法并不仅仅因为它能化解冲突，或惩罚被指控犯罪者就是正义的，也不是因为它得到了大众或贵族机构的同意或行政官的认可就是正义的。市民法应当根据其符合自然法的程度来受到评判，因为通往正义之路就在于此，也只在于此。拒绝遵守正义之法是所有人都可做的选择，但是当他们不服从时，其人性也减弱了。若没有这一约束，混乱和冲突是必然的。若该约束存在，贪婪、自私、党派之争以及政治冲突即使不能避免，也会是最少的。法律约束着所有统治者、所有国王、所有执政官，以便他们制定的适用于这个或那个城邦的特定人类法与自然法的统治相符合。那些违反自然法的人被称作不自然的或不正义的。他们的行为同自己真正的即理性的利益背道而驰。

正如个人可能不遵守自然法那样，政府也可能用武力而非说服来统治，从而不尊重其臣民的道德自主性。但它随后将成为一个腐败的国家，无法实现其真实本性。它的统治者是不正义的暴君。他们拒绝承担其义务，即保护其公民的利益使其不受到暴君的个人欲望之害，并将公共利益置于党派利益之上。具体而言，西塞罗认为领导者有义务保护财产权，避免繁重的税赋，避免遭受怀疑和腐败，并帮助确保所有人都拥有足够的生活必需品。[35]

正义地或有德性地行事就是这种行为本身的奖励。但这些行为，加上智慧和诚实，也促成了一个好的统治者的另一个重要特征：维持良好的名誉。

结　论

对于表达一般的罗马思想，尤其罗马政治思想，西塞罗做出了最重要的贡献。但是他的作用远大于此。罗马思想是由古希腊哲学发展起来的。希腊和罗马的观点共同构成了我们今天所说的古典思想，它们都为西方政治理论后来的发展做出了关键的贡献。
而西塞罗是这两种古典观念交汇点上的关键人物。随着希腊城邦
的衰落，像西塞罗这样的罗马思想家考察了为政治权威和公民身
份赋予新意的方法。他们的环境是一个以罗马政治制度为基础的、
更大也更多样的世界共同体。

　　西塞罗采用的方法以斯多亚主义思想为基础，采用的人性观
以其希腊前辈为基础，但又比他们所构想的更加宽泛。他提倡一
个建立于熟悉的原则之上的政府，但将其中一些原则加以改造并
用来作为法律和新颖制度安排的新基础，这深刻地影响了我们对
政治和法律准则的看法。说明这种影响的重要线索可以追溯到西
塞罗的自然法观念。他将自然法视为某种更高的法，它高于普通
的市民法或公法，这是西塞罗思想的伟大遗产之一；他对斯多亚
主义的自然法概念的阐述对后来的许多思想家都产生了深远影响，
无论宗教界的思想家还是世俗的思想家。[36] 虽然自然法观念主张，
政府的行为若要被认为是正义的，就必须符合更高的法（或说自
然法），但让这两种法保持一致并不是未加思索的做法。自然法与
市民法并不完全或必然相同。后者应以前者为基础，但也要承认，
即使是最有智慧的统治者，也无法在实践中实现这两种法在理论
上的关系。

　　完全正义的政权是一个类似于柏拉图理想国那样的哲学观念，
可能超出了人类成就所及的范围。有智慧的立法者和政治家降低
了纯粹正义和纯粹理性的要求，这样它们就可以与公民社会的实
际需要相容。尽管如此，这些标准仍然是人类法律和行动的指南，
因为若没有它们，暴政便会盛行。有了这些标准，人们便看到，西
塞罗强调共和国及其领导者是为了公民的利益而创立和存在的这
一价值观源自柏拉图，但一直持续到今天，并转变为拥护和捍卫

共和国里大众统治的基础。除了规定法律的等级外，西塞罗还为个体公民和政府规定了义务和一个规则等级。他还促成了这样一种观念，即正义的政治权威源于个体公民的同意，他们享有平等的政治参与权利和个人隐私权利。简而言之，他们要践行双重公民身份。

然而，西塞罗作为这种双重公民身份的缔造者，其哲学中仍存在许多显然尚未解决的问题。例如，他的自然法概念兼有保守和激进的意味。如果一个国家的特定法律被认为是正义且自然的，顺从的大众就应当高高兴兴地遵从它。但是，诉诸自然法也可以作为反对和批评现状的有力工具，用来支持像废奴主义者（abolitionist）的言行一样影响深远的公民不服从理论，支持民权以及反战的抗议者（例如马丁·路德·金），反对虐待动物者以及反堕胎的抗议者。此外，还有一个方法论上的问题：西塞罗的理性自然法——它是所有人都有义务遵从的——观念，与他提出下述说法的历史依据之间存在着多大程度的直接冲突，即，罗马的制度是支撑着一个值得理性人忠诚的正义国家的典范。[37]

西塞罗阐明了一些原则，这些原则使得政治哲学摆脱了柏拉图和亚里士多德的狭隘性。尽管他们都暗示了高级法的观点，但这两位希腊思想家都无法设想公民的主要义务不仅仅是对其狭小城邦的义务。但正如一位极具洞察力的评论家所问的那样："政治空间的边界可以延伸至何处？'公民参与者'的概念在多大程度上能承受住因人数增加带来的'稀释'？政治联合体的决定所具有的'公共性'需要小到何种程度，这个联合体就不再是政治性的联合体了呢？"[1][38] 上述情况一旦发生，那种让真实共同体中的

1　译文参照［美］谢尔登·沃林：《政治与构想》，第72~73页。

个人联合在一起的"黏合剂"会发生何种变化呢？在这种真实共同体中，每个人以及所有人都为定期解决政治问题做出了有意义的贡献吗？他们又如何持续地共同关注作为一个真正共和国的政治共同体之利益，这种利益是人民的事，他们努力地保护它免受这种或那种利益（即便是他们自己的利益）所支配？如果一个国家幅员辽阔，人口各异，人民并没有分享一个共同的有机遗产，其文化是刻意塑造出来的，人民对它只是口惠而实不至，同时却在追求自己私人利益时破坏国家，那么在这样的国家里还可能有参与式的政治吗？

另一个悬而未决的问题涉及西塞罗的平等主义（egalitarianism）。他主张普遍共同体中所有成员一律平等，并将其引申进而主张任何一个共和国内部的公民平等。但他也表示，根据财富、地位、年龄把人们进行划分后，其决策会更加明智。这表明了一种精英主义，这种精英主义既与贵族对罗马共和国的长期控制相一致（在那里，权力在相互竞争的寡头间交替），也与西塞罗本人的背景和倾向相一致。但是他对人类平等的主张又如何呢？鉴于他那个时代的动荡以及他担任公职的生涯，我们就可以理解为什么西塞罗会通过唤起一个理想的国家（它接近于历史上的罗马及其制度），来选择那种可见于罗马过去的稳定性。但在这个过程中，他是否粉碎了自己的普遍主义哲学？在这个问题上，似乎存在两个西塞罗，一个是哲学家西塞罗，他支持广泛的平等；另一个是政府官员西塞罗，他强制施行那些更富裕公民的权利。

或许西塞罗想要通过创立一套包罗万象的政治理论以赞颂罗马的制度和历史，这一理论不仅解释了它们的优越性，还为其做辩护。但是在提出一种循环政制观（即好政制与坏政制交替出现，最终出现了混合政制）时，西塞罗是不是没意识到这一模式基于亚里士多德对希腊城邦的分析，而非基于罗马历史？虽然西塞罗称赞罗马政制是一种混合的政府形式，但他并没有清晰地或充分地解释全局中的每个部分各自适合哪种制度，这为其制度分析留下了更大的漏洞。

在某种层面上，我们可否认为，这意味着西塞罗在调和理想与现实这一人类两难困境时永远都会遭遇挫折？如果我们也有他这种混淆带来的结果，那么我们也同样会面对有缺陷的政府和公众。尽管有的人认为这种不和谐是其哲学的一个重大缺陷，但它也有积极的一面。西塞罗思想中的两面，即普遍的一面和特殊的一面、哲学的一面和制度的一面、平等主义的一面和精英主义的一面，最终导致我们形成了一个现代观念：个人有针对集体的权利（尽管不完美，但还在发展），这是希腊思想所无法设想的，至少不能普遍地设想。西塞罗的作品不仅启发了后来的罗马思想家，还影响了如圣奥古斯丁这样的基督徒。因此，西塞罗充当了一个通道，罗马的价值观通过他影响到基督教的发展，并一直影响到现在。

延伸阅读

Barrow, R. H. *The Romans.* New York: Penguin, 1979.

Bauman, Richard A. *Women and Politics in Ancient Rome.* New York: Routledge, 1992.

Bellotti, Raymond Angelo. *Roman Philosophy and the Good Life.* Lanham, Md.: Lexington Books, 2009.

Connolly, Joy. *The State of Speech: Rhetoric and Political Thought in Ancient Rome.* Princeton, N.J.: Princeton University Press, 2007.

Everitt, Anthony. *Cicero: The Life and Times of Rome's Greatest Politician.* New York: Random House, 2002.

Furman, Manfred. *Cicero and the Roman Republic.* Trans. W. E. Yuill. Oxford, UK: Blackwell, 1992.

Habicht, Christian. *Cicero the Politician.* Baltimore, Md.: Johns Hopkins University Press, 1989.

Hamilton, Edith. *The Roman Way.* New York: Avon Books, 1973.

Lintott, Andrew. *Cicero as Evidence: A Historian's Companion.* New York: Oxford, 2008.

McIlwain, Charles Howard. *The Growth of Political Thought in the West.* New York: Macmillan, 1932.

Williamson, Callie. *The Laws of the Roman People: Public Law in the Expansion and Decline of the Roman Republic.* Ann Arbor: University of Michigan Press, 2005.

Wiseman, T. P. *Remembering the Roman People: Essays on Late-Roman Politics and Literature.* New York: Oxford, 2009.

Wood, Neal. *Cicero's Social and Political Thought.* Berkeley: University of California Press, 1980.

第五章

奥古斯丁：贬低政治

导　言

　　基督教是由耶稣的门徒于公元 1 世纪期间在罗马占领的巴勒斯坦建立的。尽管受到当局的迫害，其教义还是以燎原之势被传教士广为传播。随着基督教在罗马帝国的传播，它吸收了斯多亚学派的许多观念，比如普世性（universality）、平等主义和共同体。[1]但它不承认理性是通往真理的道路，也不承认罗马制度的合法性，认为这些不适合处于萌芽时期的宗教的信徒。[2] 相反，早期的基督教采纳了彼岸世界（otherworldliness）的观念，并将信仰抬高到理性之上，基督教从身体和行动的可见世界转向了灵魂和来世的不可见世界。[3] 它宣扬对政治权威的冷漠（如果不是反抗的话），并让其追随者远离现世，让他们面向来世而生活，也即面向即将到来的基督的第二次降临，基督的第二次降临会终结这个世界。[4] 到那个时候，那些过着良善生活并热爱上帝的人将在死后得到救赎和永生作为奖励，而那些曾拒绝上帝的人则会被判以永恒的诅咒。来世优先于今生的琐事，无论是家庭事务、经济事务、社会事务还是政治事务。

与希腊人和罗马人的神不同，基督教的神是所有民族的神。基督教的平等主义的教义对所有人都保持开放，无论个人以前的信仰、民族或性别如何。[5] 正如保罗所说："并不分犹太人、希腊人、自主的、为奴的，或男或女。因为你们在基督耶稣里都成为一了。"[6] 保罗关于奴隶、女性以及犹太人的说法就像"登山宝训"（Sermon on the Mount）一样，承诺了所有真正的信徒拥有基本的平等。[7] 然而这些承诺要么比最初看起来更有局限性，要么甚至在其他地方相互矛盾。富人和被排斥者之间的平等，以及有权势的人和无权势的人之间的平等，并非作为一种现世的结果而得到承诺，而是作为某种最终将在天堂发现的东西。性别平等也受到了破坏。起初，使徒们对耶稣生活和工作的描述暗示了"对女性不同寻常的接受"。在这些故事中，"基督对女人说话就像他对男人说话一样，基督为女人的福祉而行动，就像他为男人的福祉而行动一样"[8]。女性，比如他的母亲和抹大拉的马利亚，在他的故事中扮演着重要的角色，他向男性和女性平等地布道。然而保罗削弱了这种倾向，他告诉女性要从属于她们的丈夫。[9] 虽然保罗呼吁男人和女人要平等地享有婚姻的权利[10]，离婚却是不允许的，即使妻子受到丈夫的虐待，显然也不允许。[11]

保罗和耶稣所传达的信息是，基督徒是一种超越任何现世社会的新型共同体的成员。救赎与否有赖于个体是否决定爱上帝，这是个人的选择，尽管它可能是由一个基督教共同体所培养出来的。这个不同寻常的共同体因为共同的信仰和对上帝的爱而联合在一起。这一点比任何现世的差异都更重要。

像西塞罗一样，基督徒是两个具有等级关系的现世共同体的成员。对西塞罗来说，这两个共同体就是世界城邦和罗马城邦；对基督徒来说，则是教会和国家。耶稣认可了对两个共同体的义务，他说："这样，凯撒的物当归给凯撒，神的物当归给神。"[12] 保罗的宣告似乎解决了这两个共同体各自的管辖权问题："在上有权柄的，人人当顺服他。因为没有权柄不是出于神的；凡掌权的都是神所命的。"他的结论强调"当局是神的差役"[13]。

然而，正如教会与国家关系的历史从一开始所展现的那样，确定哪些"物"各自属于谁，并不总是清楚或容易确定的。许多本身是宗教权威或世俗权威的基督徒，以及许多不担任任何职务的基督徒，有时会因双重忠诚而产生矛盾，他们往往会选择上帝或教会所代表的普世的或更高的实体。他们认为，如果不这样做就会危及他们不朽的灵魂，而不朽的灵魂对他们来说甚至比生命更有价值。

几个世纪以来，基督教一直是少数人所信仰的宗教。从一开始，基督教对政治的冷漠就被罗马当局视为一种反对帝国统治的形式，于是罗马当局对基督徒进行了残酷的迫害。然而，从 2 世纪末开始，随着罗马世俗权威的衰落，教会开始具有政治属性。对其成员来说，即使像教会这样一个致力于最高目标的社会，也需要领导、治理、纪律和规范化的决策程序，在这方面，它与较小的社会没有什么不同。等级制度、团结和统一性开始取代组织松散的信徒联盟。为了应对罗马世俗权力的衰落，教会官员的任命被规范化，一个主教制结构也得以建立起来。随着分散的教会加入一个更紧密团结的组织中，因此有大量的财产需要管理。

然后，在公元 311 年，罗马皇帝君士坦丁公开宣称自己皈依基督教，并宣布将以中立的态度取代对基督教的迫害。公元 378 年，狄奥多西皇帝将基督教确立为罗马帝国的官方宗教。[14] 由于内部世俗事务管理不善、战争和遭受入侵而严重衰弱，罗马便建立了一个基督教政府，其中教会和国家都担任着重要角色。[15] 在得到罗马官方的承认后，教会成了政治机构的一部分。基督教开始从冷漠和反对转向一种捍卫统治者政治权力进而也捍卫教会权力的神学。

为了更彻底、更有说服力地做到这一点，基督徒不得不成为哲学家。教会不得不发展一种教义，既为政治权力的必要性进行辩护，同时又坚持建立一个独立于、优越于和超越于任何世俗政治机构的基督教国家。辩护工作由一位杰出的神学家和不知疲倦的宗教著作作家圣奥古斯丁（St. Augustine，354—430）承担。到奥古斯丁出现时，人们对即将到来的基督第二次降临的期望已经消退。他在不同的程度上处理了罪和救赎的问题，使得基督教机构和教义与政治权威相协调。[16]

奥古斯丁出生于北非的希波（Hippo）。他在母亲莫妮卡（Monica）的抚养下成为一名基督徒，但后来因信奉摩尼教而拒绝了基督教。[17] 在他 20 多岁和 30 岁出头的时候，他在罗马和米兰教授修辞学，这时他再次接受了基督教，并于公元 387 年接受洗礼。奥古斯丁 37 岁时在希波被任命为牧师，几年后成为那里的主教。他为教会树立了宗教领导人的典范，这种典范一直以各种形式盛行到现代。在其哲学中，他还为进入中世纪后教会和国家的政治领导力的缓慢复兴创造了基本条件。

从 406 年开始，四面楚歌的罗马帝国的各行省面临着日耳曼部落的一系列入侵。[18] 面对这些入侵时，经历了几个世纪衰败的罗马帝国彻底分崩离析了。公共秩序的崩溃至 410 年罗马被洗劫告终。罗马的陷落却不仅仅是军事上和政治上的失败。日耳曼征服者横扫了一个对其公民来说似乎是永恒的、普世的帝国，消灭了一种看似永恒的文明和生活方式。罗马的异教牧师们寻找罗马没有能力战胜的原因，他们将之归咎于基督教。他们认为，基督教对来世的更大关注及其明显的和平主义，致命地削弱了罗马的自卫能力。奥古斯丁拒斥这种对基督教的指责，他还处理了其他关键问题，他写了大约117本书，这些书为基督教神学提供了未来几个世纪的形态和方向。

在他所有的著作中，最著名的政治理论著作是《上帝之城》（*The City of God*）。[19]这本书的篇幅超过1000页，奥古斯丁耗时20多年才得以完成。前十卷关注的是驳斥异教徒关于基督教应对罗马的灭亡负责的指控。在为基督教辩护、反对异教指控的过程中，奥古斯丁不仅解释了罗马帝国的灭亡，还解释了所有政治实体的兴衰。《上帝之城》的后半部分致力于建立一种作为科学知识顶峰——当然是一种精神科学——的基督教社会哲学。奥古斯丁的论述中蕴含着深刻的智慧。他创造了一种新的政治哲学，兼具实践性和神学性。奥古斯丁认识到，罗马帝国之所以失败，古典哲学之所以没有能力应对这些失败，是由于参与性公民权的瓦解和皇帝职权的集中。他认识到重振政治德性传统的必要性。他通过研究自由意志的作用、原罪和由于在伊甸园的堕落失去了恩宠而产生的罪恶的自然属性，从而使基督教与政治权力相协调。奥古斯丁声称，政府对于预防和惩罚罪恶行为来说都是必要的。[1] [20]

除了对基督教信仰进行系统的反思外，奥古斯丁还吸收并改造了很大一部分希腊和罗马哲学，尤其是柏拉图和西塞罗的哲学，用于支持他的推理论证。奥古斯丁还提出了一种神学论证，这个论证质疑纯粹世俗政治机构的合法性，为未来宗教权威和世俗权威之间的斗争做准备。《上帝之城》作为捍卫基督教、反对异教的

1　参见［美］列奥·斯特劳斯、约瑟夫·克罗波西：《政治哲学史》，李天然等译，石家庄，河北人民出版社，1993年，第195页。

杰作，也因其基督教的历史观而闻名。

另一部重要著作《忏悔录》[21] 是一部具有强烈个人色彩的纪事，记录了一个追求真理的人从年轻时的"邪恶"（按照奥古斯丁的定义）到接受基督教而获得个人救赎。作为基督教神秘主义的经典之作，这部著作融合了传记和神学，并创造了一种新的文学形式：忏悔式自传。在个人不幸和道德冲突的背景下，这本书直接与读者进行对话，用亲身经历讲述了作者和主人公从早年开始走过艰难的救赎之路时个人的挣扎、成长和发展。这是一部关于精神冒险历程的精彩记述。[22]

另外两部重要著作是关于选择自由和人类意志的。《论自由意志》（*On Freedom of Choice*）[23] 阐述了他早期探索智慧及其与幸福的关系、语言的作用，以及恶和不朽的努力。它考察了一系列的问题，包括上帝对将来事情的全知如何与自由意志相协调，以及自由意志与罪的关系。

在《论三位一体》（*De Trinitate; On the Trinity*）一书中，奥古斯丁讨论了作为理解上帝之道路的人类个体心理。他表明了为什么"神圣性"是所有人类存在的理想。只有当人们在基督教共同体内接受并宣告自己依赖于另一个人即上帝时，他才会完全成为他自己，并具有神圣的属性。换句话说，正是在与其他信徒的交流中，个人才充分实现了自己的潜能，实现了自己的救赎之路。

奥古斯丁的方法

奥古斯丁并没有大胆地提出他的方法论。我们必须从他提出的神学和政治论证中将其梳理出来。随着该方法论的出现，一个以哲学、基于信仰的神学和历史相结合为基础的方法论的轮廓变得清晰起来。他拒绝了经典的立场，这种立场认为人类（当然是最聪明的人）有能力通过理性完全理解这个世界。[24] 他们努力通过参考自然因果、事件的可变性和特殊性来理解生命的意义。他们发现，偶然的、无法解释的事件一直在阻碍着他们，他们是命运的囚徒。奥古斯丁否定了人有可能如此全面地认识自然，古典立场从一开始就注定要失败。人类的理性不同于上帝的理性，它是一个不可靠也不确定的向导。当我们仅仅依靠它时，我们无法理解更无法控制事件或我们自己。即使我们能看到自然的每一部分与整体的关系，自然仍然超出了我们的理解范围，因为自然本身是不完善的，也不是自给自足的。因为自然宇宙的存在和意义依赖于一个超自然的原因，所以就其本身而言，它并不能完全被理解。但从最大的意义上说，宇宙是符合理性的，因为它的逻辑可以为人类的心灵所理解。当理性符合上帝的目的时，自然界的所有部分就会与它融为一体。它们共同支持人类的救赎。

理性（reason）的作用是引导个人走向信仰。[25] 然而，它不是古典思想中的那种理性，而是依赖于信仰，并不独立于信仰；它是具体的而不是抽象的，更多的是心理的（psychological）而不是理智的（rational）。只有当我们援引信仰来领悟普遍秩序的超自然来源时，它才变得有意义。一旦我们接受了这一点，人们就能发现关于自己和世界的许多东西。但他们必须谦卑，并谦虚地承认，这个世界很复杂，只有上帝的心灵才能理解它。生活中必须接受不可知的事物，特别是与我们预先注定的个人信仰有关的巨大奥秘。不过，除了我们所能掌握的有限范围之外，没有必要知道更多。我们理解世界的有限能力未必会阻碍我们实现我们的首要目标，即拯救我们不朽的灵魂。

奥古斯丁在《论三位一体》中说，科学有很多种，每一门都从更高的科学所持有的原则开始。神圣的科学以上帝的科学为基础，而上帝的科学的原则由全能的上帝通过神圣的文本来揭示。正是通过这种更高的科学，拯救信仰的基本原理得以彰显，从而才能得到门徒的滋养、保护和强化。神圣科学的观念使奥古斯丁能够建立起一座从自然世界通向超自然世界的桥梁。科学家以自然主义的术语来解释因果关系。他或她处理的是最接近的因果关系，而不是事件最终的或神圣的原因。当奥古斯丁在解释中加入一个超验的维度时，他就解释了自然主义者所轻视的动机。

奥古斯丁的政治理论基于一种新颖的视角：一种历史哲学。这赋予了基督教信仰以权威，尤其是对《圣经》的信仰，这种信仰是那种赋予人类存在和历史以意义的知识的源泉。历史哲学假定人类历史有一个开端，并将有一个终结，并且整个计划是有目的的。在一个层面上，对历史（或时间）的描述涉及运动和变化。但在更高的层面上，上帝作为先于创世并超越历史的实体，是不变的和外在的（external）。[1]《圣经》是理解所有人类历史的起点，它是由受到神启示的人写的。

奥古斯丁认为，在《圣经》讲述的历史中，可以发现一个为人类制定的计划。[26] 上帝的计划是通过人类事件的展开揭示出来的。这个计划在三位一体的奥秘中有所透露，它讲述了人类的救赎、耶稣的核心作用，以及历史、历史性变革和政治在人类事务中的地位。这当然拒斥了所有其他的解释，比如古典思想家的解释。真正知识的唯一来源能在《圣经》中找到。基督徒受到告诫，要求他们基于自己深刻的信仰把《圣经》所说当作真理来接受，

1　此处疑为"永恒的"（eternal）之误。

并把基督教教义作为正义和真理的最终仲裁者来接受。[27]

奥古斯丁的历史观在全面描述人类在世界上的时间即过去、现在和将来时，将历史与《圣经》、政治和个人联系了起来。这种历史观确立了一个创世年表，这份年表将《创世记》、《新约》、灵魂、人的生命阶段和来世联系起来。[28]首先，他证实《圣经》是知识和真理的来源，因为它描述了上帝为人类和历史制定的计划。古希腊人和罗马人以一种循环的模式来追溯时间和历史。例如，柏拉图和亚里士多德认为政府的形式会随着时间的推移不断交替，没有尽头。波利比乌斯（Polybius）也依葫芦画瓢。

奥古斯丁所重新理解的历史是线性的，与古典思想家的循环历史观形成对照，这种理解构成了一个深刻的、原创的表述。他在历史中看到了圣灵的进步和个人信徒不断变化的前景。奥古斯丁的线性视角打破了循环，"代之以时间就是一条稳步发展的路线上一系列不可逆转的时刻这种观念"[1][29]。他认为，历史就像人类一样，遵循着一种成长或发展的模式。亚当的存在和他在人类腐化中所扮演的角色这一事实被奥古斯丁视为一个先验命题，即第一原则，随后所有对人性和政府作用的理解都源于此。对他来说，亚当的罪改变了宇宙的基本设计。这造成人类从神的恩典中堕落，并开始了人类的历史。[30]历史的目的就是推动人类朝着某个终极目标前进。那个目标就是通过上帝之城的胜利最终毁灭人类之城。历史的终结将出现在基督的第二次降临之时，那时基督会回来进行最后的审判。[31]基督的第二次降临将带来历史的终结，并标志着人类重新被吸收进真正神圣的永恒领域。因此，历史呈现出一个假定的目的：

1　译文参照［美］谢尔登·沃林：《政治与构想》，第126页。

历史于是被转化为一出拯救的戏剧，在末世的阴影下上演，这种末世将结束历史的时间，终止选民的苦难。由于对所希望的事有了这样的确信，并且确切地知道那隐藏了多年和几代人之久的奥秘现在已向圣徒揭示，受此鼓舞，基督徒可以预见古典时期的思想家所担心的事情，即未来时间的展开。[1][32]

奥古斯丁的历史观用希望来取代绝望。他研究历史的方法也揭示了他认为罗马帝国在他提出的发展模式中所处的位置。他认为罗马接近历史的终点，而基督教甚至更接近历史的结局，在那里上帝为人类和宇宙设置的最终目的将得到实现。政府和人类事务都是这个历史模式的一部分。它们在伊甸园中是不必要的，但对人类之城来说则是必不可少的，一旦上帝之城建立起来，它们将再次变得无关紧要。

奥古斯丁拒斥摩尼教的二元论，因为它与上帝的统一性和全能性相矛盾。然而，这种二元论却强烈地影响了他的神学思想，从而影响了他的政治思想，他的政治思想自始至终都与二元论交织在一起，带着非此即彼的思维。

如果不考察奥古斯丁的主要二元论之一，即他的双城概念，那么对奥古斯丁方法论的任何说明都是不完整的，甚至是不可理解的。它不仅是《上帝之城》的中心主题，也是他整个世界观的中心主题。他认为世界分为两个神秘的或寓言式的社会，也即两座不同的城，这两座城对他来说就如同柏拉图的型相一样真实。[33]人类历史就是这两座城的历史。他称它们为上帝之城和人类之城。他区分了由善的力量推动的理想的或永恒的国家，与由恶的力量

---

1   译文参照［美］谢尔登·沃林：《政治与构想》，第 126 页。

推动的世界上实际政治体的模糊形象（即罗马或任何其他尘世的政治实体）。每座城都有其独特的特点，其成员的义务和忠诚各不相同，服务于每个机构的个人也要做出不同的选择。

两座城存在于善与恶、肉体与精神、教会与国家、政治与宗教的辩证关系中。它们是一个普世计划的一部分，该计划将其所有要素引向一个共同的、预先注定的目标。这两座城的二元对立确立了尘世之国和天国的身份。在救赎的计划中，每一座城都有其独特的作用。有时它们可能会相互补充，比如对于异端这种罪行，教会进行审判，国家进行惩罚。但任何一方都不能正义地履行另一方的所有职能，也不能用另一方的标准来评判。每一方都必须根据自己的条件进行评价。在这个计划中，政治尽管有其自身的功用，但永远只是承担一个有限的、世俗的职能。

另一方面，政府是一个等级秩序的一部分，这种秩序分配所有的事物——相似的和不同的，必要的和仅仅是有用的。人类最高的但却最基本的需求是任何人类社会都无法满足的。这种"等级制的和分配性的原则"被嵌入"造物的结构"中，并赋予一切事物以生命，无论高等的还是低等的，无论理性的还是非理性的，也无论自由人还是奴隶，无论善的还是恶的。[1] [34]

当每个部分都发挥其恰当的功能时，和平的秩序就会随之而来。无论这种描述使得奥古斯丁的宇宙看起来是多么的静态，但实际上它是极具变化的。世俗的人类之城的成员积极关注政治参与、政府形式和最佳政治秩序等问题。他们唯一的替代性选择就是不成为任何共同体的一部分。那些认为自己处于天上的上帝之城的人可以很容易地选择放弃这种参与。他们有一个更可欲的社

1　参见［美］谢尔登·沃林：《政治与构想》，第 125 页。

会，但这个社会同样活跃。在这个计划中，教会至少有两个身份。一方面，它是基督教的管理机构；另一方面，它是一个由信仰和共同目标团结起来的兄弟般的信徒社会。虽然教会作为一个机构可以代表上帝之城的价值观，而国家代表人类之城的价值观，但每个机构的成员并没有如此清晰的界限。有的教会成员属于人类之城，也有的国家官员可以成为上帝之城的一部分。由于其混合的构成，教会永远无法与天上之城相等同，甚至大致等同。有些人注定上天堂，有些人注定下地狱。此外，选民和被诅咒者都由上帝而非教会召唤，所以教会没有权威指定谁适合哪个范畴。

所有国家都是由神的旨意所创立。罗马帝国"按照地上之城的标准来衡量是好的"[1][35]。但是，由于罗马的创建是服务于人类的荣耀和骄傲，而不是服务于上帝的荣耀，所以不能认为罗马接近上帝之城。因此，罗马在世界上的目的是"阻止许多民族的严重罪恶"，将所有的邪恶和罪归结为骄傲这一基本的邪恶与罪，这种邪恶与罪可以在耶稣的第二次降临时被摧毁。[36]

正如上帝之城由耶路撒冷代表一样，人类之城则以巴比伦和罗马为代表。人类之城即撒旦的王国是历史上出现在这个世界上的东西。它从一开始就是人类罪恶的结果。原罪导致了两座城的创立和分离。原罪"令人性遭受我们所见和所感的腐化过程，从而也遭受死亡"[2][37]。犯罪就是违背神的律法，就是背叛造物主。这"是破坏宇宙基本统一性的企图"[38]。最初的罪即原罪就是宣布蔑视上帝。它是对自由意志的滥用，是背离上帝之光，而走向骄傲和自爱的黑

1　译文参照［古罗马］奥古斯丁：《上帝之城》，上卷，王晓朝译，北京，人民出版社，2006年，第221页。

2　译文参照［古罗马］奥古斯丁：《上帝之城》，下卷，王晓朝译，北京，人民出版社，2006年，第606页。

暗。在人类之城中，自爱和权力欲占主导地位。它的特点是缺乏正义。若不是具有正义，王国不是大规模的犯罪团伙又是什么呢？犯罪团伙是一个头目指挥下的一群人，他们受制于联合体的一份契约，在这个联合体中，赃物是根据一致赞成的惯例来分配的。[39] 那些只依靠理性在世上寻求正义的人显然选择了地上之城。他们因为"自爱，这种自爱已经到了藐视上帝的程度"[1] [40] 而拒绝上帝，被判处与魔鬼一起永远受折磨。

基督教教义认为，基督为人类的罪而死，并为他们提供了救赎的希望。上帝之城或上帝之国当然是一个真正的共和国，一个在世界上找不到的国家，而基督是它的创立者。这个国家的居民之所以团结在一起，是由于耶稣对世界上所有造物及其追随者的爱，是由于他们是上帝的选民组成的社会的成员，是由于他们对包括政治在内的此岸事务漠不关心。它是一个有机体，在那里，每个参与者都共同参与洗礼和圣餐等仪式，并且都能感受到对彼此的爱和对上帝的爱。在天上之城，对上帝的爱甚至延伸到藐视自我。它为正义的统治地位提供了所有必要的条件。[41] 也就是说，它致力于推进上帝的事业。"在属于这座城并服从上帝的所有人那里，灵魂统治着身体，理性在一个合法的从属体系中忠诚地统治着各种恶品（vice）；正直的个人依据信仰而生活。"[2] [42]

上帝之城是由那些在上帝心中预先注定要与他在天堂永远居住的人组成。他们是那些显然追求一个更高目标的人所组成的社会的成员。上帝之城是那些忠于上帝愿望的人的一个世界性密谋。说它是一个密谋，不是说它包含了秘密，因为它并不包含秘密。

1　译文参照［古罗马］奥古斯丁：《上帝之城》，下卷，第 631 页。

2　译文参照上书，第 994 页。

所有人都被平等地邀请加入其中。毋宁说，它之所以是一个密谋，是因为有这样一群人，他们是天上之城的成员，并用一些方法去追求一些目标，而那些与地上之城结盟的人无法做到这一点。后者既因为其不道德的目标又因为其罪恶行为而选择不加入前者。只有那些相信上帝的承诺的人才能得救。这甚至包括那些生活在基督降临世界之前的人。只要他们被上帝的恩典所触动，过着虔诚的生活，他们也可以加入天上的选民行列。对上帝之城的成员来说，献身于他们的统治者基督比世界上的任何事情都重要。因此，社会显然高于政治。那些不属于天上之城的人不是因为种族、阶级或国家等属性而被排除在外。那座城对属于人类社会的界限和区别漠不关心。天上之城包括所有国家的臣民，他们可以用各种语言交流，并在许多方面有所不同，如礼仪、法律和政府形式。

他们可能不知道发生在他们身上的一切事情的目的，如意外、命运的逆转或疾病，但他们的信仰提醒他们，万事万物都有神圣的意义，它指向来世的完全幸福。作为上帝的创造物，最好是接受世界的现状，并专注于来世的上帝之国。由于只有一些人会被拯救，而且没有办法知道他们可能是谁，所以每个人都生活在怀疑和恐惧中。对命运的接受和对上帝的信仰是摆脱不确定性的唯一途径。上帝的意志似乎是任意的或对人类不公平的，因为其最终目的只有上帝知道，但他的意志总是正义而合法的。当然，要想获得真正的正义和完全的和平，我们必须等待来生。

奥古斯丁的观念基于对古典的理解方式和《圣经》的理解方式的综合，并把信仰放在首位。但这种综合还远远不够系统。这是可以理解的，因为几乎他的所有著作都是为了处理当时的紧迫问题而写。[43] 他以对立的方式看待世界。对他来说，事物非黑即白，非地上即天上，非善即恶。人类的本性将爱与肉欲对立。人类事务将伦理与政治对立起来。[44]没有灰色地带。他认为，这些二元对立都无法调和，全都必须保持严格的对立，直到审判日。只有到那时，上帝才会将所有的二元对立、所有的冲突、所有的差异统一起来。同时，这些二元对立有助于加强他对基督教的辩护，以反对异教和异端的批评。

女性、奴隶制和财产

女　性

奥古斯丁对女性的看法，反映出犹太人和保罗在《圣经》里以不同的方式对待她们。一方面，有德性的女性被视为上帝之城的平等成员，因此与男性平等。《圣经》告诉我们，夏娃的身体最初是从亚当的身体中创造出来的[45]，他们是因原罪而产生的性欲的原因和对象。在伊甸园中，在堕落之前，性是存在的，但它是天真无邪的，没有羞耻和肉欲。然而，当夏娃因吃了智慧树的果子而犯罪时，她就改变了。她诱惑亚当也吃，并在性方面诱惑他，由此激起了肉欲。天真无邪荡然无存，性引发了羞耻，女性由于夏娃的罪而被置于屈从男性的地位。[46]因此，在这个世界上所有的女性都被判以从属地位，并被置于更低等的位置。但女性的灵魂直接来自上帝，所以在精神上男性和女性是平等的。奥古斯丁说，在审判日，男性和女性的灵魂都将平等地升入天堂。[47]

奴隶制

奥古斯丁试图解释的是奴隶制的起源和目的，而不是任何单个奴隶为什么会处于那种状态。人类的一切制度，例如政府、奴隶制和财产制，都是人类罪恶地反叛上帝的结果。没有人从本性上说就是奴隶。最初，上帝的意图是让所有的人都自由而平等，共同分享所有的东西。如果亚当没有犯罪，上帝就不会设定奴隶制。但堕落使人类不再有资格获得上帝所打算的那种平等。其中的后果之一就是主人和奴隶的地位不同。奴隶制作为一种制度是无关紧要的；它对任何人的救赎都没有影响。上帝对奴隶的关心并不比对主人的关心少。奴隶个人并不是因为比他们的主人有着更大的罪恶而受到惩罚。有的很可能在精神层面上更好。事实上，主人不能声称比奴隶有任何先天的优越性。每个人的地位只是一个世俗存在的事实，而不是一个道德判断。主人的骄傲甚至比奴隶的顺从更能妨碍他找到神的爱。因此，善良的人虽然被奴役，但却是自由的；邪恶的人虽然是主人，但却是奴隶。

财　产

奥古斯丁并没有从内在的角度谴责财富或赞美贫穷。私有财产制度作为堕落的一个后果，将人的占有欲引导到和平追求财富上。它是个中性的东西，可以用来服务上帝或使自己受益。[48]

当基督在《圣经》中说富人进入天堂比穷人更困难时，他是在警告人们不要受到诱惑。那些追求财富胜过其他一切的人将无法进入上帝之城。这同样适用于那些认为只需要财富就能获得救赎的富人，以及那些认为获得财富就能确保救赎的穷人。基督对询问如何"获得永生"的人的忠告是："可以去变卖你所有的，分给穷人，就必有财宝在天上。"[49]奥古斯丁并不将此理解为一个重新分配财富的命令，而是理解为一个让自己脱离尘世事物的命令。除非放弃财富使捐赠者更接近上帝的爱，否则这个行为本身是无关紧要的。

人　性

奥古斯丁在根本上相信人类平等，这个信念既有消极的含义，也有积极的含义。从积极的一面看，他认为所有人在上帝眼里都是平等的，无论他们的身份如何。无论他们是男人还是女人，是统治者还是臣民，是奴隶还是自由人，这都不重要。事实上，善良的臣民会比邪恶的统治者更早得到拯救。从消极的一面看，所有的人都是同样邪恶，罪人自然倾向于追随他们不道德的冲动。他告诉我们，即使是只活一天的新生儿也是堕落的。

所有人都有理性的灵魂和充满肉欲的身体。如果人类没有灵魂，我们就只会寻求身体的舒适和欲望的满足。但我们并不是没有灵魂。每个人都有一个灵魂，这是上帝平等地赋予每个人的。灵魂是神性的延伸。身体唤起了不道德的人类欲望，它是恶的根源。

基督教对恶的看法不同于古典时期的理解。对后者来说，恶的行为是由无知、性情或教养造成的。它是人类缺陷的产物。如果我们知道得更多，更冷静理智，接受正确的教育，我们就会更有德性。对奥古斯丁来说，恶源于个人自由地选择违反上帝的命令。在这个世界上，我们只会有一个真正的选择，即选择上帝的道路抑或它的对立面。我们的选择不能基于理性，因为我们无法理性地认识上帝。我们必须仅仅基于信仰来选择。上帝给了我们意志，我们可以凭借意志选择或拒绝上帝；上帝也给了我们方法，也即《圣经》中所揭示的上帝的计划。

爱和罪有时是交织在一起的，但也可以分开。人类能爱是好的，但他们爱不值得的东西，这是不好的。罪是堕落的爱，是对世俗事物的爱，而不是对天堂事物的爱。人似乎经常选择这样一条通往罪恶且日渐狭窄的道路。人们或许渴望善，但却无法实现它。[50]

只有上帝是纯粹的善。对上帝的爱是唯一纯粹良善的爱。当奥古斯丁说"去爱，去做你决意要（will）做的事"[51] 时，他的意思并不是说要做你想做的事，而是去做你知道是正确的事。[52]

个人的自由意志包括了犯罪的能力或违背上帝命令的能力，它对赋予人类以尊严、使其有别于动物来说是必要的。[53] 因此，在承认自由意志的必要性和事实的同时，奥古斯丁又因此而对它向我们提出的挑战保持警惕："从［在伊甸园里］滥用自由意志开始，出现了一系列灾难；从那一原初堕落开始——那是一种根基上的腐化，人被直接带向第二次死亡这一灾难。"[1] [54]

自由意志是过上良善的、正义的、有德性的生活的必要条件。但它不会是也不可能是幸福的生活。幸福不是任何一个人的命运，无论是被拯救的还是被诅咒的。我们要遭受来自他人的剥夺，如强盗、统治者和骗子。我们可能会遭受破坏身体的生理疾病的折磨，也可能会遭受损坏精神的心理疾病的折磨。内心的平静不可能是我们的命运，因为我们必须时刻保持警惕，抵御不断困扰灵魂的罪恶诱惑。

如果说奥古斯丁关于罪的大部分例子都是个人的罪，那么所有的罪也是集体的罪。我们的共同生活使我们受到同伴的傲慢的影响，我们因亚当的堕落而共同遭受痛苦。伊甸园作为背景，亚当作为第一个人都是好的（正如《创世记》告诉我们的那样），但并不完美。相反，他们被创造出来是为完美做准备，是对人的意志的考验，在这个过程中他可以自由选择。如果亚当遵守了上帝的诫命，他便会发现自己的不朽。但是，当他用自己的自由意志选择了傲慢的不服从时，他就会遭受野兽般的命运：作为欲望的

1　译文参照［古罗马］奥古斯丁：《上帝之城》，上卷，第 552 页。

奴隶而生活，死后注定要受到永恒的惩罚。这样一来，他所有的后代，即所有的人类，也都被判有罪。

政　府

在奥古斯丁看来，世界是由社会等级构成的。对所有社会来说，正义的基础是上帝与人之间的关系。这个等级制包括了家庭、教会和国家。家庭是这些机构中的第一个也是最小的一个，它将一种结构强加给其成员。如果他们接受并完成了自己的义务，那么他们与家庭的关系就是正义的；如果他们拒绝履行自己的义务，那么他们就是不正义的。在家庭中，妻子服从丈夫，孩子服从父母，仆人或奴隶服从主人。

人本性上是社会性的，而社会是有机的。但按照传统，人根据约定而是政治性的。奥古斯丁说：

> 因为人类由于本性而比任何其他物种更具社会性，由于堕落而比任何其他物种更爱争吵。对于这种堕落或不和谐，人性的各种事实提供了最有益的警告。[1] [55]

换句话说，政治共同体是人为的，产生于人们自利而不是任何自然的政治倾向。社会共同体是自然而平常的。上帝之城是超自然的，只有在来世或世界末日之后才能实现。

所有家庭都从属于教会和国家，并有完全服从它们的义务。在

1　译文参照［古罗马］奥古斯丁：《上帝之城》，上卷，第535页。

奥古斯丁看来，任何反抗或拒绝履行家庭责任的行为都是对人类之城的不正义和对上帝的不服从。教会作为神建立的团体，是《圣经》也即指引人类走向上帝的律法的守护者。它由那些选择加入的个人组成，包括选民和那些未预先注定会得救的人。它的作用是关心其成员的和平，引导他们走向适合基督教共同体的信仰和崇拜形式。

堕落和冲突是生命的永恒特征。它们无法被根除，只能被限制。有罪的人类本性上是自私的，因此必须被相应地对待。回想一下，奥古斯丁在北方异教徒侵略者洗劫罗马之后，于410年开始创作《上帝之城》。奥古斯丁是在回应一位名为沃鲁西安努斯（Volusianus）的罗马官员的指控，即如果罗马没有改变信仰，如果它保持对旧的异教神的信仰，它就不会被掠夺了。罗马人将此次洗劫（实际上还有罗马帝国的衰落）归咎于君士坦丁的皈依，以及帝国宗教向基督教的转变。奥古斯丁的回应是对沃鲁西安努斯的指控所给出的长篇大论而又深思熟虑的驳斥。

有趣的是，奥古斯丁提到了异教徒西塞罗对"真正的共和国"的定义，西塞罗将之定义为由对正当的共同体利益的共同之爱联结起来的个人联合体。[56] 但他又怀疑西塞罗定义的充分性，并拒绝了他的定义，因为真正的共和国需要有对基督的共同的爱。在表达清醒的政治现实主义时，他驳倒了罗马的异教辩护者的错误主张。他揭示了罗马如何通过对无辜的人使用暴力而滥用权力，发动不义之战进而成就帝国。异教批评者也误读了罗马的价值。他们在罗马的衰落中看到的是一个文明的消亡，这个文明体现了人类最崇高、最高贵的典范。他们认为罗马的伟大之处在于其法律和制度是正义的化身。奥古斯丁不同意这种观点，认为他们没有理解历史的不稳定性。短暂性和不正义是所有政府不可避免的状况。

衰落对世界上的所有政权都是不可避免的，对所有人来说也是如此。它已经发生在过去的政府身上，并将影响所有未来的政府。

政府只是一种消除原罪后果的解药，原罪破坏了宇宙的巨大秩序和伊甸园中普遍存在的和谐。政府有一个困难却有限的目标，即以物质和平和生命财产安全为地上之城奠定基础。[57] 这些对于商业行为和上帝崇拜来说都是必不可少的。政府的工作不是重建社会各阶级之间的权力平衡。正如影响女性和奴隶的世俗不平等一样，那些处于社会经济底层的人，必须把他们的苦难当作原罪的必然结果和人类为政治秩序付出的代价来接受。这些限制是奥古斯丁的历史观所固有的，它们使得所有的政治努力都是有限的、无关紧要的，最终也是过时的。那些预先就注定要上天堂的人，无论其统治者的性质如何，都会到达那里。然而，即使最信奉基督教的政府，也无法改善那些命运并非如此的人的机会。

政府要进行惩罚，而《圣经》则命令我们宽恕甚至要爱犯错的人，不要对他人使用暴力。奥古斯丁如何调和这二者呢？[58] 他认为《马太福音》中的和平主义适用于个人，而不是国家。甚至基督教统治者也不能按照《登山宝训》进行统治。试图这样做的统治者很快就会失去他的地位，甚至是他的王国，也许还有他的生命。国家起源于罪恶并为防止暴力而建立，它们自身必须利用暴力来履行其义务。

基督教政权不应该在实施正义的惩罚方面退缩。它们也不需要是和平主义者。奥古斯丁为这些国家进行正义战争提供了一个理由。如果战争是防御性的，那么它就是正义的。战争可以是为了击退入侵，从而保护臣民免受伤害。如果是为了弥补其他国家或其臣民造成的伤害或偷窃的财产，进攻性战争也是正当的。但他并没有规定在什么情况下，一个中立的仲裁者可以确定在宣战前这些条件是否适用。然而，作为一个国家的臣民，如果国家的统治者声称发动战争是正当的，那么我们就有义务完全地、毫不质疑地支持这一主张。

可以要求国家履行一些有用的职能。除了维持和平和公共秩序，政府还应该为传播信仰创造一个环境，一个没有最坏的各种罪和尘世诱惑的环境。罪可以用来控制罪的结果，人们的自私本性可以用来创造社会和政治秩序，无论他是统治者还是公民。他们出于本性的自利，他们的恐惧和避免惩罚的愿望，会导致统治者寻求权力，导致臣民服从，尽管他们的自然本能是不服从。对权力的热爱可以被转化为造福社会。虽然使用武力不能把不信教的人变成信徒，但不对偏离正道的灵魂使用武力比惩罚更残酷，因为这就相当于判他们永远处于黑暗之中。[59] 因此，奥古斯丁提出了一个巨大的悖论：可以以爱为基础并用武力尝试着使异端分子和分裂者改变信仰。这是奥古斯丁的政治现实主义最为残酷的坦诚。

奥古斯丁对提出一套全面的教会与国家关系理论没有兴趣。[60] 他对政府的看法被置于王权秩序和教会秩序这两种秩序之间。这种立场不仅意味着教会独立于国家，国家也独立于教会，但看似矛盾的是，它们又相互依存。一个社会越是一个基督教社会，冲突就越少，它的政治性就越少，而社会性（以教会为方向）就越多。世俗机构和宗教机构之间的确切关系可能还有争议，但为了被视为正义的，两者必须在各自的管辖权不明确或有重叠的事务中进行合作。奥古斯丁不会让国家屈从于教会。这符合那个时代，在那时无政府状态被视为比不合作的统治者更大的威胁。

由于政治领域不是进入来世的工具，它可以被视为一种次优的安排。一个促进和平的政府是好政府。一个能在其成员之间实现有秩序的和谐的政府是更好的政府。一个允许信徒过基督徒生活并能避免宗教和世俗义务之间冲突的政府则是最好的政府，因为它履行了其在普世计划中的角色，允许天上之城的成员追求救赎而不受世俗的干扰。

关于宪法和政府的形式，奥古斯丁将只能在天堂找到的理想宪法与世界上的所有宪法区分开。虽然世界上各种各样的宪法只有相对的差别——因为在这个世界上没有最好的东西或最终的善，所以对于任何寻求上帝真理的人来说，没有真正有价值的政府形式。奥古斯丁对探索和比较许多不同形式的政府并不感兴趣。僭主制、贵族制或任何其他形式都是由自私的人组成的，他们的目标与救赎无关。我们只能描述政府的行为。为他们提出一些规定是没有用的，因为有意义的改进是不可能的。但有些政权可能比其他政权更好。那些由寻求上帝之城的人统治、由许多朝圣者同伴组成的政权，比那些由追求个人目标的统治者所支配的政权更为正义。他们的臣民很可能过着相对更幸福和道德上更好的生活，但它们不能声称有绝对的优越性。由于亚当的罪，所有的政府都或多或少地受到了一些影响从而是不完美的。即使正义的政府也会腐蚀朝圣者的灵魂，并使他们相信，与他们所知道和相信的一切相反，他们可能会被政治所救赎。虽然他可能更喜欢一位基督徒统治者，这样的统治者应该会树立起一个比僭主更好的榜样，但归根结底，谁统治或宪法的本质是什么并不重要。所有这些都是基于世俗的价值观，那些价值观对完美的人没有任何作用，无论是作为个人还是作为一个整体。

在他的反古典主义方法中，奥古斯丁将伦理和政治分开。政治是为人类之城服务的，伦理是为上帝之城服务的。他甚至指出，温顺地服从一个邪恶政府可能对好的基督徒来说是有利的：他所经历的苦难将帮助他的灵魂为来世的永生做准备。一个好的基督徒必须服从统治者，无论其政府是何性质。臣民必须遵守所有合法的命令，即那些不要求犯罪的命令。对于那些导致犯罪行为的命令，当良心要求不服从时，不服从必须是非暴力的，而且臣民必须接受对这种不服从的惩罚。显然，他决不能采取行动来挑战国家，或挑战统治者发布命令的权力。谁来惩罚不正义的统治者和他的政府呢？这要由上帝以他自己那种无法解释的方式（也许是通过在战争中失败）来完成。[61] 这适用于所有的国家，无论其统治者是基督教徒还是无神论者，是仁慈的统治者还是暴君。由于只有统治者才能决定何时对其权力施加限制，因此他的权力是绝对的。

　　奥古斯丁的立场最终是一种消极无为。好的基督徒在政治上是非暴力的：他不反抗压迫性的统治者。他的政治责任是通过个人行为来履行的，比如对他人友好慷慨，为所有人做好事，不伤害任何人。如果没有人渴望权力，无论是国家还是法律都不可能存在。对权力和荣耀的渴望确保了这两者的持续存在：政治职位将被填补，法律将被宣布，并得到遵守，否则后果自负。统治者为了自私的动机而统治国家。但他们的政治活动没有伦理价值，只要他们能维持和平，好的基督徒就没有理由注意他们做些什么或怎么做。奥古斯丁从根本上说对人类之城漠不关心，除了它作为希望得到救赎的人要避免的所有事物的典范。"有什么必要去阐释许多不完美的人类联合形式的确切地位呢？这些形式无论怎么变化，都不可避免地无法达到这一理想。"[62]

　　奥古斯丁诉诸一种政教合一的政府观。所有的政治合法性最终都来自上帝。统治者的权威受到可以在神圣启示或自然法中找到的上帝命令限制。因此，奥古斯丁虽然支持对统治者毫不质疑地服从，但也有例外。只要国家把自己限制在它可以恰当控制的那些"事情"上，就应该服从国家的命令。任何君主都不能正义地强迫臣民不服从上帝。如果一个基督徒被命令去崇拜偶像或拒绝真正的信仰，他可以不服从。这种命令超越了统治者合法权力的范围。使得臣民有义务服从其主权者命令的那种约束，也规定了其权威的界限。

法　律

与政府一样，法律也植根于神圣旨意指导人类生活的计划。由于每个人都有望成为一个普世的、永恒的社会的成员，所以所有人都要服从它的法律。这种神圣法是适用于任何时代每个人、每个社会的终极的、绝对的正义标准。它是由上帝颁布的，用来管理世界和所有居民，是一种救赎指南。

我们所知道的第一个神圣法的例子是上帝在伊甸园对亚当和夏娃发出的命令，《圣经·创世记》中有所记述。接下来的例子便是后来授予摩西的"十诫"。所有的神圣法都可以在《圣经》和权威的宗教评论中找到。自然法源于神圣法，是为了世界上人类的利益而颁布的，以规范他们的物质生活。它的目的是帮助软弱、堕落的追求者找到最能使他们作为道德的存在者而行动的道路。它同样适用于基督徒和不信上帝者。它在任何地方都是一样的，指导着所有国家的所有人。

《圣经》勾勒了基督教对自然法的看法。[63] 在实质上，它与斯多亚学派对自然法的看法非常相似。它既不是国家的法律，也不是被揭示的上帝言辞。有一种表达自然法的方式将分析放在经验而非超验的层面上，那种方式就是通过人类意志的行动。人类法源于自然法。这样的法律是约定的，是一系列为维持秩序这一有限目标服务的人为规则。与神圣法和自然法不同，它因地而异。不同的政权都有自己独特的一套人类法。

要衡量一项人类法有多正义，可以看它与自然法的接近程度。对于一个基督教政府来说，它有多正义，就要看它的人类法与自然法和神圣法的规定有多相似。人类法的作用是引发恐惧。人们之所以要遵守法律，是因为如果他们不遵守，就会受到惩罚的威胁。只有对惩罚的恐惧（这是一种自私的动机）能抑制他们不服从的自然和罪恶的倾向。不正义从根本上说是不服从上帝的任何形式的法律：神圣法、自然法，或与之一致的人类法。任何人如果为自己要求只能给予上帝的那种服务和崇拜，就违反了最重要的戒律，应受到最严厉的惩罚。

结　论

奥古斯丁留下了一份持久的遗产。他将世俗的也就是希腊和罗马的价值观置于基督教神学的语境中。他成功地使基督教教义成为真理和政治合法性的最终仲裁者。他把哲学和政治、方法论、人性观、权威以及家庭和性别关系都纳入一个由基督教上帝和宗教划定的框架中。他的学说是包含了一个由许多重要元素构成的范围广泛的综合体，也包括了一种全面的生活哲学。这些要素在一个系统的整体中相互关联。在行为层面上，它们与对人类活动的自然主义描述是相容的。在理论层面上，他超越了前人，基于超自然因素的作用为政治哲学开辟了一条全新的道路。

奥古斯丁让政治远离了希腊和罗马思想家的古典价值观。他构建了一个取而代之的框架，该框架赋予基督教会相对于世俗统治者的巨大权威。他同时取消了古典制度的合法性，或说降低了其地位。他使它们成为堕落的产物，并使它们从属于基督教更高级的主张。罗马帝国灭亡后世俗学问的消亡帮助了这一转变的实现，当时许多重要的古典政治思想家（如亚里士多德）的著作以及随后的西塞罗的著作在欧洲失传，直到1200年后或更晚才被发现。

奥古斯丁和后来的基督教作家填补了因这些著作的缺失而留下的空缺，他们只从神学的角度考虑政治。政治失去了它自己独特的术语和正当性。政治语言变成了宗教修辞，被用来强化教会权力的至高无上。随着西罗马帝国的逐渐消亡和世俗政治机构的萎缩，教会在接下来的1000年里成了主导性的政治机构。尽管如此，奥古斯丁还是为人类重申了所有公认的古典伦理学规则，即便他将这些规则神圣化了。它们构成了道德义务的基础，尽管奥古斯丁认为，当它们与统治者的私利发生冲突时，它们更有可能被违反。

他的政府具有人为和异己（alien）的性质：之所以是人为的，是因为上帝原本并不打算让人互相统治，只打算让人统治自然界的其他部分；之所以是异己的，是因为只要政府不强迫人违背上帝的命令而行动，它就是与救赎相分离的（disconnected）。他确实为政权更迭和不稳定提出了一些理由，并讨论了政治精英的作用，以及如何在人与人之间寻求和平的问题。然而，他几乎没有给那些将成为伟大统治者的人任何政治指导。这些统治者应该如何处理那些密谋取代他们的臣民呢？他们应该如何对待敌对的外国势力？假设他们在一个因重大不正义而变得强大的政治体中掌权，他们对那些受到不正义对待的人有什么义务，他们应该如何履行那些义务？

他对政权的讨论缺乏足够的制度细节，无法作为理解的指南，更不能作为行动的指南。这是可以理解的，因为他诋毁一种根本无法显著改善的政治，以引导人们进入一个更重要的境界，即在与他人的关系中（看似矛盾地）享受私人生活和内心生活。他们脱离尘世的关怀，与灵魂的更高要求结合在一起。道德和伦理在那里统一起来，所有那些有可能干扰这种统一的问题都会被那些关心他们不朽灵魂的人所忽视。因此，政治在实现这种理想的过程中失去了其核心作用。它既无望带来幸福，也无望带来德性。理想已经从地上转移到了天上。

奥古斯丁从未说过上帝之城等同于基督教的教会。但在后来的中世纪时代，他被认为就是在宣扬这一点。尽管他提出了自由意志概念，但他的双城思想被用来证成个人在教会的指导下从属于国家，世俗权力从属于宗教权威，而且在涉及灵魂救赎的问题上给予教会最高的支配权。在中世纪，在不同的时期和地理环境中，这些事务和这种至高无上的地位可以涵盖生活的所有方面，或几乎所有方面。[64]

另一方面，基督教强调自由意志，强调对上帝道路的个人选择，这创造了一种新的个人主义。这是一种基于彼岸世界目标的个人主义，在那里，人们不愿意参与政治或不服从权威。上帝命令每个人在追求最终的救赎目标时运用自己的意志。如果这个目标取决于政权的改变，甚至依赖于"真正的"教会领导地位的改变，那么这样的个人很可能会拒绝保守的奥古斯丁，并被推动着朝反叛的方向运用意志。[65] 奥古斯丁开辟了一个看待政治秩序和社会秩序的视角，这种视角基于那种选择共同努力走向必有一死的终点的个人的自由人格。

如果说奥古斯丁的神学宣扬的是哪怕暴政也要接受，那么他强硬的现实主义则让敏锐的个人清楚地看到，虚假的可敬外表下，掩盖着的是专制主义背后往往残酷的行为。奥古斯丁对罗马的揭露适合所有国家。没有哪个国家是正义的，因为完美的正义不可能存在于世界上，而"取消了正义的国家除了是一个强盗团伙还能是什么？" [1] [66] 奥古斯丁理论的一个方面，即他的现实主义具有永恒的意义。要是他的理论中没有基督教神学，便可以在特拉需玛科的观念中找到先声 [67]，也可以作为马基雅维利观念的先声 [68]。像他们一样，他促使我们清楚地、毫无顾忌地审视我们自己政府的行为。像奥古斯丁一样，我们势必会发现我们的统治者不够好。

延伸阅读

Bathory, Peter Dennis. *Political Theory as Public Confession: The Social and Political Thought of St. Augustine of Hippo.* New Brunswick, N.J.: Transaction, 1981.

Brown, Peter. *The World of Late Antiquity: a.d. 150-750.* London: Harcourt Brace Jovanovich, 1971.

Chadwick, Henry. *Augustine of Hippo: A Life.* New York: Oxford, 2009.

Connolly, William E. *The Augustian Imperative: A Reflection on the Politics of Morality.* Newbury Park, Calif.: Sage, 1993.

Elshtain, Jean Bethke. *Augustine and the Limits of Politics.* South Bend, Ind.: University of Notre Dame Press, 1995.

1　译文参照［古罗马］奥古斯丁：《上帝之城》，上卷，第 144 页。

Figgis, John Neville. *The Political Aspect of St. Augustine's "City of God."* Gloucester, Mass.: P. Smith, 1963.

Gregory, Eric. *Politics and the Order of Love: An Augustinian Ethic of Democratic Citizenship.* Chicago: University of Chicago Press, 1998.

Heyking, John von. *Augustine and Politics as Longing in the World.* Columbia: University of Missouri Press, 2001.

Merdinger, J. E. *Rome and the African Church in the Time of Augustine.* New Haven: Yale University Press, 1997.

Pagels, Elaine. *Adam, Eve, and the Serpent.* New York: Random House, 1988. Westport, Conn.: Praeger, 1985.

第六章

阿奎那：使公民身份基督教化

导　言

13 世纪被认为是西方中世纪哲学的黄金时代，天主教是西欧的普世宗教。在 12 世纪，亚里士多德的著作在西方长期失传，却在伊斯兰世界得以保存，并通过阿尔法拉比（Alfarabi）、阿维罗伊（Averröes）和阿维森纳（Avicenna）等伊斯兰思想家的著作重新被介绍到基督教的欧洲。亚里士多德的世俗观念与奥古斯丁关于罪、堕落和政治社会的宗教观念之间存在着鲜明的差异，而这些奥古斯丁的观念已被教会接受为具有约束力的教义。[1] 亚里士多德的观念迫使宗教思想家们去解决这种冲突。[2]

一些神学家完全赞成忽视甚至谴责亚里士多德的著作，认为它是异教思想的产物，可能会误导信徒。其他一些同样信仰基督教的哲学家认为，将亚里士多德剔除是一种过于极端的反应，不少价值将会丧失。这些基督教思想家面临着一个挑战：如何使他们的神学适应一套新的世俗政治假设和论证，从而调和这两种不同的理解世界的方式。他们成功地面对了一种传统，这种传统似乎认为，相对于得到上帝宽恕这一更高的天召，政治和政治理论是一种微不足道的追求。

圣托马斯·阿奎那（St. Thomas Aquinas，1224/1225—1274）是这些基督教神学家中最伟大的一位，也是这一哲学胜利的主要缔造者。他综合了亚里士多德和基督教的观念，使其最终成为教会的官方正典，或说对所有信徒具有约束力的教义。阿奎那出生于意大利的一个贵族家庭，14 岁时便停止了在修道院的学业，接下来的 6 年里在那不勒斯大学学习。教会禁止在宗教机构中教授亚里士多德的哲学，但那不勒斯大学是一所皇家大学或说公立大学。阿奎那不仅接触到了希腊思想家的观念，还通过一位懂阿拉伯语的老师接触到了伊斯兰教对亚里士多德的评论。阿奎那的父亲希望他能有一个更重要的职业，因此反对他加入多明我会（Dominicans）的想法，那是一个致力于传教和学术的新宗教团体，并承诺要消除贫穷。他在自家的城堡中被绑架并被囚禁了一年却仍无法动摇自己对教团的选择，最终得到释放，由此走上自己所选的道路。在巴黎和科隆的大学就读后，阿奎那回到了巴黎，他短暂的一生剩余的时间几乎都在那里进行写作和教学。

阿奎那以"教会博士"（Doctor of the Church）和"天使博士"（The Angelic Doctor）等不同的头衔而闻名，这些头衔标志着他在伟大的天主教思想家名册中的崇高地位。但在这条伟大之路上有一个短暂的耽搁。在阿奎那死后几年，他的著作便在巴黎大学被烧毁，这是那些无脑群氓的胜利，他们声称将亚里士多德的观念纳入天主教神学是可恨的。然而不到 50 年，阿奎那就被封为圣人，现在也是天主教伟人中著名的圣徒之一。19 世纪，教皇利奥十三世宣布阿奎那创立的哲学体系为官方的天主教神学，这使得天主教徒，特别是未来的牧师，以及任何不想对基督教这一分支停留在表面理解的人，都必须阅读阿奎那的著作。今天有数以亿计的人自由选择按照他的教义来安排自己的生活。

阿奎那没有专门致力于政治思想的单本著作。对那些推动政府的观念所做的评论源于他的神学设计。《论存在与本质》（1256）描述了他的方法论进路。阿奎那的大部分政治思想可以在三部主要著作中找到：《神学大全》（*Summa Theologica* [3]，1266/1267—1272/1273）、《反异教大全》（*Summa Contra Gentile*，1258—1260?/1264?），以及《论塞浦路斯国王的王权》（*On Kingship to the King of Cyprus*，1260—1266）。[4]

他的主要著作，即多卷本的《神学大全》，基于一种哲学的方法论系统地阐述了基督教神学。[5] 这是一部伟大的著作，它的方法和内容都是中世纪最佳思想的典范。阿奎那写得很有把握，所有提出的问题他都做了回答。没有一个问题被推迟或需要进一步考虑。在从问题、假命题到正确答案这样一个辩证的过程结束时，发现真理不是源于理性的论证，而是源于所引用的权威性立场。只有在正确的立场被阐明后，理性才被用来解释这种立场是如何得到所引用的权威支持的。在他的其他主要著作中，四卷本的《反异教大全》是针对穆斯林和犹太人而对基督教所做的辩护。《论塞浦路斯国王的王权》真实可信的部分是为塞浦路斯国王写的一部教材，讲的是如何作为一个好君主进行统治。

一些专家可能会贬低阿奎那一生的工作，认为他只不过是在为亚里士多德做注疏。但是，除了"只不过"这个词不能适用于他异常复杂和精细的著作之外，他对古典哲学和基督教哲学的综合给中世纪世界提供了一套深刻的新观念，可以在这些观念的基础上来安排人们的生活以及他们的政府。至少在两个主要问题上，阿奎那超越了亚里士多德的政治学方法。第一个问题是基督教诞生前的亚里士多德从未考虑过的：教会与国家的关系。不过，阿奎那对这个问题的思考受到了亚里士多德对人类幸福的讨论影响。第二个问题是：宪政（constitutional government）的本质是什么？在这个问题上，阿奎那也扩展了亚里士多德的思想。阿奎那的政治思想之所以引人入胜，不仅是因为其论证的力量，还因为它构成了一个全面的、相互关联的体系，其中似乎涵盖了所有的关键因素，让最有逻辑性的人都感到满意。一个平衡的叙述会表明，阿奎那的思想突出了一个封建欧洲的观念和制度，这个欧洲由天主教会和它所倡导的信仰统一在一起。

阿奎那的方法

中世纪的思想以呼吁统一为标志。上帝是单一的，其律法亦是。信仰和理性是统一的。宇宙（也即天堂、自然和社会）也是如此。人类被视作一个共同体，受制于一个管辖所有人的法律和政府。虽然各地存在着多样性，但这种多样性总是被认为从属于统一性。基督教作家强调的是信仰高于理性。这两者被认为处于一种对立的、非此即彼的关系，在这种关系中，那些相信理性而不是信仰的人被谴责为忽视了教会的真正教义。

亚里士多德的哲学被重新引入中世纪的西方，这导致了教会的危机，因为它提出了一些重要的问题，这些问题威胁到了统一的希望，并对长期坚持的教义构成了质疑。亚里士多德的批评者对他的著作提出了许多反对意见。首先，亚里士多德不是一个基督徒（那也是不可能的）。因此，他的著作不可能受到《圣经》的影响，当时《圣经》尚未揭示给人类。救赎、天堂里的神圣力量的作用，为世界上所有灵魂制定的计划，所有这些概念在他的哲学中都没有位置。对一个真正的信徒来说，他对政治或任何其他问题的看法怎么可能有任何意义或重要的见解？其次，亚里士多德只评论了一个物质世界，在这个世界，众多神灵的活动为人类树立了一个令人困惑的榜样。他作为一个异教徒，如何以及在哪里能够纳入一个基督教神学的宇宙，一个没有他的参与而在过去1000年里发展起来的宇宙？

尽管亚里士多德强调理性，不关注宗教信仰，但他直接挑战了那些基督教信念的核心。这些信念集中在奥古斯丁对信仰和理性的区分以及他对理性及其所有衍生品的诋毁。对奥古斯丁的许多追随者来说，真理是在信仰中找到的，也只能在信仰中找到。[6]他们认为亚里士多德的观念是异教徒腐化教会教义的根源，并呼吁禁止教授或传播亚里士多德的观念。第二种更为深思熟虑的回应是将亚里士多德的观点和已经得到接受的基督教进行融合，同时又不否认其中任何一方的基本教义。这是由阿奎那领导的多明我会开始的。阿奎那正视了对亚里士多德的挑战。他赞成一个总体性的论断：信仰是真正的真理之源，但不赞成他的对手对亚里士多德的否定。核心问题围绕着哲学和神学的相容性，或理性和启示的相容性。

阿奎那是经院学派的杰出人物，他的著作被许多人认为是中世纪哲学最伟大的成就。经院哲学是一场思想运动，尤其影响到从9世纪开始的政治思想，并在13世纪达到顶峰。经院哲学思想的基本特点是利用理性来加深凭信仰所相信的东西的理解。经院哲学的一个指导原则是信仰和理性，或说神学和科学，它构成了两个和谐的领域。理性绝不能与信仰相矛盾，但信仰可以容纳一个得到正确理解的理性。

阿奎那建立了一个神学高于哲学、信仰高于理性和智力、超自然目标高于自然目标的等级体系，这使他能够有力地、完全确定地论证其包罗万象的思想综合体，这个综合体详细解释了异教徒亚里士多德对基督教上帝的神圣计划的意义。阿奎那主张，亚里士多德提出了真理，但不是全部真理。他认为亚里士多德的哲学就其本身而言是很好的，但亚里士多德的城邦本身就是目的，而阿奎那追求的是更高的目的。有些真理信徒和理性主义者都能理解，但它们是用不同的能力得出来的。哲学家可能从理性上认识到上帝是第一因，神学家则是通过信仰认识上帝。同时，来自理性的真理和来自启示的真理可以相互补充。两者在起源上都是神圣的。因此，它们之间的任何冲突都不是真正的冲突，而只是表面上的冲突。正如他所说的，上帝的恩典"不是破坏，而是完善了本性"[7]。恩典与本性合作，一起实现人类的救赎。超自然的东西对自然的东西来说是至关重要的。对上帝的信仰是人们充分实现其人性的必要条件，使他们能够实现其基督教的目标。基督教可以接受亚里士多德，因为他提供了关于自然的有价值的真理，这些真理不会破坏信仰，因为信仰不会使理性发现的真理失效，而是使它变得完整。亚里士多德的真理就其得到理性的承认而言是真理，但启示提供了更高的真理，这些真理比自然理性的见解更优越，但并不与它们冲突。

　　阿奎那证明了神学方法优于自然方法。神圣的科学"从神圣的知识之光中获得其确定性，而神圣的知识不会出错"[8]。只有它能向所有人宣告诸如三位一体、救赎和变体（transubstantiation）等问题。哲学家没有资格讨论这些问题，因为理性无法理解它们。因此，神学家在任何问题上所采取的立场毫无疑问是更优越的，但神学的论据只能说服那些已经接受基督教真理的人。神学所提供的证明依赖于它们在启示中的基础。[9]

宇宙是一座统一的大厦。适用于天堂的准则同样也应该指导人类和他们的政府。在宇宙中，一切都按照升序排列，上帝处于顶峰。上帝是唯一必然的、自足的存在，是所有知识和智慧的源泉，"人类的灵魂分有了来自他的智慧之光"[10]。宇宙是理性的，因为它是由一个完全理性的上帝所创造。如果我们能够认识上帝的思想，就会看到这一点。但我们人类无法完全认识上帝，因此总有一些方面是我们无法理解的。阿奎那说："我们不可能知道上帝是什么，而只能知道他不是什么。"[11]

人类的心灵是有限的，因为它的理性是一个有限的工具，也因为它是易错的，不能依赖它作为关于人类状况的洞见的唯一来源。那些仅仅依靠理性的人注定不能完整地认识上帝和我们人类的目的，因此也注定没有完整的生活。但我们作为理性人所知道的一切，都可以通过认识上帝为宇宙制定的计划而成为统一的智慧的一部分。哲学和神学之间也不会有任何真正的冲突。上帝和自然足够大，可以容纳构成存在的巨大多样性，而不会威胁到其根本的统一性。

第二个相关的问题是，在神学和亚里士多德哲学中可以找到多少密切关联？阿奎那的方法，是把他在《神学大全》中的回答表述为对一系列问题的消除或辩论。对于所提出的每一个问题的正反双方，《神学大全》都成功地提出了完整而深思熟虑的观点。对于每一方，他都是以公平和平衡的方式来呈现。即使那些与阿奎那的结论不同的人也会同意，他们的观点得到了公允的陈述。在内容方面，它详尽地考察了哲学和神学之间的关系。他说，由于科学和信仰都在神的计划中发挥作用，通过理性获得的知识包括了科学。但经验性的证据只能支持自然的结论，它永远不可能支持信仰。自然知识还包括哲学，而哲学寻求使科学易于理解的原则。神学作为哲学的补充是必要的，它是由信仰告知我们的理性。它是元科学，通过将科学和哲学纳入一个更大的视野，使我们超越科学和哲学。

阿奎那遵循了亚里士多德的目的论方法。所有事物都有一个终极目的，它们被制造出来就是为了这个目的或目标。当我们与生俱来的终极目的在从潜能变成现实时，它就现实化为物质或行动，当我们达到目标时它就得以完美。一些后设目标（metagoal），也即更高的目的，一种亚里士多德式的终极目的，必须指导我们和我们的制度，包括社会制度、政治制度和宗教制度。他指出，如果我们仅仅依靠哲学，仅仅通过运用理性来认识，那么只有经过长期的研究，少数人（哲学家）才能感知到关于上帝的不完整的和容易出错的真理。然而，为了得救，我们必须知道关于上帝的全部真理，而且是没有错误的。因此，我们显然需要神学这门"神圣的科学"[12]。植根于信仰的真理是有效的，因为它们是基于上帝的启示。上帝的帮助和他对我们生活的参与使我们走上了一条通往德性生活和正义行动的畅通无阻的道路。无论是否唤起上帝，上帝总是预先就知道我们要做什么以及会有什么结果。

人　性

宇宙的结构由一个从至高无上的上帝到最低生物的等级体系构成。每一个存在者都根据自己本性的冲动行事，寻求对于其所属类型来说很自然的目的。它在等级体系中的地位取决于它与上帝的接近程度。宇宙被描绘成一座有一个山峰的山，上帝在山顶，人次之，因为人有灵魂且可以推理[13]，而最低等的生物则在山脚。

每样东西在这个等级体系中都有它的位置。每件事物都有一个目的。权利、责任和义务是基于一个人在等级体系中所在的位置。在所有情况下，"高位"者统治并利用"低位"者，就像上帝统治宇宙、灵魂统治身体一样。人在理解世界和安排自己的事务方面的能力是有限的。虽然人类不能完全理解这个宇宙，但他们必须接受它的现状，同时努力掌握他们能够掌握的东西。由于人类的理性是有限的和受限的，其非理性行为威胁着他通过运用心灵所能获得的一切。这包括一个健全的政府和一个有凝聚力的教会。

阿奎那赞成奥古斯丁，认为我们都是罪人，要依靠上帝的恩典才能得到救赎。但阿奎那反对奥古斯丁的下述观点：救赎是一种掷骰子，我们永远无法知道我们是否已被预设为救赎对象，我们唯一的希望是恳切地祈求宽恕。所有那些信仰真诚、行动正义的人都可以得到拯救。没有人预先就被选定了要上天堂或下地狱。这就是上帝的恩典和耶稣的承诺的意义。阿奎那也接受亚里士多德所谓我们的最终目标或终极目的是幸福的观点。对任何信徒来说，幸福的最大来源是上帝。由于我们从本性上说是理性存在者，我们对上帝都有一种自然倾向。正是信仰使我们能够超越我们有限的理性，从而调和我们人类本性的这两个必要方面。信仰使我们认识到上帝的完美理性和我们自身的有限能力。我们一旦理解了理性的局限性，也就能认识到它对我们的生活所做出的有意义的贡献。

《旧约》中的圣约（Covenant）概念在《新约》中得到进一步发展，意味着所有人在上帝面前一律平等，因为所有人都平等地受制于该圣约。[14]这种共同的人性产生了一种道德和精神上的平等，这种平等高于任何世俗的差异或权力。这是上帝眼中的人人平等，人们都有灵魂和一定程度的理性。阿奎那主张个人人格和个人道德责任的神圣性和不朽性。从本性上讲，我们倾向于良好的习惯，但需要个人的努力、教育、政府和法律来把习惯变成德性。

所有人都有平等的能力运用理性，无论是不是基督徒。但有一种平等仅限于作为基督教团体的成员的真正信徒之间，吊诡的是，这种平等也作为一种不平等出现在基督教世界内部，即理性的人与不那么理性的人之间，宗教人士与非宗教人士之间，以及统治者与臣民之间的不平等。有些人更强壮；有些人更富有；有些人更理性，更有能力利用他们的理性来认识真理，采取正义的和有德性的行动。因此，有些人可以充分实现上帝赋予他们的灵魂的潜力，而有的人则不能。后者是社会中的多数，而前者只是少数。显然，阿奎那有其精英主义的一面。这种不平等的最终形式和根源是在上帝和他创造的万物之间的不平等。尽管他这样支持不平等，并认为更理性的人有必要统治其余的人，但阿奎那确实注意到，即使最聪明和最理性的人也受制于上帝管理宇宙的法则。在这一点上，所有人都是平等的。没有必要在今世和来世之间做出选择。我们在世上的生活不仅仅是对信仰的检验。它们还使我们能够在存在之美中把握上帝神圣的完美性的某些部分，并为我们在天堂充分认识上帝的纯粹卓越做好准备。在世界上近乎幸福的生活也有其舒适性。信徒不仅享受上帝世俗层面的美丽和荣耀，而且还有望获得救赎。上帝给了我们理性，使我们能够以不同于信仰的认识方式来认识他。作为上帝计划的一部分，我们必须用我们的理性来过理性的即道德的生活。当我们尽己所能地使用我们的理性来行动（这是上帝为人类制定的伟大计划的一部分）时，我们有限的理性使我们能够在一定程度上洞察上帝无限的理性。

阿奎那和奥古斯丁最明显的差异之一，在于他们对人性和政府之间关系的看法。阿奎那认为，即使"天真无邪的状态"在亚当和夏娃之后持续存在，人类也需要社会机构和政治机构来实现他们的自然发展。[15] 阿奎那借用亚里士多德的观点，他认为，使政府成为必要的，是人的理性能力和组成社会的能力，而非人类的罪恶或一个人实际上无力单独生活。奥古斯丁认为政治社会是人类堕落本性的后果，也是其补救措施。与奥古斯丁不同，阿奎那将政府描述为自然的。我们在本性上说既是社会性的存在，也是政治性的存在。阿奎那把社会设想为一个相互依存的有机体，在这个有机体中，个人被纳入集体社会。[16] 家庭、去教堂和劳动等社会事物与政治机构和法律一样，都是社会的关注点。信徒共同体，即基督教世界，是社会组织和政治组织的最高层次，因为它的建立是为了促进幸福和救赎的双重目标。

社会与教会

除了对宗教的强调，阿奎那对社会的一些关键因素在很大程度上遵循了亚里士多德的看法：家庭（包括妻子）、财产（包括奴隶）以及宗教权威的作用。与自然界一样，社会是一个由诸多目的构成的复合体，在这里，高位者指导低位者，低位者服务高位者。当然，最好的共同体是所有成员共同忠诚于教会的教义和管理社会的法律承诺。

家庭是建立教会和国家的基础。阿奎那采纳了奥古斯丁关于传统核心家庭的假设，这种家庭包括丈夫、妻子、孩子和奴隶。男人以坚定和正义来统治他们的家庭。他们更为优越的推理能力证成了他们的统治，而女人被贬低的推理能力被用来证成现状的延续。[17] 私有财产的占有不是自然的，在一些地方是习俗，在另一些地方是法律。它的主要功能是使男人能够养家糊口。

出于几个实际原因，阿奎那倾向财产的私有制而不是集体所有制。首先，人们对自己的东西比对共同拥有的物品更加小心谨慎（亚里士多德也有类似观点）。另外，在所有权分散的情况下，有关财产的决策会更清晰。最后，当所有权明确时，人们不太可能发生争论，这使得社会更加和平。但是，由于所有的东西，包括我们的财产，都来自上帝，我们对任何财产都没有个人权利。我们为共同善而以托管的方式持有它，应该用它来促进总体福利，并实现社会的团结和所有人的幸福与救赎。这种义务来自自然法，这是一种更高级的要求，它规定："一些人大量拥有的任何财物，根据自然法，都应该用来养活穷人。"[18] 我们的财产权必须让位于这种更高级的要求，它涉及共同体的福利。如果我们不能利用我们的财产为这些美好的目的服务，那就可以正义地从我们这里夺走并给予那些能更好地使用它的人。

在中世纪，《圣经》中上帝与人之间的信约被世俗化，成为封建领主与其附庸或下级领主之间的不成文契约。虽然他的语言暗示他支持一个一些人受制于另一些人的社会，但阿奎那实际上赞成中世纪领主或地主与为他们从事体力劳动的人之间已经存在的那种工作安排。财产所有者（阿奎那称之为"主人"）只能要求他们的农奴（"奴隶"）在外在行为上服从，尤其是在工作要求方面。阿奎那确实认为，"奴隶是一种财产"，因此，任何参与劝说农奴离开其所有者的人都是小偷。[19] 但这只是一种外在的或身体上的所有权或期望，并不涉及对所有者和被拥有者都同样重要的东西，即由每个人的个人自由意志所支配的灵魂。"在一切涉及意志内部运动的问题上，人们没有义务服从其他人，而只服从上帝。"[20]

即使身体上的所有权也是有限的。正如阿奎那所说："由于人就其本性而言是平等的，所以在涉及身体的自然的问题上，例如，在与他的身体的维持和生育有关的问题上，他没有义务服从另一个人。"[21] 在这些方面，即使最低级的农奴也是主权者。只有他能决定自己及其家庭的义务。阿奎那对农奴的关注包括了那些由非基督徒拥有的农奴。

与对主人施加的限制相一致，生活在基督教社会中的非基督徒的灵魂也应受到尊重。不应强迫异教徒和犹太人去信仰，因为这是一个意志问题。但可以对他们施加压力，让他们改变信仰。威胁，甚至折磨都被允许用来实现这一目的，尽管不使用武力可能更有利于和平。政府也可以没收非基督徒的财产，教会可以正义地释放犹太人拥有的任何农奴，如果该农奴成了基督徒的话。这属于教会的权力范围，"因为犹太人本身就是教会的奴隶，所以她可以"按照宗教权威的决定来"处置他们的财产"[22]。

最重要的联合体是这样一个联合体，它超越地方或自然，并将所有基督徒联合成世界性的信徒团体。这个集体社会可以被称为基督教世界。一个独特而特殊的社会团体即教会，对于人们实现救赎的伟大目标来说是不可或缺的。教会作为一个可以加冕的社会团体，不是政府的对手，而是其完善者。教会和国家不同，但又相互依赖。但教会是唯一的普世机构，为整个信徒团体服务。其神职人员必须处理教区居民的日常生活，使他们的问题与上帝的计划相协调。神职人员也向世俗的治理者提供援助和道义上的支持。如果每个人，无论多么伟大或卑微，都服从他们指定的统治者，并相信上帝的智慧和判断，就会产生一个正义的社会，所有人也都会得到救赎。

阿奎那反对任何在信仰问题上质疑教会权威的个人或其他团体。在中世纪，教会的主要挑战者是几位世俗君主，特别是国王和皇帝。教会是《圣经》和神圣真理的守护者。面对神圣罗马帝国皇帝或其他世俗统治者与罗马天主教会首领教皇之间的重大冲突，阿奎那试图为后者的至高无上性进行辩护，同时也承认前者的适当权力。为了捍卫教皇的至高无上地位（或许也是为了捍卫他自己的学说，它们与他的前任教父有冲突），阿奎那断言：

> 教会的习俗具有最大的权威，在所有的事情上都要效仿它。现在，既然天主教博士们的教义从教会那里得到其权威，那么人们就应该信赖教会的权威，而不是信赖奥古斯丁、杰罗姆或任何博士的权威。[23]

他巧妙地让教会运用权力来维持秩序，从而防止将"共同体分裂"的必要性与教会作为精神机构的关键作用联系起来。[24] 像所有非人类的造物一样，"当一个人实现了其最终目的时，他的自然欲望肯定会终止……但是，[对人来说]这不可能在今生发生"。在世界上，终极幸福，也即他的最高目的，是无法实现的。"因此，他必须在今生之后才能实现它。"[25]

教会是一个因信仰而联合起来的信徒共同体，而信仰让他们彼此在精神上相联系，并通过圣礼让他们与基督联系起来。为了使教会能够继续提供这些机会，特别是圣餐仪式，必须保护教会以防止混乱，特别是来自异端分子的威胁，他们将引导信徒离开救赎的道路。面对这种持续的威胁，教会必须运用权力。尽管教会对救赎很重要，但阿奎那确实限制了教会对国家世俗事务的干涉程度。这就为世俗统治者提供了一个独立的、神圣的证成，包括一种界定了教会和国家之间某种区别的推理。这种差异基于神所设定的那些指导政府的目的和规则，以及那些驱动着个人和家庭的更高目的。如果这暗示了某种政教分离，那么这种分离远不是彻底的。[26]

在那些影响到人们宗教上的终极目的或救赎的领域，教会仍然有凌驾于国王之上的权威，这加强了中世纪期间非常突出的那种关系。显然，世俗统治者必须是一个基督徒，并为基督教的目的服务。不信上帝者不能统治信徒。阿奎那建议建立一个包含甚至宽容某些非基督徒的国家，就此而言，他与奥古斯丁的观点相去甚远。这是由于亚里士多德的影响而发生的另一个变化，就像推动世俗和平与天国承诺的双重力量中的政治力量一样，宗教力量（表现为包括所有人在内的教会）也采用了一套类似的制度。教会领导人为宗教目的而组织起来，但也面临着必须在世俗世界中处理的一些问题，他们效仿（实际上是大量效仿）世俗统治者，创造了类似政治的设计来管理其宗教团体的事务。教会不再是一个由忠于《圣经》的热情信徒所组成的联合体，它建立起一些机构来指导信徒并监督其众多活动。在这样做的时候，它清醒地认识到，为了加强自己的地位，它必须向众多分散的教堂会众强加某种统一的信仰和信条。为了实现这一切，从教皇到教区牧师的各等官员的任命得以规范化。所带来的一个结果是，救赎不再仅仅取决于其成员的德性，而是取决于是否遵循程序，是否服从那些已经建立起来的机构的负责人。教义的统一性要由教会统治集团来解释。高层人物宣布什么是对教义的正确理解，一般信徒不得加以讨论，更不用说质疑了。教会成为死后进入上帝之国所必需的启示真理的唯一来源。它的权威不容置疑，否则就会失去所有目的中最值得渴望的那个目的，即救赎。[27]

基督徒认为他们的宗教模式和机构是和谐的。虽然这些组织都有各种各样的宗教象征，这些象征旨在将它们与更低级的世俗机构区分开来，但相互依赖的观念在宗教和政治两个层面上都得到了促进。例如，尽管救赎之路是由人们作为个人信徒来遵循的，但由宗教团体和一般信徒组成的相互依赖的基督徒共同体始终存在，特别是可以帮助那些如果没有帮助就可能误入歧途的人。同样，对于使人们在这个世界上找到自己的方向并在来世实现他们伟大的目标来说，教会和国家之间有组织的、相互依赖的关系至关重要。他们之间的合作关系一旦破裂，不仅会造成公共秩序的巨大混乱，而且最终会使其成员无法获得救赎。因此，世俗当局认为有必要支持宗教官员，反之亦然。这种关系的例证是，教会领导人通过为世俗统治者的上任举行祝圣仪式而使其合法化。[28]换句话说，教会在认可权力的同时亦分享了权力。教会变得政治化，并承担起世俗的任务，这将使它面临自古以来就导致了麻烦，甚至导致权威瓦解的所有挑战和陷阱。从埃及到罗马，以及希腊城邦和罗马共和国，伟大的军事帝国都发生过这种情况。它们都是由于不相容的社会和政治紧张局势而衰落的，这些紧张局势腐蚀了曾经强大的政权。这将发生在阿奎那去世大约三个世纪之后，而之所以会发生，是因为他所宣扬的那套综合理论的关键要素存在争议。[29]

　　既然人是一种社会动物，那么社会就是自然的，因为人追求幸福是自然的。因此，将人带到这个层次的是两个社会的工作：宗教社会和公民社会。公民社会的成员也是基督徒，他们受制于两个相关的公共权力：教会和国家。只有当人们既受到恰当的统治又得到教会的指导时，救赎才有可能。其中一种权力，即世俗权力，引导人类走向其自然的目的。政府虽然在其管辖范围内有自主权，但并不拥有至高无上的权力。只要它与教会的领域重叠，它就从属于教会，正如自然的目的从属于超自然的目的一样。正如阿奎那所说："在基督的律法中，国王必须服从牧师。"因此，"教会当局可以干预世俗政策，以保护信仰和道德，而世俗政府则将外部的宗教统一性作为国内和平的先决条件来推行"[30]。

政　府

阿奎那没有像奥古斯丁那样以消极的方式看待国家，因为他不那么强调原罪和堕落。[31]一个重要的后果是，"由于人的自然目的从属于超自然目的，所以是后者完成和完善它，而不是破坏它"[32]。政府是一个自然的（即基于理性的）机构。它的目的是激发我们自然的德性倾向，实现人的本性。它通过帮助我们获得物质上的满足和精神上的慰藉来实现这一目标。

阿奎那设想，政府的作用不仅仅是减轻亚当犯罪的后果。他采纳了亚里士多德的观念，使政府在实现基督教目标和世俗目标方面发挥积极作用。由于我们自然而然就在社会之中，我们必须接受指导去追求社会之善。政府是进行这种指导的机构，因为它为我们提供了一种必要而有序的联合以便集体合作。作为堕落的个人，我们的理性让我们倾向于寻求自己的利益。但即使是一个由纯粹善良的个人组成的社会，也需要政府来将他们不同的利益协调到公共利益中。政府的说服机制包括，如果不服从，就使用武力威胁（这是不言而喻的）。

政府负责的不仅仅是执法工作。它还必须维持一种社会和宗教氛围，使其臣民能够追求上帝的计划，并帮助他们实现其潜在的有德性的思想和行为。这包括通过法律、制度和条例来保护和鼓励公共道德和宗教信仰。政府负责保护和帮助教会。它作为教会的利剑，既要保护教会不受某些人伤害，又要执行其宗教法令。教会在对付异端时可以请求政府的帮助。脱离教会的前基督徒可以被正义地折磨，"好让他们履行自己的诺言，说话算话"[33]。如果这些异端分子继续罪恶地否认真正的宗教，可以将他们移交世俗当局，"从而以死亡的方式让他们从世界上消失"[34]。

政府的另一个作用是保护智者，并鼓励他们创造智慧，因为政治对个人的道德成长和集体福祉都十分重要。国家也有义务寻求经济正义。这包括照顾贫困者以及货币控制等行动。通过纠正政治和经济上的不正义，政府增加了人类的幸福。政府还维护社会结构，并尽可能地纠正它们的更极端的不正义现象。

但政府是有限的。政府不能对人们的生活有重大改善，更不能重塑世界；它只能在这里或那里进行小的修正。它必须适应不断发生的变化，适应人们对高级法缓慢发展的理解。因此，政府既有积极作用，也有消极作用。消极地看，政府处理外在的罪恶行为和后果，惩罚那些违法者，并保持强制力来遏制可能的违法者。积极地看，一个正义的政权提供了一个框架，社会成员可以在其中享受和平与安全，同时又寻求救赎。

在阿奎那看来，政府与天堂的神圣秩序相比只是次佳的，但它们是事物自然秩序的一部分，而不是违背自然的东西（比如罪）。阿奎那把统治者比作一艘船上的木匠。统治者的作用是让船在旅途中得到好的修缮。教皇就像一艘船的船长。[35] 阿奎那再次援引亚里士多德的观点，认为就像每艘船都要有一个领导者一样，每个国家，无论世俗的还是宗教的国家，也都必须有一个领导者。这意味着应该有一个统治的原则来帮助指导国家。这个原则就是理性。一个正义的统治者必须遵循上帝的理性自然法，将之作为一条指导原则。阿奎那赋予政府以直接的神圣权威，而不仅仅是通过教会才获得的间接权威，赋予政府一个独立的任务，或说终极目的，而不是完全依赖于教会的任务。但由于国家是为教会及其目标服务的，基督徒有义务在所有事情上都服从世俗统治者的命令。然而，对于不同类型的个人，在使用世俗权力来执行基督教信仰方面有不同的规则。可以正义地强迫基督徒服从统治者关于信仰的命令，如定期去教堂或公开承认所有基督教教义。基督教的异端分子不能得到宽容，可以因其是异端而受到政治当局的惩罚。国家的任务包括寻求使不信上帝者皈依这样的行动。但这方面也有一些限制，国家不应强迫那些未接受基督教的人服从有关基督教信仰的世俗指令。对犹太人要加以宽容，但必须禁止他们对基督徒行使政治权力。

所有人在上帝面前都是平等的，但在理性能力方面却不是。因此，并不是所有的人都有资格进行统治。阿奎那支持由明智的人统治不太明智的人。很少有人具备必要的能力、品格、分寸感或果断程度。政治权力的行使需要不断的妥协。这是很困难的，而且常常令人沮丧，但这就更有理由让最好的思想家用他们的头脑来改进行使政治权力的方式。合格的基督徒不应拒绝权力，而应将其用于改善人类。这就是为什么上帝赐予我们理性这种礼物，尽管理性可能是有限的，而且当然不要让这种理性因不使用而萎缩。一个正当的政治共同体并不要求所有成员都是平等的。那些因理性不足而被排除在政府之外的人并没有被剥夺任何重要的东西，因为被排除在政治权力之外就是免除了某种对救赎来说不必要的东西。事实上，通过让比他们更优秀的人来提供一个理性而正义的政府，这种政府比他们自己所能提供的更加理性和正义，他们受益了。

为了维护共同体的和平（这对于促进精神恩典的氛围来说是

必要的），以及管理他们必须管理的事务，每个政府都需要一系列
为人所知的、合法的、从上到下的职务。这样的职务安排符合一
个普遍的模式。天地万物在一个有序的等级关系系统中相互关联。
这些关系被阿奎那设想为一系列的政府。正如上帝统治宇宙一样，
每个政府都需要一个能够提供积极领导的首脑，无论用来指导教
会还是国家。教皇被选来领导其中一个伟大的机构，国王则去领
导另一个。每个官员，无论宗教官员还是世俗官员，都必须有足
够的权力执行上帝指派的任务。只有充裕的权力才能使这些统治
者控制任何混乱的趋势，并为他们所统治的人树立有德行的榜样。
作为一种社会动物，人与其他人生活在一起。人类社会是由利益
冲突的个人组成的。这种利益冲突总是有可能造成不稳定。正义
和合法的权力最能引导社会走向共同利益。走这条路需要社会和
政治上的团结，而实现团结又需要行使权力。[36]

　　阿奎那关于最佳政府形式的观点在每部著作中都不同，这种
转变似乎是基于其读者及其建议对公共秩序的潜在影响的考虑。当
为在位的统治者写作时，他赞成一人之治，而在其他情况下，他
的观点则更为宽泛。他追随亚里士多德的观点，根据一个人、少
数人和多数人的统治规则，将宪制或政体分为三种好的形式和三
种扭曲的形式。[37]他既利用亚里士多德也利用基督教教义来支持
一人之治，它也被称为王政或君主制，这是他最喜欢的政府形式。
他认为，政府的形式取决于自然，而"最接近自然过程的就是最
好的，因为自然总是以最好的方式运作。但在自然界中，政府总
是由一个人负责"[38]。他的理由是，由于神圣的政府（或天堂），
是由一个实体即上帝来统治的，所以在世界上的王国也应该遵循
同样的计划。这是其成功的关键，遵循这一自然过程便使社会有
一个统一的方向。"因此，一人统治的政府比多人统治的政府更容

易成功。"[39]

但统治者应该领导一个以混合宪制为基础的政府，混合宪制体现了所有三种好政府类型中最好的因素。[40] 阿奎那认为："所有人都应该参与政府，因为这种宪制形式确保了人民之间的和平，所有人都热爱并捍卫它。"因此，他认为："最好的政府形式出现在一个……［一人统治的］王国中，其中一个人被赋予根据自己的德性统治所有人的权力，而在他之下的是其他一些根据其德性而拥有统治权的人（少数人），然而这种政府是由所有人（多数人）共享的，这既是因为所有人都有资格统治，也是因为统治者是由所有人选择的。"[41] 当他谈到"许多人"或"所有人"时，阿奎那设想的是作为一个整体的共同体，而不是人民民主（popular democracy）。

阿奎那似乎毫不犹豫地超越了他对纯粹的亚里士多德式君主制的倡导。[42] 他似乎赞成广泛的参与和真正的混合式政府。这如何能与他对精英主义和等级制度的支持（在他著作的其他地方可以找到这方面的证据）相协调？如果一个不那么系统和彻底的思想家存在着这种明显的矛盾，我们可以将这种不一致归结于人类的脆弱性。我认为，如果这样看待阿奎那，就没有恰如其分地对待一个伟大而敏锐的人。也许他看似与其先前的立场矛盾，但并未弱化自己的立场。他提到的"根据其德性"这个说法很可能表明，如果君主被认为是有德行的，那么就只有他进行统治，并由他认为必要的官僚机构加以协助。其他人可能根本不会被包括进来，因为他们被认为没有资格进行统治。

阿奎那支持君主制和等级制度的进一步证据，可以在他关于教会治理的观点中找到。教皇是基督在世界上的最高代表。他的地位建立在启示之上 [43]，由于他的统治反映的是上帝即宇宙最高

（和唯一）统治者的统治 [44]，因此，教皇不能依靠一个不统一的或混合的政府来完成上帝赋予的使命。当然，教皇在治理他的王国时要依靠许多人的帮助，而且他是由一个因其特殊属性而被选中的精英阶层选出来的。[45] 然而一旦上任，他在做出权威性决定时拥有的权力往往比任何君主都大。

对于世俗的统治者来说，一位首席行政长官，无论是如何选出来的，都能明确责任，并且最有效率。阿奎那更喜欢选举产生的君主，因为他更有可能是因为自己的能力而被选中，而不是因为出生的偶然性而被赋予权力，以第二种方式成为君主的人更多地把自己的权威视为一种资格而不是一种信任。此外，定期选举君主可以吸引其他人参与进来。杰出社会成员的参与使选举具有合法性。然而，那些真正的统治者并不对其臣民的意愿或愿望负责。他们最终对上帝负责，而且他们将在来世为自己的行为负责。

阿奎那显然不赞成的一种政府形式是僭主制。他回到了僭主和合法统治者即国王之间的传统区分。我们最高的终极目的是宗教性的，合法政府及其国王的目的是促进这一目的。上帝和高级法对统治者进行了限制。他们命令他按照正义和理性的准则行事。因此，阿奎那说："人类的政府来自神圣的政府，应该模仿它。"[46]受委托进行统治的人必须为了共同善而统治，任何正义的国王都会寻求社会所有成员的利益。

由于政府的主要目的是促进共同体在宗教上的终极目的，因此不这样做的统治者就可以被判定为僭主。僭主追求自己的利益，为个人的欲望或利益服务，无论是在法律上还是在实际上，都不受控制或限制地进行统治。那些仅仅为了满足权力欲、无视臣民幸福而进行统治的统治者是有缺陷的基督徒，他们会危及自己的救赎。如果不正义的法律根本就不是法律，那么就可以认为，一个不正义的僭主就根本不是统治者。阿奎那为僭主制提供了一个补救措施，他主张限制权力和构造权威，以确保其为公众利益服务。如果这些指令被忽视，臣民就没有道德义务服从。抵抗这个僭主不是犯罪，因为是僭主犯了不顺从上帝的罪。然而，如果抵抗僭主会带来更大的不稳定，那么最好是忍受僭主。因为如果起义有分裂的危险，那么造反者同样是有罪的。由于没有办法预测造反的结果，所以在大多数情况下，极度谨慎和不采取行动（哪怕因此而有过失）是最好的反应。所以，温和的僭主制应该被忍受。其他许多命运更糟糕，包括可能会有一个更糟糕的统治者。

　　开除教籍（excommunication）是摆脱僭主的另一种手段。这个词指的是教皇有权力对任何严重违反教会教义的罗马天主教徒进行驱逐。对一个统治者来说，如果他拒绝接受教会教义的真理，就可以适用这一制裁。如果一个统治者被逐出教会，"一旦因背弃信仰而对一个［统治者］做出开除教籍的判决，他的臣民就因此而免除了对其权威的责任，也免除了让他们背负对他的义务的效忠誓言"[47]。或者上帝可能会采取行动来解决僭主制，也许是通过造访统治者而使其改变主意，也许是通过让他丧失能力或死亡而让他退位。当然，人们总是可以尝试祈祷。这并不破坏团结。但是，如果教皇和上帝都不能减轻人民的负担，可能就需要采取公共行动来处理过分的僭主制。这可以包括任何适当的行动，包括杀死僭主。因此，阿奎那既考虑到了外部制约——上帝、教皇和国王对自然法的遵守，也考虑到了内部制约——叛乱的威胁，以使统治者不越轨。

法　律

在中世纪，统治者和教会在解决他们所要裁决的争端时，可以援引各种各样的法律体系。这些法律体系包括教会法、城市法、王室法、封建法和庄园法。[48] 阿奎那政治哲学的核心是他的法律理论，该理论对这些法律体系进行了等级排序。它突出地体现在所谓的《论律法》这一部分，这是《神学大全》中一个很小但影响很深远的部分。[49] 它的影响来自一些原则，阿奎那不只是简单地陈述这些原则（例如，"谋杀是错误的"），而且还用明确而仔细的推理加以支持。基于一个统领性的方案，阿奎那将这些不同种类的中世纪法律组织成一个相互关联的法律体系，该体系植根于他对法律的定义，即"为共同善而颁布的理性法令，由关心共同体的人制定并颁布"[50]。

法在界定个人、政治体和上帝之间的关系时十分关键。阿奎那基于法律和政府要积极帮助个人道德发展的宗教观点，构建了一个连贯一致的法律理论来指导人类事务。因此，臣民有公民义务，也有宗教义务。所有法律的目的都是为了实现正义，这有助于每个人实现他们的终极目的，作为一个理性的存在者发挥作用，并寻求上帝那种远见。法律是一个包容性的实体，它以一种和谐的方式管理着宇宙。这个实体或系统由四个有机地相互依存的部分或法律类型组成，以四种理性为基础，在四个现实的层面实现，但本质上都源自一个伟大的心灵。四种法律中的每一种都反映了那个心灵的不同方面；每一种法律都与其他法律联系在一起，构成一个统一体。这种统一性由理性所提供，而每种类型的法律在其所包含的理性层次上都不同于其他类型的法律。所有这四种法律都在神的计划或神的理性下统一在一起。阿奎那的《论律法》

阐述了他的法律定义、法律的四种类型、每种类型的权力和功能、法律与习俗和变化的关系、《旧约》的旧法和《福音书》的新法。他的四种法律是永恒法（eternal law）、神圣法（divine law）、自然法和人定法（human law）。每一种法都有一个终极目的，即一个促进理性目的的目标。

永恒法

上帝有一个治理宇宙的神圣计划。阿奎那称上帝的计划为"永恒法"。永恒法是上帝不变的理性，是他对整个宇宙的设计，只由他自己颁布。它影响到万物，无论是否有生命，从人类到最低的生物和物体。正如阿奎那所定义的那样，"永恒法无非是神圣智慧的计划，指导着造物的所有行为和观念"[51]。这是上帝安排整个创造物的计划，只有上帝才能完全了解这一法则及其所有的影响。虽然我们人类不能直接和完全了解永恒法，但我们可以从其他种类的法律中去理解它的各个方面，这些法律是由它衍生出来的。要做到这一点，需要的不仅仅是人类的理性：祈祷和虔诚的行为也至关重要。

神圣法

在永恒法中，给予作为信徒共同体成员的我们的那部分被称为神圣法。它的颁布是因为所有人都有"一种认识关于上帝的真理和生活在社会中的自然倾向"[52]。神圣法是上帝的恩典赐予全人类的礼物。它是上帝颁布的法律准则，告诉我们什么有罪，什么行为被禁止。我们知道它是上帝为我们制定的计划，是他指导我们的话语，我们通过《圣经》中阐述的他的理性的启示而知道它。它表达了人的最高愿望：救赎，或永恒的幸福。十诫也许是最著名的神圣法指令，因此它首先适用于宗教和涉及教会的问题。但它有更广泛的意义。当人定法遵循道德理性时，它可以被看作是上帝的法的终极正义的反映。因此，它被赋予了宗教含义。

一个好的统治者必须遵循神圣法（和自然法）的道德理性来理解它，并知道如何最好地将它应用于他的政权。这样一来，上帝的法和人定法就可以统一起来。人定法不能规范所有邪恶的行为。但是，如果说"人定法不能惩罚或禁止所有的邪恶行为"，那么神圣法可以而且确实如此。[53] 神圣法弥补了自然法和人定法的局限，并作为一套为人类自由而制定的规范。自由这样的法律来完成：它与人的灵魂对话，"禁止和规定，奖励和惩罚"，却不使用武力。[54] 法律还允许人们在选择遵守法律时表达自己的自由意志，练习"适度感和责任感"，从而使人们在德行上逐渐成长。[55] 神圣法不可能与自然法冲突，因为两者有一个共同的来源，即永恒法。它们之间的关键区别是，我们通过不同途径认识它们。两者都可以作为衡量任何人定法是否正义的资源。神圣法不会出错，所以它向我们的最高冲动即我们的信仰说话。可以说它是绝对可靠的。自然法可能会出错，或者至少那些能够认识它的人类的理性可能是不完善的。这可能特别适用于那些只能依靠自然法来安排其生活的信奉异教的理性主义者。对于基督徒来说，神圣法总是可以用来检验纯粹从理性得出的结论。因此，那些遵循它的人比那些只依赖自然法的人更不容易做出错误判断。

自然法

上帝的计划是普遍的。自然法是上帝的理性在物质性事物中的反映。自然法是上帝永恒法中我们可以通过运用我们的理性来发现的那一部分，其原则对世界各地的所有社会和个人都有约束力。

它被上帝铭刻在人类的心灵上，所有理性的人都能认识它，无论是基督徒还是异教徒。虽然不信上帝者可能无法通过上帝的恩典找到真正的和平，但他们仍然可以和基督徒一样享受理性政府的好处。当我们行动时，自然法是个人行为的指导。通过诉诸理性，人们可以知道在具体情况下什么是正确的。

与西塞罗这样的古典哲学家一样，自然法提出了一个更高的理性法则，根据这个法则可以判断人所制定的法是对还是错，是正义还是不正义。它包括了一些一般性的正义原则，这些原则建立在客观的和凭借理性就可知的标准之上。这与特定的人定法或法令形成对比，后者可能仅仅建立在基于自利或过度情感的主观偏好之上。自然法不仅指导一个人如何统治和被统治，而且赋予国家以合法性。自然法还启发了对统治者针对其臣民和其他国家成员所做出的行为的道德限制。但即使有世界上最好的理性和意志，自然法也有其局限性。由于人类的理性能力不足，自然法会根据状况而变化。

因此，杀害他人是错误的，但我们可能出于自卫而不得不这样做。另外，政治结构和经济安排可能因政权不同而不同。最后，作为具有自由意志的自主存在者，人们必须自由地选择遵循自然法，而有些人可能并不遵循其指令。然而为了得救，他们必须服从这样一种法律：在指导他们的外在行为和灵魂的内在"行为"时，它都不会被搞错。这就是神圣法的功能。神圣法是无所不包的，它以丰富的启示和教会的教义来补充自然法的可变结果。

习 俗

习俗或习惯法填补了自然法和人定法之间的空间。这些社会规则是以非正式的方式得到调节的，例如，社会的反对。阿奎那认识到，公共秩序甚至服从法律的意愿，都取决于国家对习俗的重视。他认为，任何邪恶的习俗都不会持续很久，因为它会与自然法相冲突，而且不会再服务于它曾经可能有的积极目的。一个看似不合理的习俗，如要求所有女性都穿某种服饰，可能服务于某种隐性的社会目的。哪些习俗是如此糟糕，以至于需要指示政府废除它们呢？在这个问题的决定上，教会起着关键作用。人祭就是一个例子。但政府不应通过法律来尝试改变习俗性的行为，除非结果对社会有益，因为习俗在确保公众服从人定法方面起着重要作用。当一个习俗被一项新的法律废除时，整个人定法的合法性会被削弱。因此，除非改变法律能够促进共同善以至于可以弥补法律的合法性所受到的损害，否则就不应改变法律。

人定法

根据阿奎那的说法，"每项人定法在多大程度上源于自然法，就在多大程度上具有法律的性质"[56]。人定法是市民法（civil law），它由一个权威性的政治管辖区制定，对生活在其规定范围内的所有人都有约束力。它也被称为实在法（positive law），因为它指示着要做或要避免的具体事情。它是在一个特定的时间制定的，一旦生效，就会要求具体的事情，并施加惩罚。它将自然法转化为具体的形式。虽然自然法是普遍的，但人定法在不同的地方会有很大的差异。谋杀是违反自然的，因为它违反了和平和秩序。自然法没有提供谋杀的确切定义，也没有指定一种惩罚。人定法则填补了自然法在精确性上的不完整。"但如果在任何一点上［人定法］背离了自然法，它就不再是法，而是对法的歪曲。"[57]

有几类人定法可以被认为在事实上是不正义且不合法的。这些法律包括只惠及政府官员而非整个社会的法律，还包括超出统治者恰当权力范围的法律，以及挑战教会权威的法律。最后，那些对指定的社会成员施加不公平负担的法律是不正义的，例如强迫一些人服兵役，而其他同样合适的人却被免除兵役。

人定法是有限的，因为它无法将所有的罪恶行为宣布为非法。因此正如美国 20 世纪 20 年代的禁酒令所表明的那样，酒精饮料可能是有害的，但似乎没有有效的方法宣布所有的饮酒行为都是非法的。人定法也充满了上帝的理性和人类的弱点之间的妥协，包括一些违背自然法的做法。例如，阿奎那认为放高利贷的做法是不自然的。金钱这种东西本来是用来满足自然的人类需求的，但对借的钱收取利息的做法就从合理地使用其价值转变成了不自然地使用金钱，以赚取更多的钱。[58] 但面对长期以来的习俗，禁止高利贷可能会导致社会动荡。有很多道德上令人反感和社会上不可欲的做法应予以容忍，因为这超出了国家的监管权力。高利贷只是其中之一。

出于各种偶然的原因，人定法一直在变化，从寻常的（君主突发奇想）到严重的（饥荒或瘟疫）。它是讲究务实的，因为它针对的是一个国家的具体情况。它必须考虑到居民的性质、是否可以获得财富、财富的多少、人民的传统，以及许多相关的偶然情况。这就确定了合法权威的范围和界限。人定法的任何改变都需要谨慎。社会是一个有机体，任何改变都必须尊重将受到该变化影响的所有方面。只要不违反长期以来的惯例或习俗，这种改变就是有效的。

结　论

阿奎那作为一位政治思想家的最高成就，是将亚里士多德、罗马和基督教的元素整合为一套系统的哲学。在将古典观念与基督教思想相结合的过程中，阿奎那还解决了如何将教会和国家联系起来这个具体的政治问题。他的综合使得德性和政治之间的古老联系得以重建。"基督徒试图理解他们自己的群体生活，这为西方政治思想提供了一个崭新而亟需的观念之源。"[1][59] 即使当阿奎那研究宗教问题时，政治也无处不在。"无论他是在讨论神意的本质、天使的地位、教会或圣礼，本质上属于政治性的范畴都反复出现：权威、权力、成员身份、共同体、共同善、法律和君主统治。"[2][60]

阿奎那创造了一种新的政府理论，将宗教与世俗、政治与神学联系起来。[61] 他是通过设想一种不同的政治共同体来做到这一点的，在这个共同体中，一种双重公民身份再次变得有意义。这不是西塞罗所言的那种双重公民身份[62]，尽管有相似之处。西塞罗将人区分为城邦公民和普世共同体公民，而在阿奎那的框架中，人变成了小共同体中大量的臣民，他们对那些宗教机构和政治机构有更高的忠诚度，这些机构在信徒之间建立起一种普世性的伙伴关系。

阿奎那所描绘的国家，是一个以其成员道德上的善为目的且有德性的共同体，因此国家应该建立在正义的基础上：最好的人应该依法为公共利益而统治。他的综合也使他能够解决人类自然能力和精神命运之间的恰当关系这个更为宏大的问题。虽然人类确实是自然的一部分，但如果不解释他们作为精神存在者的发展，就无法理解他们作为自然存在者的终极目的。这两方面之间，也即自然与超自然之间的联系是理性。通过给予理性一个精神性的核

1　译文参照［美］谢尔登·沃林：《政治与构想》，第 101 页。

2　译文参照上书，第 136 页。

心，他使人类不仅超越于野兽之上，而且也超越了自然本身。基督徒不再需要为了得救而拒绝世界。基督教哲学家也不必指望在天堂获得他的政治思想，他可以用世俗的范畴来解释政治。

中世纪的伊斯兰哲学家为基督教思想家提供了一个如何将上帝和基督教与亚里士多德相协调的范例。[63]在一个亚里士多德式的基督教体系中，上帝成为第一因和终极因。这种重新定位对中世纪世界影响巨大。一个结果是，政治机构的存在得到了一种自主的、世俗的辩护。随着时间的推移，这种辩护为现代西方政治哲学和实践中的政教分离奠定了基础。在奥古斯丁那里看到的是对人性和政府作用的消极描述，相比之下亚里士多德对阿奎那的影响似乎使阿奎那对这些问题有了更温和的看法。但是，古典思想的重新引入、亚里士多德与基督教思想的融合是否为中世纪世界的落幕创造了条件？在信仰中加入理性，或许使基督教有了一个新的、可能更加牢固的基础。但当其他人被激发去基于一种对个人的新观点而考虑纯粹的世俗政治时，理性的工具是否会用来反对既定的宗教和宗教机构？而那些仍然坚持奥古斯丁观点的基督徒又会怎样？他们对这些深刻影响他们的信仰和世界观的戏剧性创新会有何反应？难道他们不会为了新的信仰而拒绝这些修正吗？

自罗马皇帝君士坦丁宣布帝国对基督教保持中立并皈依基督教以来，天主教会通过在中世纪掌握越来越大的权力[64]，为其教权面临的最大威胁奠定了基础。基督教欧洲经常出现分裂和异端；当世俗权威和宗教权威发生冲突时，二者对权力的运用也常有争议；伊斯兰教非常真实的威胁也时常出现，它征服并控制了以前属于基督教世界的大片土地。但最终，天主教面临的最大挑战有可能使教会几个世纪以来辛苦建立起来的整个大厦倒塌。它主要来自两位具有革命性的思想家马丁·路德（Martin Luther）和约翰·加尔文（John Calvin）的言论和领导。他们共同提出了新观念，并为信仰和政治建立了新的基础，这将重塑欧洲的政治和宗教版图。

延伸阅读

Davies, Brian. *The Thought of Thomas Aquinas*. New York: Oxford, 1992.

D'Entreves, Alexander Passerin. *The Medieval Contribution to Political Thought: Thomas Aquinas, Marsilius of Padua, Richard Hooker.* Oxford, UK: Oxford University Press, 1939.

Emery, Gilles. *The Trinitarian Theology of Saint Thomas Aquinas*. Trans. Francesca Aran Murphy. New York: Oxford, 2007.

Jensen, Steven J. *Good and Evil Actions: A Journey through Saint Thomas Aquinas*. Washington, D.C.: Catholic University of America, 2010.

Levering, Matthew. *Christ's Fulfillment of Torah and Temple: Salvation According to Thomas Aquinas.* South Bend, Ind.: University of Notre Dame Press, 2002.

Nemeth, Charles P. *Aquinas and King: A Discourse on Civil Disobedience*. Durham, N.C.: Carolina Academic Press, 2009.

Rocca, Gregory P. *Speaking of the Incomprehensible God: Thomas Aquinas on the Interplay of Positive and Negative Theology*. Washington, D.C.: Catholic University of America, 2004.

第七章

路德和加尔文：重构权威

导　言

　　新教改革是发生在16—18世纪期间最早的几场重要革命之一。宗教改革的两位杰出人物是马丁·路德（Martin Luther，1483—1546）和约翰·加尔文（John Calvin，1509—1564）。这场运动从根本上对制度进行了重塑，改变了既定的宗教关系和政治关系，并推动了从中世纪到早期现代政治思想的转变。

　　正如沃林[1]提醒我们的那样，中世纪政治思想的独特性很大程度上在于宗教思想和政治思想的相互依赖。这一景观被新教改革、文艺复兴时期的人文主义思想和日益增长的民族主义三者合力粉碎。马基雅维利的文艺复兴思想，从哥白尼到伽利略、培根和笛卡尔在科学上和哲学上的进步，构成了从中世纪到现代早期思想的转变在世俗层面的关键因素。对于这一转变，新教改革在宗教上充当着类似的推动力量，因为中世纪的天主教会拥有广泛的政治和宗教统治权。在受宗教改革控制的国家，新教徒寻求宗教改革，但这些改革与世俗结构紧密相连，以至于没有政治变革就无法实现宗教改革。对一个的重新定义导致了对另一个的修正。

因此，新教和欧洲的政治统治者相互扶持。

新教领导人向世俗君主寻求保护以对抗教皇；反过来国王也利用新教的宗教教义来证成他们的权威。新兴的民族主义加强了政府，因为人们首要的世俗忠诚转向了他们的君主。经济上的变化同样改变了欧洲。贸易新路线的发展使人们彼此之间的接触更加密切，并产生了新的文化。一个新的商人阶层出现了，他们与建立在旧封建结构基础上的宗教价值观相冲突。新教教义通过让追求利益在宗教上更容易接受，而阐明了这些新兴的阶级利益。[2]

即使宗教改革经常被等同于路德和加尔文，但宗教改革并不是源于他们。他们的成功源于几个世纪以来对天主教教皇的反对。这些反对者的努力受到了教会统治集团的拒绝，并遭到与教皇当局携手合作的统治者的粉碎。生活在3—4世纪的阿里乌（Arius）认为，耶稣是由上帝创造的，但与上帝并不同一。他的观点被第一次尼西亚公会议（325年）谴责为异端。理事会至上主义（Conciliarism）是一个可以追溯到12世纪的运动，它关注教皇的不当统治，并主张用总理事会（general councils）来制衡或限制教皇的权力。[1][3] 帕多瓦的马西利乌斯（Marsilius，约1275—约1342）在与教皇约翰二十二世的斗争中支持罗马帝国皇帝路易四世。他认为宗教统治者应该在世俗君主之下。路德对教皇专制主义的反对遵循了类似的路线。

12世纪的教派，如位于现在意大利境内的瓦勒度派（Waldensians）和法国的阿尔比派（Albigensians），宣扬包括女性在内的所有信徒平等，且都是神甫，并将《圣经》作为宗教信仰的唯一来

---

1 参见［英］昆廷·斯金纳：《近代政治思想的基础》，下卷，奚瑞森、亚方译，北京，商务印书馆，2002年，第161~162页。

源。他们反对炼狱学说，反对出售赎罪券，也反对除洗礼和圣餐以外的所有圣礼，因为它们在《圣经》中没有根据。在 14 世纪的英格兰，约翰·威克里夫（John Wycliffe, 1320—1384）的追随者们被称为罗拉德派（Lollards），他们抨击教会的财富。他们还先于加尔文提出了一个加尔文主义的观念，即所有人一出生就由上帝的恩典预先注定了会得救还是会被判入地狱。这种恩典直接流向个人，而不是通过教会这样的机构。来自欧洲中部波西米亚的约翰·胡斯（Jan Hus, 1369—1415），因倡导威克里夫的教义而被认定为异端并被处决。他的死使他的追随者发起了一场叛乱，其根源是对教皇和皇帝的众多不满，以及对财产公有制这样的政策的支持。在路德和加尔文出现之前，教皇能够遏制或引导这些最初的改革者所发起的众多反对运动，防止他们构成重大挑战。

路德和加尔文并不认为自己有任何革命的意图。他们声称自己只是想摆脱一些日积月累形成的、几个世纪以来将信徒与上帝相分离的教义，并回到一种纯粹而简单的信仰，这种信仰基于《圣经》中可以发现的那种个人信徒与上帝的直接关系。他们批评教皇制度已经被财富和权力这样的世俗目标所腐蚀。早先从内部改革天主教会的努力已经失败。即使面临对教会做法的尖锐而合理的批评，教皇也否认有必要进行改革。但坚持宗教改革的批评者们有了一个以前没有的盟友，这个盟友使一切变得不同。在他们获得成功的地方，如北欧，他们得到了世俗统治者的帮助。

生平和著作

马丁·路德是农民出身。他的父亲后来变得富裕起来，并鼓励路德学习法律。[4]然而，在一次精神危机之后，路德离开了大学，加入了奥古斯丁僧侣团。路德与教会的分歧在他职业生涯的早期就出现了。他采纳了奥古斯丁的哲学观点，并且认为阿奎那将基督教与亚里士多德的思想综合在一起是令人憎恶的。1512 年，路德被任命为德国维腾贝格大学神学教授。1517 年，他在教堂门口张贴了著名的《九十五条论纲》（Ninety-Five Theses）。这些都是对出售赎罪券的抨击，而赎罪券是对某些罪行的宽恕。

路德拒绝公开放弃他的论纲和为改革家胡斯所做的辩护，他于 1520 年被开除教籍。路德因受到维腾贝格大学创始人、来自萨克森的腓特烈国王（King Frederick of Saxony）的保护，而免遭天主教当局的迫害。路德随后完成了《圣经》的德文翻译。在他宣布了包括基督教的平等在内的一系列自由主义宗教观点后，德国农民认真地将其视为政治指令，并于 1525 年发动了对当局的反叛，此即德国农民战争。路德没有支持他们基于其宗教小册子的政治叛乱，而是敦促他们的对手德国贵族去镇压叛乱，他们也确实这样做了。成千上万的农民被杀，因为他们对路德宗教观点的理解太拘泥于字面，并把它作为政治行动的指南，而路德从未有此打算。路德教派是根据皇家法令在德国和斯堪的纳维亚等北欧国家建立的。这是在《奥格斯堡和约》（Peace of Augsburg，1555，即路德去世 9 年后）之后发生的，该和约允许每个统治者决定其领土范围内的官方宗教。

在路德的主要文章中，有 6 篇对其神学政治的要义来说特别重要。[5]路德驳斥教皇和天主教会的核心内容可见于他的《关于赎罪券效能的辩论》（"Disputation of the Power and Efficacy of Indulgences"），又称《九十五条论纲》。《巴比伦之囚》（"The Babylonian Captivity"，1520）中论证了所有信徒都是神甫。在《致基督教贵族的公开信》（"An Open Letter to the Christian Nobility"，1520）中，路德批评了教会的缺陷，同时也关注了其他社会和经济问题。《论基督徒的自由》（"On the Freedom of the Christian Man"，1520）中讨论了因信称义的问题。在《对统治阶级的呼吁》（"An Appeal to the Ruling Class"，1520）中，路德基于一些明显的缺陷对天主教会提出了指控。在他 1523 年的一篇论文《世俗权威：它在多大程度上应该得到服从》（"Secular Authority: To What Extent Should It Be Obeyed"）中，路德讨论了政府在基督教社会中的作用，以及教会和国家的相对权力。

约翰·加尔文出生在法国北部，是一个律师的儿子。他的大学教育使他对构成课程很大一部分的经院哲学 [6] 提出了质疑。1533 年，他突然改变了宗教信仰，并于 1534 年宣布放弃天主教，而这种行为在法国是一种犯罪。他被逮捕并监禁了一段时间，在 1536 年获释后，应一位希望他帮助建立新教教会的改革者的请求，加尔文前往瑞士日内瓦。然而，他倾向于一种不妥协的教义，并于 1539 年被逐出日内瓦。他在 1541 年被召回，那些召回他的人早已准备好接受仍似从前般顽固的他。

加尔文的观点最初是为了布道而阐述的，后来被收集在一系列关于《圣经》的注释中，最后被写进了他频繁修订的巨著《基督教要义》（The Institutes of the Christian Religion）[7] 中。该书是他对新教信仰所做的有条不紊的陈述，也包括了一套宗教教义和政治原则。它没有路德的著作那么神秘。这部著作包含了加尔文神学的基本内容，而且他在一生中始终如一地坚持其基本观点。日内瓦成为一个新的神学实验的典范。加尔文的目标是建立一个宗教和世俗权力都致力于为上帝服务的政权。他不知疲倦地工作，甚至在继续布道的同时也参与到日内瓦生活的方方面面。他颁布了执法、制造、贸易和教育等方面的法规。他创办了一所大学，也促进了贸易，以帮助增加商人阶层的财富，并引入了卫生法规。到 1555 年，他已经巩固了自己在日内瓦的地位，并成了日内瓦的绝对统治者。然而，繁重的工作导致加尔文身体状况恶化加剧，他于 1564 年 5 月去世。

方法和神学

基于对中世纪哲学的深入研究和对该传统的摒弃，路德向中世纪哲学发起了攻击。他坚信，中世纪哲学扭曲了《圣经》文本的意思，也支持了教皇种种站不住脚的宗教主张和世俗主张。它过分依赖理性。他和加尔文在中世纪天主教神学中看到了一种观点，即人们可以通过自己的工作和努力找到救赎，或得以称义。他们坚决反对这一主张，因为它用人类的活动代替了上帝恩典不可捉摸的作用。因此路德断定："整个亚里士多德之于神学，就像黑暗之于光明。" [1] [8] 所有挡在上帝和人之间的东西都需要被铲除。他想要推倒那些阻挡在信徒与信仰对象之间的"墙"。他们之间唯一真正的调解者是基督和《圣经》。

他反对教皇宣称的基于几个世纪经院哲学的解释而累积的历史智慧，以回归原初基督教的名义赞成简单的信仰。只有作为上帝之言的《圣经》中揭示的真理才能帮助我们，让我们不再依赖堕落人性的有缺陷的理性。改革者的基本原则之一是，个人有私人信仰的权利，其基础是这样一个假定，即每个人都有能力在不参

1　译文参照《路德文集》，第一卷，上海，上海三联书店，2005 年，第 7 页。

考或听从任何其他权威的情况下亲自了解和判断真理。真理是显
而易见的。任何人都可以通过他们真正的信仰的力量而认识到救
赎所需的所有真理。这一教义赋予每个人以绝对正确的权威。那
些需要教皇和牧师等权威解释者的旧教义已经过时。当被问及个
人的心灵如何能够区分真假教义时，路德说："有一种我们所知道
的精神，它判断一切，却不被任何事物所判断。"[9] 这种精神，即
圣灵（the Holy Spirit），使我们有信心说："这是真的。"当心灵宣
扬这一真理时，它实际上是：

> 受真理的限制，不仅不能裁判真理，而且它本身要由真理
> 来裁断。当教会在圣灵的启迪下判断和赞同教义时，教会里也
> 有这样的心灵。教会不能证明它，却很确定自己拥有它。[1] [10]

所有向圣灵敞开心扉的人都能够在没有其他人帮助的情况下，
对《圣经》的真理有着这种直观的理解。唯一的障碍是灵魂的任
何不洁，以及拒绝完全和彻底地接受真正的信仰。

尽管如此，路德还是看到了理性的一种作用。当他寻找用以解
释基督徒要如何生活在这个世界上的积极标志时，认为只要不用
来对灵魂产生负面影响，实践理性作为现世生存的指导是有用的。

加尔文的方法论与他的神学是一致的。与路德一样，加尔文
认为《圣经》是人类尘世之旅所需的所有知识和智慧的来源。对
他来说，《圣经》的权威在它自己的话语中是非常清楚的。《圣经》
"本身自我证明它是真理，就如白色和黑色、甜和苦本身自证自己

1　译文参照《路德文集》，第一卷，第 371 页。

的颜色和味道一样"[1] [11]。对于真正的信徒来说，《圣经》的权威是由他内心对圣灵的意识所证实的。任何人都能理解《圣经》浅白的意思，它是基督徒生活和教义的真实指南。这与罗马天主教高级教士提供的任何复杂的解释截然不同。这些狡猾的神学家长期以来一直用他们对福音真理所做的格格不入的补充来迷惑人们。他们用天主教会的权威取代了《圣经》中得到清楚阐明的真理。

人　性

在路德看来，人在本质上是一种宗教动物。人类是上帝的创造物，要通过寻求来世的救赎找到幸福。与这种寻求相比，人类所有其他的活动都是次要的，而且许多活动几乎都是无关的。与罗马神职人员和普通信徒之间的等级差异相反，所有的基督教信徒都拥有相同的权利、权力和荣耀。没有人是别人的上级或下级。世上没有任何人、任何官员、任何法律（无论是世俗法还是宗教法）可以对个人的良知有任何权威。在这个所有信徒皆为神甫的时代，所有人都是平等的。

自由、平等、虔诚的信徒享有基督徒的自由，心甘情愿地为所有人服务，无论贫富以及出身贵贱。他的灵魂只对上帝负有义务，对尘世的事物不关心，而完全服从于上帝。自由意志意味着，我们可以通过做某些工作而不是依靠上帝的恩典来欲求善。这样一来，不信教的人认为他们可以逃避上帝的审判。路德和加尔文

1　译文参照［法］约翰·加尔文：《基督教要义》，上册，北京，生活·读书·新知三联书店，2010年，第46页。

完全否认了自由意志和工作对救赎的价值，这就为人们提供了真正的自由，使他们免受严酷的工作之累。人们之所以得以解放，正是因为自由意志和工作与救赎无关。宗教个人主义（religious individualism）源于每个人都有自由地阅读和解释《圣经》的权利。路德的自由与针对政府或其他机构的政治权利无关，更与针对其他个人的政治权利无关。他的平等是共同虚弱（mutual infirmity）的平等，在这种观念下，所有的人——君主和木匠——都是彼此的仆人。[12] 遵循奥古斯丁的观点，路德也认为人类天生是邪恶和有罪的。我们崇拜自己、我们的理性和我们的意志。由于原罪之故，人类理性理解上帝意志的能力受到了限制，更不用说追随上帝的意志了。

路德采用了奥古斯丁的预定论概念。上帝甚至在创世之前，就预定了一些灵魂，即选民，要得到救赎。他们被上帝的自由意志选中，通过基督的神圣牺牲而得到拯救。这使他相信仅凭信仰就能得救。工作起不到任何作用。救赎不是上帝对任何个人的行为或毕生工作加以判断的结果。虽然个人可能永远不知道上帝对他们在来世的命运的最终判断，但只有完全信仰基督，相信他为全人类赎罪，信徒才有希望得到拯救。实际上，路德描述了两个国度，与奥古斯丁的"两座城"相似：一个是上帝的国度，一个是政治的国度。加尔文也认为人类本质上是宗教动物。由于人类继承了亚当受到的诅咒，所有人都生于罪恶、邪恶和堕落。用传统的基督教术语来说，人都是有缺陷的，甚至是堕落的。因此，人的本性是分裂的，既表现出动物的一面，也表现出人的一面。第一面是本能，这是所有动物生存所需的一种特性。但如果人类只遵循这一面，他们最终就会像野兽一样行事，通过武力支配他人，并过着放荡不羁的生活。那些被罚下地狱的人以他们的动物本性闻名。另一面是深思熟虑的，甚至是以宗教的方式推理。只有人类能表现出这一面，这是他们的真实本性，但事实上只有一些人受其指令指导，这些指令使人们能够过上道德的、正义的和清醒的生活。

路德的两个国度概念只处理了选民。加尔文也将人类分为两类，但他提倡一种双重预定说：被选者注定要得救，而所有其他人要被永远罚入地狱。人们无论做什么都不能改变这种预定的结果。这是他们的命运，因为"救赎是出于上帝白白的怜悯"，而"对这教义的无知极大地减损了上帝的荣耀，拦阻人学会真正的谦卑"[1] [13]。救赎完全是上帝在世界被创造出来之前做出的难以捉摸的选择的产物：

> 我们称预定论为上帝自己决定各人一生将如何的永恒预旨，因上帝不是以同样的目的创造万人，他预定一些人得永生，且预定其他的人永远灭亡。因此，既然每个人都是为了这两种目的之一被创造，所以我们说他预定得生命或受死。[2] [14]

对加尔文来说，人生是一出永不落幕的戏剧，是上帝为其子民的利益而安排的舞台。他们都是演员，扮演着一个预定的角色，但不知道其结局。只有在他们死后，他们才会知道结果——他们是被拯救还是被罚入地狱。虽然上帝对这种命运的决定对人类来说可能是无法理解的，但根据定义（God being God，上帝就是上

1　译文参照［法］约翰·加尔文：《基督教要义》，中册，北京，生活·读书·新知三联书店，2010 年，第 929 页。

2　译文参照上书，第 934~935 页。

帝）他总是正义的。

　　加尔文断言："人生来就是群居的动物，所以他的本能倾向于看顾和保护社会。"[1][15] 如果人在上帝面前的堕落使他们反对积极的社会关系，那么真正的信徒的基督徒自我使他们能够在社会中与他人和睦相处，甚至合作。人在世上的目的是要认识上帝并颂扬他。人们通过遵循他的诫命和他对人类的愿望——希望人类过道德上正直的生活，无论是作为个人还是作为基督教共同体的成员——来做到这一点。他们的目标不是救赎，因为这已经由上帝预先决定了。只有通过一种完全依赖于上帝的内在重生，人类的精神才能与肉体对抗，并在精神上变得自由，反映出选民的品质。表面上看，加尔文宣扬的是所有基督徒在精神和智力上的平等。就认识上帝的话语、研究《圣经》文本并将其应用于我们所面临的问题等方面的能力而言，所有人都是平等的见证者。由于我们不确定谁被选为获救者，因此必须将所有人作为选民来对待。然而，实际情况却干扰了我们。我们需要地方长官和神职人员在世俗和宗教道路上引导我们。他们必须是不可指摘的人，而且是据我们所知注定要上天堂的。这个群体确实与其他群体成员在精神上是平等的。但他们在社会上比未被选择者更优越，上帝指定他们在道德上引导其他人，在政治上统治他们。因此，加尔文人类平等的观念实际上只在一种积极意义上适用于上帝的选民。同样，被罚入地狱的人也是平等的，因为他们顽固地拒绝服从上帝的意志。当我们探寻他思想的核心时发现，加尔文对人性的看法比路德更具精英主义色彩。他还认为政府是帮助人类追求一种基督徒生活的重要机构，而政府的缺位会削弱我们的人性：

1　译文参照［法］约翰·加尔文：《基督教要义》，上册，第 250 页。

但若上帝的旨意是在我们渴慕真正的父家时，在世上作客旅，若我们的历程需要世俗政府的帮助，那么那些企图夺去这帮助的人，同时也在夺去他的人性本身。[1][16]

加尔文与路德不同，而且至少从消极方面看，他把人既看作一种宗教动物，也看作一种政治动物。

法　律

路德和加尔文都承认有三种法律。神圣法直接来自上帝。它在《圣经》中被揭示出来，其精华提炼在十诫中。那些想过有道德的生活的人可以在那里找到他们需要的一切。神圣法是绝对的，永远固定的。它是评判一切人类行为的永恒的、不可改变的标准。

路德和加尔文都将《圣经》中继续要求服从的法律与过时的法律区分开来。后者包括古代以色列的法典，以及《旧约》中许多的饮食限制。虽然也许作为指导犹太人的榜样是有用的，但它们已经被基督赋予的使命所淘汰。我们可以从他们的榜样中学习，但不应该寻求复制他们的具体细节。耶稣对神圣法做了最详细的说明，去除了由"法利赛人"插入的无关的甚至错误的命题。[2][17]

所有的人都有两种神召（vocation），也就是来自上帝的呼召

―――――――――

1　译文参照［法］约翰·加尔文：《基督教要义》，下册，北京，生活·读书·新知三联书店，2010 年，第 1540 页。

2　参见［法］约翰·加尔文：《基督教要义》，上册，第 354 页。

（calling）。[1] 他们被呼召得救，在天堂与上帝永远生活在一起。但在这个世俗世界里，他们有不同的天职、地位和等级。[18] 例如，一个人可能是父亲、丈夫、邻人、公民和统治者。人在这些天职中是不平等的：虽然许多人可以成为公民，但只有一个人可以成为统治者。通过从事他们的天职，他们能够为他们的同伴服务，并对他们的邻人表示爱。天职也通过要求他们关心他人，而使他们不再一味地追求自私的目标。当他们从事他们的天职时，他们实际上成了上帝的代理人，是上帝的爱的反映。

不存在服务于上帝而不服务于同伴的宗教职业；这与中世纪隐修式的宗教狂热不同。然而，政治家的天职应该得到特别的尊重。统治者不仅仅是上帝的代理人；他也是上帝的代表。在政治舞台上，他处于上帝的位置。当统治者身负其天职所规定的职位时，他应该执行上帝的正义，以维护社会的和平。在打击罪犯时，法律并不限制政府。例如，为了维护和平，统治者可能不得不使用武力，甚至暴力。因此，统治者可能不得不采取与我们对基督徒良好行为的期望相悖的行动，如下令处决小偷，或在战争中把公民送到可能死亡的地方。但这种行为对于维护国家是必要的，而且"进行吊死、拷打、斩首、杀害和战斗的"不是"人的手，而是上帝的手"[19]。然而，当君主以个人身份行事时，他在采取暴力行为方面受到和其他公民一样的限制。

有些人可能会滥用他们的天职。他们可能根本不做他们应该做的事，或者他们可能没有正确地履行他们的职责。并且由于耶稣的许多教导是为了被运用于人们的私人生活，而不是为了指导政

1　这里的 vocation 和 calling 都既有"神召""天召""呼召"之意，也有"职业"或"天职"之意。

府。人们，甚至是统治者，可能会混淆他们的私人天职和他们的公共天职。面对必须审判一个偷了别人一小笔钱的年轻人，他很可能认为，为了社会的和平秩序，有必要用监禁、公开鞭打甚至处决来惩罚小偷。[20] 但他在其私人关系中如此严格就不对了。如果他把他的官方角色带到他的私人生活中，自己的孩子偷了一小笔钱也以类似的方式加以惩罚，这种严厉的行为将受到上帝和人们的正义的谴责。

人们有义务坚守他们自己的天职，而不要徒劳地争夺高位，或者因为感到无聊，只想有所改变而寻求另一种天职。这就是妄图用自己的意志代替上帝的意志，并以他们的榜样作用来挑战社会的稳定。同时，人们必须随时接受上帝的呼召去从事新的天职。

基督教的爱和慈善（charity）是对所有法律和行为的终极检验。这需要一种信仰，那种信仰能够引导人类遵循法律的精神，而不仅仅是遵循法律的条文，因为救赎不可能像中世纪神学所建议的那样，源自对一套法规的奴性服从。神圣法指导人们做出完美的行为，但作为人类，他们从本质上说就有罪，总是有不足。这就是为什么基督教提供宽恕，也提供为不完美的思想和行为赎罪的机会。

自然法和神圣法一样，是永恒的、绝对的、不可改变的。自然法的自然之处在于堕落之前的伊甸园里和亚当、夏娃身上所发现那种纯粹的、未受腐蚀的自然。像神圣法一样，这设定了一个标准，这个标准是有罪的人类不可能达到的。然而，它也为评价好统治者、好公民、好法律和好政府提供了相对的标准。他（它）们越是接近第一对夫妻的纯洁，在日常活动中越像基督（这使得这些活动充满了同情与正直），他（它）们就越是接近人类和国家的最高标准。

对路德和加尔文来说，自然法至少有两个目的，其一是宗教意义上的。在这一点上，自然法提醒我们，要注意我们罪恶的本性，我们需要不断遵循《圣经》的教导。自然法的第二个目的是政治上的。它旨在将不道德行为和非法行为变成一回事，从而为它们设置障碍。神圣法和自然法之间的一个根本区别是，自然法可以为所有人所知，并要求包括基督徒和犹太人，信徒和异教徒在内的所有人服从。因为即使犹太人不承认耶稣是他们的救世主，异教徒不知道《圣经》或对之漠不关心，但上帝已将激发基督徒的那种律法的精神植入了每个人心中。它是由上帝建立的指南，可以通过运用理性和良知来认识。由于人有犯罪的自然倾向，他们对自然法的理解必然是有限的。他们会试图逃避它，使它符合罪恶的欲望，但神圣法会提醒他们自己所负有的义务，并指出他们每一次逃避义务的企图。

实在法或市民法是由合法权威制定的，并由国家的世俗统治者颁布。它的功能是强制推行道德行为和那种使社会能够运转的和平。神圣法和自然法为实在法设定了可以允许的界限。这些界限基于堕落的、有罪的人们的需要，但由于一个高高在上的神圣法监督着每一个政府的行动，所以实在法"总是要受爱的准则（the law of love）的检验" 1 [21]。在所有情况下都要毫无疑问地遵守市民法，除了不服从可以得到证成的少数情况以外，比如统治者超越他们的权威，妄想在信仰和崇拜的问题上做出违背上帝之言的指示。

教会法（Canon law）是罗马天主教会的一系列法规。它涉及七项圣礼的管理及其他事项。[22] 宗教改革者拒绝接受教会法，并将圣礼减少到两项。[23] 结果，婚姻（和离婚）的管理摆脱了宗教控制，"留给了律师负责……由世俗政府管辖"[24]。

1　译文参照［法］约翰·加尔文：《基督教要义》，下册，第1556页。

社　会

　　真正的教会位于社会的中心。它不存在于任何一个宗教机构或职务中，而是存在于"具有同一信仰的心灵的集会中"[1] [25]。当一个人知道他已经受到上帝的恩典时，他的信仰会使他与其邻人建立起爱的关系。这种基督教共同体不同于任何教会，特别是天主教。路德认为，教会是由那些遵守《圣经》的人组成的一个宗教团体。为了取代等级森严的教会，他宣扬所有信徒都是神甫。教会是一个自发的集会，是在没有强迫的情况下形成的。路德谈到了"可见的教会"和"不可见的教会"之间的区别。可见的教会是由信仰较弱的基督徒组成，他们需要一个可见的教会结构。不可见的教会则不需要任何结构。信徒的信仰已创造了必要的纽带，而规则和机构则是无关紧要的。

宗　教

　　对于路德和加尔文来说，任何调和基督教信仰与人类理性的努力都只会破坏信仰的首要地位。信仰贯穿于一个好的基督徒的日常生活和工作中。他通过服务他人来服务上帝，他这样做是为了他人，而不是因为他希望这能为他赢得救赎。因信称义的教义包含拒绝人类价值标准的价值，如在获得救赎方面所做的工作。不过，善行还是有价值的，它反映了上帝的恩典。

　　"所有信徒都是神甫"的教义成为路德派对教会及其宗教任务

1　译文参照［美］谢尔登·沃林：《政治与构想》，第160页。

理解的基础。路德认为，教皇的权力、权威和合法性是他所谓功能失调的教会之根源。在反对中世纪那些关于最高权威的假定（它们赋予一个不受限制解释教义的人以权力）时，他谴责教皇助长了一种"暴政"，一种"独裁"[1][26]，他对教会提出了三项主要指控。他将这三项指控称为教会的"三堵墙"，并全部加以拒斥。第一堵墙是这样一个论断：世俗权力对教皇没有控制权，而教皇可以控制世俗权威。政府在履行世俗职责时，既是宗教性的，也是世俗性的。他们的任务"是由上帝规定的，要惩罚作恶者，保护守法者"[27]。政府的权威是上帝直接授予他们的，而不是通过教皇来授予，所以他们应该自由地履行自己的义务，不受教会的干涉。路德面对的第二堵墙，涉及作为《圣经》含义问题上唯一和最终的权威——教皇。教会不单单是教皇一个人，而是有信仰的每一个成员，"每一个受过洗礼的人都可以宣称他已经被祝圣为神甫、主教或教皇，即使某个具体人物可能并不适合担任这种职务"[28]。每个人都有能力阅读并解释《圣经》。无论是教皇还是农民，任何人对《圣经》的解读都不一定比其他任何人更好。路德攻击的第三堵墙是这样一个主张：只有教皇可以召集会议来处理或解决教会所面临的最初的教义问题。路德辩称这种主张没有《圣经》依据。教会的所有成员都有权召集会议以解决争议，从而限制教皇的权力。

加尔文神学的核心是上帝的主权。我们来到这世上是为了执行他的意志，而作为感知这种意志的渠道，启示比孤立无援的理性更可取。我们都生而有罪，但可以通过耶稣的牺牲得到拯救。我们的救赎取决于通过圣灵与基督结合，圣灵作用于信徒，使他们成为基督的死亡和复活的一部分。他们会悔过，他们的罪会被宽恕，

1　参见［美］谢尔登·沃林：《政治与构想》，第154页。

上帝也将接受他们进入天堂。我们被预定了要得救或要被罚入地狱，这并没有什么不正义，即使我们没有能力改变它。我们的所作所为，或我们如何过自己的生活，都与这一结果没有任何直接关系。同时，预定论并不能使我们没有义务遵循上帝神圣的道德律。而且，人们有充分的理由去遵循这一道德律的指导。虽然上帝知道我们的命运，但我们并不知道。如果我们有任何希望永驻上帝的国度，我们就必须表现得好像那就是我们的未来一样。一个完全顺从道德律并享受现世成功的人，更有可能是上帝所选中的人。那些受上帝恩宠的人将通过一种内在意识，即意识到上帝呼召他们去服务，而知道他们的"赐福状态"（state of blessedness）。那些努力颂扬上帝的人则通过他们的善行来证明他们已经预定要的救赎。因此，虽然世界上所有的善行都不能拯救任何未被上帝选中的人，但善行可以作为积极的标志。他们是否被选中将体现在其世俗的举止和他们在人们中获得的地位上。

在为建立上帝在尘世的最高统治而进行的斗争中，神职人员特别适合唤起上帝的意志，并指导其他人建立一个基督教共同体。他们构成了上帝选民的第一线。他们有义务热爱有道德的生活，并与罪恶做斗争。这样，他们就既通过劝诫又通过榜样来帮助净化共同体。

政　府

路德和加尔文打破了中世纪思想的双剑学说[29]，他们对教会活动施加了更大的限制，并在宗教生活方面赋予政府更多的权威，尤其是有权区分各自的恰当职能。两人都反对罗马天主教会专横的激进主义，包括在世俗事务中的主导作用。他们的新教会没有被赋予任何政治权力。这样做既会篡夺政府的恰当职能，又使真正的宗教向遍布罗马教会的那种腐败敞开了大门。世俗之剑只属于政府。只有认识到它的独特作用，才能促进其对人类救赎的贡献。

路德的个人主义宗教观削弱了教会在政治中的作用。如果就其宗教观而言，他是现代性的先驱之一，那么就其政治思想的基础而言，他是一位中世纪思想家。

> 上帝规定了两个政府：一个是宗教的，它通过在基督之下的圣灵造就基督徒和虔诚的人；一个是世俗的，它约束着非基督徒和邪恶的人，使他们必须维持表面的和平，即便违背他们的意愿。[30]

政府符合上帝的意志（上帝授权所有的统治者），世俗统治者在其领土内拥有最高的权力。世俗政府的作用是维护公共秩序和国内和平，以及维持一个建立在《圣经》的原则基础上的教会。政府是次要的，甚至是相对而言不重要的；对救赎的追求是首要的，实际上是包罗万象的，因为它在一心一意地寻找来世通往天堂的正确道路时，会将所有其他的关注放到一边。尽管如此，世俗的统治是必要的。这两个国度的分离使路德能够破坏教皇、皇帝和其他天主教统治者的权威，路德认为，这些权威完全被用来促进统治者的利益，而不顾其臣民的福祉。他呼吁那些通常臣服于皇帝的新教君主抵制帝国的侵犯，同时，对于大众对新教徒领导的政权的任何反抗，他又保持敌意。当1525年的德国农民战争向这样的政权发起挑战时，路德认为由于君主们是真正的基督教权威，他们服务于上帝并保护人民，因此农民的斗争是不合法的。普通人可以为自己解释《圣经》，但他们不能质疑政治权威的合法性及其使用方式。

教会和国家在上帝之下都是一体的，而且各自都有义务维护其权威的边界。当它们不这样做时，教会就因偏离其中心角色而腐化了。正如路德在谈到这种腐化时所说："这样的人想自己成为上帝，而不是服务于他或保持对他的从属地位。"[31] "这样的人"包括教皇和路德不得不面对的叛乱农民。他们的反叛威胁到了制衡大多数人所需的权力，多数人从本质上说是堕落的。政府填补了这一空白。政府应得到最大的尊重和服从，因为"除了传道的机构以外，它是上帝的最高服务，也是尘世上最有用的机构"[32]。作为"基督教世界"的执行部门，它有世俗的作用，但也有宗教地位。由于许多人都是有罪的，而且罪恶累累，所以"国家是上帝用来惩恶护善的仆人和工匠"[33]。上帝将所有人置于必要的法律约束之下，而法律对于维持一个相对和平的社会来说是必要的，在这样的社会，个人能够自由地寻求基督教真理。

上帝给了人们他们应得的政府。一个好的统治者来自上帝的恩典，对此我们应该心存感激。一个坏的统治者表现了上帝的不悦，但只是我们罪恶本性的反映。任何统治者，无论多么堕落，都比没有政府要好。此外，在暴君手下遭受身体伤害和财产损失并不影响我们获得救赎的进程，而反抗暴君则会"摧毁灵魂"[34]。

路德依靠权力很大的政府来管理相对无权的可见教会，并建立某种宗教的统一性。政府被赋予维持对上帝加以正确崇拜的责任，并被期望在必要时采取行动，打击偏离正确教义的行为。这种关系显然是不对称的，充满了宗教机构被世俗权力领导和支配的危险，即政府有可能利用其权力达到不利于宗教救赎的目的。

在 16 世纪 20 年代末和 30 年代，路德说，世俗统治者由上帝直接授权来镇压异端和渎神言行，并支持好的牧师。只有他们才是基督教共同的代理人，要抵御任何对上帝或人类的威胁，无论是物质上的还是宗教上的，并且应该不受到起平衡作用的权威的控制。宗教领袖不得干涉国家事务。他们的作用仅限于向统治者建议如何以基督徒的身份进行治理。宗教的劝诫和统治者的良心将作为对政府的限制。

对于天生具有智慧且知晓上帝律法的个人所领导的政府，路德有一种柏拉图式的信仰。他们会意识到"各种各样的问题，并会公平地加以解决"[1] [35]。路德认为社会的两个部分即政治部分和宗教部分并没有任何相互竞争的利益。政府不会给真正的基督徒带来麻烦，因为根据定义，真正的基督徒是爱好和平且守法的。基督徒有义务既服从宗教统治者，也服从世俗的统治者。关于后者，他说：

> 由于那柄剑对整个世界来说，对维护和平、罚罪防恶来说大有裨益且必不可少，所以［基督徒］非常愿意服从它的统治，也非常愿意纳税、尊重掌权者、提供服务与帮助，并尽其所能促进政府的发展。[36]

与古代哲学家一样，对路德来说，民主和暴民统治之间没有什么区别。他也无意鼓励未经授权的暴民自己做主，无论他们是由多么真诚的信徒组成。这将是一种比任何单个暴君的暴政都要糟糕的暴政。如果人类就个体而言在本质上是堕落的，那么当他们成为一个集体时，他们就会成为多个暴君的极端的暴民。"这样，遭受一个暴君（即统治者）虐待比遭受无数暴君（也就是暴民）虐

1　译文参照［美］谢尔登·沃林：《政治与构想》，第 166 页。

待要好。"[37] 此外，暴力抵抗就相当于非法强占上帝审判统治者的权利。因此，这是对上帝的直接违抗。

但是，如果君主逾越了他的权威，一个好的基督徒应该怎么做呢？基督徒的责任首先是服从上帝。有些时候，一个好的基督徒可以不服从权威的特定命令，但他的抵抗应该是消极的。因此，如果一个人被命令为一项不正义的事业打仗，他没有义务服从。他也不能被要求"做假证、偷窃、说谎或欺骗等"[38]。当统治者试图干涉明显违背《圣经》的信仰和崇拜事务时，他也可以不服从，但普通基督徒的抵抗一定不能采取暴力，因为暴力的目的是要超越不服从，废除既定的权威。

路德确实允许由一个以恰当方式建立起来的结构或者选举产生的君主来进行武力抵抗，比如针对神圣罗马帝国皇帝所进行的抵抗。这些行政长官采取行动的权威来自上帝，所以未能抵抗就是不服从上帝，就会受到他的惩罚。除了允许下级行政长官正义地推翻暴君之外，路德还谈到了英雄人物，认为这是使一个国家摆脱其压迫性统治者的另一种方式。英雄受上帝的呼召而起义，并推翻一个不再服务于其统治者天职的恰当目的的统治者，人民可以追随他而不为不义。

路德的宗教学说有民主的一面，但他并没有将其转化并置于政治领域。他所主张的平等和自由是为了表达对专制的罗马教会的反对。以政治统一的名义促进宗教一致性的统治者否认了作为路德神学核心的民主方面，而路德也同意了这种攫取权力的做法。

加尔文也认为政府对救赎至关重要，并看到了宗教统治和政治统治之间一种深刻的差异。

前者在乎人心，而后者只约束人外在的行为……这区分

教导我们不可错误地将福音中关于将宗教的自由误用在政治上……[1] [39]

他断言："属世的权柄是上帝的呼召；这呼召不但在上帝面前是神圣的、合乎真道的，在世间也是最圣洁以及最尊荣的呼召。"[2] [40] 政府的最高目标是建立"基督徒之间的一种公共宗教"[41]。政府的建立是为了迫使人们服从启示的真理；确保对正统的服从是其主要功能。但政府对加尔文来说是个左右为难的难题。有罪的人类需要政府来控制他们，但政府权力也是由人行使，因而可能会被滥用。作为一个秩序和统一的倡导者，他建议通过将教会和国家联合在一个共同的团体中来解决这个问题。他原则上反对任何将国家与教会合一的做法，不是因为他希望国家不受宗教影响，而是为了让教会自由地制定由世俗部门来执行的教义和道德的标准。在这种神权政治或宗教权威的统治中，教会与国家在形式上是分离的。但与路德的方案相反，神职人员在所有事务（无论是宗教事务还是世俗事务）中都拥有最终权力。

政府是上帝的创造物，它不仅保护人类的安全，而且还执行必要的规则，以确保上帝为他们规定的圣洁生活。然而，政府不能决定什么是正确的教义，那要留给《圣经》。由于政府是上帝的工具，是上帝为其神圣的目的而建立的，人们有义务"要顺服那些正直和忠心履行职分之统治者的权柄，不管他们用怎样的手段获得这权柄，即使他们根本没有履行君王的职分"[3] [42]。政府的

1　译文参照［法］约翰·加尔文：《基督教要义》，中册，第 852 页。

2　译文参照［法］约翰·加尔文：《基督教要义》，下册，第 1542 页。

3　译文引自上书，第 1565 页。

指令应该被遵守，就像它们是上帝发布的指令一样。"臣民对统治者最主要的本分"是基于他们对统治者"作为上帝的使者和代表"[1] [43] 的敬畏。这种圣人统治可能包含对人们私生活复杂而详细的规定，这种规定要通过政府人员和邻人的广泛监视活动来执行。在这样一个政权中，很难区分开维持公共秩序的政府和控制私人道德并保持纯粹教义和崇拜的政府。

对统治者的反抗就是对上帝的反抗。上帝不会毫无目的地行事，不正义的统治者是上帝为我们的罪所设立的惩罚：

> 虽然主向我们见证君王的职分是他善待人的最高恩赐，负责保守百姓的安全……但主同时宣告不管他们是谁，他们的权柄完全来自上帝；……那些不公正和无能地统治我们的人，是上帝亲自兴起了为了惩罚百姓的恶行；所有的统治者都带有圣洁的威严，因为上帝赏赐他统治的权柄。[2] [44]

在大多数情况下，政治行动应该以理性和传统为基础。对加尔文来说，理性是一把双刃剑。人的虔诚本性反映了自我保存这种自然而理性的本能，这种本性与人——他是一连串堕落的但却有理性的野心，并坚持自己的自由意志——相对立。在政府中，理性的这两个方面很容易结合在一起，这就说明需要有一个启示性的权威来监督政权。"在几乎每一个时代中，某些统治者在自然的指引下，一生都致力于德性"，而"一些统治者只是因为羞愧，还有一些统治者则是因为害怕法律惩罚，才不至于做出许多邪恶

---

1 译文参照［法］约翰·加尔文：《基督教要义》，下册，第 1562 页。
2 译文参照上书，第 1565 页。

的行为"[45]。加尔文的政府旨在由第一类人即选民来统治，也就是由那些似乎预先就被决定要上天堂的人来统治。他们知道那个必须支配所有人的真理，即有必要建立和维护真正的宗教。

加尔文主义的政府的核心是一群权力很大的神职人员，他们在道德和纪律方面执行审查制度，从而制定正确的教义。他们是一群训练有素、能够自我调节的宗教领袖精英。加尔文主义教会赞同普通会众代表去选择和监督牧师。然而这种做法并不是为了建立更民主的教会或限制神职人员的权力，而是为了对不允许的活动进行更为广泛的控制和审查。当然，神职人员作为执行者的作用是有限的。因为"教会没有强迫人的权柄，也不应该寻求这权柄；但敬虔的君王仍负责以法律、敕令以及审判来维护信仰"[1][46]。世俗统治者挥舞着剑来执行宗教的指令。这将不仅会引起人们对统治者的畏惧，也会引起人们对上帝的畏惧。结果将是公共和平与安宁。

加尔文写到了政治结构，但似乎并没有过多关注。他说：

> 处于一个自由的国家中要比处于一个君主的统治下好得多。拥有经过选择和选举的统治者……并且统治者承认自己受法律约束，比拥有一个［不受法律约束的］君主要好得多。[47]

如果这表明对民主或其同类政体的赞同，那我们必须记住，对加尔文来说，一个自由的国家首先是一个可以在那里公开遵循真正信仰的国家，而不是一个人们在那里运用其腐化的"自由意志"的国家。事实上，他谴责任何趋于自由政府、宪政或代议制政府的倾向。他回顾了自柏拉图以来的哲学家们所考虑的三种传统

1　译文引自［法］约翰·加尔文：《基督教要义》，下册，第1258页。

的良好政府形式，并指出每种形式都有其优缺点，这一点也适合于所有的人类制度。他在所有三种传统形式中都看到了危险：君主制可能导致暴政，贵族制可能导致少数人的派系统治，而平民政权可能导致无政府状态。他的结论是："贵族政治或某种贵族政治和民主制的混合，远超过其他政府的形态。"[1][48]因此，在古典的政府形式中，他倾向于用混合贵族制来组织基督教共同体。这种混合贵族制将采取由多人担任行政长官的形式。他的理由是："最好的统治方式是许多人一起统治，好让他们能够彼此帮忙、彼此劝导以及劝勉对方；且若一个人想做不公正的决定，另外还有其他的统治者可以约束他的悖逆。"[2][49]

他倾向于一个由行政、立法和司法要素组成的单一机构作为法律——它指导着顺从的民众——的守护人。他说，这"是我们的经验所证明的，也是主自己的权柄所认可的，因为他在以色列人身上设立了贵族政治与民主制混合的政府形态，好使他们处在最好的状况，一直到他在大卫身上显明基督的形象"[3][50]。他更喜欢这种形式的贵族制，也许是由于选择过程中民众的参与，因为他认为这种形式的政府会自动从内部对过度的行为进行控制，以限制那些违背上帝、欺凌臣民的统治者。

正如选举在教会管理中所发挥的作用一样，加尔文对于在世俗领域使用选举持开放态度，只要有保护措施来防止民主制或寡头制这样的极端形式。在宗教或世俗职位的选举中，结果就是简单地承认上帝的选择：在教会中，是对牧师的呼召；在国家中，是

1　译文参照［法］约翰·加尔文：《基督教要义》，下册，第1546页。

2　同上。

3　同上。

对世俗治理（civil governance）的呼召。权力和权威仍然属于上帝，而不是任何做选择的人或选举的胜利者。同时，"在不同的地区"，其他类型的政治安排可能是合适的，因为"上帝的护理极为智慧地为不同国家安排不同类型的统治形态"[1][51]。在有的地方，如果上帝允许人民采取一种可以选择其统治者的政府形式，就像在古代以色列那样，那么这种形式就更可取。虽然免于暴政的自由是好的，参与选择统治者的权利也可能比其他替代方案更好，但两者都不是必需的。因为"你在人中间的光景不重要，在哪一个国家的法律之下也无关紧要，在基督的国度完全不在乎这些事"[2][52]。最终，上帝的国度比任何形式的政府都重要——事实上，甚至比生命本身更重要。如果透过这种多样化的背后，我们就会看到，有一个始终不变的立场贯穿于他对许多可能的政府形式的论述，那就是对神权政治（theocracy）的偏爱，这是一种致力于宗教目标的政权。

　　原则上，加尔文谴责对统治者的反抗行为，不论是多么暴虐的统治者。所有的权力都来自上帝。在神圣的政治体中，无论何种形式的政府都必须得到尊重，因为上帝确立了他认为最好的统治者。人们不能质疑上帝的选择。由于上帝的律法既适用于臣民，也适用于统治者，所以统治者有义务正义地进行统治，这是对上帝的义务。因此，一个暴君犯了针对上帝的叛乱罪，但任何惩罚都应由上帝给出。上帝会如何惩罚这种不服从的行为呢？暴君可能会被疾病或意外击垮。他可能被外国势力废黜。或者，他也可能面临消极抵抗。如果一个统治者给出任何违背上帝的命令，他

1　译文参照［法］约翰·加尔文：《基督教要义》，下册，第 1547 页。

2　译文参照上书，第 1539 页。

是不能得到服从的。民众在神职人员的领导下，将无视统治者发出的任何不虔诚的命令。但即使最不虔诚、最残暴的统治者，民众也不可以进行积极的反抗或革命。

然而，在那些规定了民选行政官或监察官的政府中，法律可能允许一种符合宪制的例外。他们的任务是监督并在必要时谴责腐败的统治者。通过这种方式，一个职务（即监察官）检查另一个职务（即统治者）犯下的错误，以恢复政府再次执行其恰当任务所需的平衡。加尔文说，如果这些监察官不抵制统治者，"我将宣布他们犯有背弃信仰的罪行，因他们不忠心地出卖百姓的自由，而且他们知道保护这自由是神所交付他们的职分"[1][53]。与路德一样，加尔文也将上帝选中的特别合格的个人英雄作为例外，这样的人可以领导起义反对不敬上帝的暴君。[54]

如果说加尔文主义在日内瓦支持消极的服从，那么它也足够灵活，可以运用加尔文的一个或另一个例外情况，并宣布有权积极捍卫真正的宗教，对抗敌对的统治者。在苏格兰和法国，加尔文主义者呼吁抵抗那些不愿放弃其绝对统治的顽固派天主教统治者。

经　济

路德认真思考了中世纪思想家甚至是亚里士多德的经济价值观。他反对日渐增加的商业活动，认为这导致了商品价格的上涨以及贫富差距的日益扩大。他把这些行为归咎于源自人罪恶本性的人性弱点，这种罪恶本性导致了贪婪的行为。但他似乎没有意

1　译文引自［法］约翰·加尔文：《基督教要义》，下册，第1571页。

识到新世界的发现以及与印度贸易的增加所带来的影响，与印度的贸易之所以增加，是因为科学的进步使得商船可以航行更远的距离。他谴责那些试图逃避反高利贷法律的替代性金融工具，称它们是"魔鬼的手段"[55]。他希望遏制德国的大型银行，特别是那些帮忙资助天主教统治集团的奢靡生活和监督通过出售赎罪券来进行资金筹集行为的银行。

所谓的农民起义源于一系列长期存在的经济问题。农民们的目标各不相同。一些人希望恢复封建制度，另一些人则希望建立农民专政或共产主义社会。起义过程中双方都充满了暴力，而且经常被残酷镇压。路德偏向于统治者，认为反叛的农民超越了上帝的律法。他极力主张他们应该被杀死，就像人们会杀死疯狗一样。

在经济问题上，加尔文不是一个自由放任的思想家。事实上，他的观念早于现代资本主义的兴起。但他偏离了路德的道路，为宗教和一些我们将之与资本主义相关联的观念之间的联系开辟了道路。[56]他确实主张与穷人、难民和其他受压迫的加尔文教徒保持社会团结，并教导富人他们对穷人的义务，但所有这些都是在基督教社会的背景下。尽管他反对以自我放纵式的炫耀来滥用财富，但他不认为所有的商人都是靠别人的不幸而兴旺发达的。事实上，他得到了日内瓦中产阶级的支持，他们赞赏他不反对财富积累和不谴责有息贷款的立场。与天主教徒和路德相反，他不认为经济动机必然是罪恶的，只要所产生的财富在宗教上是正当的。他也不相信一个人的救赎可以通过发誓保持清贫来实现。

节俭、努力工作和有道德的生活对富人和穷人都是关键。每周工作六天，在此期间，劳动和清醒的勤奋等于做礼拜。正是这些德性使资本主义财富得以积累，但在日内瓦，这些结果被认为并不是来自正直的行为。赞颂上帝必须始终是一个人经济活动的中心目的，由此产生的财富必须被视为宗教崇拜的一个方面。加尔文主义的经济目标是建立一个由纪律严明、工作勤奋的人组成的社会，他们通过自己选择的职业将自己奉献给上帝并为他们的追随者服务。如果社会中任何一个人的这种高尚动机变得薄弱或不存在了，加尔文就主张对他们的私人生活进行政治和宗教干预，使他们回到这一中心目的上来。

女性与家庭

阿琳·萨克森豪斯（Arlene Saxonhouse）声称："基督教提供了一种超越性别这种生理属性的［男女］平等论证。"[57] 这一论证承诺在来世中实现灵魂的平等。但在现世中，政治上或社会上的性别平等并不是早期或中世纪基督教平等的一部分，改革者们也几乎没有对此提出挑战。不过，根据让·爱尔斯坦（Jean Elshtain）的说法，路德对女性的看法"就其时代而言可以说是非同寻常地开明"[1][58]。

对路德来说，基督教家庭是社会存在的中心。它是怜悯、关切和友善等情感的领域。这个私人领域是"一个亲密的社会环境，由牢固的感情纽带、责任和信守承诺而黏合起来"[2][59]。家庭产生于自然的和自愿的结合，在这里，存在着夫妻间的平等。与中世纪的哲学家们不同，路德拒绝谴责人的身体，包括女性的身体。这有助于他摧毁天主教会的权力这一更大的计划。本着这种精神，

1　译文参照［美］让·爱尔斯坦：《公共的男人，私人的女人》，第 95 页。
2　同上。

他抨击那些拒绝"肉体欲望和淫欲"，从而认为自己比已婚男人"好得多、圣洁得多"的人。[1][60] 路德所说的"自然的性欲"是基督教婚姻的基础。这与相互尊重和养育子女一样至关重要。所有这些都是上帝赋予的，满足它们就像人类需要食物和住所一样自然。路德对性行为，特别是女性的性行为持坦率的开放态度。[2][61] 他允许女性离婚，甚至在某些情况下允许女性通奸。[3][62]

但随后出现了一个双重标准。没有一个基督教女性能像任何一个男性那样坦率大胆地说话。如果说不要求她屈从于她的丈夫，她也应该服从他。如果说男性被鼓励在对世俗或宗教当局讲话时要勇敢而大胆地表达自己，那女性则不能，以免被视为"厚颜无耻"、"不道德"或"无法管束"，甚至是"一个放荡的女人"。在公开场合，基督徒妻子应以"虔诚"和"家庭主妇"的口吻说话，尽管她在私下里可以更直接。[4][63]

在谈到父母对子女的作用时，路德说，学会服从产生于家庭环境中所表达的控制。《圣经》命令孩子们尊敬他们的父母，"一切权威的根源都在父母的权威"[5][64]。如果一个孩子在家里没有学会服从，世俗秩序就会受到威胁，因为这个孩子最终会成为一个任性和叛逆的臣民。不过，政治统治和家长统治之间是有区别的。政治统治不是自然的，而是人为的。因此，与世俗领导人不同，父母的统治必须以爱和同情来缓和。

加尔文提倡一种等级制度，其中家长权威和世俗权威、国家

1　参见［美］让·爱尔斯坦：《公共的男人，私人的女人》，第97页。

2　参见上书，第98~100页。

3　同上。

4　参见上书，第97页。

5　译文参照上书，第99页。

和教会融合成一个有序的统一体。但与路德关于基督徒平等的看法不同，路德假定人类具有普遍的精神理解能力和正确行为能力，而加尔文强调所有人在上帝的眼中是同等堕落。"加尔文……赞同路德的这个观点：基督教婚姻是一种受祝福的制度，它为虔诚的男女安排了具有共同德性的生活。"[1][65] 但"加尔文对家庭虔诚的讨论比路德的更加严厉和法条化……它们完全是父权制的"[2][66]。加尔文所塑造的基督徒父亲形象与其说是路德所描绘的那种矛盾的、有时饱受折磨的人，一个受情感约束而爱孩子、受责任约束而向孩子灌输等级观念的人，不如说是一个对自己的义务所在毫不怀疑的权威人物。在加尔文那里，父亲有一种可怕的威严。对加尔文来说，亲子关系几乎只专注于灌输服从，灌输敬畏上帝和父亲的愤怒。家庭是孩子第一次"屈从于世俗统治"。只有这种屈从才能帮助不守规矩的孩子学会服从权威。在加尔文那里，基督徒公民是顺从的臣民，自由在于顺从自然的正当秩序，无论是家庭还是国家，公共领域还是私人领域。"加尔文否认……除了共同堕落之外的平等，坚持'父亲的法律'，这些立场在一个只有男性进行统治的传统中将政治与'对宗教的应有维护'联系在一起。"[67]

路德和加尔文忽视女性，也没有明确规定女性在教会或国家治理中的角色。就此而言，他们延续了那个中世纪传统，该传统暗示女性低人一等，或至少是不胜任的。然而，女性和男性一样，都是信徒。如果改革者宣扬所有信徒都是神甫（相对于中世纪天主教思想，这是一个重大进步），为什么在理论上这不应该扩展到

1　译文参照［美］让·爱尔斯坦：《公共的男人，私人的女人》，第95页。
2　同上。

女性身上？当然，反对这种平等的人可以引用《圣经》中明确的段落来论证相反的观点。不过，无论男女，所有人都享有某种宗教上的平等这种观念为更广泛的平等观念打开了大门，后来的思想家将这种平等观念扩展到了纯粹的世俗领域，其中最突出的是马克思和约翰·密尔。

结　论

新教改革改变了中世纪期间将西欧统一起来的基督教联合体的基础。它打破了中世纪基督教的庞大而僵化的秩序，并用许多替代性方案取而代之。如果说它的教义在许多方面是几个世纪以来天主教在这些问题上的镜像反映[68]，那么其最终的政治影响就是欧洲基督教统一的解体。路德和加尔文将个人的良心从令人厌恶的罗马天主教教条中解放出来[69]，只是为了将其与自己的严格教义联系起来。然而，尽管他们的自由观似乎受到了限制，但宗教改革确实极大地促进了中世纪的个人从许多束缚中解放出来的进程，这些束缚包括等级森严的阶级控制，基于出生的、固定的、坚固稳定的经济和社会地位，以及一个由中央进行管理的教会对整个西方的统治。

在许多方面，路德和加尔文都是前现代思想家。也就是说，他们将中世纪的思想元素与一些将由后来的早期现代哲学家阐发的观念相结合。[70] 作为前现代主义者，他们结合了精英主义和有机论。这两者的结合是为了在由政府推行的宗教统一之下确保稳定的正义。他们的精英主义的特点在于，他们确信其宗教原则优于其批评者的宗教原则，而且这种确信使他们有理由将自己的教义强加给全体人民。因此，在德国农民战争期间，路德支持任何人都有杀死反叛农民的权利。我们可以将这一点与他禁止抵抗任何政治权威的立场加以对比：农民可以被任何人杀死，但谁也不能诛杀暴君。这难道不是中世纪精英主义的一个明显例子吗？他们也和中世纪哲学家一样坚持有机的神学理想主义。他们提倡宗教和政治的统一，并追求一种信念，即带来救赎的宗教信仰是我们在世界上最重要的目的。他们通常偏向于集体需求而非个人意愿，并将政府转变成一个工具，它在支持和平与秩序这样的世俗目标的同时，主要是通过教会和国家的密切合作来建立一个基督教共同体。

　　类似的影响充斥着改革者们对女性的看法。在大多数情况下，路德和加尔文似乎都延续了中世纪的观念，认为女性地位低下，并要求她们服从男性的权威。对于家庭的等级性质以及家庭成员的角色，他们也提出了一个传统的观点。不过，我们还是应该注意到，路德在谈到离婚、通奸和对孩子的行为时，偶尔会拒绝这种限制性思想。加尔文在这些及相关话题上的沉默标志着他的思想更接近于中世纪思想家的思想。路德和加尔文超越了奥古斯丁，奥古斯丁主张选民预定论，但他断定被罚下地狱的人是因个人罪行而受罚，而不是预定要下地狱，无论他们做了什么或没做什么。改革者告诉人们，他们的命运甚至在他们出生之前就已经注定了，加尔文明确地说，他们的命运可能是在地狱中永远被焚烧。同时，他们又鼓励人们过道德的生活，敬仰上帝，即便如果预定了要被罚下地狱，谁也不可能被拯救。实际上，他们拒绝因信得救，因为是否得救是一件碰运气的事情。这就把现世变成了一个巨大的赌场，由一个严厉的、进行审判的上帝掌管。

　　反对罗马天主教统治集团，主张所有信徒都是神甫，这种立场是基于每个人都拥有的独立解释《圣经》的权利，这种立场也导致他们强调宗教个人主义。路德和加尔文所预告的那种自由从根本上说是一种基督教的自由。他们的自由是一种在宗教约束和控制下的有纪律的自由，被宣称为上帝的最高意志和绝对主权，并得到为了一个共同利益，即建立一个新的基督教联合体而共同努力的政府和宗教当局的支持。他们将上帝意志之下的这种自由与那种遭到拒绝（实际上是遭到憎恨）的自由观相区分，那种自由观把自由看作个人遵循自己宗教道路的自由。他们的自由是一种有限的、道德上的自由，他们断定这种自由优于个人的任何无限的自然自由，包括拒绝救赎目标本身的自由。如果人们要在宗教领域成为基督教自由的实践者，自由地以集体的方式重塑教义并监督教会事务，那么这些人在政治领域就会变得无能为力。与他们在宗教决策中的作用相反，改革者出于对混乱和无政府状态的恐惧，不允许普通基督徒参与政治进程。更直接的是，他们的神学赋予世俗统治者比教会更大的权威。对君主的政治劝诫是为了说服他们带着父亲般的关心来统治他们的臣民，即使他们会向臣民指出，不服从政治权威是违反上帝诫命的。如果加尔文有他的监察官，而且都可能希望成为英雄，那他们并不总是能看到宗教机构对政府施加限制的重要性。或者正如沃林所认为的，路德在寻求摧毁复杂的中世纪世界时，过度简化了一些重要的关系，特别是统治者和臣民之间的关系。[71]

　　过去如此众多想成为改革者的人都失败了，为什么路德和他的许多后继者却幸存下来并取得了理论的成功呢？当我们这样追问时，这种简化的意义就显现出来了。他们和前人之间的主要区别似乎是政治上的：世俗政府是否有能力和意愿切断与天主教会的关系和依赖性，并向改革者提供保护。这反过来又使改革者有义务听从那些保护他们的统治者。他们对统治者的听从尤其体现在他们向普通信徒宣扬的服从和不抵抗的教义上。一个后果就是，在新教国家，要由政府来确定什么是或不是真正的教义。

在新教改革后的二三百年间发生的各种革命——科学革命、工业革命以及伴随而来的几场政治革命[72]，对人们如何看待自身和世界，以及如何处理政治社会与宗教、科学和经济的关系产生了深刻的影响。[73]再加上亚里士多德著作的复兴及其被基督教托马斯主义采纳所带来的欧洲巨变，以及世俗统治者与教会之间的冲突，这些革命为许多对个人主义和自由等现代观念来说十分重要的价值观和制度的创造铺平了道路。

在对罗马天主教教皇专制主义的抨击中，新教思想表达了一些将在现代得到发展和成熟的观念。他们主张政治与救赎无关，并把政治义务建立在我们对邻人的责任上。由于越来越多的邻人不是基督徒，这最终会为宽容个人信仰和日常生活不受宗教监督的自由创造更大的空间。他们关于宗教个人主义的观念为政治、经济、社会和宗教自由等原则奠定了基础，这些自由远远超出了改革者所认可的限度。例如，基督徒在救赎道路上同步前进的自由被取代了，随之而来的是，先前被宗教权威拒绝的以自由意志为幌子的那种个人自由占据了支配地位。最终，这些观念被运用于宗教领域之外，而且也涉及公民政府，并限制了统治者的权力范围。但是，面对政府权力相应的增长，这种限制是否完全是一种收益？对一个摆脱了宗教控制的政府可以施加什么样的有效限制，以防止它在统治者追求权力时压制个人自由？

从马基雅维利开始的早期现代政治哲学家处理了这个关键问题。他极大地削弱了改革者的计划，因为他开始了将个人的良心从宗教控制中解放出来的过程，以及将个人的身体从政治暴政中解放出来的过程，同时又倡导负责任的但却是世俗化的自由。在改革者试图将宗教非政治化的同时，马基雅维利和他的人文主义者同伴试图将政治非宗教化。[74] 路德和加尔文这样的新教思想家改变了教会和国家之间的关系，最终导致政府从宗教中获得更大的自主权。他们的努力与英国、西班牙和法国刚刚兴起的民族主义相结合，后来发展成为主导全世界政府的现代地理环境的重要机构，即强大的民族国家。民族国家的巩固是早期现代政治思想的两大支柱之一。[75] 第二个支柱就是个人主义。[76] 现代个人概念的一个宗教基石源于改革者对"所有信徒都是神甫"的信仰。个人主义的世俗成分则源于马基雅维利及其后继者的思想。

延伸阅读

Brendler, Gerhard. *Martin Luther: Theology and Revolution.* Trans. Claude R. Foster. New York: Oxford University Press, 1991.

Edwards, Mark U. *Printing, Propaganda, and Martin Luther.* Berkeley: University of California Press, 1994.

Forster, Greg. *The Contested Public Square: The Crisis of Christianity and Politics.* Westmont, Il.: IVP Academic, 2008.

Gordon, Bruce. *Calvin.* New Haven, Conn.: Yale University Press, 2009.

Mann, Jeffrey. *Shall We Sin?: Responding to the Antinomian Question in Lutheran Theology.* New York: Peter Lang, 2003.

Rublack, Ulinka. *Reformation Europe.* New York: Cambridge University Press, 2005.

Skinner, Quentin. *The Foundations of Modern Political Thought,* Vol. 2: *The Age of Reformation.* New York: Cambridge University Press, 1979.

Spijker, Willem van't. *Calvin: A Brief Guide to his Life and Thought.* Trans. Lyle D. Bierma. Louisville, Ken.: Westminster John Knox Press, 2009.

Walzer, Michael. *The Revolution of the Saints: A Study of the Origins of Radical Politics.* Cambridge, Mass.: Harvard University Press, 1982.

Witte, John Jr. *The Reformation of Rights: Law, Religion, and Human Rights in Early Modern Calvinism.* New York: Cambridge University Press, 2008.

第八章

马基雅维利：逃离无政府状态

导　言

　　如果说有哪位政治哲学家是从中世纪到现代的转型之化身的话，那便是意大利人尼科洛·马基雅维利（Niccolò Machiavelli，1469—1527）。他生活在文艺复兴时期，这是一个以拒绝中世纪的一些关键观念和制度为标志的时代。[1] 托马斯主义对信仰与理性的综合 [2] 将人们的注意力转向了宗教问题，但这种综合被一种引导人们更加关注世俗事务的现代哲学观点所取代。这种焦点的转移使个人在哲学上摆脱了外部的束缚。人们不再被伟大的理想或过去束缚，也不再被所继承的地位或中世纪的关系束缚，而是从世俗和宗教共同体的要求中解放了出来。个人可以自由地设定他们希望达成的任何目标，实现他们能够实现的一切目标。

　　现代观念还促进了物理科学重要性的增长，并从这种日益增长的重要性中获得了支持。科学观察和实验，伴随着新的技术和测量工具，指出了先前由政治和宗教权威的指令所施加的限制。对天文学家哥白尼的科学发现的处理只是其中一个有力的例子。根据他对天体的研究，他质疑了地球是宇宙中心这个当时公认的观点（这个观点完全基于宗教启示）。相反，哥白尼认为，太阳是宇宙的中心，包括地球在内的所有行星都在围绕太阳旋转。他的发现遭到了教会领导人的谴责，他们试图阻止这种非正统观念的传播。然而，由于这些权威将启示的指令强加给人们，一些人认为这些权威是在试图阻止他们从有用的知识中获益。这些人也同意科学家的观点，即一个人感觉到的东西比政治权威或神学权威规定人应该看到的东西和应该得出的结论更真实，因此也更具优先性。

新科学从对天体的研究转向对人类制度的审视，包括审视在西方处于主导地位的宗教团体罗马天主教会。一场对传统约束的反抗使教会不得不对其所作所为进行检视，而不仅仅是对其所宣扬的东西进行检视，实际上这将教会带回了现实。

这种分析发生在教会的道德地位由于教皇的责任划分而受到削弱的时候。虽然中世纪的教皇作为指定的教会领导人行使宗教职能，但他们作为特定地理范围的统治者也有着明显的世俗利益。他们的忠诚在拯救灵魂的责任和以有利可图的方式经营其土地的欲望之间被撕裂，即使后者与《新约》的教义和教会自身的道德原则相抵触。换句话说，教皇作为教会的化身，长期以来一直宣扬的是一套，而他和他的下属们做的却是另一套。文艺复兴时期一些教会领导人的行为加速了由此导致的教皇道德地位的下降，他们过于人性化的行为超出了他们的精神承诺。因此，教皇西克斯图斯四世（Pope Sixtus IV）向其参与谋杀几位佛罗伦萨城邦领导人的家族成员提供了援助。更令人气愤的是博尔贾（Borgia）家族的教皇亚历山大六世（Pope Alexander VI）的世俗活动。他不仅利用自己的财富和政治影响力来购买教皇职位，而且还生下私生子，并帮助和唆使其中一个私生子切萨雷·博尔贾（Cesare Borgia，一名职业军人）通过征服、残暴行为和谋杀来增加家族的私人财富。

中世纪的其他制度也是动荡不定，面临着挑战和改变。在整个中世纪，每个阶级的各自的管辖权都是相对明确的，封臣有权按照传统统治他们的封地（土地或王国），而不受其领主的挑战或干涉，只要他们履行了其中世纪的契约义务（这种契约很大程度上是默示的）。教皇亚历山大六世帮助煽动这种关系的破裂，他通过一份正式的教皇诏书（命令）授权切萨雷·博尔贾发动战争，以摆脱教皇国的各种下级封建领主，这些封建领主中许多家族成员已经持有他们的封地数百年之久了。通过寻求赶走这些"中间人"，教皇的事业促进了封建阶层及其中世纪王国的衰落，导致了农村（中世纪）价值观向更具城市色彩的（现代）价值观转变。

这些独特的哲学关系和法律关系的瓦解也导致了对阶级和共同体所持的有机论观点的衰落，导致了对较优者和较劣者之间微妙关系的重新评价。作为对社会团结以及出生和继承而来的等级之重要性的否定，这促成了自力更生的个人主义的兴起。

如果说封建王国在衰落，那么现代政治机构即民族国家则在崛起。西欧出现的民族国家，其根源可以追溯到 11 世纪。它在英国、法国和西班牙等地经历了渐进而不平衡的发展，当马基雅维利在 16 世纪初开始写作时，这种发展还远远没有完成。

民族国家最初建立的故事反映在马基雅维利所讨论的切萨雷·博尔贾和其他人的活动中，也反映在莎士比亚这样的作家的历史剧中。强势的国王曾经是中世纪的领主，他们发动战争让他们以前的（贵族）附庸从属于自己或者赶走他们，有时还得到正在崛起的中产阶级的协助。在观察他们如何赢得相对于内部的中世纪对手（后来还包括更大的领土的封建领主，比如罗马天主教会和神圣罗马帝国）的优势时，敏锐的观察者很可能得出结论：创造政治边界和统治者的不是上帝或自然，而是人类。所有地理实体，无论是城邦、王国还是民族国家，它们的存在都没有特别的正当理由，也没有任何来自自然或天堂的连续性保证。它们是人造的，或说是人为的发明，是为了满足参与其中的个人的需求和欲望。

风格、实质和目标

马基雅维利受到过很多人的误解，有些人是因为不同意他的结论，有些人则是因为他的风格。当他在文艺复兴时期出生于佛罗伦萨时，意大利并不是一个国家，而是一个由多数都很小的独立城邦和其他王国组成的集合体，彼此之间的冲突不断。在马基雅维利20多岁时，由美第奇家族控制了约60年的佛罗伦萨被法国入侵，并建立了一个新政府。几年后，年轻的马基雅维利加入了新的共和政府，开始了他的政治生涯。15年后，他成为负责军事行动的高级文职人员，并且在外交使团中担任佛罗伦萨派往多位统治者那里（包括切萨雷·博尔贾在内）的外交特使。

在法国保护者和佛罗伦萨士兵组成的联合部队被西班牙军队击败后，美第奇家族重新掌权，而与过去的共和政府有关的人都被赶下了台。当时40多岁的马基雅维利被新的统治者怀疑有叛国罪，他被监禁了一段时间，并遭受了折磨。但由于缺乏有力的证据，监狱的看守将他流放到城墙外他的乡间住所。正是在那里，马基雅维利于1513年写下了《君主论》，据说这本书是在写作《李维史论》（*Discourses on the First Ten Books of Titus Livius*）第一卷和第二卷之间写成的。[3]

由于《君主论》是献给美第奇家族的新统治者洛伦佐（Lorenzo）的，许多拘泥于字面意思的诠释者认为这部著作主要（如果不是完全）是为了请求宽恕。他们把马基雅维利理解为一个急于返回政坛的人，而无论谁是当权者，并把《君主论》看作世界上已知最冗长的求职申请之一。照此理解的话，《君主论》是一个显著的失败，至少在短期内是如此，因为马基雅维利直到去世前一年才重新得到一项政府里的工作。

如果马基雅维利的目标只是为了在佛罗伦萨政府中再获得一份工作，那么《君主论》就不会写成现在这样：一部迷人的、复杂的、精细的著作，几个世纪以来激发了大量解读者。因此，它不仅仅是一个工作请求，当我们把它与马基雅维利没那么著名但在哲学上相近的著作《李维史论》相比较时，这一点就是显而易见的。[4]

马基雅维利有两个不同但相互关联的目标。第一个是个人的目标，即希望重新为政府提供积极的服务。第二个目标来自对过去的拒绝，因为他认识到，包括佛罗伦萨在内的意大利城邦常常是不稳定的，而且明显处于衰落状态。结果，其人民不断受到外部力量的控制，无论是西班牙、法国还是教皇。因此，他提倡的第二个也是政治性的目标是，要使整个意大利实现稳定和自由，免遭各种外国力量的控制，无论是世俗层面还是宗教层面的控制。因此，《君主论》和《李维史论》经常在同时有重叠的两条轨道上行进。由于马基雅维利并不是以直截了当的方式写作，他的主要观点可能难以把握，常常显得模棱两可、自相矛盾，而且淹没在历史或神话的细节中。由于他对政治问题采取了大胆的新方法，又希望避免得罪佛罗伦萨的统治势力，同时还要展示其知识的实用价值，这一问题变得更加复杂。他试图调和他那个时代（我们这个时代也经常这样）的传统思想可能认为不相容的观念。因此，至少有 20 种关于马基雅维利"真实"目的的理论。

然而，他的风格与他为自己设定的计划是一致的，即通过抓住甚至调和一些明显冲突的观点，同时揭露"现代政治思想基础的不确定性"[5]，来处理他面对的双重问题。为了跟上马基雅维利微妙且往往很快的转变，以及他所揭示的讽喻和吊诡之论，我们必须探究他的主要观念。在某些方面，例如他处理政治问题的方法，他的观点相对清晰而直接，所以任何误读都源于对他观点的不认同。在其他方面，例如马基雅维利对稳定问题的回应，有必要研究他的基本概念中有时所蕴含的多重含义，这些含义随着关键决策者所面临的条件变化而变化。

马基雅维利的方法

> 可是，因为我的目的是写一些对通晓的人有用的东西，我觉得最好论述一下事物在实际上的真实情况，而不是论述事物的想象方面。……因为人们实际上怎样生活同人们应当怎样生活，其距离是如此之大，以至于一个人要是为了应该怎么办而把实际上是怎么回事置诸脑后，那么他不但不能保存自己，反而会导致自我毁灭。[1][6]

在这方面，马基雅维利"下定决心进入一条还没有人走过的道路"，也就是通往一门新的政治科学的道路，这门新科学将用

1　译文参照［意］马基雅维里（马基雅维利）：《君主论》，潘汉典译，北京，商务印书馆，2017年，第73~74页。

一套更加务实和实用的原则取代此前所有的理想主义原则。[1] [7] 这意味着他不关心古代或中世纪的善恶概念，如柏拉图的型相或阿奎那的神圣法。对马基雅维利来说，这些不相关的概念已经优先于真正重要的东西，那就是世界上人们的需求。政治评价不应基于过去的哲学家们对人们应该如何行动是怎么说的，例如，说他们应该拒绝欲望，寻求灵魂的救赎，携带十字架，或者忍气吞声。稳定的政府不能建立在想象的人类潜能之上，任何建立在这些幻想上的政府都注定会迅速衰落。

其现实主义立场的积极一面是，应该基于人们实际的样子来对待他们，也就是基于感觉到的、可观察到的特征，比如他们的自利动机。在他看来，这是解决政治核心问题的唯一途径，而其结果在意大利和其他地方薄弱的国内政府和外国势力支配中显而易见。只有正确认识现实，才能引导人们建立一个强大而稳定的政府。为了实现这一复兴计划，人们必须认识到，私人道德不能应用于公共事务。与文艺复兴时期的政治思想一样，在马基雅维利看来，公共领域和私人领域是两个自主的领域，各自都有自己的规则和语言。在一个领域（比如私人领域）可能被认为是恶的东西，在另一个领域（公共领域）可能就被认为是善的和有用的。政治要与伦理、道德和宗教相分离，而且也与它们不同。马基雅维利割裂了这些领域在亚里士多德和阿奎那那里的统一性。

此外，在参与政治时，个人一定不能考虑事情在他们看来应该会怎样，而要考虑事情实际上是怎样，同时也要回避目的问题而只考虑手段，要避免表现邪恶，而不是避免邪恶本身。人们应

1　参见［意］马基雅维利：《君主论·李维史论》，潘汉典、薛军译，长春，吉林出版集团，2010 年，第 141 页。

该吝啬而不是慷慨，让人畏惧而不是受人喜爱，应该不讲信用且骗人，甚至在必要时使用暴力来实现重要的目标。谈论纯粹的善恶是没有意义的，因为"恶与善总是相隔很近，恶是如此容易与善相伴而生，以至于二者之中不要这一个而想要另一个，似乎是不可能的"[1]。因此，个人千万不要追求理想，而应满足于"把害处最少的当作好的"[2][8]。

当下这种新科学以审视过去一些民族为什么能获得成功为基础。但对马基雅维利来说，历史是一个人应该从中学习的东西，而不是要加以简单模仿。它应该为那些遵循其范例、准则和真理的人提供指导以采取成功的政治行为，使他们能够减少世界上的不确定性，即使他们不能完全消除这些不确定性。

马基雅维利相信，如果人们清晰、冷静而现实地审视历史，他们就能使自己走上政治成功的道路。他们必须从过去的事迹中学习，而不是从哲学或神学中学习，任何适合的例子都是有用的，无论它是来自神话，还是来自暴君或共和主义者的行动。总的来说，他的例子表明，如果意大利要实现其人民在过去享有的那种荣耀，就必须恢复最初指导罗马共和国的原则。

人　性

人类这种动物的根本性质问题是马基雅维利思想的中心，他的结论直接来自他的方法，引导着他去创新。他发现了一个新的

1　译文参照［意］马基雅维利：《君主论·李维史论》，第 562 页。

2　译文参照［意］马基雅维里：《君主论》，第 110 页。

观念世界，所有的现代政治哲学都建立于其上。[9] 它在过去就有先例，如古代雅典智者的思想，以及古代和中世纪理想主义者之批评者的思想；《君主论》和《李维史论》中用来支持其结论的例子都来自古典的、异教徒的历史时期以及他自己所处的文艺复兴时期。但他得出的大胆结论远远超过了他的前辈们，且为现代性的最终胜利奠定了基础。

这场思想革命的基础可以在以下尖锐、直接的断言中找到，例如："获取领土的欲望确实是很自然的人之常情。人们在他们的能力允许的范围内这样做时，总会为此受到赞扬而不会受到非难。但是，如果他们的能力有所不及，却千方百计硬是要这样干的话，那么，这就是错误而且要受到非难。"1 [10] 如果自私的占取被视为"自然的"，那么它就构成了人性中不可磨灭的一部分，人们在寻求构建一个稳定的政治体时，必须承认、适应甚至放纵这种特性。它是"平常的"，一种日常发生的事件，它提醒人们既要注意它是正常现象，也要注意在任何基于这种人性观的社会，冲突和始终存在的不稳定的可能性具有持续的风险。

宣称人类是自私的动物（马基雅维利实际上就这样主张），就是在拒斥古代和中世纪哲学家的共识。对古代人来说，这种自我中心主义（egotism）对稳定的政治构成了很大的威胁，以至于他们竭力主张人们应该通过理性的胜利来克服或搁置他们的欲望。中世纪的思想家劝导人们用信仰来取代自私。马基雅维利否认有任何合理的外部来源，无论是型相、终极目的还是上帝，可以证成用他眼里的虚构替代品来取代"自然的"动机。他认为人在本质上对共同体并没有兴趣，无论是理性政治还是救赎政治都不能优

1 　译文参照［意］马基雅维里：《君主论》，第 15 页。

先于更为世俗的关怀。因此，他告诉人们如何在满足其欲望的同时建立稳定的政府，无论这种稳定的政府多么脆弱。生命体占据了中心位置，他们的目标在范围上和人类的想象力一样广泛。对马基雅维利来说，它显然包括了对财产的占有，尽管这种冲动的强度和广度因个人的需要、欲望和机会而有差异。

但他并没有完全摒弃古代或中世纪的价值观。人们也可以接受理性政治，甚至宗教拯救，只要他们认为这些目标是值得的。他的核心观点与其说是拒绝这些目标，不如说是认为，这些目标必须源于个人选择，而不是外部幻影（phantom）或自封的代理人的命令。这意味着一种负担，即每个人都要对他或她的选择和行动以及对后果的判断负全责。每个人都单独和平等地承担这一责任，因为每个人都平等地拥有自私的人性。

权　力

马基雅维利是第一个将权力作为一个正面概念来关注的政治思想家。对于柏拉图这样的古代思想家和中世纪的主流思想家来说，权力都是一种负面的价值。对前者来说，追求权力标志着一种不可取的非理性；对后者来说，权力则是一种罪恶。按照他的方法，即新的政治科学，马基雅维利剥去了那些使人们无法获得政治成功的虚幻观念的面具，同时教他们使用欺骗手段来实现他们的目标。

马基雅维利旨在使用一些令其读者震惊的语言，让他们去质疑已接受的旧有价值观。他拒斥从事政治的人只应拥有哲学知识或应声称得到神的许可这种观念。他蔑视那些继承了权力却不知道如何善用权力的人。过去视作正当的事情变成了邪恶，反之亦然。所以，"因为一个人如果在一切事情上都想宣称以善良自持，那么，他身处许多不善良的人中定会遭到毁灭。所以，一个君主如要保持自己的地位，就必须知道怎样做不好的事情，并且必须知道视情况的需要是否使用这种知识"[1] [11]。因此，他力劝君主们不要帮助别人；要吝啬、残忍、欺骗；让别人做卑鄙的事，这样他们自己就可以免于责难了。

然而，马基雅维利并非因为邪恶本身而偏爱邪恶。并非所有的负面品质都受到赞扬，只有那些"得到充分许可的"并能达到其恰当目的的品质才会受到赞扬。切萨雷·博尔贾的残暴就是一个典型的例子。博尔贾亲自挑选了一个特别"残忍又能干"的人——德·奥尔科（de Orco）用大规模的暴力来恢复一个省的秩序，然后又决定通过做一些戏剧性的事情来安抚人民，使他们"平静并服从他的统治"。他让他的亲信杀掉德·奥尔科，将他砍成两半，尸体被展示在一个公共广场上一段时间，从而让自己与德·奥尔科的行为划清了界线。这个场面不亚于过去一些最坏的暴君的下场，让已经得到安抚的人民心满意足，所以这个省的人民因为博尔贾正确地使用了这种残酷的手段而称赞他。[2] [12] 马基雅维利在这个故事之后，又讲述了其他有类似行为的人，如西西里人阿加托克雷（Agathocles）和费尔莫的奥利韦罗托（Oliverotto da Fermo）。[3] [13] 通过这种方式，他揭示了暴力作为实现个人目的的一种手段的重要性。

1　译文参照［意］马基雅维里：《君主论》，第 74 页。

2　参见上书，第 33~34 页。

3　参见上书，第 39~43 页。

　　马基雅维利谴责那些使用暴力破坏政府的人，即使他赞扬那些建立强大君主国和共和国的"建国者"（founders）。在政府腐败、公共秩序有可能完全崩溃的地方，只有建国者或强大的统治者才能扭转颓势。在将自己的意志强加给人民的过程中，这位君主可以使用任何必要的手段，无论多么残酷，也无论如何操纵，以便"推行一种新秩序"。这样一位建国者应该得到巨大的荣誉，就像过去稳定且胜利的政府的创建者一样。政治上的建国者在地位上仅次于"宗教的创立者"，在声望上高过军队指挥官和艺术及职业领域的人。不过，与他对建国者的赞美相比，马基雅维利对那些通过自己的行为或不作为来破坏宗教、政府和军队的人给予了最强烈的谴责。他们是"不敬神明者、粗暴者、愚昧无知者、无能的人、懒人、卑鄙的人"[1] [14]。

　　并不总是容易分辨出切萨雷·博尔贾、阿加托克雷或费尔莫的奥利韦罗托的行为是"领会者"——也即值得赞扬的建国者——的反映，还是破坏者的反映。在马基雅维利的多重含义中，这些人的评价不仅取决于他们的行为和行为的后果，也取决于行为旨在影响的人的本性。但很明显，马基雅维利主张"一种暴力经济学"，即由那些知道如何区分必要的暴力或残忍与过度且破坏道德的暴力的人来使用暴力。[2] [15] 由于所有的政治生活都是自私的竞争者之间无休止的斗争，并可能涉及一些公共秩序混乱，甚至暴力和非法行为，因而问题不在于如何消除斗争，而在于如何限制其最坏的影响发生。

　　马基雅维利对这一问题的解决是现代式的，也是非常政治化

1　译文参照［意］马基雅维利：《君主论·李维史论》，第177页。
2　参见［美］谢尔登·沃林：《政治与构想》，第229页。

的。对于寻求个人目标的自私个体的基本要求是进入互惠的关系，在这种关系中，每个人都需要权力或对他人行为的影响力。在进入这种关系时，所有人在自私方面都是同等的，所有人都可以自由地寻求权力。这并不是说人们不能为共同利益而行动；他们可以，但只有当他们判定这种行动也符合他们的私人利益时才会那么做。那些看起来善良或利他的人，要么是实际上是受追求个人利益的欲望所驱使的理性行动者，要么是被懒惰所支配而逃避政治责任的人。因此，尽管人类的本性是普遍自私的，但这种本性在转化为人类行为时，会产生两种不同的人，即精英和大众，他们各自奉行自己那种自私的形式。

精英与大众

马基雅维利对"唯有世袭制是合法的统治"这种观念不屑一顾。他的方案承认任何精英都有权进行统治，无论君主最初是来自普通百姓还是继承了这个头衔。对他来说，精英们是更优秀且精明的人，他们的自私是理性而积极的。他们是一些遵循马基雅维利建议的人，"只依靠自己和自己的能力"[1] [16]。他们可能会用自己的理性来充分满足自己的激情，或部分或全部地将自己的激情升华到其他目标。但他们清楚地、有意识地选择自己的目标，通过只依靠自己，他们表达了自己的自由。精英们在追求自己的目标时觉得自己摆脱了所有非理性的束缚（或幻影）。在权力的驱使下，他们会运用任何手段来将其理性的自我利益最大化，或者，

---

1 译文参照［意］马基雅维里：《君主论》，第 117 页。

用马基雅维利简洁的话来说，"目的证成手段"。因此，任何希望成为精英阶层一员的人都必须是一个自私的权力追求者，愿意在任何时候使用暴力。他力劝精英们研究战争，因为"它不仅能够使那些生下来就当君主的人保持地位，而且还经常使人们从老百姓的地位一跃而高居王位"[1][17]。因此：

> 一位君主如果能够征服并且保持那个国家的话，他所采取的手段总是被人们认为是光荣的，并且将受到每一个人的赞扬。因为粗鄙之人总是被外表和事物的结果所吸引，而这个世界里尽是粗鄙之人。当多数人在君主那里有了号召力的时候，不属于粗鄙之人的少数就被孤立了。[2][18]

与精英一样，粗鄙的大众也是自私的，但他们的自私是由旨在满足短期欲望的非理性激情构成。他们"是那样单纯，并且那样地受着当前的需要所支配，因此要进行欺骗的人总可以找到某些上当受骗的人们"[3]。他们总是准备享受帝国时期的罗马人所谓的面包和马戏表演，他们害怕权力，嫉妒精英。他们唯一认真关心的是他们的人身安全和财产（包括他们的家庭）安全，以及他们的个人偏见和意见。一个明智的统治者不会干扰这些东西，甚至会保护这些东西，除非绝对有必要采取相反的做法去促进他的其他目的。在这种情况下，他就会使用最具欺骗性的手段。

在政治上，大众目光短浅、软弱且不负责任，或者用当今政

---

1   译文参照［意］马基雅维里：《君主论》，第69页。
2   译文参照上书，第86页。
3   译文参照上书，第84页。

治学家的话说，他们冷漠而疏远。他们缺乏政治关怀。他们没有自我统治的能力。他们太过愚蠢而不能很好地运用自由，如果没有一个专制的甚至是暴虐的君主来统治他们，他们就会生活在无序之中。政府暴虐的存在及其程度反映了一个社会中精英和大众之间的平衡程度。当统治者是一个暴君时，大众占主导地位，而能够很好运用理性的精英则是少数。当精英由众多公民组成时，暴政就被压制了。因此，这里所用的精英一词不是指人数多少，而是指一种品质，既可能存在于少数人身上，也可能存在于多数人身上。精英也决定着政府的形式。

暴君可以通过提供最低程度的稳定，以让大众对自己的财产和偏见感到相对安全，从而轻松地统治大众。只要这些得到了满足，大众几乎就不会关心他们的政府还可能做什么；只要他们感到满足，统治者的国内地位就是相对安全的。因此，马基雅维利建议暴君谨慎使用残忍手段和暴力，"通过施惠于人的方式打消人们的疑虑并赢得他们的支持"[1] [19]。

机运和德性

在马基雅维利的著作中，机运（fortune）和德性的概念以一种不稳定的辩证关系共存，也就是说，它们共存于自由意志和机会之间的紧张关系中，在这种关系中，机运为成功创造条件，而德性则实现这些条件。他写道："当机运不希望人们阻碍它的计划时，会蒙蔽他们的心灵。"[20] 机运在每个人的生活中都起着某种作用。

1　译文参照［意］马基雅维里：《君主论》，第 43 页。

没有人有完全自由的意志；每个人都在受环境限制的情况下行动。这种对自由意志的限制界定了必然性的范围和机运的范围。马基雅维利认为，精英和大众之间的一个关键区别是，后者受机运的支配。机运也被称为天命（fate）或上帝的意志，是导致地震和洪水等灾难的大自然的随意运作。它是一种无法估量的力量，超出了人类的控制范围，但它控制着人类的命运（destiny）。它是一种充满活力的、富有能量的力量，威胁着受它控制的人的自由。它显然妨碍了粗鄙、善变且顺从的大众的生活。它是灾难性战争的原因，而战争导致一些人死亡，另一些人失去自由。它甚至可能控制住一个统治者，导致其丧失权力，正如马基雅维利所说的发生在切萨雷·博尔贾身上的事情那样。受机运支配的政府是不稳定的，会失去相对的实力（relative strength）和独立性，有完全崩溃的危险，并且可能被征服，就像在文艺复兴时期的意大利经常发生的那样。

"但是，"马基雅维利说，"不能把我们的自由意志彻底消灭掉，我认为，正确的是：机运主宰着我们一半的行动，但是它留下另一半或者几乎一半归我们支配。"[1] [21] 人们可以通过获得知识来限制机运的影响。（当然，这也是马基雅维利写作的原因之一。）如果机运只为行使德性提供"场合"，那么个人必须学着像那种大胆果敢的力量一样。也就是说，一个人必须适应环境和变化，根据每个场合的要求，小心谨慎或大胆有力。知识帮助人们与机运搏斗，从而通过行使德性来更充分地控制自己的命运。

马基雅维利对德性一词的使用，把他和前现代的前辈们区分开来。它指的是一种个人主义的、世俗层面的卓越，而不是古代

1　译文参照［意］马基雅维里：《君主论》，第 118 页。

思想家意义上那种理想主义的优点（merit），或中世纪思想家意义上那种道德的善。它是一种精英的品质，一种真正的自私，这种自私使个人能够获得他们所看重的东西，无论是权力、财富、名声，还是自由。

通过像狮子和狐狸一样改变和调整力量，狡猾面对一切情景，人们可以看见远处的麻烦，并采取行动，而不是猝不及防。由于政治国家是被动的，它需要不断致力于创造秩序和避免混乱，正如古罗马共和国的公民一样。所有的生活，因而也包括所有的政治生活，都是人们为表达自己的德性而进行的无休止的努力。那些得到了自己所寻求的东西的人之所以这样做，是因为他们展示了自己的德性，并且按照马基雅维利的标准，他们会被判定为好人。

性　别

对马基雅维利著作进行表层阅读会导致这样的结论：男人和女人在思维上是相反的，就像精英和大众、机运和德性、自由和奴役是相反的一样。男人似乎是唯一的精英，被等同为力量和战争、自由和德性等价值；女人和她们的天性则意味着胆小的大众，她们沿着机运的道路走向自愿的奴役。因此，一位学者指出，自由（或自主）问题是马基雅维利的"核心关注点"，她说马基雅维利给这个问题加上了传统的"厌女"（misogynistic）色彩，因为自由被等同为男性气质，而威胁它的是女性气质。[22] 在另一位学者看来，获取自由需要的是"权力、强迫、暴力"等男性属性，而女性则代表了"温柔、同情和宽恕"，因此她们被排除在政治和政府的公共舞台之外。[1][23]

实际上，如果说马基雅维利有时将女性置于传统的甚至是厌女的角色中，那么他并没有完全以这些角色来定义她们或她们的属性。尽管他的一些语言确实反映了他那个时代的性别歧视，但他对古代和中世纪世界种种主流的男女观提出了质疑，认为它们并不是那个正在重新审视所有传统事物的新观念世界的一部分。在这样做的过程中，"他使曾经的对立面之间的差异变得如此模糊，以至于我们再也无法区分好与坏，或女性与男性"[24]。考虑一下马基雅维利的下述断言：

> 大胆果敢胜于小心谨慎，因为机运之神是一个女人，如果你想要主宰她，就必须用武力征服她。人们可以看到，她宁愿让大胆果敢之人而不是冷漠行事之人征服她。因此，正如女人一样，机运常常是青年人的朋友，因为他们不那么小心谨慎，却更加勇猛，而且能更加大胆地主宰她。[2][25]

这里有一个"特殊的转变"：友谊来自暴力，而一个大胆的行为"创造了一个原本无法实现的秩序"[26]。但只有男人才能征服女人般的机运吗？在讨论"一个国家如何因女人而灭亡"[27]时，马基雅维利明确表示，原因实际上是内部的治理不善和阶级间的派系分裂，他的例子中涉及的女性只是一个偶然的参与者。正是阶级冲突导致了城市失去自由。在这里也和其他地方一样，女人只是产生政治分歧的人类多样性的一个表现，如果任何民众要确

1　参见［美］让·爱尔斯坦：《公共的男人，私人的女人》，第111页。
2　译文参照［意］马基雅维里：《君主论》，第121页。

保自由，就必须去弥合这些分歧。可以肯定的是，这些分歧包括性别差异，也包括派别、阶级、君主和普通人的差异。

总之，"对马基雅维利来说，一个变动不居的世界允许男人变成女人，也允许女人变成男人"[28]。无论人们生来是男人或女人，他们仍然可以通过像精英一样行动来行使他们的德性并确保他们的自主性；或者，他们也可以被动地服从于机运，接受一切现实。生物学对任何人来说都不是命数。

自由与战争

自由（liberty）是一个可以无限扩展的目标，即使拥有最低限度的自由，这也是增加自由或任何其他价值的必要前提。自由是指自由地（freely）行动的能力，甚至是在必要时进行支配的能力。但马基雅维利认为，只有"少数人"是为了统治别人而欲求自由，其他"为数极多的人，全都是为了活得安稳才欲求自由"[1][29]。自由和德性是相互促进的。不仅那些有德性的人寻求自由，而且建立有德性的关系的能力也需要一个能够实现自由的政府。

自由有两个方面：政治自由和个人自由。政治自由指的是那种在稳定的政府下才有可能的双重自由。它包括国内和平，或人民不受内部混乱影响的自由，以及国家独立，或一个政府不受外国控制而按自己的意愿行事的自由。

要维护政治自由，可能需要通过战争来捍卫它。战争可以服务于很多目的。它不仅可以保护国家和加强公民的德性，而且还

1　译文参照［意］马基雅维利：《君主论·李维史论》，第 198 页。

可以转移民众对国内问题和冲突的注意力，并从被征服者的财富中获益。"因此，君主除了战争、军事制度和训练之外，不应该有其他的目标或想法，也不应该把其他事情作为自己的专业，因为这是进行统帅的人应有的唯一的专业。"[1] [30] 马基雅维利警告不要使用雇佣兵（雇佣军）或由另一个国家提供的部队（辅助部队），他总结道：统治者"宁可依靠自己的军队而战败，也不愿依靠他人的武力以制胜，因为他并不认为用他人的军队赢得的胜利是真正的胜利"[2] [31]。

但马基雅维利认识到，仅靠军队是不足以维持政治自由的："一切国家，无论是新的国家、旧的国家或者混合的国家，其主要的基础乃是良好的法律和良好的军队。"[3] [32] 在他的著作中，他指出，如果没有法律，军队只能为少数指挥军队的人带来自由，而不是为许多在军队中服役的人带来自由。但马基雅维利确实认为，服兵役提供了一种纪律、团结和自我牺牲的意识，这对成为一个好公民来说很重要。

个人自由需要以政治自由作为一个先决条件。一旦政治自由得到了保障，个人自由就要求我们享有不受政府专断行为影响的自由，无论这些行为是暴力的还是非暴力的，都会限制守法公民的个人独立。政治自由使得一个民族的生活方式或文化得以可能，而个人自由则是为了形成自治的、负责任的公民，他们既要自由地遵守法律，又要不断地审查法律，以便进行必要的改变。个人自由的性质又与政府的形式及其领导有关。

1　译文参照［意］马基雅维里：《君主论》，第 69 页。

2　译文参照上书，第 65 页。

3　译文参照上书，第 57 页。

政府形式

在马基雅维利看来，虽然政府的形式有许多变种，但根本上只有两种政府：

> 从古至今，统治人类的一切国家，一切政权，不是共和制就是君主制……这里，我想撇开共和制不予讨论，因为我在别的地方已经详尽地论述过了。我打算只讨论君主制，并且探讨各种类型的君主制国家应该怎样……进行统治和维持下去。[1] [33]

实际上，马基雅维利称为君主制的那些政权，亚里士多德要么会由于它受到"人们的爱戴"而称之为君主制，要么会因为其统治者"不介意被人指责残酷"而称之为僭主制。[34] 如果根据亚里士多德对好政体与坏政体的区分来进行分类，那么君主制或公民的君主国（civic principalities）与共和制的共同点多于它与僭主制的共同点。当马基雅维利讨论自由的重要价值时，情况尤其如此。在僭主制下也有自由，但只有最低限度的自由，而在一个得到公众支持的政府下，无论其形式是共和制还是君主制，自由都能得以最大化。在讨论政府形式时，马基雅维利是一个相对主义者。人们的基本需求是稳定。然而，尽管自由是稳定与民众天性共同造成的结果，但自由也可以促成稳定，因为最稳定的政府形式（即共和制）也是最自由的。[35]

1　译文参照［意］马基雅维里：《君主论》，第3~4页。

共和制

共和制是由一个强大的、鼓舞人心的领导人召集一些有德性的公民建立起来的。它是符合宪政的，未必是因为有一份书面文件这种严格意义上的符合，而是因为它满足了亚里士多德用来评价好政府的各项要求。第一，它建立在法律之上。第二，它的统治是为了大多数公民的利益，而不仅仅是少数人的利益。第三，它是混合的政体，因为所有阶级的成员都有机会作为公民参与。阶级之间的冲突可以成为一种积极的力量，只要这种分歧被制度化，并因此被赋予一种结构，使其能够在这种结构中依法得到和平的解决，就像在古罗马那样。通过这种方式，正当的反对可以让野心不再腐蚀国家。

僭主制

马基雅维利的相对主义也延伸到了另一极端，即僭主制。在一个人民德性较少的地方，所有的法律和制度都无法保护自由，而在由精英和大众构成的连续体的另一端，只有狡猾的僭主才能确保稳定：

> 所以，当遵守信义反而对自己不利的时候，或者原来使自己做出承诺的理由现在不复存在的时候，一位精明的统治者绝不应当遵守信义。[1] [36]

统治者既可以是一个专制的僭主，也可以是一个或多个公民；数字上的模糊性源自一个事实：共和制的统治者既可能是一个君

1　译文参照［意］马基雅维里：《君主论》，第84页。

主，也可能是一大群或一小群有德性的人。

无论怎样，在马基雅维利看来，统治者的德性体现在能够最好地利用人性，确立起实践智慧（practical wisdom）的声誉，也就是要有技巧、审慎、灵活、专心致志和坚定的领导。有德性的统治者拥有判断力、精力和魅力，能把别人团结在他们的政府之下。

在僭主制下，大众是臣民，很像柏拉图《理想国》中的劳动者阶级。他们在独立、稳定的政府形式中享有一些政治自由。然而，统治阶级所享有的个人自由比大众更大，因为前者的利益具有优先权，如果不是排他性的影响力的话。大众对这种安排感到满足，也许他们认识到，如果没有统治者，他们可能无法维持稳定，并可能陷入完全的无政府状态。更有可能的是，他们对统治精英充满恐惧和敬畏，以至于他们完全丧失了政治能力。由于大众缺乏公民应有的德性，他们既应得也需要僭主制；对他们来说，最低限度的自由总比没有自由更好。事实上，大众可能是如此不理性、以自我为中心、敬畏和恐惧，以至于他们在很大程度上对于在自己和精英之间不平等分配自由视而不见。当一个僭主统治着腐败、粗鄙、缺乏德性的大众时（或当任何官员与其他统治者一起参与国际政治时），普通的道德不具有任何约束力。相反，一个统治者的德性包括随时准备使用任何必要手段来保持权力和维持稳定的能力。

这些手段很多，从慷慨和仁慈，到欺骗和使用武力，以及掩盖残暴和恶行。但是，"一个君主头一件事就是，必须提防被人轻视和憎恨"[1][37]，而且"每个君主都一定希望被人认为仁慈而不是

1　译文参照［意］马基雅维里：《君主论》，第78页。

残暴"[1][38]。这就需要有效地使用可能的手段，马基雅维利建议统治者应该少使用像暴力这样的更为极端的手段，只要足以实现其目的就够了。欺骗通常是日常使用的更好的工具；它比武力更廉价，更有效，也更容易掩盖。武力和独裁一样，是非常时期的手段，只有在不使用武力会危及重大目标时才需要使用。因此，僭主有一些他们自己的德性，这种德性体现在任意使用双重道德标准上。

马基雅维利关于欺骗行为有这样一些建议：用引人注目的行为和言论让公众眼花缭乱，利用说服才能来诱使潜在挑战者采取和平的行动，而自己则不做出任何真正的让步，以及以狡诈的方式利用宗教。这些建议让人想起亚里士多德关于僭主应该如何采取行动来维持一个坏城邦的讨论。宗教只是实现世俗目的的又一个潜在工具。在一个共和国中，它可以帮助巩固积极的公民德性。在僭主制下，好宗教是这样一种宗教：它可以帮助国家操纵大众，并在他们对世俗惩罚的恐惧不足以确保服从的情况下让他们乖乖听话。宗教形式、仪式和信仰，正如异教统治者早就断定的那样，都只是控制民众的另一种方式。因此，统治者应该为了形象而显得很虔诚，因为大众喜欢在君主身上看到这一点。但在实践中，他应该无视宗教价值观。事实上，一个君主按照传统宗教的道德戒律行事是很危险的，因为这可能导致他败于不这样做的敌人之手。然而，即使一个统治者违反了传统道德，也应该努力表现得符合道德。

何时使用武力而何时使用欺骗，关键是看声誉。这两种手段对还没有时间建立起服从习惯的新统治者来说都特别有用。例如，

1　译文参照［意］马基雅维里：《君主论》，第 79 页。

切萨雷·博尔贾通过派遣一名残暴的总督来对付腐化的民族，那位总督通过武力确保了秩序，但在这个过程中树敌众多。然后，博尔贾处决了这位总督，并以最野蛮的方式曝尸。博尔贾首先通过他的总督使用暴力来确保秩序，然后又使用暴力和欺骗来使自己与总督的残暴行为划清界限，博尔贾得到了一切最好的东西——秩序、公众的感激和声誉。

欺骗的一个重要方面是，僭主应尽力将他们自己都不接受的单一标准强加给大众。应该说服臣民（以及其他竞争性的统治者）遵循一套虔诚的无私行为准则，其基础是诚实、忠诚、服从、和平和信任等传统德性。与此同时，僭主应该利用秘密和欺骗来维持这两种道德的分离。在他们的目标允许的范围内，他们应该看上去遵循了一个单一的标准，因为"群氓总是被外表和事物的结果吸引……"[1] [39] 以这种方式行事是有德性的，因为现代专制者不承认任何外部来源（比如宗教）可以评判他们的行为，也不承认他们国家内部有任何更高的合法权力，包括法律。作为一个研究亚里士多德的学者，马基雅维利赞成下述观点：最稳定的政府最终必须以法律为基础。但他也和亚里士多德一样认识到，在特殊情况下，可以把法律放在一边。在这些情况下，统治者必须使用法律之外的手段，包括武力和欺骗。这些情况可能经常出现（在僭主制下就是这样），也可能非常罕见或不存在，这取决于民众的性质和对稳定的挑战（无论是内部的挑战还是外部的挑战）。

《君主论》似乎对法律之外的手段进行了详述，使其似乎成为日常决策的首选手段，但仔细阅读可以发现，该著作在两种角度之间游走，并为双方都提供了理由。

1　译文参照［意］马基雅维里：《君主论》，第86页。

宪政统治：君主国和共和国

马基雅维利说，如果统治者能够使用法律（甚至是爱、慷慨和仁慈）作为日常决策的最佳手段，这是很好的。他的这个说法是特别针对君主国或共和国的统治者说的。"如果一个人由于人民的喜欢而成为君主的话，他应该同人民保持友好关系。因为他们所要求的只是免于压迫，君主是能轻而易举地做到这一点的。"[1] [40]在这里，大多数人是具有强烈公民德性意识的公民，而不是被机运主宰的臣民。他们是诚实、聪明、守法的公民战士，既勇敢又忠于职守。一个在他们的同意下进行统治，并领导一支公民军队的统治者是最强大的。这些公民不受压迫，既享有政治自由也享有个人自由。此外，普通公民和政府人员享有一样多的自由（尽管可能不像他们那样享有那么多的公众认可或荣誉），因为他们的统治者依法进行治理，并依据法律平等对待公民。统治这样的公民需要一个单一的道德标准，因为公民在道德和法律上与统治者平等。统治者应该配得上他们的德性，以便继续得到人们的支持，从而既能继续任职，又能在需要保卫共和国时得到他们的合作。马基雅维利重申，民兵（popular militia）是唯一可以信任的武装力量。在这种情况下，遵循传统道德可以促进政治稳定。一旦一个民族有了德性，法律、爱和慷慨就构成了长期稳定的坚实基础。马基雅维利并没有劝诫宪政统治者不讲道德，因为在这种类型的政权中，骗子不会愚弄、欺骗有德性的公民。在这种情况下，统治者不能仅仅看起来讲道德，而是要真正讲道德。

实际上，马基雅维利同时描述了有资格轮流统治和被统治的好公民或有德性的公民，并建议人们如果渴望获得最大的自由，

1　译文参照［意］马基雅维里：《君主论》，第 47 页。

就要采取相应的行动。这是有可能的，因为人性不是固定不变的，而是会因个人选择或自由意志而发生变化的。然而，马基雅维利得出的结论与柏拉图和亚里士多德所得出的一样悲观。任何人对机运的控制都是有限的；而且由于腐败，即使最好的政府形式也不可避免会退化。因此，宪政统治会退化，因为总是存在公民变得冷漠并失去其特殊德性的危险。于是僭主制和自由的丧失就会随之而来，无论任何法律或批评家会如何宣称。

民族国家

在《君主论》的最后一章，马基雅维利表明了他的终极政治目标。他说：

> 现在考虑了上面讨论过的全部事情，并且自己思量：意大利此时此刻是不是可以给一位新的君主授予荣誉的吉日良辰，是不是现在有某种要素给一位贤明的有能力的君主提供一个机会，让他采取某种方式，使自己获得荣誉，并且给本国人民带来普遍的幸福；我觉得许多事情合在一起都是对新君主有利的，我不知道什么时候比现在对君主的行动更合适。……
>
> 因此，这个时机一定不要错过了，以便意大利经过长时期后，终于能够看到她的救星出现。[1] [41]

这样的君主将确保人民的自由，而人民将会在个人和政治这两个层面上获得解放。在这里，马基雅维利将两个概念联系在一

1　译文参照［意］马基雅维里：《君主论》，第122、126页。

起，因为他在民族国家的政治框架中发现了更大的自由，无论人民拥有何种德性或统治者。较小的共同体太弱小，无法抵御侵略，尤其是被已经建立起来的国家侵略。因此，马基雅维利认为，民族国家是适合于最稳定政府的地理框架。马基雅维利关注的不仅仅是权力的获得，而且还有权力的维系，即通过建立一个基于共同观念和制度的强大而稳定的政治体系来维系权力。他注意到他那个时代最强大的模式是法国和西班牙这样的政权，由此得出结论：民族国家比古典城邦或某些中世纪王国（无论是大帝国还是小公国）都更能保护这两种自由。民族国家是现代政治哲学的制度背景。在实践层面上，它指的是生活在一个特定地理区域并效忠于某个政府的民族。它的衍生物——民族主义，是一种通过强调共同特征而不强调分裂性特征来确保统一的情感手段。

一个民族的人民对其文化遗产，如共同的历史、价值观、语言、文学、种族、宗教、地理和民间传统，有着共同的感情。神话、象征和英雄，习俗和仪式，理想、目标和习惯，所有这些都有助于让个人有一种共同身份的感觉从而团结起来，这种认同感超越了自私、野心和嫉妒。世俗事物有某种宗教性质，因此，世俗和宗教融合在一种公民宗教中，这种宗教包括了忠诚、爱国主义、使命和命运。即使国家统一会导致不平等，国家忠诚的"遮蔽性的神话"（obscuring myth）也可以作为一种情感性替代品。因为"所有的人，无论财富、地位和血统如何，都有一个独特的民族身份这种共同品质，没有人可以声称或证明他比其他人拥有更多的这种品质" 1 [42]。

民族国家是由追求权力的个人或建国者及其支持者，人为创

1　译文参照［美］谢尔登·沃林：《政治与构想》，第 242 页。

造而来的。一个民族可以由一个建国者统一起来，就像佛罗伦萨和其他城市那样。建国者必须是一个有魅力的领导者，他能吸引人们的情感，通过提供共同的目标即一个强大的民族国家来激励他们，并设计出实现目标所必需的手段，包括在必要时使用武力和欺骗。马基雅维利的"建国者"既不是纯粹鼓舞人心的人，也不是纯粹理性的人，而是将两者结合起来以实现关键的目标。

使用何种手段，要看建国者是怎么变成君主的，"通过依靠罪恶之道或者其他难堪的凶暴行为……或是由于获得本土其他市民的喜欢"[1] [43]。在第二种情况（民众的拥护）下，结果有可能是建立一个共和国，而且所使用的手段也相对和平。但是，即使建国者通过诡诈和武力行为上台，在大多数人都是粗鄙大众的环境下，无论是否有贵族的帮助，统治者鼓舞人心的领导都有助于提高被统治者的德性水平和品质，并通过爱国主义使每个人更接近公民。但只要臣民缺乏足够的德性，统治者和他的继任者就会像专制者一样进行统治。

结　论

马基雅维利是一位艺术家，他在一张很大的画布上描绘了一幅大胆的画面。他的政治理论建立在君主与人民、机运与德性、武力与欺骗、精英与大众、稳定与自由、僭政与共和、个人与集体之间的动态关系之上。作为第一个认识到民族国家的重要性和潜力的政治哲学家，他说的话不仅针对意大利（意大利直到三百多

1　译文参照［意］马基雅维里：《君主论》，第45页。

年后才统一），而且针对全世界。

　　马基雅维利既是统治者的顾问，也是有德性的公民的顾问，当代思想家认为他是第一位论述现代公民身份的哲学家，正如亚里士多德是古代公民身份的倡导者一样。马基雅维利试图将人性中的自利心作为一种积极的工具，用它来建立一个稳定而自由的民族国家。麦金太尔（MacIntyre）也赞成这一点，他认为马基雅维利将"公民德性抬高到基督教德性和异教德性之上"[1]；沃林提出了一个强有力的理由来主张他是"第一个真正的现代政治思想家"，尽管他努力"通过旧的（即前现代的）术语来表达自己"[2][44]。马基雅维利放弃了中世纪用拉丁文写作的惯用做法，而采用作为地方语言的意大利语，但他无法找到一套全新的词汇来配合他处理政治的新方法，这可能有助于解释他思想中的一些模糊之处。他经常使用微妙讽刺或许也是因为如此。[45]就像对大多数伟大的政治哲学家一样，今天的思想家永远无法确定自己究竟在多大程度上完整地理解了马基雅维利。当然，人们不可能完全掌握他的政治思想。而且，考虑到他的生活经历，这也很可能正是他所希望的。

　　但从他自己的角度来看，他的哲学有很多地方是清晰的。作为第一位早期现代政治哲学家，马基雅维利提出了一个可靠、统一而又复杂的世界观，其基础是有德性的个人具有优先地位的政治的总体看法。它只关注"纯粹的"权力政治。政治考虑是首要的，其他一切（包括道德、宗教、伦理和正义等价值）虽然重要，但都是从属的、工具性的，并取决于人民的性质。将个人道德和必要的政治实践相分离的做法，与古代和中世纪政治哲学家的价

1　译文参照［美］麦金太尔：《追寻美德》，第 300 页。
2　译文参照［美］谢尔登·沃林：《政治与构想》，第 211、224 页。

值观相矛盾。但马基雅维利不是一个不道德的政治哲学家，而是一个非道德的政治哲学家。他为成功的国家行为提出了明确的原则。首先，人们必须正视自利的人性，有些人有德性，有些人没有，并各自相应地行动。其次，任何参与政治的人都必须有德性，用现代的话说，就是既要模仿狐狸，又要模仿狮子。马基雅维利支持用任何手段来获得作为政治稳定首要条件的权力，包括武力和欺骗。然而，正如他生活和著作中的大部分内容所体现的那样，他的个人偏好是共和国，共和国允许最大程度的自由。

要成为一名君主，就必须努力争取更大的自由，包括个人自由和政治自由。君主必须灵活，并准备好使用任何手段来实现这一目的，认识到政权的稳定和君主的权力之间不仅有不可分割的联系，而且对自由至关重要。如果国家是安全的时候，政治行动可以基于传统的价值观。但如果稳定是脆弱而不确定的，伦理和道德就必须为了"国家理由"而被搁置一边。因此，马基雅维利的国家的性质和目的，与那些界定着古代和中世纪传统的人有着根本的不同。国家不再被期望帮助发展灵魂或完善人。它也不再教导任何类似亚里士多德式的德性的东西。政治（实际上还有政治哲学）的方向也同样从沉思模式转变为行动模式。它现在关乎一种新的、现代的德性观念，这种观念提高欲望、权力、自由和某种平等（简而言之，为了自己而争取）的地位，使得它们高于他的许多前人所倡导的共同体价值观。

马基雅维利预言性的观点已经转化为现实。民族国家（实际的或渴望的）几乎是当今国内和国际舞台上权威政治的普遍基础。国际政治发生在这样一个环境中：各个不断改变目标的国家利用不断变化的规则和任何其他可用的手段进行谈判和讨价还价，不受任何外部实体的限制。因此，国际关系建立在权力政治的基础上；

如果没有更高的权威来强制执行已经达成一致的行为，那么国家对手段的选择就决定了结果。

对于从僭主制到共和国的所有政府形式，马基雅维利几乎都为之提供了解释，如果说不是宽免（absolution）的话。尽管个人和集体之间的关系取决于政府的形式，但人民的性质决定了这种形式。最终，对马基雅维利来说，有德性的个人的意志（他将其欲望强加给自然，即无政府状态）而非政府的形式，才是政治难题中最重要的因素。政治关系始于个人，而非集体。

尽管马基雅维利拒绝宗教，认为它无非一种工具，当它在政治上最有效时就可加以利用，但通过切断中世纪时期宗教和政治之间的联系，他为新教改革的关键政治哲学家马丁·路德和约翰·加尔文铺平了道路。他对中世纪（和文艺复兴时期）天主教会使用武力和欺骗的做法进行了毁灭性的批判，这有助于切断政治和教皇之间的传统联系。他还为后来的早期现代思想家如托马斯·霍布斯和约翰·洛克创造了条件，他们的政治取向和马基雅维利一样主要是世俗的，但他们不太关注个人的德性，而是更关注契约、法律和制度这样一些哲学上和法律上的基本要素。

在面对马基雅维利的著作时，同样重要的是，在评价他的观念时，既要参照过去的政治哲学家，又要基于他之后几个世纪以来许多严厉批评他的人的观点。就政治进步而言，他的哲学在何种意义上相对于古代人是一种进步？尽管他拒斥理想主义，但他是如何在亚里士多德思想的基础上建造思想大厦的？在许多方面，他的名字都被等同于一种负面名声，这是他应得的吗？在他的论证风格、方法和实质中，有哪些是促成或驳斥这种名声的？

延伸阅读

Belliotti, Raymond Angelo. *Niccolò Machiavelli: The Laughing Lion and the Strutting Fox*. Lanham, Md.: Lexington Books, 2009.

Benner, Erica. *Machiavelli's Ethics*. Princeton, N.J.: Princeton University Press, 2010.

Capponi, Niccolò. *An Unlikely Prince: The Life and Times of Machiavelli*. New York: Perseus Books, 2010.

DeGrazia, Sebastian. *Machiavelli in Hell*. New York: Vintage, 1993.

Hale, J. R. *Machiavelli and Renaissance Italy*. New York: Macmillan, 1961.

*Hulliung, Mark. *Citizen Machiavelli*. Princeton, N.J.: Princeton University Press, 1983.

King, Ross. *Machiavelli: Philosopher of Power*. New York: Atlas Books, 2007.

*McCormick, John P. *Machiavellian Democracy*. New York: Cambridge University Press, 2011.

*Pitkin, Hannah Fenichel. *Fortune Is a Woman: Gender and Politics in the Thought of Niccolò Machiavelli*. Berkeley: University of California Press, 1984.

Pocock, J. G. A. *The Machiavellian Moment: Florentine Political Thought and the Atlantic Republican Tradition*. Princeton, N.J.: Princeton University Press, 1975.

Skinner, Quentin. *Machiavelli*. New York: Oxford University Press, 1981.

*Strauss, Leo. *Thoughts on Machiavelli.* Glencoe, Ill.: Free Press, 1958.

Viroli, Maurizio. *Niccolo's Smile: A Biography of Machiavelli.* Trans. Antony Shugaar. New York: Farrar, Straus & Giroux, 2000.

第九章

霍布斯：确保和平

导　言

　　当 1666 年的伦敦大火紧随着 1665 年的大瘟疫来袭时，一个英国议会的委员会调查了霍布斯"不信上帝"的书《利维坦》是否要对这种上天不悦的迹象负责。他经受住了调查，且调查结束后没有对他提出任何指控，但受惊的霍布斯余生再也没有出版过任何著作。

　　英国哲学家托马斯·霍布斯（Thomas Hobbes，1588—1679）是一个谨慎的人。与强硬而坚毅的英雄形象相反，他承认自己意识到了人的脆弱性和不安全，并将这种意识变成一种德性。他为自己的胆小感到自豪，就像别人为自己的勇气感到自豪一样。霍布斯是个早产儿，在可怕的西班牙无敌舰队威胁攻击英国时来到了这个世界。他后来写道："恐惧与我是孪生子。"显然，对暴力死亡的恐惧主导着他的生活和著作。西班牙无敌舰队给英国造成的危险被一次大自然的行为消解，一场猛烈的风暴摧毁了西班牙舰队的很大一部分力量。但在霍布斯的生活中，另外一些事件亦增加了他的不安全感，即使他通过运用出色的智力来试图应对他和他的世界所面临的问题。

他的父亲是个不称职的牧师，在霍布斯年幼时就抛弃了家庭。霍布斯很早就表现出了学习的天赋，这一点被他的叔叔发现。霍布斯4岁就能读会写，15岁进入牛津大学，5年后毕业，并以教师和作家的身份度过余生。作为一个贵族家庭的儿子的家庭教师，霍布斯在欧洲大陆旅行，结识了他那个时代一些伟大的科学家和哲学家，其中包括伽利略、培根和笛卡尔。[1] 尽管霍布斯今天最著名的是其政治和法律著作，但他也写过科学、数学和宗教主题的著作。[2]

霍布斯是个沉默寡言的人，过着受到诸多庇护的生活。他没有妻子，没有担任政治职务，也没有学术职位。他似乎只想要足够的宁静和安全来追求他的学术兴趣。然而，这些兴趣使他在他那个时代的重大政治问题上采取了有争议的立场，从而使他卷入了周围的世界，尽管他尽力保持学术性和中立性。

引起霍布斯兴趣（而且很可能引起了他的恐惧）的各种危机中有两场战争。一场是发生于欧洲大陆的毁灭性的三十年战争，这场战争围绕着宗教和领土问题展开。英国卷入了这场冲突，进而导致了第二场战争，也即内战，这也是《利维坦》最直接关注的一场战争。所涉及的问题既有社会和经济问题，也有宗教和政治问题。在政治上，相互反对的主要派别派以英国议会（尤其是其下议院）为一方，以君主查理一世为另一方。他们为三个最终无法和平解决的问题而战。

第一个问题是宗教自由。一方是英国圣公会（the Anglican Church of England）及其首脑查理一世；另一方是独立的新教诸教派，如公理会（Congregationalists）和长老会（Presbyterians），他们得到了下议院大多数人的支持。他们批评作为国教的英国圣公会在组织和礼拜仪式上与罗马天主教过于接近。他们还拒斥查理一世的下述主张：他是根据神圣权利或来自上帝的直接权威进行统治的。神圣权利包括为所有英国人规定官方宗教的权力，并且否认人们有权利按个人的选择自由地进行崇拜。

第二个是政治问题，这个问题涉及不成文的英国宪法。从中世纪的经验中逐渐发展出两个主要的政府机构：一个是以君主为首的行政机构，另一个是作为立法机构的议会。该问题是个主权问题：对于宗教自由这样的重大问题，做决定的最终政治权威在哪里，是国王还是议会？

在第三个问题中，社会问题和经济问题相互关联着。一个不断壮大的中产阶级被排除在由封建地主贵族政治主导的政府之外，这种政治根植于中世纪的国王和封臣之间的关系中。中产阶级希望在议会中获得更大的政治代表性，而如何在各阶级之间分配税负等关键问题都是在议会中决定的。

中产阶级成员、新教异议者和议会（下议院）党的支持者之间有相当多的重叠。另一方面，君主制的上层圣公会支持者则倾向于团结起来。当对立的各方不能和平地解决他们的分歧时，内战就爆发了。

英国内战的特点是暴力和生命以及财产的损失，霍布斯在《利维坦》中描述自然状态时对此有过相当生动的描述。最后，议会一方取得了胜利，国王查理一世被处决。胜利的军队建立了一个由清教主导的宗教性独裁政权，以将军奥利弗·克伦威尔（Oliver Cromwell）为首脑。然而，这个独裁政权并未持续。克伦威尔死后不久，英国就恢复了君主制，被处决的统治者的儿子查理二世即位。怯懦的霍布斯在所有的动乱中幸存了下来，并在 91 岁时安详逝于床榻。

霍布斯的方法

霍布斯对政治的理解受到了他那个时代盛行的科学探究精神的影响。到 17 世纪，由于伽利略和培根等科学家的发现，这种精神已经发展成为一场成熟的革命。对地上和天上物体的经验研究有了很大的进步。科学家们对古代那些得到广泛接受的关于宇宙的教条提出了挑战。他们拒斥古典作家的论断，特别是亚里士多德的目的论，这种目的论被宗教领袖提倡，并在一流的大学作为科学事实进行传授。然而，科学家们更青睐不借助亚里士多德、教会或《圣经》就能发现的知识。伽利略的证据支持哥白尼的观点，证明宇宙以太阳为中心。运动而非静止才是天体和地上的物体的自然状态，它们会一直继续运动，直到被一些障碍所阻挡为止。新的科学方法将每个被研究的物体还原为最简单的元素或运动，并研究某些结果或其他运动发生的条件。根据科学家们的说法，将这些结果结合起来就可以解释更复杂的运动。

霍布斯用这种新方法来进行他的政治讨论，《利维坦》基于他对当时物理学和政治心理学的认识，阐明了他所能设想的最佳政治组织的科学基础。该书将所有生命视为运动中的物质。物质或单个的物体在这样一个世界中运动：在那里，所有事物都同样被视为可以进行科学研究的物理对象。人类、山羊、怀表、天堂和其他所有创造物都可以用基本的运动（或法则）来解释，而其他更复杂的运动（或法则）则是源自这些基本的运动（或法则）。因此，霍布斯的方法是将社会还原为其基本运动，然后用推动这些要素的运动来解释政治行为。一旦认识了这些简单的要素，就可以理解复杂的政治结构。

对霍布斯来说，正确的专门用语，即用于所研究事物的术语的正确定义很重要。他相信，这重复了几何学的精确性，而几何学的精确性是自然科学家成功的关键，他想以自然科学家为榜样：

> 既然真就在于我们断言中名词的正确排列，所以寻求精确真理的人就必须记住他所用的每一个名词所代表的是什么，并根据这一点来加以排列。否则他便会发现自己纠缠在语词里，就像一只被涂了粘鸟胶的树枝所困的鸟一样，越挣扎就黏得越紧。从古到今，几何学是上帝眷顾而赐给人类的唯一科学。人类在几何学中便是从确定语词的意义开始的。人们把这种确定意义的过程称为定义，并将之置于其推理的开端。[1] [3]

霍布斯之所以关心定义，是因为他认为定义是通向科学理论的道路，或说是正确呈现物理世界的语词，因而也是政治实践最可靠的基础。使用准确的术语也有助于人们避免"由亚里士多德的实体（entities）和本质（essence）带入教会的错误"[2]，这些错误导致人们拒绝服从权威并陷入内战。[4] 这一观点反映了霍布斯的唯名论（nominalism）。他认为，如灵魂、纯粹的真理或德性这样的本质并不存在。赋予桌子、玫瑰和人这样的对象的集体名称都是抽象概念，它们是一些很随意的符号，用来指代具有共同特点的个体事物。因此，用来指称灵魂、真理或德性这样一些无形对象的都是毫无意义的词语，或者马基雅维利所说的"心灵的幻影"（phantoms of the mind）。[5]

1　译文参照［英］霍布斯：《利维坦》，黎思复、黎廷弼译，北京，商务印书馆，2009 年，第 22 页。

2　译文参照上书，第 549 页。

人　性

霍布斯的科学方法也影响了他的人性观。对他来说，人性仅仅是自然本身的一个特别方面，因此可以通过研究自然界的方法来研究人性，而得到对它最好的理解。

《利维坦》从个人的角度讨论人性，而个人是霍布斯政治世界的基本组成单位。个人被一种奇特的推动动力驱使：

> 我首先作为全人类共有的普遍倾向提出来的便是，得其一思其二、死而后已、永无休止的权力欲。造成这种情形的原因，并不永远是人们得陇望蜀，希望获得比现已取得的快乐还要更大的快乐，也不是他不满足于一般的权力，而是因为如果他不事多求就会连现有的权力以及取得美好生活的手段也保不住。[1] [6]

作为霍布斯关注的中心，个人被视为一个孤立的存在者。这种孤立有明确的心理基础，并根植于三个动机。首先，所有个人在非道德的意义上（amorally）都是自私的，并受其享乐欲望和身体欲望所控制。他们在争夺财富等稀缺的或有限的益品（goods）时，都专注于其个人利益。其次，他们寻求权力或对他人的支配，以保护自己和益品。这是由于霍布斯所说的猜疑（diffidence），或对他人的不信任。最后，他们渴望荣誉，即他人的好评，这使他们看起来更优越。

这些激情引导着人们的思想，激发着人们的自愿行为。但在

1　译文参照［英］霍布斯：《利维坦》，第 72 页。

人们行动之前，他们首先要用理性来权衡利弊。因此，理性是激情的向导，使人们能够找到快乐，或霍布斯所说的幸福（felicity），并通过获得权力来避免痛苦。如果说激情告诉人们他们想要什么，那么理性就会给他们提供切实可行的建议，告诉他们如何获得想要的东西。因此，物质欲望是推动我们趋向欲求之物或远离厌恶之物的最简单的要素或运动。"永无休止的权力欲"使个人陷入相互冲突，而希望"保住取得良好生活的权力"并且不会持续恐惧，又使得他们远离冲突，寻求和平。

每个人都只是这些基本的生理和心理运动或动机构成的复杂集合体。更大的实体、整体或集体只是其各个部分的总和。因此，政府是各个要素的总合，而政治是这些个人的动机的总和。因此，与自然界的大多数动物（从蚂蚁到斑马）不同，每个人的私人利益不同于共同利益。共同利益是许多私人动机的总和，它是通过动员这些个人动机来实现的。[7]

自然状态

霍布斯的人性观是现代的、唯物主义的和个人主义的，他是第一个将这些特征与明确的自然状态联系起来的哲学家。这种状态是"人人相互为敌的战争时期"，以及一个"人们只能依靠自己的体力与创造能力来保障生活的时期"。他所描述的自然状态不一定真实存在过；相反，它描述了霍布斯所设想的没有政府的生活会怎样。霍布斯的描述很可能至少有一部分来自他对内战期间的英国的观察：

在这种状况下，产业是无法存在的，因为其成果不稳定。这样一来，举凡土地的栽培、航海、外洋进口商品的运用、舒适的建筑、移动与卸除须费巨大力量的物体的工具、地貌的知识、时间的记载、文艺、文学、社会等等都将不存在。最糟糕的是人们不断处于暴力死亡的恐惧和危险中，人的生活孤独、贫困、卑污、残忍而短寿。[1] [8]

任由充满欲望的个体完全自由的支配会导致最极端的结果：身体之间的冲突，这种冲突产生了充满暴力的无政府状态，即一场"一切人反对一切人"的战争。而且，"正如同恶劣气候的性质不在于一两阵暴雨，而在于一连许多天中下雨的倾向一样，战争的性质也不在于实际的战斗，而在于在没有和平保障的时期人所共知的战斗意图"[2] [9]。换句话说，潜在的暴力会和实际的战争一样危险。

自然状态不仅是一种充满暴力的状态，而且是一种"意义的无政府状态"，也就是有着许多主观理解的状态。政治术语一片混乱，因为没有权威来宣布正确的定义。对基本意义分歧的不断增加导致了内战的爆发，新教教派"在宗教事务中创造了一种自然状态"，而通过批评主权者，议会在世俗领域也做了同样的事情。[3] [10]

在这种自然状态下，每个人的行为都好像一头孤独的野兽，没有感到对他人负有自然义务，而是受生存和自我满足这两种基本的冲动指引。在没有任何更高的道德法则约束的情况下，就不存在最大的善；善和恶是通过这两种基本冲动以相对的方式来定义的。人

1　译文参照［英］霍布斯：《利维坦》，第 95 页。

2　同上。

3　参见［美］谢尔登·沃林：《政治与构想》，第 272 页。

们用相对的善来指快乐和任何能增强他们对他人的优势的东西，用相对的恶来指虚弱和痛苦。因此，相对的善体现在欲望的满足和权力的积累，相对的恶体现在不断面临死于暴力的可能性。在这种非道德的自然状态下，每个人都有自我保存的自然权利。"因此，这种自由就是用他自己的判断和理性认为最适合的手段去做任何事情的自由。"[1][11] 任何用于自我防卫的手段都是可接受的，这个原则也适用于满足欲望，因为每个人都是最终的权威或法官。

自然权利反对不平等。所有人在本性上都是大致平等的，无论是在满足欲望的希望方面，还是在相互残杀的能力方面：

> 自然使人在身心两方面的能力都十分相等，以致有时某人的体力虽则显然比另一人强，或是脑力比另一人敏捷，但这一切总加在一起，也不会使人与人之间的差别大到使这人能要求获得人家不能像他一样要求的任何利益，因为就体力而论，最弱的人运用密谋或者与其他处在同一种危险下的人联合起来，就能具有足够的力量来杀死最强的人。[2][12]

因此，自然状态下的每个人都生活在同样的恐惧中，即恐惧那种相对而言最大的恶：死在别人手里。每个人都是不安全的，因为没有公共权力，没有政府。在这种情况下有某种讽刺意味："拥有无限权利的人们却享受不到任何东西。享受以安全为先决条件，但安全与绝对的自由又水火不相容。"[3][13]

1　译文参照［英］霍布斯：《利维坦》，第 97 页。

2　译文参照上书，第 92 页。

3　译文参照［美］谢尔登·沃林：《政治与构想》，第 277 页。

政治义务和政府的基础

通过描述自然状态下生活的可怕后果，霍布斯表现出他对这种状态的明显敌意。为了使人们得以保障他们的生命和财产安全，他们必须逃离这种不确定的可怕状态。霍布斯问道，什么能把孤立的、独立的、反社会的个人聚集在一起？什么是实践理性（或精明审慎）的基本公理，在此基础上个人可以团结起来？

现代自然法为霍布斯提供了答案：被运用于激情的理性。一组激情，即自我防卫和对权力的追求导致了暴力，但它受到另一组激情的制约，即对死亡的恐惧和对安全的渴望，这促使个人寻找摆脱困境的方法。正是理性使人们既能抑制那些导致暴力的激情，又能认识到利益在根本上的一致性，这种一致性驱使他们摆脱混乱的自然状态。

霍布斯意义上的自然法是现代的，因为它应用于自私的、非道德的个人，他们对其同伴没有自然义务。由此可以推论，它拒绝任何更高的、客观的道德法则，例如导向柏拉图的自然正义、亚里士多德的自然共同体或基督教的救赎的那种道德法则。它之所以是现代的，还因为它是以权力为导向的；遵循它可以使一个人满足欲求的权力得以最大化，同时又使得死于暴力的可能性最小化。

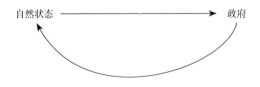

图表 9.1　霍布斯：政治契约

　　因此，这条法则的第一部分包含着第一个同时也是基本的自然法——寻求和平、信守和平……这条基本的自然法规定人们力求和平，从这里又引申出以下的第二自然法：如果一个人认为，为了和平与自我防卫，有必要放弃这种对所有事物的权利，那么当别人愿意放弃这种权利时，他也应该自愿放弃这种权利；他允许别人拥有多少针对他的自由，他就应该满足于自己拥有多少针对别人的自由。[1] [14]

　　离开自然状态，放弃自我防卫这种自然权利，以换取政府统治下的和平，这在追求权力的过程中是一种理性的做法，因为和平将保证未来每个人都能在非暴力的环境中最好地追求自我利益。根据霍布斯对人性的看法，和平最可靠的基础是"人类权力中最大的那种权力"：通过自愿同意而联合起来的平等的个人。通过信约或政治契约，他们必须自由地同意放弃他们自我防卫的自然权利。这一权利被转交给一个共同权力，转交给一个最高权威，而这个最高权威被置于"一个人"或"一个由多人组成的会议"之手，他或他们被授权以全体人民的名义"在涉及共同和平与安全的事情上"采取行动。[2] [15]

　　因此，主权者是政府的核心。这个主权者必须能够使用武力，因为人们在离开自然状态时并没有改变他们的本性，所以，"没有武力，信约便只是语词，完全没有力量使人们得到安全保障"[3] [16]。此外，主权者必须是唯一的。内战期间的一个问题是，多方都声

1　译文参照［英］霍布斯：《利维坦》，第98~99页。
2　参见上书，第63、131页。
3　译文参照上书，第128页。

称自己是主权者。此外，从历史角度转到逻辑角度，多重权力与
有效契约的基础相违背，因为他们不能提供一个明确的声音来解
决争端。当多方都声称有权威界定法律的含义时，混乱、不稳定
和暴力——订立契约正是要防止这些后果——则必然会发生。多
个主权者与没有主权者一样糟糕。

最高权威拥有一种本质上属于个人权利的权利，即决定在什
么情况下要使用武力，也决定追求和平所需的所有其他手段：

> 如果一群人确实达成一致并订立信约，每一个人与每一
> 个其他人约定，不论大多数人把代表全体人格（即成为其代
> 表）的权利授予任何个人或一群人组成的会议，每个人无论是
> 投的赞成票还是反对票，都应以同样的方式授权这个人或会
> 议的所有行为和判断，就好像它们全都出自他本人一样，以
> 便他们彼此之间和平生活，并得到保护而不受其他人侵犯，
> 这时国家就被说成是按约建立了。[1] [17]

因此，一旦一个国家按约建立，少数派就有义务遵循多数派
的意志而服从主权者。所有人都必须服从主权者颁布的法律，因为
如果没有这些命令，生活就会变得更加难以忍受，而对主权者的
反抗会降低社会的和平程度。每个人的安全都是以所有人的服从为
前提。霍布斯明确地把政府看作一种出于实用目的的人为创造物。
它是一部复杂的机器，由诸多类似的机器也即个人组成，这些个
体彼此之间做出反应的方式不同于他们在自然状态下的反应方式。
政府是一种手段，而不是一个目的。政府"好不好"与它在多大

1　译文参照［英］霍布斯：《利维坦》，第133页。

程度上实现了国内和平这一实用目的有关。然而，尽管政府源于人为且其雄心是切实的，但它的存在是必不可少的。政府是一种基本必需品，是我们战胜自然的象征。如果政府垮台，所有的人都会被抛回自然状态。（见上文图表 9.1）

最高权威

在讨论主权者时，霍布斯倾向于使用模糊的语言，经常把主权者称为"他"，这反映了他的个人偏好，即更愿意主权者是一个个体，而且是男性。但对霍布斯来说，这个词也可以表示一个会议或机构。因此，主权者并不必然表示占据一个职位的个人，但它确实意味着这个职位或机构。一般来说，它指的是政府；在具体情况下，它可以指政府中最终做决策的权威的来源。[1] [18] 正如《利维坦》的标题告诉我们的，主权者是一个终将死亡（mortal）的上帝：终将死亡，是因为这个职位是由表达同意的个人以纯粹人为的方式创造的；像上帝一样，则是因为赋予它的必要权力是绝对的、不可分割的和永恒的。

所有的主权者，不管是一个人，一些人，还是很多人，都是"全体民众和其中的每一个人"的代表。[2] [19] 作为代表，他们是民众的代理人。反过来，人民也被期望认同并赞成主权者的所有行为。同时，主权者也是人民所赞同的契约的代理人——其所有的权力和合法权威都来自政治契约。仅仅诉诸武力，或者声称有一

1　参见［英］霍布斯：《利维坦》，第 276 页。

2　参见上书，第 142 页。

种自然的或神圣的来源，都不能使得一个主权者合法化。没有契约，就没有主权者，而有了契约，就不需要其他的理由，因为同意赋予了主权者所有必需的合法性。

主权者，就其作为一个主权者而言，不是契约中的一方。作为由表示同意的个人的人为创造物，主权者在其建立之外或之前没有合法的存在。因此，主权者没有任何权力，除非通过契约将权力转让给他，而主要的权力就是去做维持和平所必需的事情。

作为契约的创造物，主权者不能在达成协议之前对单个立约者做出任何承诺。一旦契约得以订立，主权者就是所有保证、所有法律和所有权利的来源。主权者作为主权者（即担任主权者职务）必须可以自由地按照自认为合适的方式行事。其他人不得对这一权威施加任何限制，因为"在那些关系到共同和平和安全的事务上"，主权者必须拥有防止破坏和平所需的一切权力。他们负责解释基本的统治规则，这些规则存在于自然法中，尽管他们"都要服从自然法，因为这种法是神圣的，任何个人或国家都不能加以废除"[1][20]。实际上，除了契约中规定的限制外，唯一可以对主权者施加的限制必须是主权者自己施加的。

霍布斯既认识到没有主权的危险，也认识到赋予主权如此广泛的权力的风险。无论最高权力是赋予一个统治者，还是赋予少数贵族，或者赋予民众会议中的许多人，它"都是人们能想象得到使它有多大，它就有多大。像这样一种无限的权力，人们也许会觉得有许多不良的后果，但缺乏这种权力的后果却是人人长久相互为战，更比这坏多了"[2][21]。

1　译文参照［英］霍布斯：《利维坦》，第 253 页。
2　译文参照上书，第 161 页。

　　此外，如果主权者在保持和平以维护其权力方面具有与人民同样的利益，那么将其权力限制在这个目的所需的最低限度内，也是符合其职务利益的，因为这一目的是主权者合法性的最终来源。

　　霍布斯经常使用宗教上的文献和论证来支持他的政治结论。他还赋予主权者在所有宗教教义和崇拜形式方面的全部权威。宗教的目的从根本上说是世俗的，是要使人们"更服从、守法、平安相处、互爱、合群"[1]。基督教的救赎来自两个简单的德性：宗教信仰和对自然法的服从。除此以外，对要成为"基督教国家"良好公民的人民没有任何要求。当追求权力的天主教和新教神职人员要求建立一个"宗教政府"时，他们只会助长不团结、叛乱和内战。[22]

自然法与市民法

　　在霍布斯看来，"衡量善恶行为的标准是市民法"[2][23]，而不仅仅是统治者的突发奇想。此外，"自然法和市民法相互包含且范围相同"[3]。虽然前者适用于自然状态，而政府创造了后者，但两者相互违反都是不正当的。如果不参考自然法，市民法就不完整；它需要自然法作为正当性（或正义）的来源。然而，自然法却不足以实现和平，正如自然状态充分表明的那样。

1　译文参照［英］霍布斯：《利维坦》，第83页。

2　译文参照上书，第251页。

3　译文参照上书，第207页。

根据契约，市民法是主权者的命令。自然法是可知的，但不是成文的，而市民法（或实在法）必须以这样的方式制定，即被命令者可以知道"什么是违反规则的，什么是符合规则的"[1]。尽管根据定义，所有以这种方式发布的法律都是"正义的"，但这假定了它属于政府合法的契约权力范围之内。

> 良法就是为人民的利益所需而又清晰明确的法律。因为法律，作为得到批准的规则，其用处不在于约束人民不做任何自愿行为，而只是指导他们，规范他们的行为，使之不要由于自己冲动的欲望、草率从事或不慎而伤害了自己。正如同栽篱笆不是为了阻挡行人，而只是为了使他们往路上走一样。没有必要的法律由于不包含法律的真正目的，所以便不是良法。一条法律如果是为了主权者的利益，虽然对人民来说没有必要，可能会被认为是良法，但实际上并不是这样。因为主权者的利益和人民的利益是不能分开的。[2] [24]

因此，每部市民法都必须以促进公共利益为目的；也就是说，它必须有助于确保和平。法律必须符合公共利益，这个观点是霍布斯下述说法的必然结果：通过同意契约，共同体的所有成员都成了法律的制定者，即使他们本人并没有同意法律。

必须把法律制定成这样：它能通过让那些会以非法行为违反契约的潜在犯罪分子感到害怕，而迫使他们最大限度地和平服从。同时，任何人都不能因为与已知法律无关的行为而受到惩罚，而

1　译文参照［英］霍布斯：《利维坦》，第 206 页。
2　译文参照上书，第 271 页。

且惩罚的严厉程度必须始终平等，以便符合罪行的大小。

因此，尽管最高权力是绝对的，但其目的必须始终是规范社会中对于实现和平来说是必要的那些部分。任何行为和法律如果超越了政治契约的基本目的，都是不合法的。基于对人类本性的清晰理解，自然法及其衍生命题可作为指南，用以划定主权者命令的范围和限度。由于行使主权的人若要声称合法性便会受到有效限制，所以他们的权力实际上是以多种方式被分享的。霍布斯所主张的是权威的明确性，它集中于一个来源，而不是要授予全部的权威或专断的权力。

自　由

由于所有表示同意的各方就其本性而言在根本上是平等的，因此主权者的所有合法行为必须平等地适用于政治体的每一个成员。其中包括自由，它包含"对所有那些其权利不能根据信约予以转让的事物"[1] [25]。任何契约、主权者或法律都不能废除每个人自我保存的自然权利，或对生命的自然权利。当人们同意契约时，这种权利只是被有条件地交出，以换取更可靠的保障；它的最终保护仍然取决于每一个人。

如果一个主权者不再有能力通过维持和平来执行契约，则自我防卫的权利就会被激活。如果个人的安全受到威胁，那么根据定义，人们就又回到了自然状态，除了个人的自我防卫能力外没有其他的保护。因此，"当法律的保障不起作用时，任何人都可以

1　译文参照［英］霍布斯：《利维坦》，第169页。

运用自己所能运用的最佳方式来保卫自身"[1][26]。生命受到主权者行动威胁的任何个人，如被判处死刑的罪犯，也可以进行自我防卫。当面临危险时，所有臣民都可以自由地进行自我防卫，甚至是针对符合法律的权威。在这一点上，霍布斯规定了个人反抗政府的权利。

除了在生命面临威胁时可以进行反抗之外，还有一个观念，即最高权威的建立是为了使一些机会能够蓬勃发展。其中包括工业、农业、艺术、文学和社会。与自然权利不同，这些在自然状态下是不存在的，但实现它们可能是人们寻求和平并签订契约的原因之一。霍布斯提出这样一个问题：如果主权者的行为忽视或敌视这些机会，是否也可以被视为违反了契约，从而可以证成反抗行为。霍布斯的回答是，就像自我防卫的情况一样，对于是否反对主权者，每一个人自己是唯一的判断者。这种判断的依据是，自然状态是否比一个不称职的统治者更可取。尽管霍布斯似乎更赞成后者，但他的政治哲学并没有明确阻止个人做出另一种选择。那么，对霍布斯来说，政府是统治者和人民之间不可避免的持续斗争的舞台。只有当民众认为反抗是一种比顺从更大的恶时，主权者才能保持权力。

除了反抗权之外，每个人的自由都是消极的；它取决于"法律的沉默"[2][27]。在法律既不命令也不禁止行为的所有情况中，包括与和平与安全相一致的任何经济、社会或文化活动，可以找到这种剩余的自由。在所有这些问题上，个人可以自由地采取行动或不行动，只要他们认为是适当的。

1　译文参照［英］霍布斯：《利维坦》，第 234 页。

2　译文参照上书，第 171 页。

公民权、阶级与性别

对于任何一个集中关注霍布斯式主权者的可怕威严的人来说，一旦政府成立，所有同意契约的人都会成为臣民。但是，也有的人指出了对主权者权力的限制以及从这些限制中产生的潜在的个人自由，特别是当政府由许多人组成的时候。这些人可能会发现积极的公民的作用。霍布斯的偏好是支持公民权（citizenship），但他同样是个现实主义者。马基雅维利式的准则在这里也适用。如果签订契约的民众没有思想（即行事就像马基雅维利提到的冷漠大众），那么主权者（尤其当主权者是一个人时）可以以不合法的方式行事。根据定义，这将超出契约的条款，但在这种情况下，主权者很可能很少会或不会面临公众的反对。然而，人民也可能像霍布斯所说的那样精于计算（reckoning），也就是说，行事就像马基雅维利提到的有德性的精英。[28] 那么，绝对主权者也必须是一个受到限制的统治者，在有限权力范围内拥有对决策权威的绝对控制，但行使的权力不能超过维持和平的需要。精明的公民作为对不合法行使政治权力的制约，可以自由地私下追求自己的目标。霍布斯的观点就像马基雅维利的观点一样，都认为这种结果不会自动出现，即使已经有一个合法的政治契约。只有积极、警觉、见多识广、深思熟虑的公民才能使之发生。

这些公民是谁？如果所有人在根本上都是平等的，那么性别或社会等级的差异就不能转化为政治上的从属关系，所以霍布斯似乎支持阶级和性别平等。他的立场提出了一个激进的观点，根据这个观点，这些差异似乎与公民权的考虑无关。关于性别，霍布斯明确表示：

尽管有些人认为统治权（dominion）只属男子所有，原因是男性更优越。但他们的估计是错误的，因为男人与女人在体力或明智方面并不总是存在着那样大的一种差别，以致无须通过战争就可以决定这种权利。……但这个问题现在存在于单纯的自然状况中，我们假想其中既没有婚姻法，也没有关于子女教育的法律，而只有自然法和两性相互之间以及对子女的自然倾向。在这种状况下，要么父母双方相互之间通过订立契约来处理对于子女的统治权问题，要么就完全没有处理。[1] [29]

换句话说，性别平等源于自然。在自然中，起初有父母但没有婚姻，就像没有其他长期的或法律的安排一样。然而，由于"没有人可以同时服从两个主人"，父母中只有一个人可以统治孩子，而且这个人通常是母亲。要由她来决定孩子的生死，究竟是（如亚马逊人）将其交给男性部落还是由女性部落保留，以及如何抚养。在这种情况下，我们可能会以为，女性和所有男性一样，可以自由地同意一份契约，并作为主权者之下的平等成员。但恰恰相反，霍布斯在政治契约之前插入了一个不成文的、不平等的婚姻契约。就像仆人一样，女性选择在家庭中从属于男性，而这种屈从地位在政府下继续存在。

为了试图解释这一点，霍布斯说，一个家庭像一个民族一样，只能有一个主权者。家庭的统治者是男性、丈夫和父亲。他是统治自己仆人（包括他的妻子）的主人。事实上，达成协议离开自然状态并建立主权者的是男性而不是女性，是主人而不是仆人。丈

1　译文参照［英］霍布斯：《利维坦》，第154页。

夫和主人被授权以他们的妻子和家仆的名义表示同意，他们的妻子和家仆在这个问题上没有独立的发言权。[30] 因此，由于霍布斯的立场是所有的合法权力都依赖于同意，他拒绝任何支持女性和仆人低人一等的观点。但在进入家庭后，女性和仆人就会以某种方式放弃他们的自然平等，并接受一种低等的地位。如果女性和仆人在自然状态下与做主人的男性是平等的，那么他们是不是也一样有理性或精于计算，能够反思、重新考虑和重新谈判符合他们个人利益的协议？一旦契约生效，家庭是否会取代个人成为同意的来源？如果是这样，这对霍布斯所吹嘘的个人主义有什么影响呢？显然，霍布斯没有把他的平等主义贯彻到其逻辑结论中去，结果使女性和仆人在家庭中和政府下都处于从属地位。霍布斯就好像突然放弃了逻辑思考，不假思索地接受了他那个时代的典型偏见。[31]

政府形式

　　霍布斯关于公民权的观点与他所讨论的政府的基本形式有关。他区分了政府的三种形式，每种形式都有许多变种。在这三种基本形式中，有两种是合法的，另一种是不合法的。

　　"按约建立的"（by institution）国家是一种合法的政府形式，通过自由和平等的个人对政治契约表示同意而建立起来。为了离开自然状态，他们赞成放弃自我防卫的自然权利，创建一个主权者来管理他们。"这一点办到之后，像这样统一在一个人格之中的一群人就称为国家，在拉丁文中称为城邦（civitas）。"[1] [32] 它通过符合法律的制度和程序来确立主权者的统治。

霍布斯只是稍微改变了亚里士多德的术语以适应现代人的口味。霍布斯说，一个国家的合法主权者可能是一个人（君主制）、少数人（贵族制）或许多人（民主制）。他个人的偏好是一个人的统治，因为君主的权威是最统一的，因此最能维持和平。但霍布斯并不是一个支持国王权威并认为他是凭神圣的权利进行统治的保皇党。他赞成一个强大的主权者，但主权者必须是通过同意而不是命令来统治的。

霍布斯还谈到了以力获得（by acquisition）的国家或领地，"其中最高权力是通过武力获得的"，无论通过叛乱还是战争。只要被征服者同意它，这种形式的政府也是合法的。[2] [33] 然而，如果没有对有效契约的同意，通过武力获得的权力就不是合法的，而是一种专制。

霍布斯说，"奴隶根本没有义务"服从一个通过征服获得权力且在没有或违背契约的情况下进行统治的专制者。[3] [34] 同意总是必要的，否则每个人将仍然处于自然状态。这一立场只是一种观念的延伸，即人们对主权者的义务仅限于统治者有能力保护他们的情况下。

1　译文引自［英］霍布斯：《利维坦》，第 132 页。

2　参见上书，第 152 页。

3　参见上书，第 156 页。

结　论

霍布斯的核心哲学问题是："一旦社会不再是一个共同体，政府的常规工作可以在何种基础上进行？"[1] [35] 在回答这个问题时，他通过将绝对主义和同意统一起来而加强了现代政治的基础，使其区别于古代和中世纪的哲学。霍布斯的早期现代视角在他的方法中一开始就十分明显。与新教改革者这样的前人不同，霍布斯效法他那个时代的科学革命。他对绝对主义的倡导源于其政治推理的逻辑，但却导致了同意行为限制了绝对政府这样的结论。

最初的同意触发了创建主权者的契约，而持续的同意则维持了主权者的合法性。政府只需要强大到对于保护遵守法律的人来说是必要的程度，其恰当的作用只限于提供一个和平的环境，使公民可以在其中追求他们自认为更高的善。这种私人目标不是政府的事务。相反，它们是行使其平等自然权利和自由的个人的选择和关切。一旦和平问题得到解决，集合政治（aggregate politics）就会占主导地位，因为个人优先于任何集体。

霍布斯是第一个现代契约理论家。在霍布斯之前，新教神学家和某些不太重要的哲学家将契约观念作为促进宗教自由的武器。但在霍布斯那里，它变成了个人寻求一般意义上的自由的工具，而自由既可以是宗教自由，也可以是政治自由和个人自由。因此，任何与和平一致的自由都成了可以允许的。

《利维坦》是以对最极端结果的展望为基础的。主权者超越（或破坏）契约的行为只能由个人的反抗来阻止，而这种反抗如果变得普遍，就会使每个人重新陷入自然状态。霍布斯的契约是政

1　译文参照［美］谢尔登·沃林：《政治与构想》，第 254 页。

治性的，建立在从自然状态直接过渡到政府的基础上。

霍布斯坚持把回到自然状态的可能性与仆人服从主人的必要性和妻子服从丈夫的必要性联系起来。因此，他倡导家庭和政府中的阶级和性别不平等，在这一点上他的逻辑缺陷是显而易见的。同时，他的模式有助于理解当前国际舞台上的一些危险方面。如今民族国家之间的关系往往就像霍布斯的个人在自然状态中的关系一样。他警告说，只要这种情况继续下去，战争就会持续下去。

当他的代表作《利维坦》几乎完成一半时，霍布斯怀疑《利维坦》是否会像柏拉图的《理想国》一样无用。然而，他很快就重拾自信，认为他对主权者提出的智力要求与柏拉图加于其哲学王的负担完全不同。然而，就在他提出这个问题的时候，人们可能会质疑他是否像柏拉图一样所说的是真心话；或说他的前后不一、自相矛盾和含糊不清是否意味着，他对于为政府提出一套科学蓝图不感兴趣，而对于提出一些事关个人自由和社会秩序之平衡的问题更感兴趣？[36]

延伸阅读

Bagby, Laurie M. *Thomas Hobbes: Turning Point for Honor*. Lanham, Md.: Lexington Books, 2009.

Bunce, R. E. R. *Thomas Hobbes*. London: Continuum, 2009.

Finn, Stephen J. *Thomas Hobbes and the Politics of Natural Philosophy*. London: Continuum Books, 2006.

Flathman, Richard. *Thomas Hobbes: Skepticism, Individuality, and Chastened Politics*. Thousand Oaks, Calif.: Sage, 1993.

*Hampton, Jean. *Hobbes and the Social Contract Tradition.* New York: Cambridge University Press, 1988.

Macpherson, C. B. *The Political Theory of Possessive Individualism: Hobbes to Locke.* Oxford, UK: Clarendon, 1962.

Rogow, Arnold. *Thomas Hobbes: Radical in the Service of Reaction.* New York: Norton, 1986.

Ross, George Macdonald. *Starting with Hobbes.* London: Continuum, 2009.

Slomp, Gabriella. *Thomas Hobbes and the Political Philosophy of Glory.* New York: St. Martin's, 2000.

*Strauss, Leo. *The Political Philosophy of Hobbes: Its Basis and Its Genesis.* Chicago: University of Chicago Press, 1952.

Thornton, Helen. *State of Nature or Eden?: Thomas Hobbes and His Contemporaries on the Natural Condition of Human Beings.* Rochester, N.Y.: University of Rochester Press, 2005.

第十章

洛克：保护财产

导　言

　　1689 年 2 月，约翰·洛克（John Locke，1632—1704）在长期流亡荷兰后乘船回到英国。他在被牵连到反对国王的阴谋中后，因担心自己的生命安全逃离了家乡。洛克的归来与之前发生的 1688 年"光荣革命"一样重大。奥兰治的威廉（William of Orange），即被废黜的国王詹姆士二世长女玛丽的新教徒丈夫，在一场相对而言没有流血的叛乱中登上了王位。洛克曾作为顾问在荷兰为新国王服务，并护送未来的玛丽女王回到英国。虽然这些关系可以确保他一生都不会受到政治迫害，但长期多疑的洛克一生都拒绝承认他是其最伟大政治著作的作者。

　　尽管约翰·洛克也在那个令霍布斯胆战心惊的内战时期的英国长大，洛克从自己的生活经历中得出的结论并没有那么悲观。1688 年革命使他更为乐观的立场得到了充分强化，这场革命帮助解决了此前引发内战的关键问题，并使英国走上了一条新的稳定道路。在职业上，洛克是一名哲学老师和医学研究者，这两种职业对于他那个时代想要避免卷入政治的人来说都是很理想的。然而，洛克却非常仰慕他的父亲，他父亲支持反对查理一世国王的事业，也是清教徒议会军的一名军官。后来，洛克与一位政府官员，也就是查理二世国王最亲密的顾问沙夫茨伯里爵士（Lord Shaftesbury）的友谊使他直接卷入了英国政治。他曾担任过沙夫茨伯里爵士的秘书、医生、顾问和家庭教师。沙夫茨伯里爵士因试图阻止查理二世的兄弟登上王位而被解职，洛克跟随他流亡到荷兰。[1]

查理二世的弟弟确实继承了王位，成了英国国王詹姆士二世。这位新君主皈依了罗马天主教，他利用自己的国王身份为那些和他属于同一教派的人争取平等对待，那些人被剥夺了宗教自由，并在任命政治职位时受到歧视。当议会反对詹姆斯偏袒天主教徒并仅仅利用国王的权威来为其行为辩护时，他解散了议会。他的行为使其失去了许多当权派（establishment）的政治支持，并在光荣革命中完全失去了权力。除了国王被立即更换，一个长远的结果就是英国成了一个立宪君主制国家，再也不会被主张君权神授的统治者威胁。[2]

革命及其所建立的立宪君主制在议会立法中得到了最终确定。英国《权利法案》（The English Bill of Rights）宣布了议会高于国王，是至高无上的。它还宣布下议院是一个自由选举产生的机构，由选民选举产生，国王不能凭自己的意志解散。针对另一项不满，《权利法案》规定，所有被指控犯罪的英国公民都有权利由陪审团来审判，审判由独立于君主的法官进行。为了促进这独立的司法，它授予法官固定的工资和永久的任期，只要其行为良好。因此，法律宣布詹姆士二世声称是其国王权利的那些行为非法。英国国王成了有限的统治者。

另一项法律针对的是宗教问题。《宽容法案》（The Toleration Act）给英国所有信徒以宗教宽容，但天主教徒和神体一位派信徒

（Unitarians）除外，同时保留了英国教会的首要地位。洛克的著作从哲学的角度探讨了这些历史问题。特别是，他最重要的政治著作，即《政府论》（*Treatises of Government*），是对君权神授统治的最终否定，并反对了霍布斯所主张的绝对主权。[3]《政府论》还处理了宪政、有限政府和革命权利这样的问题。

洛克的方法

洛克处理政治问题的方法受到其医学背景以及其皇家学会（the Royal Society，一个科学家组织）会员身份影响。他认为世界受科学法则、秩序和统一性支配。他为人类知识寻求纯粹经验的基础，这种知识通过使用观察和经验获得，遵循的是现代科学的方法。

他思考政治的方法从出生时的人类心灵开始。用一个经常与洛克联系在一起的拉丁短语来说，心灵是一块白板（*tabula rasa*），"一张没有任何字符也没有任何观念的白纸"。人们生来没有任何内在的观念，例如柏拉图的"型相"或亚里士多德的"终极目的"。个人所拥有的是潜在的倾向或能力，而不是由一种神圣力量植入的本质。[4] 人们的心灵在成长过程中得到塑造，训练和经验发展了它们潜在的推理能力。洛克在这一点上追随霍布斯，声称观念源于作用于感官的个人经验，而随后的行动则来自这些理性的观念。

个人之所以有诸如"黄""白""热""冷"这样的简单概念，是通过其感觉得出的，是观察的结果。随着人们的成熟，他们被欲望和过去的苦乐经验所引导。正是快乐引导人们去行动，痛苦提醒他们行动中的潜在危险。[5] 然而，他们不仅有愉悦和痛苦的经验，而且通过反思经验来从中学习。因此，一个得到母亲养育而经验到快乐的婴儿，会把母亲与食物和温暖的愉悦观念联系起来。或说，一个被热炉子烫伤的孩子会学会与这个带来痛苦的对象保持距离。

更为复杂的观念是由一些简单观念的联结而形成的。这样，道德感就通过经验和学习得到发展。随着人们道德意识的提高，他们开始更喜欢理性的指令而非当下的欲望的指令。也就是说，个人对长远道德幸福的追求会抑制和限制对短期欲望满足的低级追求。[6]

人　性

那些支持君权神授论的人认为，君主对其臣民的权威是以《圣经》为基础的。神圣权利建立了一种父权制的关系，就像父亲和他的孩子之间的关系一样，这种关系产生了世袭的、完全的、永久的依附关系。没有一个臣民生来就是自由的，也没有人能够摆脱对王室父亲（royal father）式人物的需要。

当然，洛克并不同意这样的观点。他的《政府论》将政治权威与其他形式的统治区分开来。虽然对理性尚未充分发展的儿童行使父权可能是恰当的，但父权不适合理性的成年人。洛克对人性、自然状态和自然法的描述，以作为立法者但却不承担执法者角色的上帝为基础。[7] 因此：

> 为了正确地理解政治权力，并追溯它的起源，我们必须考虑人类原来自然地处在什么状态。那是一种享有完全自由

的状态，他们在自然法的范围内，按照他们认为合适的方法，决定他们的行动，处理他们的财产和人身，而无须得到任何人的许可或听命于任何人的意志。这也是一种平等的状态，在这种状态中，一切权力都是相互的，没有一个人拥有的权力比别人多。[1][8]

每个人都生而自由平等。他们也是上帝更大的创造物的一部分，上帝引导他们走向善。人类被赋予了理性和良心，或道德感，这使得他们区别于其他动物。因此，人性是一个具有潜在的德性的混合体，包括了道德、理性、自利和合群等要素。

理性通过经验发展起来，并与对善恶的认识一起行动，指向自然的道德法则。这些法则由上帝制定，指导人们作为有道德的存在者自由而平等地行动。因此，个人基本上是值得信赖的。

在洛克看来，甚至自利（egoism）也是人性的一个积极特征。尽管人类是充满欲望的个体，但对快乐永不满足的追求并不一定是自私的。只要目的是改善自己而不是伤害他人，对幸福的追求就可以是道德的和理性的，而且构成个人自由的基础。[9] 从本质上讲，个人是社会性的，而且倾向于信任他们的同伴，那些同伴也是道德的、理性的和利己的。这使每个人都能为共同的目标而一起行动。这也使人们倾向于在利己的同时，去追求有利于他人的目标。[10]

当洛克强调人性的这些本质上积极的方面时，他似乎比霍布斯更为乐观。在霍布斯的自然状态中，他主要强调的是不信任和

1　译文参照［英］约翰·洛克：《政府论》，下卷，叶启芳、瞿菊农译，北京，商务印书馆，1996年，第5页。

冲突。与那些生活在霍布斯的自然状态中的人相比，我们更容易
看到这些人订立契约来保护个人自由。但是，潜藏在洛克哲学阴
影下的是一种传统的二元论人性观。根据他的论著，生活好像是
一出道德剧，善与恶在其中争夺统治权。洛克很多时候将大多数
人描述为有道德的人，这表明他的主要读者是有德性和理性的人，
具有长远的眼光，能够保持自由。然而，他也看到了非理性、反
社会和不道德的一面。并非所有人都值得信赖，至少有些人有潜
在的自私过头的倾向，而且容易伤害他人。洛克利用人性中这一
个更加阴暗的方面，来说明生活特别是自然状态下的生活的危险
和陷阱。

自然状态

　　洛克对自然状态的看法与霍布斯相似，但却发展了霍布斯所
忽略了的方面，因为这些方面与霍布斯面临的危机不太相关。尽
管《政府论》上篇和下篇很可能都是在 1688 年光荣革命之前起草
的 [11]，但洛克的关切可能仍然与革命的结果有关。为什么当最高
权威（詹姆士二世）被废黜时，英国并没有像霍布斯预言的那样陷
入自然状态？通过考察自然状态，也即没有政府的生活会是什么
样子，洛克开始了他对这一关键问题的探究。

　　洛克赞成霍布斯的观点，他称自然状态是一种完全自由而平
等的状态。但它也是一种道德状态，因为大多数人相互信任，相互
尊重，并尊重他人的权利和财产。因此，洛克首先描述了一种比较
友善的自然状态。然而，一旦我们充分研究了他的财产理论和自然
法理论，就会看到自然状态不那么吸引人的一面。财产（property）

包括三个方面：生命、自由和地产（estate）。[12] 对洛克来说，生命并不仅仅意味着卑鄙的生存，而是指以符合道德和上帝目的的方式加以利用的生命。自由意味着行动的自由，但只能在自然法的限度内行动。

关于地产的劳动理论

在自然界中，所有人对地产有一种集体权利，因为从一开始，上帝就把土地给了每个人共同使用，以提供他们的生活所需。由于人们都是在平等的基础上开始的，因此对土地的任何一部分，都没有人拥有上帝赋予的权利。在这里，洛克拒斥了用来支持君权神授的父权制财产论证。但是，任何个人对地产也即土地某一部分的自然权利又是从何而来呢？它是如何成为一个人财产的一部分，个人可以自由地以自己认为合适的方式对其加以处置？洛克说，人类的经济平等在自然状态下发生了变化。这是如何发生的？对此的解释见于洛克关于地产的劳动理论，这个理论提出了他关于私有财产和不平等的起源的理论。"上帝将世界给予全人类所共有时，也命令人们要从事劳动" [1] [13]，期望个人通过劳动来尽可能地利用土地。要这样做，他们就要把劳动与土地上的自然资源混合起来以养活自己：

> 尽管土地和一切低等动物为一切人所共有，但是每人对他自己的人身享有一种所有权，除他以外任何人都没有这种权利。他的身体所从事的劳动和他的双手所进行的工作，我们可以说，是正当地属于他的。所以，只要他使任何东西脱离自然

1　译文引自［英］约翰·洛克：《政府论》，下卷，第22页。

所提供的状态，他就已经将他的劳动与之混合，在这上面添加了他自己拥有的某种东西，因而使它成为他的财产。[1] [14]

这表明，人类从本性上说就是辛苦工作的人，如果他们不辛苦劳作去改造土地以满足他们的需求，他们就不会得到满足。劳动是每个人的本性或人格在对象中的表现和延伸。换句话说，我们就是我们所制造的东西，我们的产品既是我们的，也是我们之所是。[2] [15] 每个人对自己个人制造的一切都有自然权利，因为个人劳动被添加到自然的产品中。[16] 此外，最辛劳工作的是那些更准确地反映上帝所赋予的本性的人。这样的人应得更多，而且他们得到更多也是正义的。

洛克关于地产的劳动理论有两个限制条件，这是上帝为防止自然状态下的过度贪婪而添加的。第一个限制条件是，没有一个人有权获得所有的土地，必须有"足够多且同样好的东西留给其他人共有"。在 17 世纪还是农业国的英国，这一限制主要是一个声明，用来反对那些支持君权神授论的观点。它意味着没有一个人可以合法地宣称，因为所有土地都是上帝直接赐予他的，所以他拥有所有的土地。[17] 第二个限制是，任何个人都不能从土地或其产品中占有太多，以至于尚未使用就毁损了。然而，当人们在自然状态下开始重视那些不会毁损且经由相互同意又可以用来换取有用但易腐烂的东西时，这个限制条件就变得无关紧要了。在这些不易腐烂的东西中，最重要的是货币，其价值是大家一致认可的。

1　译文参照［英］约翰·洛克：《政府论》，下卷，第 19 页。

2　参见上书，第 19 页。

洛克认为由于同意了货币的价值，人们接受了其后果，因此毁损的限定条件便变得无关紧要。这些后果包括土地和金钱的不平等，少数人拥有很多（尽管仍然不是所有东西都属于任何一个人），而其他许多人拥有很少或没有。因此，穷人必须出卖他们的劳动，即使他们只得到勉强维持生计的工资，而他们制造的所有产品都成为他们主人的财产。[18] 洛克认为，那些最终更富有的人是那些为他们的财富而更辛劳工作的人，或者有实际理由让别人为他们工作的人。他们自然而然、理所当然地获得了更多的财富，而没有对别人造成任何伤害或不正义，如果富人不那么贪婪，别人的处境也不会更好。事实上，他们的情况变得更好了。生产者想要更多的财富，从而被刺激去提高生产力。因此，比起资源在公共资源中保持未开发的状态，这样将有更多的商品供所有人使用。社会的总体财富得到了增加。

总之，由于人们同意货币的价值，他们也就一致赞成要允许经济不平等的存在。这种行为最初是在自然状态下也即在政府建立之前采取的。但是，当人们来到了政治权威之下时，个人权利和经济不平等就被带到了新的社会中。

自然法

自然状态有一种约束着每一个人的自然法对它起着支配作用，而理性，也就是自然法，教导着有意遵从理性的全人类：人们既然都是平等和独立的，任何人就不得侵害他人的生命、健康、自由或财产。[1] [19]

1　译文参照［英］约翰·洛克：《政府论》，下卷，第6页。

自然法统治着自然状态下的人们。这是所有理性的人都能认识并赞成的一套原则。自然法界定了自然权利，并且也用来指出这些权利所允许的自由。

自然法赋予人们一种自然权利，即免受死于暴力、奴役或财产被盗窃的威胁。由于自然状态下没有政治权威，每个人都可以按照自己认为合适的方式行使这种自然权利，并对自己的行为进行判断。因此，在自然状态有一种自然的正义。虽然没有人可以违反自然法，但对那些因侵犯他人财产而违反自然法的人执行自然法是正义的（也没有违反自然法）。然而，对违反者的惩罚必须是冷静的、不带情感的，"比照他所犯的罪行，对他施以惩处，尽量起到赔偿和制止的作用：因为赔偿和制止是一个人可以合法地伤害另一个人（我们称之为惩罚）的唯一理由"[1][20]。赔偿的目的在于，通过使得侵害对于违犯者来说是不划算的交易，通过遵循"以牙还牙"的格言，来纠正伤害行为。制止则是通过恐吓潜在的违犯者来防止未来的侵害。在洛克看来，这些限制是自然正义的一部分，执行自然法的人必须尊重这些限制，否则执行者本身就会违反自然法，并让自己面临惩罚。这些对惩罚的限制既适用于个人，也适用于政治权威，因为在自然状态下不正义的事情，政府也不能做。

战争状态

根据洛克的论述，自然状态似乎是个好地方。大多数人都遵

1　译文参照［英］约翰·洛克：《政府论》，下卷，第 7 页。

循自己的天性，每天以道德的、理性的与合群的方式行事。他们在自然为他们提供的东西上尽可能辛劳地工作，并从中得到适当的回报。由此产生的经济不平等是正义的，符合上帝的最初目的。少数违反自然法的人受到多数人的控制，他们在一个牢固而公平的制度下实施正义。人们显然生活在一种与霍布斯的战争状态截然不同的自然状态中。那么什么要素可以驱使他们想要离开这个温和的甚至是有利的环境呢？答案就在于洛克的二元论人性观。虽然他没有讲述一个像霍布斯的叙述那样可怕的故事，但自然状态的总体图景并不像快速阅读可能会表明的那样美好。

> 这就是自然状态和战争状态的明显区别，尽管有些人把它们混为一谈。它们之间的区别，正像和平、善意、互助和安全的状态和敌对、恶意、暴力和互相残杀的状态之间的区别那样迥然不同。人们根据理性而生活在一起，不存在一个有权威对他们进行裁判的人世间的共同上级，他们正是处在自然状态中。但是，对另一个人的人身使用武力或表示企图使用武力，而又不存在可以向其诉请救助的人世间的共同上级，这就是战争状态。[1] [21]

因此，尽管在自然状态下任何人都不应该伤害他人，但正是对我们的人身施加的武力把自然状态转变成了一种战争状态。虽然大多数人从本性上说是守法的，但只要有几个违法者就可以把一个和平的环境变成一个危险的环境。这种变化在自然状态下很容易发生，因为在自然状态下没有为人所知且所有人都能接受的

1　译文参照［英］约翰·洛克：《政府论》，下卷，第14页。

不偏不倚的法官来处理被举报的违法行为。此外，尽管理性地说，其他所有人都有义务帮助执行自然法，但他们也可能不会去执行，而那些想执行自然法的人也不一定总是足够强大以至于能够惩罚有罪的人。

因此，洛克和霍布斯之间的区别就在于，自然状态和战争状态在多大程度上会同时出现。对霍布斯来说，自然状态和战争状态总是同时出现；对洛克来说，两者只是偶尔同时出现。但对他们来说，结果是一样的。一个温和的自然状态可以在没有警告的情况下突然变成一种战争状态，所以人们要离开自然状态以摆脱其不确定性。第一步就是要建立一个能实现更加确定的和平的政府。

政府的基础

当人们同意一份社会契约时，他们就放弃了对违法者执行自然法的个人权利。由于所有人都可以在任何时候自由地离开一个受到统治的社会，那些留下来并享受其任何好处的人们就被认为给予了同意，尽管没有说出来。[22] 契约最初是通过一致同意建立的，但一旦契约被批准，洛克便拒绝以任何全体一致来作为统治的进一步要求，因为这将使自然状态持续下去。相反，多数派有权利代表所有人行事。洛克的理由是，既然每个权威机构都必须朝一个方向前进，而且所有投票的人在政治上都是平等的，那么，只要人数上的多数派行事公正，他们就正当地成为所有人必须服从的意志。然而，洛克认为只有那些有财产的人才有权投票，所以他只把有效的权力赋予这个群体中的多数派。

社会契约建立了一个由公民社会和政府组成的两级安排。[23]

公民社会是联合起来的人民。它的作用是将权力授予政府，因此，在洛克的方案中，公民社会而非政府才是最高的权威。所有同意契约的人都是公民社会的成员。洛克式的政府是有限的政府，这意味着并非生活的所有方面都受法律的约束。要实现建立政府的目的需要人们交多少自然权利给政府，人们就交多少。这些目的界定了政府可以规定和实施的共同善或公共利益。"人们联合起来进入国家并置身于政府之下，重大的和主要的目的是保护他们的财产。"[1] [24] 也就是说，政府的建立是为了确保人们的一种自由，即以他们认为合适的方式合法地使用他们的财产。政府的作用不仅是保护财产，也是为了确保个人有权利享有几乎是无限的所有权。

在洛克看来，人们保护自己财产的自然权利由公民社会授予政府了，以便政府制定成文的法律规则，并由为人所知且不偏不倚的法官来执行。立法机构负责将自然法转变为公法（public law），所有人都平等地服从这种法律。一旦这种法律得以确立，稳定的和平就会取代不确定的自然状态，让每个人都能更安全地享受其财产。

因此，公民将自然的立法和行政权力移交给政府。然而，他们并没有交出司法权力，这是判断立法者和行政官员的行为是否符合公共利益的最高权威。如果他们断定政府违背了他们的信任，他们可以撤销其授予权力的行为，并将取消政府。然后，权威就暂时回归到公民社会，直到公民建立起新的政府为止。只要社会契约仍然有效，公民社会就会持续存在，并可以用一个政府取代另一个政府。然而，契约和公民社会都会被内战或外国征服所摧毁，这可以使所有人回到自然状态。

1　译文参照［英］约翰·洛克：《政府论》，下卷，第77页。

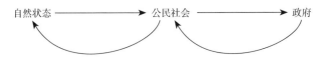

图表 10.1 洛克：社会契约

宗教宽容

洛克认为有限政府也应适用于宗教领域。他所反对的君权神授论包括一个官方宗教，国王既是国家的首脑，也是教会的首脑。政府的全部权力都可以用来对付那些拒绝官方宗教的任何方面的个人，无论教义还是教仪。那些信仰或践行"错误"信仰的人可能被罚款、监禁，甚至被处死。相反，洛克则主张宗教宽容，谴责迫害行为和使用武力。政治统治者在宗教事务上没有特殊的管辖权。政府的职责不是判断宗教观点或其他观点是不是真理，而是保障国家的安全。因此，统治者没有合法权威对任何不妨碍公共秩序的宗教法令或观点采取强制措施。洛克还认为，宗教迫害和宗教不宽容违背了和平福音（the gospel of peace）的精神和耶稣的人格。

此外，基督教是一种理性的宗教，"同样的真理既可以通过神启来发现和传达，也可以通过理性和我们自然拥有的那些观念来发现"[25]。同时，无论如何受到上帝的启发，对于无法从感觉或反思来获得的任何新观念，任何人也不可能获得关于它们的神启。在这里，洛克想削弱神职人员或其政治上级可能声称具有的那种特殊的宗教知识或权威。相反，每个理性的个人都肩负着自我救赎的责任，他们有能力也有责任判断哪些宗教命题应该被接受或被否定。在政府看来是"错误的"信仰并不妨碍一个人的天堂之旅。另一方面，服从与自己良心相违背的政府要求，很可能会影响个人的救赎。

洛克认为，理性只是自然的启示，而启示正是被《圣经》放大了的自然理性。[26]基督教的核心信条，特别是上帝的存在和耶稣的作用，可以通过理性来证明；《新约》只是揭示了自然法。基督教中没有任何东西与理性相悖，但启示也有其作用。民众大多不识字，无法用理性的方式说服他们，但是他们接受《圣经》的指示，所以牧师的建议是他们道德行为和个人救赎的最佳指南。然而，即使是大众也可以自由地寻找宗教真理，只由个人良心引领，不受政府的阻碍。

洛克区分了身体的需求和灵魂的需求、世俗和精神、公共和私人以及国家的作用和教会的作用。政府关注的是世俗的、身体的需求，而宗教关注的是灵魂的精神需求。因此，这两种类型的需求是不同的，可以分别交给不同的权威。政府应局限于有关公共福利的事务，而影响个人私利的宗教则不是政府的事情。这样一来，洛克就为教会与国家的分离奠定了哲学基础。[27]

然而，洛克没有阐述其思想的逻辑结果。与议会批准的《宽容法案》一样，洛克也支持为某些宗教异见者提供可撤销的特权，但并不支持所有人都拥有宗教自由的权利。无神论者是不能被宽容的，因为他们不敬畏上帝，所以无法相信他们会成为好公民。罗马天主教徒也被排除在宽容之外，因为他们效忠于教皇。然而，总的来说，洛克认为，更多的宽容既可以在社会上促进公共秩序和可欲的内部凝聚力，也可以支持个人的自主性和自由。[28]

性别、阶级与公民权

当写到有关女性和阶级关系时，洛克很少将这些问题放在具体的政治形势中进行处理。当他提到它们时，他会区分理性和非理性的，就像他在讨论经济成功和宗教时所做的一样。主要是从他对私人和非理性的论述中，人们可以推断出将它们运用在政治领域会得出的某些结论。当有助于反对君权神授时，洛克就把精英和大众、丈夫和妻子视为平等的；但是当无助于他的立场时，他就会改变自己的论调，允许政治、经济和社会不平等。[29] 洛克反对父权主义，但洛克认为，公共权威与私人形式的支配不具有可比性，比如主人和仆人之间、男人和妻子之间的支配。无论地位如何，从形式上讲，所有人都是按照上帝的形象创造的，而且生来就具有平等的能力，可以通过参与政治进程来理性地订立契约和保护他们的自然权利，但这种平等并没有延伸到私人领域。

与他的正义观念一致，洛克说到，一个使用武力去控制他人但被打败的侵略者，是可以受到奴役的，而一个罪犯即已宣布放弃理性，是可以被监禁的。除这些例外情况外，所有人都有权利享有自由，并可以自由地就财产的使用签订契约。因此：

> 一个自由人在一定时期内向另一人出卖他的劳役以换取工资，就使自己成为另一人的仆人；并且，虽然这一行为通常使他处在主人的家庭内，受一般的纪律管束，然而这只给主人以暂时支配他的权力，而且不超越他们之间契约所规定的范围。[1] [30]

1　译文参照［英］约翰·洛克：《政府论》，下卷，第 52 页。

因此，自愿受雇不同于受奴役和劳役拘禁。

然而，虽然仆人有足够的理性签订受雇契约，但他们的理性是有限的。作为雇工，他们没有可以在其上发展其理性技能的地产，而拥有土地的雇主则不然。作为卑微又没有技术的劳动者，他们既没有时间也没有意愿去关注日常生存以外的事情。就像他们没有能力独自认识宗教真理一样，他们也因为缺乏理性而被排除在积极公民之外。许多被雇为仆人的女性也属于这一类，那些嫁给劳动者的女性也是如此。但丈夫拥有大量财产的女性呢？正是在这里，洛克对君权神授理论的挑战应该导致他承认完全的平等，但他再次未能克服他那个时代的偏见，没有将他的观点发展到其逻辑上的结论。他想要削弱神权政治论，但不想削弱父权制的家庭。

然而，在最初的自然状态中情况并非如此。家长的权力既不是只赋予父亲，也不是只赋予母亲；两人都有平等的资格享有对孩子的权威。这就推翻了一个父权主义的观点，即最初的权威只给予父亲。然而，作为家庭财产的唯一管理者，父亲可以为财产的继承设定条件。接受遗产（通常可能由男性继承人来接受，如果有男性继承人的话）就构成了对父亲权威的明确同意。这样，父亲就占据了统治的角色，而以前分享权威的母亲则突然失去了这种权威。洛克基于孩子的同意重新引入了父权制家庭。但妻子的同意是促成这种状况的另一个因素。女性是人，所以并不是从本性上讲就是非理性的。她们拥有足够的理性来自愿订立婚姻契约。而婚姻的目的是自然的、由上帝设定的，即生育和抚养子女，所以一旦实现了生育和教育，并处理好了继承问题，契约的双方就可以同意通过离婚来终止契约。然而，洛克认为妻子在婚姻契约中已经同意在所有事情上接受丈夫的统治，特别是在影响家庭财产的决定方面。如果在任何问题上出现分歧，只要他们还在一起，丈夫就有充分的权威。尽管女性拥有订立婚姻契约的理性，但女性将理性交给了丈夫，并自愿退出理性人的行列。[31]

洛克还为女性的从属地位找到了某种生理的或自然的依据。在她们处于生育期时，她们一直都很虚弱，因为她们经常性地要么为受孕做准备，要么正怀着孩子，她们始终承受着相当大的痛苦。这表明，鉴于妻子通常都是能力不足的，接受婚姻契约和随之而来的婚姻中的从属地位，这符合其理性自利。

即使科学可以减轻她的生理弱点，洛克还提出了妻子应该服从丈夫的其他理由。就理性发展的能力而言，照顾家庭的女性很像仆人，因为所有决策权都掌握在丈夫手中。他的理性是主动的，而她的理性是被动的。她的家庭角色妨碍了她的理性发展，因为她缺少理性的基本前提——经济独立。也许她可以通过教育发展她的理性，但如果她结婚了，就失去了这个机会。除非她独立而富有，否则婚姻就会维持其现状。

家庭中的从属关系很可能导致女性在政治上也处于从属地位。虽然洛克对此保持沉默，但大多数评论者认为，他为丈夫在政治舞台上代表整个家庭发言提供了辩护。通过订立婚姻契约，女性授权男性在政治上代表她们。当她们同意结婚时，她们也放弃了同意政府的权利。就像对待劳动者、儿童、罪犯和非理性的人一样，洛克也将女性排除在公民之外。[32]

政府的形式与制度

无论是何种形式的政府，只要它支持个人对财产的自然权利、获取财产的自然权利，以及将财产维系在正当所有者手里的自然权利，洛克就赞成它。出于这个原因，他理所当然地把两种形式的政府作为不合法的并加以拒斥。它们是连霍布斯也反对的基于君权神授论的政府，以及霍布斯所提倡的绝对君主制。在洛克看来，这两种形式都把行政权和立法权交给了个人，而且缺乏一个不偏不倚的法官。这样的统治者将自己的私人利益和自私的利益置于普遍利益之上，而每个人实际上仍然处于自然状态。

洛克拒绝霍布斯那种对行政权至高无上地位的偏好。对他来说，最高权力是立法权，这是一个由契约建立的机构，拥有将自然法变成市民法的有限权力。立法权的至高无上出现在两种政府形式中。洛克把所有公民直接行使立法权的政府形式叫作纯粹民主，就像在古代雅典那样。他们通过定期在一个地方集会，并表达他们对所提议的法律的看法来行使立法权。这样聚集起来的所有公民中的多数票对每个人都有约束力。代议制民主（representative democracy）是洛克对一个两步程序的称呼。首先，公民在选举中把立法权移交给他们中的少数人，这些人成为他们的代表。决定法律的是这个被选举出来的立法机构中大多数人的投票。洛克赞成代议制民主，认为这是治理一个大型民族国家的更切实际的方式。法律平等地适用于所有人，并设定了正确与错误的标准，这些标准要用来决定社会上的所有争议。立法过程应该只需要短暂的集会，会议结束后议员们就会休会，并与其他人一起服从他们所制定的法律。立法权还包括了有权行使司法权力或任命行使司法权的"治安官"（magistrates）或法官。

行政机关的工作是执行法律，这就要求行政官员持续在场。行政机关也是立法机关的受托人，有权力执行任何判决。所有行政机关的权威都是由立法机关授予的，行政机关的行为总是要对立法机关负责。这种负责对保护个人权利至关重要，因为行政机关的权威令人敬畏，而且还包括了生杀大权。与立法权一样，行政权必须得到正义的行使，而且要符合为人所知的法律。行政机关掌握绝对或专断权力是不合法的。行政权还包括一些特权，或确定法律细节的权利。要法律事先说明它可能适用的所有情况，这既不实际也不可能，特别是在短暂的立法会议上。但是，像所有行政权一样，特权也是有限的。它不可以超越自然法的界限，也不可以超越成文市民法的界限，除非在不可预见的危机中。行政权还包括对外权（federative power），或处理外交事务的权利。

专制主义与革命

> ……纵然可以诉诸法律和确定的裁判者，但是，由于公然的枉法行为和对法律的牵强歪曲，法律的救济遭到拒绝，不能用来保护或赔偿某些人或某一集因所做的暴行或损害……就会有战争强加于受害者的身上，他们既然不能在人世间诉请补救，这种情况下就只有一条补救的办法：诉诸上天。[1] [33]

虽然洛克更喜欢立法民主制（legislative democracy），但他认为，这种形式和其他任何形式的政府一样，都可能变为专制主义。当一个政府超出其合法界限时，就会出现专制主义，这反过来又激活了一个或另一个团体更换政府的权利。对于什么时候有必要更换政府，也就是什么时候政府不再是为公共利益而行事，洛克

1　译文参照［英］约翰·洛克：《政府论》，下卷，第 15 页。

给出了一个比霍布斯更明确的想法，并根据专制主义的来源及其程度，为行动提供了更广泛的选择。

例如，行政机关可能会命令对无辜公民非法使用武力，从而违反法律。逾越契约赋予的有限权力可能会遭到反对，就像任何其他强行侵犯他人权利的行为一样。在这种情况下，立法机关有义务撤销行政机关的权力。

立法机关本身也可能逾越契约所赋予的有限权力。例如，它可能将其权力加以转交（只有契约可以这样做）或以违反自然法的方式夺取个人的"财产"。但是，由于立法权只是被有条件地授予，因此当人民发现立法机关的行为辜负了他们的信任时，他们总是拥有废除或改变立法机关的最高权力。当这种情况发生时，合法权力暂时回到了公民社会，公民的多数派可以共同行使他们更换政府的权利。

政府的正当更换可以通过和平方式或武力方式实现。当有人指控政府对公共利益有较少的侵犯时，公民可以通过定期选举立法者的方式来采取行动。洛克说，人民手里的这种权力是对暴乱或暴力变革的最好防御。然而，当人民被剥夺了更换政府特别是一个已经严重滥用契约的政府的法律手段或选举手段，那么他们服从政府的有条件的义务就消失了。暴力成了他们唯一的手段。因此，洛克规定了进行革命的集体权利，而霍布斯只允许反抗不正义权威的个人权利。

在陈述什么情况下有必要进行革命时，洛克是保守的。他坚持认为，不应轻易使用暴力。只有当一系列的滥用权力行为都指向一个专制的目的时，公民才应该使用武力。然而，在这种情况下，人民反抗压迫者的革命比继续维持专制主义更可取。专制主义比人民革命更糟糕是因为它有效地使契约失效，使每个人重新陷入自然状态。相反，在新政府建立之前，合法的集体暴力用公民社会的正义权威暂时取代了不正义的政府，但却保留了原初契约。[34]

结　论

在政府的目的及其组织问题上，洛克很大程度上赞成同为早期现代思想家的马基雅维利和霍布斯的观点，但他与这两位前人的分歧往往得到更多的强调。和他们一样，洛克也是一个唯物主义者。但他通过引入一位神而淡化了他的唯物主义，这位神除了鼓励个人主义和贪婪（acquisitiveness）之外，还鼓励在建立国家时进行理性的社会合作。[35]

通过将科学理性主义和《圣经》里的引文相结合，洛克修改了马基雅维利和霍布斯强烈的怀疑论，以及对人类自私心的刺耳描述。这样一来，对于那些寻求一种比马基雅维利或霍布斯给出的更有希望的方法来处理现代个人主义政治的人来说，洛克的观念就变得可接受了。因此，洛克描绘了一个更加平静的自然状态，这种状态虽然也是一种无政府状态，但不总是像霍布斯的自然状态那样野蛮和充满战争。他的核心问题是，如果所有的人都是平等的、自利的个人，而且大多数人是理性的、合群的，那么什么样的政府对他们来说是最好的？他为霍布斯的观念补充了制度方面的细节，并承诺通过一个基于契约的有限政府，实现更大的政治稳定和更多个人自由，包括对个人财产进行更好的保护。因此，洛克与霍布斯一样也是一个契约论者，或说他认为政府是基于自愿同意的人类创造物。然而，洛克的社会契约将政府与一个人为的联盟联系起来，这个联盟比霍布斯在其政治契约中设想的更为复杂。这种复杂性究竟会带来一个更稳定的政府，导致更多的个人自由，还是会破坏稳定和自由呢？稳定和自由是霍布斯试图用一个更简单的契约和更强大的最高权威来保护的。

洛克愿意支持更换政府的集体权利，而霍布斯却不是，这可能与他们对原初契约的构想有关。洛克的原初契约是一个双重的或包含两个阶段的契约。它既建立了一个公民社会，又建立了一个政府。因此，洛克可以区分社会的解体和政府的解体，而霍布斯不能。洛克坚持一种整体的政治观，其中包括有限政府和代议制政府、权力分立、立法机关至上以及公民更换政府的集体权利。这些构成了一系列对政府的制衡，洛克认为，政治权威要想既有效又正义，就必须对马基雅维利的君主和霍布斯的主权者施加这些制衡。与此同时，他进一步就暴政和自由之间的差异向理性的公民提供建议。

然而，洛克禁止大部分人成为公民，包括女性和普通劳动者。他们被排除在政治参与之外，理由是他们的理性没有得到充分发展，并且他们的角色也被限制在家庭和经济关系中。这削弱了洛克最初的平等主义在根本上所具有的普遍性，这也是他未能让自己的理论达到其逻辑结论的一个实例。他与霍布斯都未能做到这一点，这是否削弱了洛克整个政治哲学的价值？或者在贯彻他的观念时，是否可以在不损害他的哲学的情况下消除这种不一致？

这关系到后来如何贯彻他的观念，因为与所有伟大的政治哲学家一样，洛克思想的影响并不局限于他自己的时代。他极大地影响了托马斯·杰斐逊（Thomas Jefferson）这样的美国政治思想家及其后继者，也极大地影响了美国的财产权概念。他也是当今世界主要的政治意识形态之一的中心人物。[36]

延伸阅读

Ashcraft, Richard. *Locke's Two Treatises of Government*. London: Allen and Unwin, 1987.

Cranston, Maurice. *John Locke: A Biography*. London: Longman, 1957.

Forster, Greg. *John Locke's Politics of Moral Consensus*. New York: Cambridge University Press, 2005.

Gobetti, Daniela. *Private and Public: Individuals, Households, and Body Politic*. New York: Routledge, 1992.

*Mehta, Uday S. *The Anxiety of Freedom: Imagination and Individuality in Locke's Political Thought*. Ithaca, N.Y.: Cornell University Press, 1992.

Myers, Peter C. *Our Only Star and Compass: Locke and the Struggle for Political Rationality*. Savage, Md.: Rowman & Littlefield, 1998.

Parker, Kim Ian. *The Biblical Politics of John Locke*. Waterloo, Ont.: Wilfred Laurier University Press, 2004.

Ryan, Alan. *Property and Political Theory*. New York: Oxford University Press, 1984.

Sheridan, Patricia. *Locke: A Guide for the Perplexed*. London: Continuum Books, 2010.

Tarcov, Nathan. *Locke's Education for Liberty*. Chicago: University of Chicago Press, 1984.

Waldron, Jeremy. *God, Locke, and Equality: Christian Foundations of John Locke's Political Thought*. New York: Cambridge University Press, 2002.

Yolton, John W. *The Two Intellectual Worlds of John Locke: Man, Person, and Spirits in the Essay*. Ithaca, N.Y.: Cornell University Press, 2004.

第十一章

卢梭：建立民主

导 言

让-雅克·卢梭（Jean-Jacques Rousseau，1712—1778）在探望因煽动性著作而被关押在万塞讷监狱的朋友狄德罗（Diderot）时，看到了一场征文比赛，征文的主题是：艺术和科学是否对人类道德做出了贡献。他的自传讲到当时自己突发灵感，一个强烈的想象激发他给出了否定的答案，并为他赢得了比赛的一等奖。[1] 该事件使他终身以一个创造性的思想家为职业，其间他经常向被普遍接受的智慧发起挑战。在这个过程中，他到处树敌，几乎疏远了所有的朋友，尽管他开启了一扇通向研究政治问题的全新方法的窗口。[2]

卢梭的政治思想反映了他困惑的生活经历。事实上，他出色的独创性所具有的全部力量可能已经被他的许多情感冲突所削弱。与乐观的洛克不同，卢梭经常对自己生活的地方和拥有的东西感到不满，他是否能在某个地方过得幸福，甚至他要是生活在他设想的政治制度下能否获得满足，这都是存疑的。

卢梭出生在瑞士日内瓦城邦的一个贫民区。他母亲在生下他后不久就去世了。在他 10 岁的时候，他的父亲为躲避牢狱之灾而逃离了这个城市。这个早熟的年轻人接受了古典学和哲学的教育，但他的教育却因经济原因而中断。他在三个不同的行业（公证人、技师和雕刻师）当过学徒，但一个也没能坚持下来。不幸的卢梭效仿其父，在 16 岁时便逃离了日内瓦。他结识了一系列的女性，其中有些出身名门且家境富裕。但一个贫穷的浣衣女却成了他的长期情妇。多年来，卢梭只是偶尔才回到她身边，他声称与她生了 5 个孩子，每个孩子一出生就被送到育婴堂。

在他一生的不同时期，卢梭做过公务员、音乐教师、作曲家和家庭教师，享有一段成功的文学生涯。他参与到反启蒙运动中，该运动是对霍布斯和洛克这样的启蒙思想家所代表的理性和科学的浪漫主义反对。与他们相反，卢梭强调激情和情感的重要性。他想象自己把出色的智慧用于为全人类服务，支持非知识分子的"普通"人民的事业，例如古老日内瓦的诚实农民（请记住，他自愿逃离了那里）。[3]

他毫不犹豫地谴责有权有势者，他的著作《爱弥儿》被法国当局指责攻击法国国教——天主教。受到逮捕威胁的卢梭先是逃到瑞士，然后又逃到普鲁士和英国。过了一段时间，他在其他地方都不再感到快乐，便回到巴黎和他的浣衣女结婚，度过了他的余生。他在法国大革命爆发的 10 年前就去世了，其著作却为法国大革命贡献了许多重要的观念。

卢梭的方法

在一段生动的文字中，卢梭揭示了他思考政治的方法的核心："我希望寻常的读者能原谅我的吊诡之论；因为当你要反复思考的时候，你就无法避免吊诡之论，不管你们怎么说，我都宁可做一个持吊诡之论的人而不愿意做一个抱有偏见的人。"[1] [4] 在他的著作中，吊诡之论占据了中心位置。因此他没有完成对一些重要观念的思考，或者像他声称的那样，一些强烈被感觉到但在逻辑上相互矛盾的命题都为真，这就把搞清楚他究竟为何意的任务留给了别人。[5] 这方面最著名的事例之一是他声称，当强迫个人去做他们不想做的事情时，他们真正是自由的。另一事例是，人们只有交出自己所有的权利，才能真正享有这些权利。

他反对洛克、伽利略、狄德罗和牛顿这样的现代思想家和科学家的唯物主义方法。他们用一种理性主义的方法来抨击错误的信仰，摧毁支持暴虐政治制度的逻辑，从而使个人自由得以实现。卢梭认为他们关于理性导致进步和自由的乐观想法是错误的。人类境况随着时间的流逝而发生的改变并不等同于进步或改进。相反，卢梭认为理性会导致人类的奴役。我们必须用情感代替理性，才能真正理解人类事务，并发现其缺陷的补救方案。

卢梭钦佩古代的政治哲学家。他将古人的价值观和制度作为良好公民的积极榜样。然而，他不赞成像马基雅维利这样的作家，他们也很钦佩古人，但却选择把个人作为合法政治宇宙的基本构成要素。在卢梭看来，马基雅维利将竞争性的、追逐私利的个人抬高到和谐的集体之上，这只能导致不正义。相反，卢梭采用了柏拉图的有机论视角，但却赋予它一种独特的平等主义外衣。其结果是完成了一个以哲学和政治的吊诡之论为基础的杰出且极具开创性的工作。

1　译文参照［法］卢梭：《爱弥儿 论教育》，上卷，李平沤译，北京，商务印书馆，1978 年，第 96 页。

自然状态和人性

卢梭并没有像霍布斯和洛克那样，描述一种用来认可自己所处时代的政治行为的自然状态，相反，他所描述的自然状态是用来解释人类不正义的起源并谴责现有状况的。与他的方法保持一致，他的自然状态是一种富有诗意的模型，将人类在伊甸园中的堕落这样的传统基督教主题与18世纪拒斥正统宗教的世俗主义相结合。这个模型讲述了一个失去的天堂（自然状态）和一个未来可以通过社会契约加以恢复的天堂。然而，与传统基督教观点不同的是，天堂的失去和恢复都发生在人间，而不是在天堂上。这将通过改变人性来实现。

霍布斯和洛克认为人性恒定不变。与他们不同，卢梭描述了人性的几个不同的阶段。然而，他认为，迄今为止的变化已经导致了人类事务的衰退而非进步。人性的发展过程有几个可以辨别的阶段：原始阶段、原住民阶段、过渡阶段和解放阶段。在每个阶段，都有不同的人性在发挥作用。

关于原始的或是最初的人性，他说：

> 尽管赤身裸体，没有房子住，没有各种各样我们认为非有不可的浮华无用的东西，但对原始人来说，并不是什么大坏事；尤其对于保护他们的生存，没有这些东西，也无大妨碍。……
>
> 当初，在自然状态中的人似乎彼此之间没有任何道德上的关系，也没有什么大家公认的义务，因此，他们既不能被看作好人，也不能被看作恶人；他们既无德性，也无恶品，除了怜悯心。……

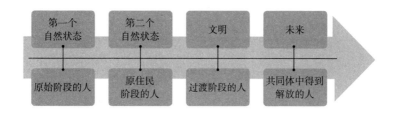

图表 11.1　卢梭：人性发展的四个时间段

　　这种德性是那样地合乎自然，甚至动物有时候也有明显的怜悯之心。[1] [6]

　　原始的或最初的人类见于第一个自然状态。当卢梭说"人生而自由"时，他指的是，无论男人还是女人，他们生来就处于一种原始的生存状态，在那里他们可以随心所欲，按照自己的选择而生活。[2] [7]

　　这种生存处于一个并非不愉快的世界，那里没有政治制度或社会制度。每个居民都是像猿猴一样的高贵的野蛮人，是一种受两条本能原则指引的天真而懒惰的动物。第一条原则是关心自己的生活和福祉。[8]（自我保存也支配着那些生活在霍布斯和洛克笔下的自然状态的人们。）第二条原则是同情或怜悯，这是一种自然德性。它体现为关心他人的痛苦（霍布斯和洛克没有表明这一点），它防止那些具有原始本性的人对他人施加痛苦。原始人类不同于

1　译文参照［法］卢梭：《论人与人之间不平等的起源和基础》，李平沤译，北京，商务印书馆，2007年，第50、70、73页。

2　参见［法］卢梭：《社会契约论》，李平沤译，北京，商务印书馆，2017年，第3页。

其他动物之处在于自然的自由和同情，而不是理性。

在这种自然状态下，生活是孤独的，个人出于简单的、本能的需要而行动。每个人都能以一种完美（但没有交往）的和谐状态来生活。他们只能感受到有必要关注自己的日常需求。每个人都是自给自足的，既没有对他人的持续需要（与柏拉图和亚里士多德的观点相反，他们认为人在本性上是政治动物），也没有任何伤害他人的欲望（与霍布斯和洛克的观点相反）。即使在短暂的相遇中将这些孤立的存在者联结在一起的那种原始的性行为，也是基于一种自发的本能，以确保物种的延续。想要在一起的欲望很快消失，留下女性独自抚养后代。

此时的个人没有任何与文明相关的特征。他们没有家，没有生产活动，甚至没有语言。他们对家庭生活或友谊一无所知。他们既没有进步感，也没有罪恶感。所有人都是游牧民，都是无忧无虑的流浪者，他们徜徉在地球上，没有任何领导者来指导他们。所有人都是平等的，没有推理能力，但拥有善良的天性。由此卢梭得出结论，没有人有任何自然的权威来统治他人。这些人"彼此之间根本没有任何一种关系能持久到足以构成和平状态或战争状态"。这种自然状态既不是霍布斯式的战争状态，也没有一个"普遍接受的私有财产制度"或洛克式的"地产"制度，而政府是为了保护这种制度创建的。[1][9] 因此，避免死于暴力或财产损失并不是驱使人们离开这种自然状态的动机。同样，由于文明的影响，人类永远不会希望回到这种状态。

在某个（不清楚）时间点上，原始的生存状态开始逐渐转变，走向卢梭所说的文明。这种变化的最早迹象是，非社会性的存在

1　参见［法］卢梭：《社会契约论》，第12页。

者开始聚在一起。由于许多与生存需要有关的原因，孤立的原始人离开了他们孤独的流浪状态，组成了核心家庭，并定居在简陋的小屋，从而建立了原住民社会。

虽然卢梭（所说的）的转变是由一个复杂过程造成的，而且，对于一个阶段何时结束，另一个阶段又何时开始，他并非都给出了确切的说法，或并非都前后一致，但自然状态下的非社会性存在者和文明的出现之间最早的中间点就是这个原住民社会。这个社会中的关系仍被视为"自然的"，其居民仍处于某种自然状态中；正如卢梭所说，"最古老的社会，也是唯一自然的社会，就是家庭"[1] [10]。家庭是自然的，即便人们不再是孤立的，而是生活在稳定的家庭中，已经形成了语言，并对他们简陋的木屋和一些重要工具拥有"某种财产权"。家庭内部甚至有基本的劳动分工，男人为家庭的日常需求去打猎，而那些不再自给自足的女人则照顾家庭和孩子。[11]

卢梭最初认为自然状态是个人几乎完全孤立和独立的状态，而"个人之间的频繁接触"（哪怕在家庭中）包含了自利的种子并开始向文明的堕落，那怎么可以把这个阶段看作是自然的呢？[12]一种解释是，一些"在进化史上已经出现的特征"是我们的"第二本性"。即使原始人之间的偶然接触也是"社会性的，因为他们被驱使去表达自己强烈感受到的对彼此的激情"。它们是人身上的"道德'情感'"（"moral 'feelings'"）的最早迹象。[2] [13] 从这个意义上说，虽然核心家庭不是原始自然状态的一部分，但它们是从那种状态中自然地出现的，并与之保持着一定的联系。

1　译文参照［法］卢梭：《社会契约论》，第4页。

2　参见［美］让·爱尔斯坦：《公共的男人，私人的女人》，第169~171页。

　　向文明的转变过程的其余步骤可以简单概括为：在家庭建立之后，他们以狩猎和采集食物为基础组成了小型部落共同体。随后在男人中出现了第一次劳动分工，即农业和冶金的分离。语言、话语和理性进入了人类生活。这些发展一个接一个地对自然自由造成了新的打击。由于科学和艺术领域的诸多发展，这一进程得到加速，并最终导致了政府的建立。向文明的转变以及人性过渡阶段的出现，就此完成。

　　《社会契约论》开篇第一句话的上半句是"人生而自由"，它指的是自然状态下的原始人。下半句是，"但却无往不在枷锁之中"。这里，卢梭说的是过渡阶段人性的出现，他的核心关注点是受控于文明的过渡阶段的人类，换句话说，就是马基雅维利、霍布斯和洛克所说的利己主义个体。

　　处于文明中的人是受压迫的。他们被迫抑制同情心，这是他们在自然状态下拥有的一种德性，也是其他德性的来源。支持文明的社会和政府都是腐败的，人们被残暴的制度奴役。这些制度的存在是为了助长自然状态中找不到的那种不自然的自私和不平等，它们会为了确保服从而故意伤害人们。

　　卢梭说："这个变化是怎样产生的？我不知道。"[1] [14] 他的回答是误导人的；他认为他的确知道。文明产生于少数理性的、精于算计的、自私的少数人针对多数人的阴谋。它建立在私有财产和劳动分工这两个孪生罪恶的基础上。人们从合作狩猎经济转变为专业化经济，其中，一些人从事农业，另一些人从事金属工具的制造。结果，少数人积累了大量财富，这又导致了贫富之间的不平等和战争状态。因此，"谁第一个把一块土地圈起来，硬说'这块土地

1　译文引自［法］卢梭：《社会契约论》，第3页。

是我的'，并找到一些头脑十分简单的人相信他所说的话，这个人就是公民社会的真正的缔造者"[1][15]。甚至洛克也指出，文明就是这样建立起来的，结果，一些人可以长期获得不平等的私有财产。为了达到这个目的，他们制造了一个谎言（这个说法重复了洛克的观点），即那些耕种土地的人，或让别人为他们耕种的人，拥有土地及其产品，对它们有一种自然权利，这是他们财产或地产不可分割的一部分。这个谎言是不平等的基础，人们进入公民社会，建立政府来延续这种不平等。[16]

卢梭继续说："这样，我们就可以看到，为什么只要我们想脱离永恒的智慧为我们所安排的那种幸福的无知状态，骄奢、淫逸和奴役就始终是对我们骄傲的努力的惩罚。"[2][17]农业和金属工具制造之间的劳动分工导致了科学的发展，而科学上的发展被用来控制自然。卢梭将仁爱的科学视为一种用来改善人类状况的实用工具。但他谴责科学是一个不道德的社会的基础，这种社会助长了奢侈和对他人与各种产品的依赖。这样的社会根据人们在经济中的角色给他们以不平等的回报。文明的结果对人类来说既有消极的一面，也有积极的一面。从消极的一面来看，文明是人类自私和剥削的源泉，被少数精英利用，他们通过创建政府及其法律来操控群众。这些法律，即文明的规则，取代了怜悯作为道德的基础。它们促进了劳动分工和私有财产，甚至赋予富人权力，使得他们能够让穷人去从事一些只对富人有利的战争。霍布斯和洛克这样的哲学家所支持的法律也将经济和社会不平等隐藏在法律

---

1 译文参照［法］卢梭：《论人与人之间不平等的起源和基础》，第85页。

2 译文参照［法］卢梭：《论科学与艺术的复兴是否有助于使风俗日趋淳朴》，李平沤译，北京，商务印书馆，2017年，第22页。

上的平等这种烟幕背后。例如，法律同样地禁止富人和穷人在街头乞讨或从事武装抢劫，但这些行为富人当然是不必去做的。因此，尽管法律被制定得平等地适用于所有人，但实际上，最经常受到法律惩罚的是穷人。

通过这种方式，文明把人们束缚在不平等的枷锁中。它也从根本上改变了人们最初的、原始的本性。过渡阶段的人只是被自私的欲望所驱使的奴隶。将他们排除在真正的决策之外的政府削弱了他们的人性，而无论少数统治者多么善良，看上去多么愿意讨论政策。休闲和奢侈支配着社会，而虚荣、竞争和不平等又强化了这一点。

尽管这很可怕，但卢梭认为，文明也有其另一面。人们受压迫的原因中，有的也可以充当解放的源泉。科学发现、艺术创作和工业进步，伴随着有用信息的传播，可以使所有人受益，因为它们可以帮助人们提高其批判性推理能力、语言能力和社交能力，也许还会使他们考虑摆脱文明的枷锁。过渡阶段的人确实有充分的潜力成为具有充分社会性的动物，这种能力是他们的原始祖先所缺乏的。

卢梭在评论从自然状态开始的转型时说："如果不是由于滥用这种新的状态，因而使他往往堕落到比他原先的状态还糟的地步的话，他将无限感激使他进入社会状态的那一幸福的时刻，因为正是从这个时刻起，他从一个愚昧的和能力有限的动物变成了一个聪明的生物，变成了一个人。"[1][18] 尽管自然状态并不像霍布斯想象的那么糟糕，但离理想状态还差得很远。但是一旦私有财产和劳动分工确立起来，人受到压迫就不可避免了。因为人性已经从

1　译文参照［法］卢梭：《社会契约论》，第23页。

根本上发生了变化，从原始阶段的人性变为过渡阶段的人性，人们也不可能再回到自然状态。小鸡一旦孵出来，就不能再回到鸡蛋里。解决办法是再次变革，沿着通往真正自由的道路前进。

通往解放之路

同情心是其他德性的源泉，那些德性可以把过渡阶段的人们团结在正义而和谐的共同体中。在内心深处，他们仍然有着怜悯这种被文明的压迫性锁链所抑制的自然情感。如果这些情感得到释放，并与文明的社会性方面（这些方面强调人类的合作）结合起来，改变就是有可能的。

第一步是认识到继续处于奴役状态是不正义的。人们必须剥去文明的外衣以找到真正的自我。这将为他们的解放提供一个哲学基础。卢梭还呼吁在合法的道德权威下建立一种新型公民社会，这种社会通过建立正义的法律和制度作为基础来实现解放。为了实现这个目标：

> 必须找到某种结合形式，通过那种结合，能以全部共同的力量来维护和保障每个结合者的人身和财产，使每一个在这种结合形式下与全体相联合的人服从他本人的意志，而且同以往一样自由。社会契约所要解决的，就是这个根本问题。[1] [19]

这个问题超出了组建新政府的机制。在卢梭看来，只要人们

1　译文参照［法］卢梭：《社会契约论》，第17~18页。

拒绝将自己的私人目标置于共同善之下，他们就无法过上最好的生活。他们必须成为一个更大的、团结的社会的一部分。人类在这个共同体中的结合应该以古代哲学家的有机原则为基础，因为个体将以完全相互依赖的方式与更大的集体联系在一起。这解决了文明中存在的疏离和支配这两个孪生问题，因为所有人都是同样地依赖他人。自我与他人之间的界线被抹去，个人的福祉与集体的福祉融为一体。

卢梭寻求一种新型共同体，一种既具有政治民主又具有社会民主的共同体。他说，人们必须找到一种结合形式，这种结合能够为每个人（而不仅仅是少数人）提供文明的所有物质利益，也能够提供稳定并保护生命、自由和财产。与此同时，它必须允许所有公民充分参与，只服从他们真实的内在自我，而不是某种外在机构。这将使他们像在自然状态下一样自由，同时享受新共同体的好处。在这种更加完美的社会结构中，过渡阶段的人性所具有的个人意志将会消失。

社会契约

人民通过对一份新的社会契约表示同意而进入新的共同体。这是一个双重的或包含两个阶段的契约。卢梭赞同霍布斯和洛克的观点，"既然任何一个人对他的同胞都不拥有自然的权威，既然任何强力都不可能产生权利，于是，人类社会合法权威的唯一基础就只能是协议了"[1][20]。在卢梭看来，霍布斯式政府和洛克式公民

1　译文参照［法］卢梭：《社会契约论》，第9页。

社会所建立的最高权威都对现代社会（文明）中的人进行了不正义的控制。因此，这些权威并不比任何其他形式的专制主义更加站得住脚，比如基于征服或神圣权利的专制主义。

卢梭的计划从反抗专制的人民开始。这种反抗不一定是暴力的，卢梭也不认为任何暴力革命都会带来一个道德的共同体。但是，人民必须自由地达成一项新的根本协议，一份为真正得到解放从而摆脱了腐败文明的人们建立一个道德共同体的契约。最高权威属于那个共同体。然后，这个最高共同体建立政府，任命执行其意志的官员。[21] 合法性得到了保证，因为政府的创建完全是为了执行拥有主权的人民的意志。

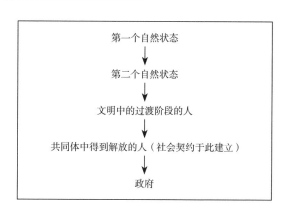

图表 11.2　卢梭：社会契约

有效的协议是通过"每个结合者将他所有的权利全部转让给共同体"而建立起来的。做到了这一点，"它就用一个道德的与集体的团体取代了每个订约者的人格"[1][22]，这个团体有一个统一的

1　译文参照［法］卢梭：《社会契约论》，第19页。

"意志"。也就是说，平等的个人经过一致的同意，将他们作为生活在文明中的过渡阶段的人所拥有的一切权利转让给整个共同体。他们毫无保留地这样做，否则，暴政仍然会存在。每个人都放弃了所有权利，不是将之转让给一个机构或政府，而是转让给那个新的最高权威，那个权威存在于创造它的共同体中。这个主权者是一个集体的、有机的、有自己意志的公共人格。

　　作为回报，每个成员都获得了与其他成员平等的权利，但这些权利又不是交出去的那些权利。例如，成员放弃了（霍布斯式的）自我保护的绝对权利和（洛克式的）地产权利。作为回报，他们所获得的权利是共同体只要认为合适就平等地授予所有人的权利。

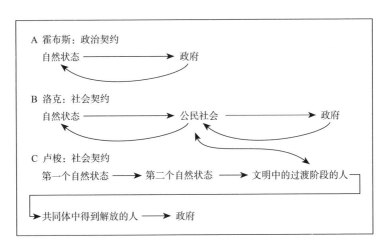

图表 11.3　霍布斯、洛克与卢梭的契约之比较

　　卢梭说，在这种交换中没有人会真正失去什么。相反，通过"以危险和不可靠去换取安全，以天然的独立去换取真正的自由，

以伤害他人的强力去换取……由于社会的结合而变得不可战胜的权利"，每个人都获得了更多的权力来维护他们正当拥有的东西。[1] [23] 这是因为，契约缔造了一个道德团体，它因一个集体的身份统一在一个正义的社会中，取代了许多自私的个人。在这个共同体中，每个人都真的比在不合法政府的统治下更自由。个人身上携带着文明带来的一切积极益处，如知识、文化、产业，甚至是过去政治哲学家的有用观念。这些观念之一是真正的"道德的自由"，这只能通过卢梭的社会契约来实现。[2] [24] 道德自由是一种品质，它使人们成为自己的有德性的主人。当人们为所有人的好处也即公共利益着想，而不屈从于私人欲望的奴役时，道德自由就实现了。订立契约就是为了实现这一点。

契约并不要求完全的平等。人人在政治上要一律平等，有与其他人相同的权利和责任。然而，在经济上，卢梭并不相信平均分配。只要经济上的不平等不允许更富有的人利用其资产来获得政治上的控制，从而妨碍政治上的平等，财富上的某些差异就是可以接受的。没有人可以富有到能够买下另一个公民的选票，也没有人穷到愿意出售自己的选票。

公 意

这种新型结合体即共同体对每个人来说都是最高权威。它是一个公共的"人格"，一个有自己意志的有机体，就像每个人都有构成其身份认同的生活和意志一样。卢梭把创建最高权威的政治过程和这一过程的目标称为公意（the general will）。[25] 公意是

1　参见［法］卢梭：《社会契约论》，第 37 页。
2　参见上书，第 24 页。

以共同体名义做出的决定（法律）和政府行动的唯一合法来源。契约一经确立，公意就成为立法权的基础。

公意建立在自然的原始原则之上，也即利己的自我关切与对道德共同体中其他人的同情心之结合。对卢梭来说，一个关键的要求就是，任何社会都需要因为有一种所有成员共同的社会纽带或公共利益而成为稳定的、合法的。如果没有它，人民只会有很多不同的私人利益。公意会使得已经解放的人性在道德上保持自由。它是一个更高的指南，表达了界定着正义或共同善的价值观和法律。

作为公意之基础的那套共同价值观使一个共同体不再是个人的集合。从根本上说，这些价值观是原始的、感性的，因此是超越理性的。但是，人民在寻求公意时可以理性地讨论自己对这些价值观的感受，因为其结果必须在有常识的普通人看来是相当合理的。公意也以理性的、符合法律并平等适用于所有人的共同制度和程序为基础。这些价值观、制度和程序的总和构成了任何人都不能正当地驳斥的道德秩序。

作为唯一合法的正义标准，公意将使人的情感高尚，使人的灵魂升华。公意告诉人们应该做什么来让每个人都幸福，而不是仅仅支持他们个人想要的事物，无论其他人要付出何种代价。公意永远是正确的。它是共同体的共同意志或想法，超越了所有发现公意的过程中所涉及的个人想法，并以一种完全和谐的方式将它们结合起来。当个人离开了集体什么都不是时，公意就处于其巅峰。

公意有三个功能。它确立契约，支持契约，确定由全体公民组成的"固定且按期举行的"集会上所颁布的法律。[1] [26] 这些集会由官员依据法律召开，以做出立法决定。议程所包括的议题可

1　参见［法］卢梭：《社会契约论》，第 102 页。

以涉及以下三个问题中的任何一个，这三个问题概括了集会所拥有的立法权：

1. 当前的政府形式是否应该保留？
2. 现任官员是否应该留任？
3. 拟议的法律草案是否符合公意？

这源于最初的协议，因为当人民签订契约时，每个人都赞成只服从合法的政府形式和官员，以及由定期召开的集会所确定的对共同体福祉来说是必要的那些法律。

霍布斯和洛克的契约在订立和每次选举时都需要得到公众的同意，而卢梭的公意则需要得到持续的公众同意。共同体的所有成员都聚集在一起参与制定每一项法律。每个成员都有双重的公共角色，既是将公意变为法律的公民，服从法律（另一种形式的同意）时他们又是臣民。当他们服从合法的法律时，他们是在追求自己更高的利益，在拒绝眼前的、自私的关切。当一个人以私人身份采取行动时，可能会表达一种自私的意志，但在公共场合，每个人都必须参与公意的表达。

公意是由完全知情的公民经过充分讨论后，在大会中通过完全一致的意见来发现的。公民只受程序的约束。就像一个只在审判后才做出裁决的陪审团一样，他们应该充分了解所讨论的议题，但对各种解决方案持开放态度。他们面对面地开会，寻求共识，而不是妥协。会议一直进行，直到所有人都确信公意已经表达出来为止。在会议上，所有人都必须公开讨论议题。他们不能事先就打算如何投票达成协议。这样做是有悖于公意的，公意只能通过自发的讨论和决策产生。

投票和计票

最初的社会契约生效需要全票通过，但在随后的所有事项上，公意只要求多数票。这不是一个简单的洛克式（数量上的）多数，相反，它具有一种性质，即表明了每个人真正想要的东西，无论他们如何投票。因此，"使得一种意志成为公意的，不是所涉及的公民的人数，而是把他们团结起来的共同利益"[1] [27]。当他们投票时，他们表达了自己对公共利益的看法。但公意只是指那些出于这种利益而投出的票，而排除了任何反映私人利益的票，因为后者是完全错误的。

卢梭区分了公意（符合公共利益）与"众意"（will of all）或那些追随其私人利益的人所投的票。如果多数票反映的是众意，那么"占优势的意见并不比一个人的意见更加正当"。为了使投票有效，就必须"从这些个别意志中去掉正负相抵消的部分，剩下的部分加起来仍然是公意"[2] [28]。

在这句晦涩的话中，卢梭似乎想说，公民必须首先排除基于私人意志的投票。这立即提出了一个问题，即他们如何真正知道两者的区别（卢梭从未处理过这个问题）。难道要指望那些自私地投票的人自愿地承认这一点，甚至改变他们的投票吗？它还意味着，剩下的选票中的多数票，即便在最初的总票数中占少数，也代表了当前的公意。如果只剩下一票，而其他所有人都是基于私利而投的票，那么这个（由一个人构成的）"多数"就发现了公意。

1　译文参照［法］卢梭：《社会契约论》，第 36 页。
2　译文参照上书，第 33 页。

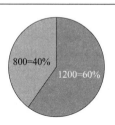

例1. 由全体一致的选票确定公意：
2000:0。

例2. 由多数票确定公意：1200:800。

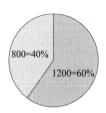

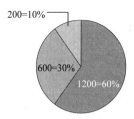

例3. 选票像第二个例子中那样分
化为1200:800，但是所有人投票时
都想着私人利益：没有公意；这毋
宁说是众意。投票无效。

例4. 在寻求公意的人当中，选票
分化为1200:600；其余的200人
投票时想着他们的私人利益，他们
的选票被宣布为无效，根本不予计
算。那些投票时想着公意的人当中
的多数派（1200人）决定了结果。

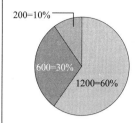

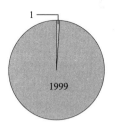

例5. 投票时想着公意的人当中，
选票分化为600:200；其余1200
人投票时想着私人利益，他们的选
票被宣布为无效，根本不予计算。
那些投票时想着公意的人当中的多
数派（600人）决定了结果。

例6. 1个人投票时想着公意，1999
人投票时想着私人利益，他们的选
票被宣布为无效。那个投票时想着
公意的人就决定了结果。

图表 11.4　基于 2000 个选民来确定公意：6 个例子

成员的权利

在讨论最高权力时，卢梭说："没有而且也不可能有任何一种约束人民共同体的基本法律，即使是社会契约，也不能。"[1][29] 最高的公意不受社会契约或任何法律的限制。至高无上的公民是契约的本质，他们要制定法律。这就有着极大的灵活性。当人民对公共利益的看法发生变化时，他们必须能够完全自由地修改契约条款和法律以适应这种变化。洛克的契约是对主权者的限制，而卢梭的契约则不是。

当然，"至高无上的人民就是指构成它的诸多个体，所以就没有而且也不可能有与他们的利益相反的利益"。既然这些个人整体来看就是公意，那么公意就不可能与他们的个人意志或整体的公共利益有真正的利益冲突。它不可能以任何方式真正伤害他们，因为二者实际上是一个不可分割的整体。"因此，最高权力没有必要向其臣民做出任何保证，因为共同体不可能伤害其成员；它也不可能伤害任何一个个人。主权者正是由于他是主权者，便永远都是其所应该的样子。"[2][30] 主权者不需要给予任何保证，因为只有它是所有权利的来源。它可以根据自己的意志授予或撤销这些权利。个人的任何自然权利或私人权利都不能免于他的管辖。然而，由于所有授予和撤销权利的行为都是按照向所有人开放的已知程序平等地适用于所有臣民，所以人民是自己的主人，而不是奴隶。

1　译文引自［法］卢梭：《社会契约论》，第 20 页。
2　译文参照上书，第 21 页。

公民权、性别与教育

从《论科学与艺术》一直到《社会契约论》，卢梭明确指出，他的好公民典范来自军事强大、纪律严明的古代城邦，如斯巴达和罗马。在那里，男人既是自由的公民，也是热爱自己城邦的爱国者。卢梭说，和他们一样，每个公民都必须愿意宣布自己会作为一个统一的公民整体的一部分而参与国家事务，在那里，每个人都希望实现公意。每一个公民都必须准备好并愿意尽职尽责地行事，按照公意的命令行事，并使自己的个人意志与这些命令保持充分的一致。在这个问题上没有退缩的余地。公民完全献身于国家和他的同胞，所有人更多地是受到他们彼此之间的道德感情和对共同善的道德情感约束，而不是受到任何正式的法律规定的约束。法律的存在只是为了给好公民所接受的东西提供外在的形式。[31]

卢梭赞成他的大多数前人的观点，从亚里士多德到洛克，认为政府的重要事务应该完全由男人来处理。存在着一些自然的和不可改变的性别差异，它们使女性没有机会作为公民来参与政府事务。他甚至拒绝洛克的观点，即女性曾经能够签订任何形式的契约，甚至是婚姻契约。在卢梭的描述中，男女之间的差异并非源于第一个或原始的自然状态，而是源于第二个自然状态，即原住民社会。那时，人们摆脱了孤独、漂泊、平等且完全自由的状态：

> 原始人感情的最初发展产生于一种新的情境，即丈夫和妻子、父母和孩子聚集在同一个住所中。共同生活的习惯产生了人类所知的最温柔的情感：夫妻之爱和父子之爱。每一个家庭就是一个小型的社会；相互的感情越深厚，他们的结合便越紧密，而维系这一结合的唯一纽带是相互的依恋和自由。这时，

开始出现了两性之间生活方式的差异，而此前他们的生活方式是一样的。从这个时候起，女人更多的时候待在家里，看守住所和孩子，而男人则外出去寻找大家吃的食物。[1][32]

在这"首次革命性的变化"中，人们基于夫妻之间和对后代的强烈感情而进入核心家庭。他们建立了简单的劳动分工，女性从事家务和农业劳动，男人则外出打猎。某种"财产"随之出现，卢梭将财产所有权授予作为所有者和主人的男人。卢梭采用了一种洛克式的视角，他断言，因为男人从事生产这种财产的工作，所以他拥有这种财产。

因此，家庭是父权制的，它的运作基于男人对女人和他的后代的统治。卢梭把这种安排视作自然的而加以接受，他说："按照自然的秩序来看，女人是应当服从于男人的。"[2][33] 在这一点上，他依据霍布斯和洛克的论点断言，家庭中的权威必须是不可分割的。父母中只有一方拥有最终的决定权，而生育过程的本质则要求把那种权威交给男性。他还为父权制辩护，声称女性在本质上是身体上较弱小的性别。这种弱点又由于生育过程对她身体提出的要求而更加突出。另一个原因是，由于男性是家庭财产的所有者，因此被认为是孩子的抚养者，而孩子要继承所有的财产，因而男性必须确定孩子是他的。因此，"女人的行为必须被仔细监督"[34]。

女性在家庭中的从属地位也反映在她们没有资格成为公民这一点上。这是因为她们的思维是讲求实用的，这种思维在家庭中有

1　译文参照［法］卢梭：《论人与人之间不平等的起源和基础》，第89~90页。
2　译文参照［法］卢梭：《爱弥儿 论教育》，下卷，李平沤译，北京，商务印书馆，1978年，第614页。

用，但缺乏公共活动所需的那种判断力。女性的性功能贯穿于"她的全部存在；是它，而不是她的人性，规定着她"。她们受身体引导，"为男人的喜悦而生"，生来就是为了"服从于男人，甚至忍受男人的不正义"。如果女性进入公共领域，试图效仿男性在公共领域的榜样，她们就会腐蚀政治过程，也会腐蚀她们自己，并且不再适合做妻子或母亲。然而，她们通过用温暖和爱抚养孩子，为男性树立了典范，激励他们表现慷慨和友谊等公民德性。[1][35]

卢梭对公民权和性别的评论充满了前后矛盾，这种矛盾"违背了其伦理学和社会理论的所有主要原则"。女人的本性将她限制在浪漫和家庭义务上，而男人的视野允许他在公共服务方面有无限的机会。尽管卢梭自由地谴责文明，因为它把男人们变成了不平等的奴隶，但是他不仅接受而且赞同历史上两性之间在经济和政治上的不平等。事实上，他认为，一旦男人获得解放，不平等的延续是一个积极的结果。他甚至认为两性在这种安排中享有某种对等，男人在性和家庭上对某个特定女人的依赖相当于女人在经济和政治上对男人的依赖。[36]

卢梭的教育理论与他的性别和公民权的观念密切相关。在《爱弥儿》中，他讲述了老师如何通过拒绝死记硬背来塑造他的学生爱弥儿和苏菲的心灵。他们要从自然中学习，从经验中学习，而不是从讲座或书本中死记硬背。他们由于内在的发展乐于处理什么，就教他们什么。这种体验式教育是对卢梭所处时代公认做法的一种彻底改变，他将其作为一种更自然的方法加以推广，他基于男女不同的本性而提出的一种不同类型的教育也是如此。爱弥儿（男人）将被教育成为养家糊口的人，并为成为公民做准备。苏菲则要

1　译文参照［法］卢梭：《爱弥儿 论教育》，下卷，第 594 页。

学会做一个贤妻良母。

男人和女人都要根据他们天然的优点接受教导。男人是强壮、积极而又能够具有爱国主义精神的理性的存在者，他们要学会如何独立，且不依靠别人而自己谋生。通过采取长远的眼光，他们会发现如何克制自己的自然欲望。爱弥儿将学习一门有用的手艺，如木匠或瓦匠，使他能够过上简单而富有的生活。

苏菲柔弱、温顺、缺乏理性，在本性上就是为男人服务的，她将学习"女性的技艺"，如缝纫、刺绣和服装制作。还要教她如何发展她的本能来唤起、挑逗并满足男人的性需求，同时又控制他们的激情，从而引诱一个男人结婚。还要教女性照顾家庭和抚养孩子。男孩将由父母共同抚养，使他们尊重父亲，并发展优秀爱国者所必需的态度。[1] [37] 除了丈夫的指导和她自己能学到的东西以外，一个女人的教育可能会在结婚后就结束。如果一个男人生活在一个正义的社会，他的学习是永不停止的。《社会契约论》是一部教育公民的著作。持续不断地参与公意，就可以为他在共同体中发挥作用提供必需的视角和习惯。随着时间的推移，他对同胞公民和城邦的爱越来越强烈，这使他成为一个更好的公民、丈夫和父亲。[38]

自由与武力

一旦发现了公意，遵循公意的个体公民就只是在服从自己的真实意志，因为他们每个人都通过作为公民而行动来帮助确立起公意。通过自由地赞成受公意统治，公民也就赞成了受公意的具体结果统治。这样，生活在公意之下的每一个人都是真正自由的。

1　参见［法］卢梭：《爱弥儿 论教育》，下卷，第 588~591 页。

这种自由是道德的，因为它就在于付出自我强加的正义法律。所有人都只服从他们自己选择的法律，服从"由社会制定"的但也是人们自己规定的法律，就是卢梭对真正自由的定义。[1] [39]

然而，并不是每个人应该怎么服从就会怎么服从。有些人可能会不服从共同体的法律。寻求法律所禁止的个人自由时，他们可能会拒绝公意所提供的真正自由：

> 为了使这项社会契约不致成为一纸空文，它就不言而喻地包含这样一个约定——只有它才能使其他约定具有效力：谁拒不服从公意，整个共同体就要强迫他服从公意，这就无异于说，人们要迫使他自由……[2] [40]

对不服从者的强制是正当的，因为这调和了自由与权威。所有公民都同意服从公意，无论是在他们订立契约时还是在契约被确认之后。这意味着赞成共同体有权利对任何不服从其命令的人使用武力，因为要不是这样的话，法律将是无效的。使用武力有助于不服从的人服从他们自己真正的利益，而不是服从他们一时的违法欲望。它抑制个人利益，非理性的激情，以及不道德的情绪、情感和欲望。武力的使用并不违背他们的真实意志，他们的真实意志承诺了要服从，而是违背他们的虚假意志。

因为公意永远是正确的，而且服从公意是通向解放的道路，所以强制是正义的，它帮助违法者获得自由。换句话说，必须强迫有些人自由。当臣民因犯罪而被处死的时候，他们是前所未有的

1　参见［法］卢梭：《社会契约论》，第24页。

2　译文参照上书，第22页。

自由。他们的真实意志是热情合作的，只有他们那虚假的、自私的意志才不够热情。在够不上处死的情况下，使用武力是一种教育和道德手段。它教导违法者明白他们做错了，真正的（道德）自由在于服从公意。如果他们很好地吸取了教训，那么当他们再次参与公意时，就可以与他们的同胞一起回到精神和政治的交融中。

订立契约的必要条件

卢梭认为，自由并不属于每个人。人类历史上很少有发生大变革的机会。只有当旧传统失去控制，对社会的轻微触动就会带来新传统时，激进的改革者才能播下公意的种子。

在形成共同体时，仅有政治考虑是不够的。确立公意还需要一套特殊的社会条件，这些条件包括有立法者的存在、公民宗教、某些地理因素以及各种限制财富作用的经济条件。此外，契约必须建立一种包含若干必要行政机构的正确的政府形式。

立法者

首先"需要有一个能洞察人类的种种感情而自己又不受任何一种感情影响的最高的智慧。它虽与我们的本性没有任何关系，但它能充分地认识我们的本性"[1][41]。

这就是立法者。立法者是一个受到神启的人，他有智慧去猜测真正的公共利益。卢梭列举了一些历史和神话中的立法者典范，如《旧约》中的摩西，《古兰经》中的穆罕默德，古代斯巴达的

1　译文参照［法］卢梭：《社会契约论》，第44页。

莱库格斯（lycurgus），还有古罗马的罗慕路斯（Romulus）。立法者既是指导者，又是导师，没有任何个人私心，只献身于公共利益，他有一个使命。他作为人民的代理人，带领人民走向共同体。人民寻求这一目标，但可能不知道如何达到这一目标，也可能没有得到帮助就无法认识到这一目标。立法者通过将每个人转变为作为一个整体的集体的一部分，来教化他们什么才是真正对他们有益的。因此，立法者推动了人性从过渡阶段向解放阶段的转变。

立法者是契约的提供者，是一名专家，他制定基本法，确立公意统治所需的一切观念和制度。人们通过接受契约来表示他们的同意。在创建了共同体之后，立法者就退出了，因为他在政府中没有位置。"否则，他的法律就会受他的感情的影响，让他的不正义行为继续下去，他甚至无法避免其个人观点败坏他自己的事业的神圣性。"[1] [42] 即使一个像立法者这样诚实、智慧、无私的人，也不能相信他不会腐化。

公民宗教

除了像传统那样将法律分为政治法（基本法或宪法）、刑法和民法之外，卢梭还增加了一种法律，他认为它是"所有法律中最重要的"。这就是公民宗教，它包括人民的整个生活方式，他们的礼仪、习俗和意见。公民宗教为任何政权中的团结提供了情感基础。[43]

卢梭有宗教情感，但他不接受传统宗教，因为它们会分裂共同体。"一切破坏社会统一的，都没有价值；凡是使一个人陷入自相矛盾的制度，也没有价值。"[2] [44] 他把宗教分为三种，前两种都与

1　译文参照［法］卢梭：《社会契约论》，第46页。

2　译文参照上书，第151页。

共同体相悖。第一种是"人的宗教"（religion of man），它以纯粹的内在信仰为基础，没有任何外在形式。作为一种纯粹的以《圣经》为依据的宗教，它引导人们实现彼岸世界的目标，与政治无关。第二种是神甫的宗教（religion of the priest），例如罗马天主教。它将人们视为个体，视为灵魂，而不是爱国者，它使人民在教会和国家这两种权威之间分裂。每当这两种权威发生冲突时，公民总是不知道他们应该忠于谁。从根本上说，"同时做虔诚的信徒又做好公民是不可能的"[1][45]。只有第三种宗教，即公民的宗教（religion of the citizen），才是与公意相容的。这种公民宗教维护和平，保障真正的自由。它以一套共同的价值观将每个人的公民责任和神圣责任统一起来。尽管它远非完美，建立在谬误和谎言之上，但它作为一种促进更大社会团结的宗教力量和政治力量，对正义社会至关重要。公民宗教的任务是在情感上强化公意。它要求所有公民都有三个简单的信仰：上帝、灵魂不朽、社会契约及其法律的正义。卢梭宣称，那些为共同体而牺牲的人是正义事业的殉道者，他们会在来世得到奖赏，而恶人将受到惩罚。

地理与财富

当卢梭考虑建立公意所需的领土面积和人口数量时，认为小即是美。最可取的、最自然的地理环境是人口有限的共同体，很像古代雅典城邦。规模小，所有公民就可以在立法会议上通过面对面的接触相互了解。这会加强他们之间的社会纽带。在一个小的共同体中，各种利益还不至于多到妨碍公意发展的地步。[46]

小规模必须伴以简单的经济。卢梭反对巨大的贫富差距，不

1　译文参照［法］卢梭：《社会契约论》，第151页。

仅是出于政治原因，也是因为这种差距具有破坏性的社会影响。财富鼓励人们积累奢侈品，并产生阶级分化，而这种分化又使社会更加复杂，更不容易达成共识。富人和穷人都接受了错误的经济价值观。他们关注的是个人利益和阶级利益，而不是整体利益。他们没有机会建立起真正的共同体。

因为当人民对巨额财富不感兴趣时，公意就能发挥最好的作用，所以经济上的贫富差距必须得到限制，尽管不能完全消除。卢梭希望民众尽可能地同质化，生活在简单的社会中，最好是一个农业社会。他反对以工业或商业为基础的社会，认为只有对土地的眷恋才能让人们充满对共同体的爱，让人们接受正确的经济价值观。

执行机构

共同体需要执行部门（即政府）充当作为公民而行动的人民和作为臣民而行动的人民之间的中介。政府是执行法律的代理机构，号召人们遵循公意，并在公意和个人意志（特别是不服从的臣民的个人意志）之间起缓冲作用。

两个永久性的执行职位至关重要。首席行政官或执法官发布法令，这些命令将法律应用于特定的个人。为了执行法律，他需要整个官僚体系的协助，包括警察和狱卒这样的官员。监察官（censor）是第二个永久性职位。这个职位执行符合公意的正确的公共意见。它是公民宗教中共同体的共同价值观的守护者。作为教育者和灌输者的结合，监察官在监督艺术和科学方面尤其严格，因为它们在审视人们的生活方式时会批评过度，从而削弱爱国主义精神，减少公民对共同体的献身精神。它们还会助长休闲活动，引诱公民不去关心公共事务，从而鼓励他们更多地关注个人利益。

有两个临时职位也保留了。保民官（tribunate）是由立法机关在必要时设立的，目的是对任何违反公意的行政行为进行审查。另一个临时职位是独裁官，在最初的立法者没有预见到的或在契约中没有规定的严重紧急情况下，如战争或自然灾害，独裁官由立法机构授权为最高指挥官。行政长官不能胜任这一角色，因为他被选出来是为了在正常时期行动，而不是处理这种紧急情况。

政府形式

卢梭更喜欢共和国，或受公意指导的法治政府，因为如果没有公意，任何政权都没有合法性。因此，他谴责代议制民主，认为它是将立法权授予一小部分人的寡头政治。由于主权是不可转让的，将立法权授予代表就是不合法的。立法权必须始终由全体公民行使，否则就没有共和国。

卢梭支持最简单又有可能的混合式政府。这种混合包含两个方面。一方面，立法机构实行直接民主；另一方面，授权给较小的行政部门去执行公意。他会推荐何种行政部门取决于共同体的规模以及公民如何选择管理者。

卢梭认为，有两种行政部门是现实的，并且都与共和国相容。君主政体最适合于庞大而富有的国家，因为"人口越多，政府就必须相对而言越强大，这样才能有效运作"。虽然君主的行为可能前后不一，但他却是最有活力的首席行政官。[47]至于贵族制，他认为世袭贵族制是最糟糕的，如果条件允许的话，选举的贵族制是最好的。在人口和财富规模居于中等的国家里，它是一种优越的形式，因为当选的执法官诚实且智慧。

尽管卢梭提倡最适合于小国的民主制，但即使在小国，他也只赞成立法机构实行民主制，而不赞成行政部门实行民主制。换句话说，他反对纯粹的民主，在那种制度下，全体人民既是立法者，又是执法者。卢梭说这是不自然的，是"从来就没有过，而且将来也不会有"的东西。卢梭赞成霍布斯和洛克（他们将其称为自然状态）的观点，认为这行不通，因为它需要一个由神构成的民族。[48]

与柏拉图和亚里士多德的观点一致，卢梭并不对某种形式的政府（即便是最合适、最道德的政府）永远存在下去抱有希望。"从它诞生的那一刻起"，共同体就面临衰败的威胁。个人的自私潜藏在表面之下，即使看起来被公民之间团结的表象所掩盖。它被淹没在公意中充其量只是暂时的。卢梭认为，"迟早总有一天，行政官会压制主权者，破坏社会条约"。合法的契约、良好的制度和最合适的政府形式结合在一起，它们能做的充其量就是推迟不可避免之事的到来。[49]

结　论

如果我是公意的一部分，是一个可以自由地基于对公共利益

1　参见［法］卢梭：《社会契约论》，第 74 页。

2　参见上书，第 95 页。

的最佳判断来投票的公民，那么为什么我属于少数派的时候是错的？人民怎么能把自己的自由交给集体，同时又保留着它呢？如果与这种自由相伴的是，可以违背我的意志而使用武力，那这种自由对我又有什么价值呢？这些只是卢梭充满吊诡的思想引出的几个问题。

他的著作由于其模糊性，因而对不同的人有着不同的含义，许多政治家支持相互冲突的解读，同时声称只是在将卢梭的观念应用于他们所处的时代。例如，《社会契约论》代表了人类曾经表达过的一些最崇高的理想，比如人的解放和基于人的更高本性的共同体。与此同时，它的观念导致了一些最卑劣的人类行为，如法国大革命时期的恐怖统治。[50] 有些人自诩为卢梭的追随者，卢梭要在多大程度上对鼓励这些人的无情行为负责任呢？这个问题与一个他没有明确处理的问题密切相关：对公意的控制能延伸到多远——它旨在成为全权的吗？或者对其权威有一些限制？对于公民宗教和监察官，以及立法者、保民官和独裁官，也可以提出同样的问题。

许多古代和中世纪的哲学家，从柏拉图到阿奎那，都建议将精英主义和有机论结合起来，以便实现稳定的正义。他们愿意为了道德秩序而拒绝大众政府。卢梭的早期现代前辈，从马基雅维利到洛克，都将平民主义理想与个人主义联系起来，以便实现个人自由。卢梭是一位新现代主义者（neomodern），他主张要用一套以古代的有机论和理想主义为基础的政治系统，取代一套以早期现代物质主义为基础的政治系统，但这套政治系统也反对古人所强调的抽象理性，而支持以爱国主义情感引导大众走向集体团结。这样一来，他就把民粹主义和有机政治结合在了一起。

卢梭提倡一种与社会中的道德义务相联系的人民主权，它让个人从属于集体，并承诺人人享有政治自由和平等。他给予那些少有或没有私有财产、没有文化的普通人一种新的尊严。无论多么愚蠢或贫穷，只要有适当的环境，每个人都可以为集体做出有价值的贡献。只要他们的潜力不因社会、地理或制度的限制而受阻，每个人都可以一起追求公意。[51]

和两位早期的契约论哲学家霍布斯、洛克一样，卢梭并未提出关于谁应该统治的证据。由于他的著作，今天那些倡导政治精英主义的人必须表明，为什么少数人在没有得到多数人同意和监督（这是一条合理的标准）的情况下进行统治是符合公共利益的。但与霍布斯和洛克不同的是，在男性的政治角色方面，卢梭没有明显的中产阶级偏见。没有人被排除在参与之外，公意源于全体公民的充分参与。

只有女性被排除在外，在这方面卢梭并不激进，只是相当传统。但是由于卢梭未能在《社会契约论》中讨论将女性排除在公民身份之外的问题，他在其他著作中对这种偏见的支持是否会被注意到？又是否会被搁置一边，却不会打破他的观念的平衡？在他的共同体里，女性不能成为公民，这是否有什么哲学上的理由？事实上，拥有更大同情心的女性在作为公民而服务于共同体时，是否至少可以与男性旗鼓相当，甚至更好？

延伸阅读

Cladis, Mark S. *Public Vision, Private Lives: Rousseau, Religion, and 21st-Century Democracy.* New York: Oxford University Press, 2003.

Cullen, Daniel. *Freedom in Rousseau's Political Philosophy.* De Kalb: Northern Illinois University Press, 1993.

Damrosch, Leo. *Jean-Jacques Rousseau: Restless Genius.* Boston: Houghton Mifflin, 2005.

Delaney, James. *Starting with Rousseau.* London: Continuum Books, 2009.

*Dent, N. J. H. *Rousseau: An Introduction to His Psychological, Social, and Political Theory.* New York: Basil Blackwell, 1989.

Gilden, Hilel. *Rousseau's Social Contract: The Design of the Argument.* Chicago: University of Chicago Press, 1983.

Kelly, Christopher. *Rousseau's Exemplary Life: The Confessions as Political Philosophy.* Ithaca, N.Y.: Cornell University Press, 1987.

Lange, Lynda. *Feminist Interpretations of Jean-Jacques Rousseau.* University Park, PA: Pennsylvania State University Press, 2002.

Marks, Jonathan. *Perfection and Disharmony in the Thought of Jean-Jacques Rousseau.* New York: Cambridge University Press, 2005.

Masters, Roger D. *The Political Philosophy of Rousseau.* Princeton, N.J.: Princeton University Press, 1968.

Putterman, Ethan. *Rousseau, Law and Sovereignty of the People.* New York: Cambridge University Press, 2010.

Rahe, Paul A. *Soft Despotism, Democracy's Drift: Montesquieu, Rousseau, Tocqueville, and the Modern Prospect.* New Haven, Conn.: Yale University Press, 2009.

Shklar, Judith. *Men and Citizens: A Study of Rousseau's Social Theory.* New York: Cambridge University Press, 1969.

Simpson, Matthew. *Rousseau: A Guide for the Perplexed.* New

York: Continuum, 2007.

Swenson, James. *On Jean-Jacques Rousseau: Considered as One of the First Authors of the Revolution.* Stanford, Calif.: Stanford University Press, 2000.

第十二章

玛丽·沃斯通克拉夫特：
使女性主义现代化

导　言

玛丽·沃斯通克拉夫特（Mary Wollstonecraft，1759—1797）是政治理论中的一个两面性人物。她在以男性为主导的政治理论传统中写作，运用了他们关于人性和政府的许多技巧、假定和论点；但她的结论却为女性在社会中界定了一个新的角色，一个与男性平等的角色。因此，她的政治哲学既向后回溯，又向前展望。前者表现在她借用了传统的分析工具，后者表现在她以创新的方式使用这些工具以服务于新的目标，这些目标挑战了植根于霍布斯、洛克和卢梭的著作中并为他们所支持的性别角色信念。

玛丽·沃斯通克拉夫特吸收了现代政治学和科学的许多观点，并将其运用于女性。她最著名的著作《女权辩护》（*A Vindication of the Rights of Women*，1792）在她那个时代就被广泛阅读，并经常被她的同代人和后来的女性主义者评论，他们将其描述为现代女性主义的起源和奠基石。

除了《女权辩护》以外，她还写了其他几本著作，包括《人权辩护》（*A Vindication of the Rights of Men*，1790）。这部著作是为了回应埃德蒙·柏克（Edmund Burke）在《法国革命论》（*Reflections on the Revolution in France*）中对法国大革命的攻击而写的。在那本著作中，柏克将革命的过度行为归咎于抛弃传统和信奉理性与抽象的政治权利。在谴责革命和随后建立的政府时，柏克在情感上运用了女性身体和性的隐喻，将革命描述为"一场狂欢"，将新政府描述为一个"患病的妓女"。

　　作为对柏克的回应，沃斯通克拉夫特抨击了他对性和身体形象的使用。这次她将自己的形象塑造成男性，以表明德性和性别是没有联系的，并且男性也对法国的新秩序负有责任。[1] 与柏克的新现代情感风格相反，沃斯通克拉夫特使用了早期现代理性的语言，证明了理性思维没有特定的性别特征，女性可以运用它来捍卫自己的利益。因此，沃斯通克拉夫特的著作攻击传统，提倡理性和教育，并提出了一些观点，那些观点让我们注意到非理性、暴政和缺乏学习之间的联系。这些联系使她将未受过教育的女性的地位同封建贵族和缺乏社会进步关联起来。

　　阅读《女权辩护》会引出一些问题：这本书的写作背景是什么？针对的读者群是哪些？以及应该如何理解该书产生的影响？写作背景和读者是阅读任何政治理论著作都要面对的问题，因为个人写作的兴趣或动机可能会影响读者对著作的判断。把马基雅维利的《君主论》解读为一份工作申请，而不是一篇政治论文，可能会改变它的含义。

　　《女权辩护》在某种程度上也可以当作自传性著作来阅读。沃斯通克拉夫特的生平事迹有的被融入了她的著作，包括她在政治领域的工作，尤其是她与托马斯·潘恩这样的人物的交往，以及她与政治活动家威廉·葛德文的婚姻。她和英国很多重要的男性政治家也非常熟络，这或许也影响了《女权辩护》的论证和语言。

尽管这本书呼吁的是女性的教育以及女性的平等待遇，但读者很可能主要是既支持早期现代思想价值观又支持女性传统角色的男性。沃斯通克拉夫特为女性的教育辩护，认为这能使她们成为更好的妻子和母亲。她的这种辩护可以看作她自己的一个真诚的主张，也可以看作一种修辞策略，旨在让男性确信，女性的教育不会威胁到男性的支配地位。这种对于读者的评估可使我们清楚地看到沃斯通克拉夫特的观点究竟有多激进。

沃斯通克拉夫特的方法

玛丽·沃斯通克拉夫特对当时的许多政治理论都进行了全新的理解。马基雅维利、霍布斯、洛克和卢梭等思想家的政治著作把理性作为工具来挑战教会、信仰和绝对君主制的权威，沃斯通克拉夫特则转而用这种工具来对付他们对女性的看法。沃斯通克拉夫特加入男性理论家们的行列，一起攻击支持这三种制度的宗教和家庭隐喻，但她扩展了他们的论证，进而质疑关于男性和女性本质的一些传统假定。因此，尽管她与这些思想家共享了许多观点，但却开辟了新的天地。

对于洛克和霍布斯等哲学家来说，他们不再求助于上帝和《圣经》来为权威提供支持，而是用新的概念清晰地表达了一种新的政治观。这些概念包括诉诸个人订立的社会契约和与契约类似之物，将其作为政治秩序的基础，而政治秩序如果要被认为是合法的，最终必须建立在理性基础之上。因此，最终的政治权力属于在政治社会之外创造并界定了政治体的范围和权威的个人。

但是，现代政治的假定和观念主要是由男性提出的。尽管理性的运用和新的假定对许多传统的政治主张提出了挑战，但对家庭以及对女性在家庭和政治中的角色的看法却通常不受影响。社会契约的逻辑将政治社会重新定义为由人类而非上帝构建的一种自愿的、人为的共同体。但这是男性与男性订立的契约，它似乎将女性排除在参与之外。[2] 因此，女性仍然处于次要地位。

然而，社会契约思想的出现对女性的传统角色提出了许多挑战。首先，现代社会契约思想假定，政治社会的构建是一种理性行为。霍布斯、洛克和卢梭用各种各样的理性概念来挑战旧的政治真理，以证明具备协商能力的人如何能够创建一种以同意为前提的新型政治秩序。但是，他们所界定的那种理性虽然在有的人看来是普世的，事实上却只能在男性中发现，尤其是那些被教育要去控制或消除妨碍人类理解力的偏见和激情的男性。男人有理性的能力，而女人则更情绪化，更有激情，或更具情感性的人格，这意味着由于男女的本性不同因而其角色也不同。卢梭在《爱弥儿》中写到，男人和女人的能力不同，因此爱弥儿和苏菲应该接受不同的教育，以承担各自的角色——男公民和妻子。

在强调政治社会是自愿的，以个人同意为前提时，霍布斯和洛克等作家提出自己的主张时不得不阐明女性如何同意自己的角色。对于前现代思想家来说，通过同意来证明女性的从属地位不是问题，因为他们诉诸宗教、传统和自然，而不是理性或个人同意来捍卫这种地位。但在现代思想家中，用世俗的、理性的、共识的论证来重塑社会，就意味着这些同样的论证可以被应用于家庭和性别角色。尽管现代哲学家试图将他们的某些政治假定和分析工具应用于家庭，但在大多数情况下，他们是不会把自己的论证逻辑应用于女性和家庭等私人领域的。

例如，霍布斯认为，在自然状态下，男女是平等的，对孩子的权利仍然是女性与生俱来的权利。但是，随着政治社会和家庭的建立，女性被排除在政治之外，这种与生俱来的权利转向了丈夫，妻子则从属于丈夫。[1] [3] 洛克将政治社会重新定义为平等者之间的自愿联合体。他也对婚姻进行了类似的重新定义，如果婚姻威胁到女性的权利，她可以选择离婚。然而，当要决定谁是一家之主时，洛克认为男性自然应该统治女性，但他除了诉诸自然或传统之外，没有任何好的理由。[2] [4]

霍布斯和洛克以及其他政治哲学家所面临的问题是：如何论证女性是自由和理性的，足以同意某种自愿的政治秩序，同时又论证女性是不自由或不理性的，因此服从于男性才恰当。[5] 这些作家们不得不处理一种矛盾的人性观：男性经过教育或开化后会实现他们真正的理性本性，而女性从本性上说就是充满激情的或非理性的，教育也不能改变这一点。

摆脱这些困境的办法之一就是根本不挑战陈规旧俗，对矛盾视而不见。这意味着继续使用那些可以追溯到亚里士多德的父权制假定和关于家庭的假定，以服务于新的目的。随着政治社会被重新定义，家庭也被重新定义了。然而，对家庭的传统理解从未脱离"家庭是自然的"这一假定。家庭的重新定义使父权制基础继续支持它。理性未能向家庭结构和女性角色发起挑战，被重新定义的政治秩序继续支持着它们，且男性之间的社会契约以让女性处于从属地位的性契约为前提。

然而，一套适用于男性、另一套适用于女性的政治规则和假

1　参见［英］霍布斯：《利维坦》，黎思复、黎廷弼译，北京，商务印书馆，2009年，第154~155页。

2　参见［英］约翰·洛克：《政府论》，下卷，叶启芳、瞿菊农译，北京，商务印书馆，1996年，第50页。

定并不能使所有人满足。从 17、18 世纪开始，女性哲学家和思想家挑战了许多关于男人、女人、家庭、政治和理性的假设。她们采用了"男性"的论点，并将其应用到女性身上。一些人认为，笛卡尔所宣称的理性的普遍主义实际上也适用于女性。[6] 玛丽·阿斯特尔（Mary Astell，1666—1731）在《对女士的诚恳建议》（*A Serious Proposal to Ladies*）一书中指出："所有人都可以思考，都可以正确地运用自己的能力，并请教他们中间的大师。"[7] 要使这种思想臻于完美，所需要的就是让女性接受与男性相当的教育。

其他人，如波西米亚的公主伊丽莎白（Princess Elizabeth of Bohemia，1618—1680）和玛格丽特·卡文迪什（Margaret Cavendish，1623—1673），在各种观点上挑战了其他男性哲学家。如果笛卡尔所谓人类高于一切思维存在者的观点是正确的，那么他的主张引出了一个问题：身体（无论是男性的身体还是女性的身体）对于个体灵魂之间的区别到底有多重要。如果身体上的差异对男人之间的区别不重要，为什么它对于区分男人和女人来说是有意义呢？最后，汉娜·莫尔（Hannah More，1745—1833）质疑女性在政治中扮演的次要角色，她认为在未来的幸福和文明进步中，女性的努力与男性的努力一样重要。[8]

尽管许多政治哲学家用理性来挑战支持教会和君主政治权威的传统和假定，但男性却没有用同样的理性来质疑宗教和传统如何继续支持统治着女性和家庭的旧假定。这些思想家甚至没有人质疑，理性是如何被用来为旧偏见提供新基础的。因此，许多男性哲学家用理性来保护传统家庭、男性权威和女性的从属地位。于是，17、18 世纪的女哲学家们开始研究理性、传统、宗教和性别之间的相互联系，并将科学和理性的承诺扩展到捍卫女性的问题上。这也正是玛丽·沃斯通克拉夫特所做的。

人　性

在《女权辩护》一书中，沃斯通克拉夫特反对一个说法：女性在本性上是情绪化的，在智力上较低。她的论点是，女性智力发展的缺乏是由于两性之间教育机会的差异。男性接受的是知识教育，而女性则只受到社会的教育，这导致了情绪化和女性特质的养成。根据沃斯通克拉夫特的说法：

> 女性由于一种流行意见而陷入各种各样的卑贱、忧虑和悲哀之中，要想叙述这些情形是一言难尽的。这种流行意见认为，女性与其说生来是运用理智的，不如说生来就是凭感受的，她们所取得一切权力必定是靠她们的魅力和软弱来取得的。[1][9]

沃斯通克拉夫特在很大程度上赞成卢梭的观点，即礼仪是人为的，只是社会和教育的产物。但是，卢梭认为，社会中男性特质是人为的，女性特质是自然的，而沃斯通克拉夫特扩展了卢梭的论点，断言女性特质和男性特质一样都是社会习俗和舆论的产物。《女权辩护》在很多方面都是对卢梭的回应，就像她第一部著作《人权辩护》是对柏克的回应一样。然而，尽管沃斯通克拉夫特攻击卢梭和他在《爱弥儿》中对苏菲以及爱弥儿的性别角色的讨论，但她借用了卢梭关于文明中的男性的许多假定，并将它们用于女性所面临的环境。因此，她质疑卢梭著作中男女在社会角

1　译文参照［英］玛丽·沃斯通克拉夫特：《女权辩护》，王蓁译，北京，商务印书馆，2017年，第88页。

色、教育和期望方面的区别，并主张男女都应有类似的教育机会。

在《女权辩护》的序言以及在给奥顿主教（the Bishop of Autun）的献词中，沃斯通克拉夫特主张，女性由于各种原因而变得软弱，但当前女性的行为举止是由一种错误的教育体系产生的，这种教育体系更急于使她们成为"迷人的情妇，而不是变成深情的妻子和有理性的母亲"[1] [10]。这个教育体系试图保持女性的纯真，却通过强化她们的无知来做到这一点。因此，女性所表现出的任何弱点都源于她们缺乏与理解力相关的培养。这迫使女性按照社会的偏见来生活。这些结果并不代表女性的真正本质，而是代表文明的腐蚀性影响（卢梭描述过文明对男性的腐蚀性影响）：

> 总而言之，一般的女性和富有的男女一样，她们获得了文明社会的一切愚蠢和恶品……因此文明的女性由于错误的教养而变得如此软弱，以至于在道德方面，她们的情况还远不如听其自然所能达到的程度。[2] [11]

对于沃斯通克拉夫特来说，女性的性格是人为造成的，是社会为她们定义的角色的结果。女人喜爱打扮，喜欢说长道短；是无助的、情绪化的、软弱的；她们行动起来像孩子。这不是因为这些是她们的天性，而是因为她们被教育或训练成这样。[12]

尽管男性就其本性而言在体力上可能更为优越，但沃斯通克拉夫特断言，男性并不满足于此，相反，他们试图在其他方面也使女性处于劣势，并使她们成为对男性充满敬意的、诱人的对象。

1　译文引自［英］玛丽·沃斯通克拉夫特：《女权辩护》，第 3 页。

2　译文参照上书，第 86~87 页。

女性在社会中的地位如此之低，以至于沃斯通克拉夫特认为她们已经低于理性生物的水平了。出于无知，女人会被男人的注意力吸引，并陷入其中。

因此，对于何为优秀女性，社会采纳的是一个错误的观念。在她献给奥顿主教的献词中，她陈述了《女权辩护》的基本论点：女性应该接受教育，成为男性的伙伴，因为如果不这样做，就无法在德性和知识方面取得进步。女性应该接受同样的教育，因为"真理为所有人所共有"，如果给予恰当的教育，所有人——包括女性——都有推理的能力。

为了支持男女在推理能力上是平等的这个主张，沃斯通克拉夫特提出并回答了三个问题，这些问题捍卫了理性、德性和教育在人类事务中的普遍作用：

> 为什么人比禽兽优越呢？因为人是有理性的。这个答案好像一半小于整体那样清楚。
>
> 什么条件使一个人高于另一个人呢？人们自然而然地会回答：德性。
>
> 为什么在人的身上埋下激情呢？经验告诉我们：由于同激情作斗争，人可以得到一定程度的为禽兽所不能有的知识。
>
> 因此，我们必须根据理性、德性和知识的水平，来判断我们理性的完美程度以及我们是否有能力获得幸福；这些条件既表明人与人之间的差别，同时也指导着约束社会的法律，况且由于运用理性的缘故，知识和德性也就相应而生；如果把人类作为一个集体来看，这个道理也是同样不可否认的。[1] [13]

---

1 译文参照［英］玛丽·沃斯通克拉夫特：《女权辩护》，第15页。

就像霍布斯和卢梭描述自然状态下的人类是基本平等的一样，沃斯通克拉夫特几乎以同样的方式断言，人性中存在一种超越性别的基本共性。所有人类，不仅仅是男人，都有推理能力、养成德性的能力和获得知识的能力，但并不是所有人都有机会展示这些能力。男女所获得的教育和其他机会在两者之间产生了明显的差异。

有人认为女性的行为举止自然不同于男性，甚至不如男性，沃斯通克拉夫特认为这种观点是一种"感觉错误"（sensual error）。[1][14] 她认为，尽管有很多论证来解释两性之间的差异，但男女都拥有灵魂。因此，只有一种方法可以将人类引向德性或幸福，那就是通过人人都应接受的教育。根据沃斯通克拉夫特的说法，女性被教导要处于低等地位，要表现服从，做起事来就像"寿命短促、微不足道的人"[2][15]。既然两性的德性和知识在本质上是相同的，他们之间唯一真正的差异在于男性在自由和教育上更占优势，这种优势使他们能够更多地了解生活。

因此文明社会的女性由于错误的教养而变得如此软弱，以至于她们的情况还远不如听其自然所能达到的程度。[3][16] 女性之所以这样行事，是因为情绪主义在她们身上得到助长，这反过来又导致依赖性，使她们看起来由于无知而无法控制自己。[17] 根据沃斯通克拉夫特的说法，一种"错误的教育，狭隘而没有经过教化的心灵和许多性别方面的偏见，都趋向于使女性比男人更忠贞不渝"[4][18]，从而产生了女性的社会特征。

1　参见［英］玛丽·沃斯通克拉夫特：《女权辩护》，第76页。
2　译文引自上书，第26页。
3　参见上书，第86~87页。
4　译文参照上书，第43页。

　　解决这些缺陷的办法是让女性获得与男性同样的教育机会。此外，教育应该是男女同校的，富人和穷人也一起接受教育。对于沃斯通克拉夫特来说，通过扩大教育来增强女性的头脑，就是要结束女性的盲从和以享乐为目的而生活。然而，她反对男女的私人教育，也不希望他们单纯地按照当前社会的舆论和礼仪来接受教育。在这里，沃斯通克拉夫特诉诸卢梭，认为最好的教育是培养理解力，增强身体和塑造心灵。[19]卢梭的教育目标只适用于男性，而沃斯通克拉夫特则将它延伸到了女性。

女性、家庭和政府

　　在抨击女性缺乏受教育的机会时，沃斯通克拉夫特将未受教育的女性的地位与贵族和文明的腐蚀力量联系起来。她偶尔主张，女性受家庭和政治结构的奴役；她经常声称，未受过教育的女性就像贵族一样。她们不仅配不上凌驾于男人之上的地位和权力，而且她们的无知腐蚀了男人和社会，就像卢梭所看到的文明腐蚀和败坏着男性一样。

　　沃斯通克拉夫特诉诸男性用来反对贵族不合法权力的那些早期现代价值观和论证，并将其应用于女性地位问题。她认为，让一个理性的成年人屈从于他人的意志是残酷的，哪怕是国王的意志。她攻击贵族，并宣称：

　　　　不合理的等级差别使文明变为祸害，它把世界上的人分为骄奢淫逸的暴君和狡猾妒忌的依赖者两部分，这两个等级的人几乎同等地趋于堕落，因为人们所尊敬的不是履行与人

生有关的责任，而是地位。[1] [20]

　　沃斯通克拉夫特将贵族描述为骄奢淫逸的人，她这种说法使用了性的语言和通常适用于女性的刻板印象。就像贵族行使过度权力一样，她将女性描述为通过不正义手段和恶品行使权力的暴君。[2] [21] 对沃斯通克拉夫特来说，我们需要的是对女性的礼仪实行变革，以便不仅革新女性自己，还要改造世界。[3] [22]

> 　　如果这个分成许多王国、王国又分成许多家庭的世界是受着从运用理性中得来的法则的支配，那么女人和暴君或许就不会有像现在这样多的权力。……因此，我要冒昧地断言，人类德性的提高和知识的进步必然还会继续受到挫折，直到女性受到更合理的教育为止。[4] [23]

　　在这里，沃斯通克拉夫特对家庭与王国进行的比较很重要，因为它将古代政权的特权与父权社会的逻辑联系了起来。她认为，无论是在君主制下还是在家庭中，进行统治的往往是纯粹的权威而非理性。沃斯通克拉夫特认为，对这二者的辩护都依赖于类似的推理。她提出："在这个开明的时代，我们希望质疑丈夫的神圣权力就像质疑君主的神圣权利一样，不会有什么危险。"[5] [24] 沃斯通克拉夫特因此将约翰·洛克和其他早期现代思想家的论证扩展

1　译文引自［英］玛丽·沃斯通克拉夫特：《女权辩护》，第 209 页。
2　参见上书，第 78 页。
3　参见上书，第 63 页。
4　译文参照上书，第 56 页。
5　译文参照上书，第 57 页。

到家庭领域。如果理性这个工具可以用来质疑和审查过度的政治权力，那么，以女性教育为形式的理性工具，也应该同样地审查女性对男性的过度权力。

对家庭权威的重新审视使得沃斯通克拉夫特像洛克一样重新定义了家庭结构。她对比了父母的自然职责（natural duty）和偶然职责（accidental duty），前者是塑造心灵和扩展孩子理解力的职责。父母的人为职责（artificial duty）包括控制适龄孩子的婚嫁。对沃斯通克拉夫特来说，这种人为职责是有损人格的，类似于对财产的奴性尊重。此外，沃斯通克拉夫特还提出，"一个人之所以盲目地服从父亲，纯粹是由于软弱，或者是由于那种败坏人类品格的动机" [1] [25]。结果是女性过多地受父母的支配，被剥夺了自由。只有当父母的神圣的权利受到挑战时（就像在政治中一样），只有当理性在父母的权威中占支配地位时，家庭结构才会改变。

同样，沃斯通克拉夫特认为，君主制政府和贵族政府与智力的发展是不相容的。她说，如果阿谀奉承使国王变得软弱无能，那么没有受过教育的女性不也是如此吗？她认为，当一个国王拥有无限的权力，当他的享乐将学识拒之门外时，任何人都不可能获得知识。[26] 同样，没有受过教育的女性也受到压迫，和贵族一样无用。

考虑到每个人的品格都是由其职业造成的，沃斯通克拉夫特指出，由于缺乏理性，女性要么像奴隶，要么像暴君。除了这些相似之处，沃斯通克拉夫特还援引了卢梭谈论文明的腐蚀性影响的话，以表明性别差异为什么是人为的、有害的。她认为"财富和女性的温柔"都同样地败坏人类。在她看来，两者的起源与产

1　译文参照［英］玛丽·沃斯通克拉夫特：《女权辩护》，第223页。

生其他社会差别的原因是相同的，即财产。如果大多数社会疾病和恶品都是从财产中产生的，那么财产对女性造成的伤害甚至比它对男性或整个社会造成的伤害更大，因为女性一直处于无知状态。但是，如果女性受到教育，她们就会变得自由，去除她们对男性的过度权力，并在履行职责方面总体上会更好，而且不那么容易受到社会的腐蚀。

女性的解放

沃斯通克拉夫特列举了丈夫和社会可以因社会上具有更开明的女性而获得的几个好处：

> 男人只要肯慷慨地打破我们的枷锁，并且满足于和一个有理性的伙伴共处，而不是其奴隶般的服从，那么他们就一定会发现我们是更规矩的女儿、更热情的姐妹、更忠贞的妻子、更通情达理的母亲，总而言之，是更好的公民。那么我们也一定会怀着真正的情感爱他们，因为我们应该学会尊重我们自己；同时一个高尚男人的平静心情也不会受到他妻子的无益的虚荣的搅扰。[1] [27]

她断言，教育会使女性改善她们的家庭品位，使她们成为更好的女儿、妻子和公民。懒惰的女人不会是最好的妻子。由于受教育程度不同，夫妻之间几乎没有共同之处。让女性受教育会让

1　译文参照［英］玛丽·沃斯通克拉夫特：《女权辩护》，第217页。

她们成为更有爱心、更忠诚的妻子。

沃斯通克拉夫特还认为，管理家庭需要有受过教育的女性。要成为孩子的好母亲，女性必须拥有好的头脑。教育孩子是一项非常重要的任务，不能交给无知的人去做。但是，当女性早早出嫁时，她们永远无法获得一种认同感，也无法了解这个世界和她们应该履行的职责。因此，教育使女性受益，但也使她们的丈夫和孩子受益。

沃斯通克拉夫特引用了18世纪的语言和对进步的信仰，以表明女性教育如何有利于道德和整个社会。她认为，道德的唯一坚实基础来自上帝，而不是人，这种道德并没有为不同性别规定一套不同的德性。也就是说，她反对德性与性别有关，而是主张它们是普遍的：

> 我希望用短短的几句话对我适才所谈到的做一个总结。我在这里已经提出挑战：我否认德性有性别之分，就连端庄谦逊（modesty）也不例外。真理，按我理解这个词的意义来说，对男女应该是同样的。……我承认，女性可能有各种不同的责任要她们去完成，但那都是人的责任。[1][28]

此外：

> 为了使人类更有德性，当然也是为了使人类更幸福，男女两性必须根据同一个原则来行动；但是只允许一种性别看到原则的合理性，怎么能指望做到这一点？再有，要使社会契约真

---

1 译文参照［英］玛丽·沃斯通克拉夫特：《女权辩护》，第72页。

正公平，并且为了推广唯一能改善人类命运的进步原则，我们就必须允许女性把她们的德性建立在知识的基础之上。[1] [29]

在沃斯通克拉夫特看来，主流的性别特征观念破坏了道德和忠贞。为了社会的改良和文明的进步，这些观点必须得到普遍的应用。传统的性别角色破坏了道德，因为它把道德行为变成了表演，而罔顾实质，更关注男女表现出来的样子，而不关注他们实际上是什么样的人。在沃斯通克拉夫特看来，男性和女性的不同角色对双方来说都是一种腐蚀和败坏。[30] 男人不能做到谦逊和忠贞，而女人只要她们仍没有受过教育，且被像奴隶一样对待，就不能拥有德性。理性对于谦逊来说是必要的，所以如果女性要谦逊，她们就必须接受教育，这样她们就不会再阻碍社会进步。[31] 此外，如果女孩和男孩一起接受教育，社会可以通过早婚来促进良好的道德。如果两性能以同样的方式接受教育，那么双方都能按照基本的社会行为规则生活，这条基本规则就是："要对人类怀有习惯性的尊重，这种尊重可以防止我们因一时放纵而憎恶同胞。"[2] [32]

但是，尽管沃斯通克拉夫特提出，女性的教育有助于提高社会道德，也能够让女性成为更好的妻子和母亲，但她还提出了其他论证来说明为什么教育将使女性自身受益。在某种程度上，沃斯通克拉夫特认为，虽然女性现在被认为是骄奢淫逸的，但"真正的骄奢淫逸必定来自心灵"，而相互尊重会产生相互的感情。她还援引宗教，认为女性要想拥有不朽的灵魂，就必须接受教育。受过良好教育的女性可以形成更全面的、让她受益的世界观。

1　译文参照［英］玛丽·沃斯通克拉夫特：《女权辩护》，第 252 页。
2　译文参照上书，第 200 页。

也许更重要的是，无知的女性不是好公民。由于缺乏理性能力，这些女性无法上升到男性所达到的公民层次，因此在她们"在某种程度上独立于男性"之前，她们一直处于从属地位，且没有德性。[33] 总体上，对于沃斯通克拉夫特来说，女性负有三种责任：对自我的责任，作为公民的责任，以及作为母亲的责任。教育对履行这三种责任都是必要的。[1][34] 既然女性有一些与男性相同的责任，也应该以类似的方式教育她们成为好公民，并履行与男子相同的责任。实际上，女性同国家的关系应该与男性同国家的关系是一样的，应该享有同样的权利，受到同样的限制。因此，沃斯通克拉夫特为女性设定的标准是传统女性的谦逊与德性，以及男性的行为和责任。她诉诸理性的普遍性，提出"让女性分享权利，她们将会尽力在德性上赶超男性"[2][35]。

女性、男性与公民社会

玛丽·沃斯通克拉夫特的主要关注点是把女性从传统的社会看法中解放出来。与卢梭类似但又不同的是，她关注的主要问题是教育体系的改革。改变人们接受教育的方式，就会创造一个更平等的新社会。

但就像洛克一样，家庭改革似乎是政治改革的关键。如果说约翰·洛克为了拒绝菲尔默的父权制而重新思考了家庭与公民社会的关系，那就可以说，沃斯通克拉夫特则是把洛克的论证引向了

1　参见［英］玛丽·沃斯通克拉夫特：《女权辩护》，第 210~211 页。

2　译文参照上书，第 282 页。

其合乎逻辑的结论，使婚姻成为平等者的自愿结合。这样的婚姻是政治社会的模型。因此，她不提倡放弃作为公民社会之基石的婚姻；相反，沃斯通克拉夫特重塑了婚姻，为她的政治观点服务。

玛丽·沃斯通克拉夫特并没有忽视其他政治改革的必要性，这些问题的探讨贯穿于她的著作中。然而，她的政治改革是一把双刃剑。她一方面呼吁激进的变革，主张男女应该受到平等的尊重和对待；但另一方面，她似乎相信，这种性别角色的平等可以在当时许多其他改革者所呼吁建立的制度中实现。与约翰·洛克和托马斯·潘恩一样，她呼吁废除君主制和贵族特权，似乎支持一种既保护自由又保护德性的共和政体。事实上，她所赞同的一个理想的或好的政府，在语言表述上很容易让人联想到洛克："所有政治联合体的目的是保护人类自然的和不可侵犯的权利，这些权利就是自由、财产、安全和反抗压迫。"[36]

沃斯通克拉夫特还抨击选举和议会代表都是腐败的。她主张女性应该有自己的代表，同时又拒绝一般的代表，因为它会助长专制主义。[37] 此外，她加入了当时一些更为激进的改革者的行列，那些改革者认为，社会充斥着各种形式的不平等。她主张："政府的目的应该是通过保护弱者来摧毁这种不平等。"[38] 因此，沃斯通克拉夫特的国家观比预期的更加激进或更带有干预主义色彩，因为她倾向于认为，提高人民的德性应该是政府的责任。当然，这将主要通过她的教育改革来实现。

最后，沃斯通克拉夫特还要求终止长子继承制，改革婚姻财产法。她呼吁废除死刑、公开处决、奴隶制和常备军。她还要求实行宗教宽容。[39] 当时的其他改革者也支持类似的立场。然而，在她的最后一本书《女人的过错》（The Wrongs of Women）中，她与同时代的男性作家分道扬镳，极力为离婚辩护。[40] 这虽然在当时看来是激进的，但离婚的权利也许只是洛克政治革命权利的一个合乎逻辑的应用，在这里，仅仅是应用到婚姻上。如果公民社会和婚姻都是为了达到某种目的而自愿同意的产物，那么两者的当事人应该有同样的权利来终止这两种建制。

结　论

玛丽·沃斯通克拉夫特是一位早期现代理论家，与洛克和卢梭等其他现代理论家有许多共同的观念。她采用了男性用来质疑政治权力的那种理性的语言和启蒙运动的语言，并以此来挑战家长权威和家庭结构。她试图借此将自由主义和理性的革命扩展到女性在国家和家庭中的地位。

沃斯通克拉夫特呼吁为女性提供平等的教育机会。她声称，这种平等对女性有利，既因为她们可以承担与男性相同的职责，也因为这将使女性更好地担当她们传统的角色。因此，沃斯通克拉夫特在《女权辩护》中的论证似乎有两个相互矛盾的目标：质疑传统的性别、家庭和政治角色，同时又利用支持父权制的价值观来捍卫性别平等。因此，她作为政治哲学家的独特之处在于质疑家庭的私人关系和角色。事实上，她似乎将女性的私生活开放给了公众审查。[41] 在这一点上，她比后来 20 世纪的女性主义者更早一步，那些女性主义者主张"私人的就是政治的"，尽管她们也质疑传统的家庭和性别关系。

沃斯通克拉夫特的政治遗产意义重大但却含混不清。她的著作影响了后来的女性主义者，如苏珊·B. 安东尼（Susan B. Anthony）和伊丽莎白·卡迪·斯坦顿（Elizabeth Cady Stanton）。埃玛·戈德曼（Emma Goldman）和苏珊·拉福莱特（Suzanne LaFollette）都是 20 世纪早期的著名人物，她们都称沃斯通克拉夫特为第一位女性主义者，而《女权辩护》则是女性的独立宣言。[42] 然而，英国19 世纪一位重要作家哈丽雅特·马蒂诺（Harriet Martineau）认为，沃斯通克拉夫特"不是一位成功的女权捍卫者"，因为她是"激情的可怜受害者，无法控制自己的平静"[43]。在马蒂诺看来，沃斯通克拉夫特的个人生活和不幸使她书中的主张过于个人化，无法解决女性更广泛的需求和关切。沃斯通克拉夫特倡导普遍道德和男女承担同样的责任，她呼吁女性要像男人一样被对待，有的人认为这些做法提供了男女平等的希望，有的人则认为这否认了把女性与男性区别开来的那些特殊的见解、经验和感情。[44]

　　玛丽·沃斯通克拉夫特断言，除了那些由教育产生的特征外，男女在所有的本质特征上都是相似的。这个观点早于后来女性主义关于生物学因素与社会因素的争论，即究竟哪些因素导致了男女的本性差异？一些女性主义者认为男女之间存在着本质上的生物学差异，而另一些人则认为，除了解剖学上的差异之外，迄今为止出现的唯一重要区别是那些产生于教育或政治社会化的区别。

　　然而，我们怀疑沃斯通克拉夫特想要的变革是否能如她所愿地发生。她似乎相信，在现有的政治和家庭制度下，男女可以实现平等，但这些制度是否真的允许她想要的那种平等？当代的女性主义者，如凯瑟琳·麦金农（Catherine MacKinnon）认为，法律和社会政治制度是基于男性的假定，女性永远无法在其中实现平等。[45] 如果女性要实现平等，就需要对社会进行全面改革——也许是从社会契约开始。女性能否在现有制度下获得平等地位？或女性解放是否只能在更激进改革的背景下进行？对这些问题的争论直到今天仍然是一个问题。

《女权辩护》要么通过挑战家庭权威和对比性别角色为女性解放提供了正确的药方，要么通过保留家庭结构、维持传统角色和否认所有女性共同的独特经验领域而再次限制了女性。无论人们对玛丽·沃斯通克拉夫特的思想遗产最终达成何种共识，她都代表着政治思想史上一个重要的声音。通过将17、18世纪哲学家的观点从宗教和政治共同体扩展到家庭，她对传统、政治、理性和性别相互作用的方式发起了重大挑战。沃斯通克拉夫特的著作提出了重要的问题：男性和女性在本质上是相同的还是不同的？如果不同，那么在哪些方面不同？这些差异在政治上意味着什么？就是说，我们要分配给她们何种职责？教育或社会化的差异如何导致男女的差异？女性能否通过改革当时的社会来获得与男性平等的权利，抑或还需要更具根本性的变革？

延伸阅读

Atherton, Margaret. *Women Philosophers of the Early Modern Period.* Indianapolis, Ind.: Hackett, 1994.

Carlson, Julie A. *England's First Family of Writers: Mary Wollstonecraft, William Godwin, Mary Shelley.* Baltimore, Md.: Johns Hopkins University Press, 2007.

Conger, Syndy McMillen. *Mary Wollstonecraft and the Language of Sensibility.* Madison, N.J.: Fairleigh Dickinson University Press, 1994.

Gunther-Canada, Wendy. *Rebel Writer: Mary Wollstonecraft and Enlightenment Politics.* DeKalb: Northern Illinois University Press,

2001.

Jacobs, Diane. *Her Own Woman: The Life of Mary Wollstonecraft.* New York: Simon & Schuster, 2001.

Kelly, Gary. *Revolutionary Feminism: The Mind and Career of Mary Wollstonecraft.* New York: St. Martin's, 1992.

Sapiro, Virginia. *A Vindication of Political Virtue: The Political Theory of Mary Wollstonecraft.* Chicago: University of Chicago Press, 1992.

Taylor, Barbara. *Mary Wollstonecraft and the Feminist Imagination.* New York: Cambridge University Press, 2003.

Wardle, Ralph Martin. *Mary Wollstonecraft: A Critical Biography.* Lincoln: University of Nebraska Press, 1966.

第十三章

柏克：为传统奠基

导　言

早期现代政治哲学家，比如托马斯·霍布斯和约翰·洛克，拒绝接受古代与中世纪思想家的价值观和方法。他们借助许多早期科学家的见解和发现，将科学和实践理性（practical reason）运用到他们那个时代的政治问题上。[1] 为了证成政治权威，霍布斯、洛克以及卢梭都采用政治或社会契约的概念来解释公民社会的起源。[2] 他们的契约理论建立在以权利和保护自由为主要政治焦点的政府的基础上。[3] 这些现代启蒙理论家反对古代和中世纪思想家的一种观点，即政治是自然的。他们赞成另外一套观点：政治社会是人为的，政治权威是有限的，并且人民有权利建立政府，拒斥不尊重他们人权的政府。这种对理性的诉求绝非只停留在理论层面，由它们推动的几场革命已经证明了这一点：1688 年英国光荣革命、1775—1783 年美国革命，以及 1789 年法国大革命。

新现代的政治思想家认为，一种基于科学和实践理性的政治无法兑现其承诺的普遍自由和幸福。因此，激发了法国大革命的卢梭拒绝了其早期现代的前辈霍布斯和洛克所主张的个人主义与聚合政治（aggregate politics）。[4] 他开启了一种基于新的人性观的反弹，这种人性观强调，激情和情感（sentiment）优先于早期现代物质主义者的冰冷计算。这样一来，他发起了一种浪漫主义的反击，强调情感、习俗和传统。他的反启蒙运动后继者质疑了启蒙运动引发的革命所带来的结果，评判它们以及那些助推了它们的观念，认为它们在社会上和政治上都破坏了一个和平的良序社会所必需的许多最重要的人类价值。

　　埃德蒙·柏克（Edmund Burke，1729—1797）出生于爱尔兰，是一个宗教联姻家庭的后代。他的父亲是一名爱尔兰圣公会的教徒，母亲是一名罗马天主教徒。他也娶了一名加入长老会的医生之女为妻，并且有着一位贵格会的老师和一些法国胡格诺派的同学。因此，尽管他本人认同英国国教，但却提倡宽容所有爱和平的宗教和民族，可以说这是由于他接触了如此多样化的观点。作为一名法学家，柏克于 1765 年进入议会。他在下议院的席位得益于其恩人的支持，这位恩人控制着柏克"代表"的口袋选区（the pocket borough）。[5] 当他的资助人被迫出售了那个农村席位后，柏克便从港口城市布里斯托尔竞选了一个席位。然而，布里斯托尔的选民在很多问题上都同柏克有分歧。他们支持对爱尔兰的贸易限制（柏克反对），并反对放宽对天主教的限制（柏克却支持）。1778 年，议会通过了一项对天主教施以宽免的法律后，伦敦爆发了骚乱，超过 300 人被杀。柏克正是这些暴民的主要目标，他断定自己不可能在布里斯托尔这一有着反天主教历史的城市赢得连任，便选择接受了另一个口袋选区的任命。

　　1791 年，柏克的朋友、辉格党领袖、首相查尔斯·詹姆斯·福克斯（Charles James Fox）赞扬了法国在大革命之后的新宪法。议会中的辉格党长期以来一直捍卫 1688 年光荣革命的成就，光荣革命发扬了约翰·洛克的观念，以及柏克所认为的立法机关和君主之间的平衡政制。柏克正是他自己所谓的老辉格党人：尽管他支持光荣革命，但他谴责法国大革命及其人民主权观念。在英国支持法国大革命的新辉格党人（如福克斯）发现，那些支持推翻法国君主制的人和 1688 年光荣革命的支持者之间的理想具有相似性。他们将法国大革命视作 1688 年革命以及美洲殖民地革命的延续。但柏克并不这样认为。他认识到，法国大革命不仅仅是政府或政党控制上的改变。相反，它是对社会的彻底破坏，包括其社会的、政治的以及宗教的组成部分的彻底破坏。他同福克斯决裂，而他的职位也被辉格党否定。不久后，柏克从活跃的政坛退休。他曾任英国下议院议员近 30 年，但从未成为任何首相的内阁成员。

柏克既是一位政治理论家，也是一位积极的政治家，他深深地卷入了当时的国家事务中。[6] 作为一名活跃的政治家，柏克并没有将自己的政治思想组织成一部或多部系统化的著作。他较为一以贯之的政治哲学分散在众多的演说和文稿中，必须根据这些不同的来源才能将其组合在一起。[7] 在很大程度上，柏克喜欢回避理论性的问题。[8] 其大量著作的核心关切涉及那个时代一系列紧迫的问题：面对国王的压榨，如何维持英格兰的宪政平衡；面对专断且冷酷无情的英国政府，如何捍卫美洲殖民地人民、爱尔兰人以及英属印度居民；如何反对那些激发着法国大革命煽动者的原则（当然，这是他最为鸿篇巨制、最为影响深远的著作的主题）。在最后这部著作《法国革命论》（*Reflections on the Revolution in France*，1790）[9] 之后，他于 1791 年又写了三篇批判性文章：《新辉格党人向老辉格党人的呼吁》（"An Appeal from the New to the Old Whigs"）[10]、《对法国事务的思考》（"Thoughts on French

Affairs"）[11]、《致一名国民会议议员的信》（"Letter to a Member of the National Assembly"）[12]。总的来看，这些作品超越时事，是对改革和革命的一种哲学探索，即使它们阻滞了辉格党对法国大革命的热情浪潮。

柏克的方法

柏克是个极具洞察力的观察者，他能观察到实践政治的艺术以及冒进政治行为所带来的危险和后果。这些关切推动着他的政治哲学。可以说，他不具备任何实质性的形而上学来为他的政治方法奠基。然而，他确有一种方法论能为其政治观念提供架构，并使那些观念成为一个支撑其具体政治建议的体系，即使这个体系不是一个连贯的整体。事实上，柏克的大部分政治成果都是方法论方面的，因为他试图为政治思想提供一种新的基础，为大多数情形下的无为而治提供一种辩护，以取代启蒙哲学家（如洛克那样的温和派早期现代主义者，以及卢梭那样的激进派新现代主义者）的方法。柏克对突发的社会变革持怀疑态度。在他看来，很多人类行为都会带来意想不到的或难以预料的影响。因此，大规模的社会或政治变革都是有风险的，因为它可能产生不可欲的结果。如果一定得有所变革，也应该是渐进的。这样的变革应该力图将所预期的未来，同那些早已存在且随时间的推移证明了自身之成功的社会制度联系起来。

要充分理解柏克的政治哲学，关键在于认识到他是在普遍和特殊两个层面上进行写作。尽管两个层面相互依赖，但却是特征鲜明且能够加以区分的。"普遍"指的是适用于所有政治，或至少是他所认为的"文明"政治的一般性命题。特殊层面说明了他的一般性观念如何适用于一个或多个哲学、民族或地方，例如启蒙观念或英格兰、法国或美洲殖民地。有时候他会用一个特殊的或具体的例子来阐明"普遍"。有时候，"普遍"可以用于将某些政治行为视为不合法的而加以拒斥，例如他对法国大革命的讨论。在柏克的方法论中，历史和传统，社会秩序和财产，以及权威和宗教，构成了一切美好事物的基础。这些基础通过四个相互交叠的准则（precepts）结合在一起，这些准则透露出他的方法论。在任何情况下，集体的智慧都比个人智慧更值得信赖。人类这一物种是智慧的，但个人则不是。第一条准则是假定（presumption）：他假定具体（也即现实）优于抽象（或者假想），实践理性优于理论理性，集体优于个人，一个人从过去继承下来的遗产优于最近的新奇事物。

　　作为一名议员，面对问题时他的处理方法既合乎道德又切合实际。因此，对于国家所面临的实际情况，结果才是清晰的指导，而非一系列模糊的设想。他不信任形而上学的思辨，并且拒绝抽象地界定人民的权利这样的观念。权利和自由是一种具体的利益，而非抽象物。它们产生于特定的情境，并随着时间推移而逐渐发展。理论和抽象危及公共秩序，并预示着政治的衰败。

　　第二条准则是成规（prescription）[1]，即由社会的过去为社会所规定的东西或给予社会的东西——社会的历史传统或风俗。这些传统缓慢且有机地发展着，顺利地相互啮合，呈现出一个统一且有

1　prescription 一词除了常见的"规定"与"处方"的意思外，还可以指"古老的或连续的习俗"以及"因长期使用或占用某物而获得的对该物的权利"。在后面这两种意义上，我们分别译为"成规"和"因袭权利"，另外，我们将 prescriptive 译为"相沿成习的"。

序的整体。第三条准则是成见（prejudice），或说没有理由的意见。它是本能的，却又根植于每个人的内心。成见总是偏爱经过尝试且又真实的东西，而不那么喜欢新的且未经尝试过的东西，同时又对既定社会结构有一种明智的尊重。柏克赞成对各种社会习惯、信念以及制度所抱有的成见。这些东西包含了对法律、特权以及上层阶级的礼貌和尊敬。宗教是最宏大的成见，它将其他所有成见统一起来。它还将人类的理解与情感同神圣相连。它教导我们，上帝是一切善的终极来源。所有的成见一起塑造了社会结构，促进了一个统一和稳定的社会。第四条准则是远见（providence）。远见要求遵从发现于传统中的无意识的理性，还包括承认理性的局限。它主张对政治决策采取一种温和、渐进且逐一进行的方法，这种方法有赖于在其他三个概念（假定、成规和成见）指导下深思熟虑的推理。远见拒斥极端主义，视其为对这三个概念的威胁以及对社会结构的挑战。

柏克对法国大革命时期雅各宾派领导人的过分做法感到愤怒。他反对革命派的关键在于，他们拒绝有远见的改革却支持基于抽象推理的行动。他谴责这样一些行为：彻底废除旧政权及其阶级体系；处决国王、贵族和神职人员；将他们的财产充公；并代之以一部高度赞扬抽象"人权"的全新宪法。根据革命派的表现，似乎政治科学可以被当作数学证明一样。但柏克并不反对所有的革命。例如，他将1688年英国光荣革命视作一项保守的、捍卫性计划。它的目的是在英国宪法下保护英国人古老的自由。正是君王詹姆士二世威胁到这些传统的自由。他还支持北美殖民地的努力，认为美洲的革命者们在捍卫他们作为英国人而享有的悠久的宪法权利。

人 性

柏克的人性观建立在需要一个道德社会的道德人的基础之上。他反对卢梭式的自然原始人观念，这种人是从历史社会背景中抽象出来的。柏克认为，这种非历史和非社会的情形如果存在的话，也是第一本性，原始人可能曾经具有这种本性，但是当他们逐渐发展为社会存在者时，他们便脱离了第一本性而获得了第二本性。这种第二本性是道德的人的真正人性。道德的人是真切而鲜活的存在者，是特定国家的居民，是一个可辨识的社会中的成员，由于柏克所说的远见，他碰巧发现自己身处其中。道德的人对道德行为有一种本能的倾向，这种倾向受到理性成见的引导。

对柏克来说，人不仅就其本性而言即是理性的，而且充满了强烈的成见。道德的人随着自己不断成熟，将发展为一种富有成见的产物。他的成见包括了他积累的意见、习惯以及感情。从出生以来的经验给了他成见：这些看法他并未经过正式地学习就吸收了，并塑造了他的思想，指导了他的行为，他将它们抛弃必有风险。这些成见中的情感使人们倾向于爱他的国家，对其历史感到自豪，敬重传统，尊重宗教。成见是每个人心中人类情感的总和。它同实践理性一起，为人性提供了一个道德基础，为识别有效的个人和社会需求提供了视角，并为满足这些需求的道德行为提供了动机。若没有成见，人的动机将会局限于产生自私行为的那些个人算计，或者局限于抽象推理，这种抽象推理导致了对整个社会具有破坏性的社会实验。这样的动机导致了不道德的人在不道德的社会中做出非理性的行为。

人性本能地使我们倾向于最大的成见，即宗教。人对于宗教的感情是自然的：人就其本性而言即是宗教的。[13] 宗教提供了信念的理由。所有人，无论伟大还是谦卑，都不能恰当地回答那些向我们发起挑战的大问题：什么是人生的意义？什么样的生活才更能使我为来世做好准备？当理性无法为这些问题提供答案时，宗教却提供了答案。这些回答针对的是自然地困扰着所有人的问题。宗教提供了一种来世图景，这种图景给予下层阶级的民众希望，使他们愿意接受自己现世的地位。它通过为不能理性地解决的问题提供答案而支持了社会稳定，拒绝宗教便是拒绝了真正的理性和我们的真实本性。

通过专注于探索社会如何正义地限制个人，柏克表达了集体的声音优于个人的声音这种观点。尽管他关心个人，也关心像法国大革命这样的灾难性事件对他们的影响，但他拒绝早期现代主义者（如霍布斯和洛克）提倡的自主的个人。他论证道："我们怕的是每个人只是依靠个人的理性库存而生活与交换，因为我们认为每个人的这种库存非常之少，如果每个人都能利用各个时代各个民族的总银行和资本，他们就会做得更好。"[1][14] 有道德的人的行为是其所属社会根深蒂固的习惯累积的结果。抽象的推理无疑会从习惯性的行为中找到很多错误，但由于人基本上是习惯的产物，妄图用抽象理性来代替习惯是愚蠢且危险的。习惯比一个人在其所处位置可能得到的任何东西都要好。尽管如此，柏克也对某些重要的个体差异表达了真实的关心。并非所有人在本性上都是平等的，大多数人的理性都是有限的。可以相信有道德的人能够智慧地行事。人类的思维结构并不允许其他人轻易地得出可靠的道德结论，其中的一些人可能被不道德的、具有破坏性的目标所驱使。那些

1　译文参照［英］柏克：《法国革命论》，何兆武等译，北京，商务印书馆，1998 年，第 116 页。

理性有限的人不仅包括疯子和杀人犯，甚至还包括通常守法的人，因为他们受到误导的动机胜过了其理性的成见。若缺乏引导，这些单独的、潜在的不道德个体可能危害到所有人。

个人为改变自己在社会中的地位并取消这些约束而进行的反馈是不自然的。这也适用于很多冲动的人。非理性的动机占据主导，这使得注意力和资源大量地偏离了社会的需要；革命可以使人们脱离其社会纽带，并使他们陷入悲剧，结局不是无政府状态就是暴政。最终，道德社会消失了。核心的问题是，那些做政治决策的人是否有能力进行明智的思考和行动？柏克的一个重要成见处理了这个问题。若没有社会和政府的制度中根深蒂固的不平等对人的约束，生活将必定成为霍布斯所说的所有人反对所有人的战争。[15] 由于道德社会中不平等的人自然地会被分为多个阶级，其中包括一个统治阶级，柏克便提出，用一种智慧的贵族制来指导那些理性更有限的人。贵族阶级包含了任何好社会的关键惯例之一。他们的意见、成见以及情操都胜过那些下层阶级的人。在一个有着良好平衡的社会中，全体社会成员，甚至是那些理性更有限的人，支持这种传统的当权者都是很自然的。它们对于我们实现自己最真实的本性或第二本性极为重要。在那些具有更高道德智慧的人的指导下，多数人就能得出合理的政治结论，并发展为社会存在者。平等主义的立场拒绝这种精英主义的假定，它不仅有害于贵族制，也有害于社会本身。

道德智慧是政治智慧的基础。政治使人得以实现其自然的道德需求。这些需求随着人们在实际人类生活的具体环境中的行动而根植于人，并表现在其自然的情感或成见之中。柏克在做出政治决策时也会加以提升的正是这种情操。但这并不是如卢梭一般的浪漫主义思想家所青睐的，以及将会导致法国大革命这样的扭曲行为的那种不加反思的情操。政治智慧是数辈人明智的判断和行动的结果。它需要时间来积累历史演进的经验，并从中挑选出有价值的东西。它体现在遵循社会认可的行为以及我们养成的常规习惯中。大多数人从本性上就倾向于道德高尚的活动。为了充分实现他们的自然德性，并防止他们做出不道德行为，那些更有可能滥用自由的人需要政府来控制他们的激情。有道德的人性唯有在已知的历史中通过既定的传统制度才能实现。

显然，柏克认为无须探讨女人在政治中的角色。那四条准则排除了她们的任何位置：女人从未成为英国政治的一部分，也从未成为他所知的任何文明国家政府的一部分。男性进行统治而女性被排除在外，这显然是柏克的意图，尽管他并未明说。女人被降低到充满爱的家庭中的位置上。

社　会

文明涵盖了人类创造的一切，包括道德价值、艺术、科学和学问，以及文化和制度。柏克赞颂由许多不同的社会所构成的欧洲文明的精神。社会[16]是为满足自然的社会需要而联合起来的人们有序的造物。社会不是个体的集合，而是一个相互依赖的有机体。无论何时何地，只要存在一个培育型（nurturing）社会，人类就会被复杂的社会义务网络所束缚。这是一条巨大的存在者链条，它将所有当下的成员与他们的前辈（他们促成了现在的社会）和后代（他们是前代人的受益者）联系在一起。每个人都是比他自己这个有限的存在更大、更持久的事物的一部分。社会通过许多不同的制度来为公共利益服务，它是为人类的进步而设计的。它显然是对自然状态，尤其是一种"野蛮而不连贯的生活方式"的一种改善。[17]随着社会逐渐发展出引导人类行为进入有序且能够预测的道路的传统，它钳制了人的激情。

柏克的社会观带有明显的宗教意味。既定的宗教是社会传统的核心。柏克认为宗教为塑造有德性的人做出了巨大贡献。这个说法不仅适用于英国，也适用于任何良善社会。因此，社会制度不仅仅是关于人类利益的主体，它们也是最终由上帝统治的神圣道德秩序的一部分。柏克所在的英国，主要的制度包括君主及其家庭成员、神职人员、世袭贵族（hereditary nobility）、自然贵族（natural aristocracy）以及有义务的普通民众，无论它们是世俗的还是宗教的，都一起构成了一个单一的共同体。传统是社会结构的护卫者，它包含了一个不断扩大的关系网，这些关系包括了整个社会，从家庭到邻里再到地方要员，并最终到国家。传统还包含政治制度及其施行的权力，法律法规，社会阶级及其特权，以及世俗的和宗教的传统。由于这些关系通常沿袭于过去，人们不能自由地选择它们，但也应该真诚地将其接受，无论这些关系可能有着多少缺陷，或者多么难以承受。成见要求人们爱自己所属的"小团体"（little platoon）。"这是我们所由以走向热爱自己国家和热爱人类那个链条上的第一环。"[1][18]如果突然或是不必要地将其改变，或是让它们与某些抽象的计划保持一致，便会破坏自然的秩序。所有这一切都因为在社会的维系过程中发挥了宝贵的作用而得到发展。

社会的每个成员都是统一而多样的整体的一部分。社会成员的

---

1 译文参照［英］柏克：《法国革命论》，第61页。中译本将柏克原文里的"我们"误作"他们"。

身份让人文明，使人自由，因为每个人在自己的社会中都有一席之地，而每个社会在普遍计划（universal scheme）中也有一席之地。经过几个世纪的缓慢发展，通过漫长的试错过程，大量的道德智慧被给予了社会的每一个组成部分。所有人都促成并受益于这一积累而成的智慧。它可供每位成员使用。每个人，即使最聪明的那些，都只拥有少量的智慧，而社会上却有着更大的存量。反对既定的宗教、统治阶级或者私有财产等社会制度，就是反对值得敬重的既定社会控制机构。社会控制建立在它所沿袭的成见基础上，而成见反过来塑造并维持着社会。遵从成见是一种有德性的习惯，因为它使仆人尊重主人，臣民服从统治者。对一些人来说，这些社会现象（manifestations）可能显得非理性，但它们却服务于更高的理性。社会充当了政府权力的制动器。传统权利的延续是抑制滥用政治权力、防止暴政的一种手段。传统的制度——社会制度、政治制度与宗教制度，以及它们自己的相沿成习的权利，能抑制任何可能侵犯其特权的过分行为，并充当了政府和个体臣民间的缓冲地带。这些是拥有权利但孤立隔绝的早期现代个体难以做到的。这样的个体没有权力去抵抗新兴中央权威。

柏克看到了大众社会初现端倪和政治权力日益集中之间的关联。法国阶级差异的瓦解与天主教会的垮台一样，为暴政开辟了道路。

社会由几个不同的阶级以及一系列历史上公认的权利和利益组成，这些权利和利益在每个阶级中是不平等的。柏克关于有序自由的观念要求一个等级分化的社会，因为只有鼓励那些最有能力贡献自己才能的人去满足公众的各种需求，公众的各种需求才能得到最好的满足。每个人都被期望扮演适合其天赋的角色，一个与一系列相沿成习的权利相联系的角色。每个人都可以认同社会秩序中一个可敬的要素———一个阶级、一个行会、一个地方、一个区域。所有人都在相互期待的社会中发挥自己的作用。其角色按等级排列，最重要的排在顶端。时光流逝，人们所处的阶级却是相对固定的。对统治阶级的作用、重要性以及自然性的幻觉，能使卑微者认为其低下的地位是合理的。相信制度是正当的能给予底层阶级一种安全感和认同感，补偿了他们对权力的屈从。社会生活的习惯和习俗使他们能够忽视（overlook）或忽略（ignore）任何社会和政治制度的不正义。他们的默许是由既定的习俗和传统所唤起的，其结果是人们毫不质疑地接受他们的日常生活、地位、角色，以及他们的传统和制度。

那些拥有卓越才能和德性的人能为社会做出更大的贡献，因而他们应该得到更大的回报。所以统治阶级便享受着更幸福的命运。他们生来即在财富、地位、权力和尊重方面享有世袭地位。他们被认为有资格担任政治职位。柏克认为，优先考虑出身既非不自然，也非不正义。这一阶级的任务是保持他们自己的地位，并维护社会秩序和自由。他们对自身地位的永续性充满信心，便能够为了社会的长远利益而行动。这一阶级是我们的恩主，因为它维系着制度，也维系着一个将自由带给社会的文明模范。在这个过程中，随着时间的推移，这一阶级使我们能够享受物质上的满足，提高我们的品位，使我们的文化更为文明，社会更加和谐。

世袭贵族虽有贡献，但柏克同样重视自然贵族。有些人的地位并非继承而来，而是通过自身才能和毕生努力来获得的。他们能够对社会有巨大的助益，尤其是在政治、军事或者宗教方面。因此，为了所有人的利益，世袭贵族必须与他们合作，而不要试图去干涉他们的努力或他们的回报。卑微的大多数人，若想要提升自己，就要努力克服众多障碍以后才能在社会上出人头地。这样的自然精英如何能被辨认出来？正如柏克思想中的其他很多要素那样，并没有哪一种方法适合所有角色。传统规定，那些监督政府的人将由两种方式挑选出来：选举出自然精英组成下议院，而上议院的成员以及君主都由世袭产生。那些管理经济的人也将通过类似的两种方式来取得他们的角色。一些人将继承家族企业中的职位，其他人会通过个人能力晋升至高层。自然政治精英的一个重要限定条件是，其中的许多人（若不是全部）都应当拥有财产。[19]

所有这些社会结构都使得原本可能陌生的环境变得符合我们的需要。我们对这些个体、实体以及维持它们的传统发展出了温情和友善的倾向。它们将我们从一个建立在不受约束的经济竞争基础之上的纯粹的交易社会中拯救出来，并在一个原本残酷的世界中，给我们提供了容易识别的精神支柱，也提供了因熟悉而生的舒适。这种令人愉悦的互动不仅有助于减少私人社会带来的不安，甚至提升其尊严，还能让我们尊重且服从既定的权威。财产的不平等使那些财产较少的人依赖并顺从那些财产较多的人。随着时间的推移，这些关系几乎成了第二本性，会带来社会的稳定。当普通人接受财产不平等的合理性时，他们便承认了成见的作用。这一点同样适用于宗教。

好公民也是虔诚的公民。我们对宗教的自然倾向是促成社会秩序的关键因素。宗教有助于使明显不正义的社会制度合法化。宗教对于那些从出生起就在人生的博彩中失败的人来说是一种安慰。尽管柏克支持有限政府，但他又允许政府强制人们尊奉宗教，从而赋予宗教以特权。除别的意义外，这样的尊奉将减少无神论对社会造成的威胁。无神论既违背了理性，还违背了我们的本能，必定会导致灾难。他谴责法国大革命中那些无神论领袖，他们借着抽象的平等主义之名，毁坏天主教堂，摧毁宗教，从而破坏了社会中一切美好事物的基础。虽然柏克个人相信，英国国教一直处于至高无上地位是社会稳定的传统支柱，但他明确地说自己强烈支持宽容所有的宗教团体。他为英格兰的新教反对者和爱尔兰天主教徒辩护，反对那些纯粹基于宗派歧视而施以民事或宗教惩罚的法律。柏克倡导的宽容甚至超过了洛克，他要为"犹太人、伊斯兰教徒甚至异教徒"的信仰自由提供全面的保护。[20]

政　府

柏克认为，相沿成习的传统是嵌在社会契约之中的：

> 社会确实是一项契约……但国家却不被认为只不过是一种为了一些诸如辣椒和咖啡、烟草或布匹的生意，或其他某些无关紧要的暂时利益而缔结的合伙协定。……这样一种合伙关系的目的无法在许多代人中达到，所以国家就变成了不仅仅是活着的人之间的合伙关系，而且也是在活着的人、已经死了的人和将会出生的人之间的一种合伙关系。

> 每一个特定国家的每一项契约，都是永恒社会的伟大初始契约中的一个条款，它联系着低等的自然界和高等的自然界，连接着可见的世界与不可见的世界，遵照的是由不可违背的誓言所许可的固定合约，那份誓言约束着自然界和道德界的所有事物都各安其位。[1] [21]

1　译文参照［英］柏克：《法国革命论》，第 129 页。

柏克抨击了社会契约论者，因为他们声称合法政府仅仅来源于大众阶级。与霍布斯和洛克相反，柏克认为人类并不是为了确保某些所谓的自然权利而共同行动并离开自然状态。"在原始的自然状态中，并没有所谓的人民。许多人在一起本身是没有集体能力的。人民这个概念是一个团体（corporation）概念。它完全是人为的，像所有其他法律的虚构性那样，是通过共同的协定制造出来的。"[22] 他认为自然状态就如同卢梭的原始状态一样，既缺乏历史，也缺乏记忆。只有在人类走出这种状态并开始逐步建立社会制度后，人民的观念才缓缓浮现。

社会的确建立在社会契约的基础上，但这种契约与霍布斯、洛克或者卢梭所想的社会契约截然不同。人类并不是在单一的事件中创立了合法政府。一份有效的契约是随着时间的演进才逐渐成熟。它在历史中演进、扩展并变得明确起来，这是历代心甘情愿的贡献者影响的结果，它将一种文化的过去、现在和未来一同编织进它的传统中。它是人类所设想的一切有价值的追求——对科学、艺术和德性的追求中的一种"合伙关系"。这份契约是文明社会的基石，它源于过去并服务于当下的人类需求。它的制定并非为了保护某些虚构的自然权利。

文明社会是人类本性的必然，政治权威也是如此。政府并不仅仅是人类为完成某些任务而建造的机器，而是社会及其传统的产物。既定的稳定政府是许多代人经过无数个世纪努力的产物。指导政府的智慧存在于社会有机体之中，而不是任何一个或多个个人的头脑之中。即使政府的缔造者也只是指明了正确的方向。我们不能把那个政府目前的权力和可持续性归功于他们。这些功劳当归于许多历年来忠诚不已、默默服从的人，他们中的大部分人并不为人所知。

在普通法中，因袭权利（prescription）是基于对某物的长期使用而获得的一种要求权。柏克谈到了一部相沿成习的宪法，它赋予了政治权威具体的形式。这部宪法已经存在于很多代人之中，这证明了它的合法性。一项决定一旦被采纳入现行宪法，它就产生了后代所不能随意忽视或废除的义务。因为做出这些决定是为了满足人们自然的需要，所以他们有道德义务遵守其宪法并服从他们的政府。这项义务被传递给后人，且无须经过他们同意。因此，英国宪法认可了诸如贵族和政治上的各个级别、特权和头衔等建立在长期使用基础之上的传统。这些传统提供了稳定性和连续性，使当代人能够从过去的智慧中受益。对柏克来说，"我们最佳的智慧和我们的首要责任"就是坚持我们所拥有的自由，防止它"败坏和腐化"，而不是寻求将其扩大。"我认为那种财富毋宁说是一种要加以保障的财产，而不是一种要去争取的珍宝。" 1 [23] 从长远来看，人们服从有效的政府不仅因为法律，或因为政府对武力的垄断，而且因为政府被认为是合法的。

政府的首要作用是为秩序和自由（freedom）或者有序的自由（liberty）提供条件。它通过保护其公民免受破坏公共秩序的人的伤害来实现这种有序的自由。唯有某些自由是有价值的，那些自由经受过时间的考验，并逐渐融入社会结构中以满足特定的社会需要。柏克会维护现状，而不会以综合的方式为那些没有新自由的人创造新的自由，所以"一个好的爱国者和一个真正的政治家，则总是在思考他将怎样才能最好地利用他的国家的现有材料" 2 [24]。他必须始终以现有制度为基础，不能仅仅为了标新立异而改变它们。

---

1 译文参照［英］柏克：《法国革命论》，第 71 页。
2 译文参照上书，第 205 页。

"保护现存事物的意向再加上改进的能力，这就是我对一个政治家提出的标准。"[25] 任何变革都必须尊重既定习俗和惯例的权力。然而，柏克并非拒绝所有的变革，而支持对现状进行盲目的辩护。他意识到，任何国家想保全自己，也许都需要变革。他区分了大规模的变革和改革。巨大的变革仅仅是"新奇"，它以将好的和坏的都消除这种方式来改变不正义。"改革不是在实质上进行变革，或对事物进行重大改变，而是要直接矫正人们所抱怨的不平之事。"[26]

改革应当尽早进行，以避免愤愤不平的人对巨大变革的要求。它必须局限于渐进的调整，矫正觉察到的问题需要多小的变革就只做多小的变革，并且要遵照宪法的精神和人们的习惯来实施。这样温和的变革持续时间更长，并为进一步增长留下了空间。"一个国家没有变革的办法，也就没有保全它自身的办法。没有这类办法，它甚至可能面临一种风险，即丧失它极为虔敬地想要加以保存的那部分宪法。"[1] [27] 改革旨在终止特定的不平之事，同时又维护社会的基本原则。因此，补救措施只有在下面这种情况下才是适当的：存在着特定的不正义，而且如果这种不正义得到了矫正，与什么都不做相比，就可以导致一个得到改善的社会，或不正义更少的社会。

如果一个政府极具压迫性，那么柏克承认有一种反抗的权利，但反抗只是为了恢复宪法的平衡，就如同 1688 年那样。因此英国革命和美国革命的目的是要维护或恢复在英国历史中演变而来的宪法权利和自由。法国的革命则不同。它的目标不是为了维护过去，而是同过去决裂。柏克批评了法国革命家的主张，即每个自然出生的公民都应享有平等的政治权利。他们认为，现行的法律

---

1 译文参照［英］柏克：《法国革命论》，第 28 页。

和制度违背了人类理性，因此不可能建立在理性个人自由同意的基础上。在柏克看来，自由同意即是对既定制度和传统的同意，而并非建立在纯粹理性的考量之上。柏克从法国人的行动中看到，只有少数有德性且审慎的人才能恰当地使用自由，但自由却被不加区分地给予了所有人。"可是既没有智慧又没有德性，自由又是什么呢？它就是一切可能的罪恶中最大的罪恶了，因为它是缺乏教养和节制的愚蠢、邪恶和疯狂。"[1][28] 当雅各宾派废除贵族不平等的相沿成习的权利时，他们认为他们只是在挑战少数拥有了过多特权的个人。但贵族是一个由相互依赖的制度和传统构成的复合体的一部分，这些制度和传统通过成规来授予权利，通过假定来获得政治合法性，而这又带来了社会最佳的可能设计，这是一种宝贵的成见。

雅各宾派的欲望导致了整个社会结构的根本转变，摧毁了现存的国家和作为其核心特征和长期特征的君主制。取而代之的是，革命者创造了一个以源自理性的抽象权利为前提的新型公民社会。这些由卢梭等理论家发明的"谎称的权利"产生了极端的、意想不到的且不可欲的行为。这种行为可能倾覆"真正的"人类自由和权利，包括对于"其劳动果实"的权利以及继承权。[2][29] 法国统治阶级的垮台导致了政治灾难。在社会中，权利由法律定义，而法律是习俗的产物，并通过传统而得到阐释、修改和支持。所有人都有权从自己的劳动中获益并过上合理的生活，有权让子女接受教育，有权继承财产，有权选择宗教。政府应当依据法律对所有人平等对待，但并非提供平等的利益。在履行其对公民的这一

1　译文参照［英］柏克：《法国革命论》，第315页。

2　参见上书，第77页。

义务时，政府必须争取权力以抑制过度的激情（无论是少数掌权者的激情，还是多数被统治者的激情）。

社会中的自由的前提是柏克所说的"自由政府"[1] [30]。他所谓的自由政府并不意指民主制，即一种要对公民的欲求负责的政权，在这种政权下，政客们要保持权力，就必须满足短期要求，忽视长期需要。人们所享有的合理权利和自由是社会性的和相沿成习的，而非抽象的或个人的：它是"一份传世的遗产（entailed inheritance），我们得自我们的祖辈，而且要传给我们的后代"[2] [31]。政府通过颁布和执行那些维护习惯性社会关系的法律来保障公民的自由。同其他的社会制度一样，自由并非创造出来的，而是从悠久的传统中生长出来的。它以社会地位为基础，因阶级和职业而异。它被授予那些能够负责任地使用它的人，那些对社会和谐能够贡献有价值之物的人，也即统治阶级。统治阶级运用高人一等的才能来启发并保护弱者、智力更差者和穷人免受权力的劫掠。所有的政治都需要不平等，这种不平等基于等级、社会规训和举止、智慧以及专业知识等方面的差异。

政府形式

柏克并没有推荐任何一种对所有社会来说都是最受青睐的政府形式。一般来说，最好的政府取决于其充分发展的政治制度和传统。经验是偏好、建立、维持和改变任何政府形式的最佳指南。

1　参见［英］柏克：《法国革命论》，第 315 页。
2　译文参照上书，第 43~44 页。

然而，他确实为英国提出了一些制度建议，这些建议反映出他眼里对英国来说的最佳政府。对英国来说，柏克最青睐的政府以他对英国宪法的理解为基础，英国宪法并非一份单一的文件，而是经过几个世纪的发展，在枪炮与和平中逐渐积累的文件、法律、政策和惯例的集合，被认为对于英国政府、大英帝国以及英国社会保持其连续性来说都至关重要。

柏克支持混合的、平衡的宪法。基于社会不同阶级的每个政府机构在宪法体系中都有其作用。在某些情况下，他支持民意机关反抗王室，在另一些场合则相反。民意机关即下议院由少数人选举产生，大多数人没有投票或当选的资格。那些拥有充足财富且受到足够教育的人，能够从长远角度看待公众利益并投票支持遵循柏克原则的代表，这些人包括有资格获得完全公民身份但又受到限制的选民。那些目前对政府负责的人只是临时的看守人。之所以建立政府，就是要让它去代表一些利益，这些利益就是存在于君主制、上议院、下议院以及英国国教之中的历史制度，政府永远不应该代表臣民个人行事。

光荣革命维持了王室的核心地位。君主并非独立行事的专制统治者，而是有着广泛基础的精英政治文化的一部分。君主制在维持既定秩序方面有着举足轻重的作用。国王的定位是保护人民以反对贵族，也保护贵族以反对人民。君主为政治增添了个性、温暖和文明性（civility）。与君主对立的是立法机构也即议会。一部平衡的宪法需要一个独立的立法机构。它必须由有尊严且正直的人组成，他们能够超越寻求法律支持的不同派别的狭隘利益。[32] 贵族政治是立宪君主制的必要特征，它并非一种纯粹的政府形式。[33] 统治者是自然贵族的一部分，他们以才能、教养、财富以及继承而来的地位为基础，这些都使得他们适合为了公众利益而统治。只有这少数人具备高洁雅致和政治智慧来做出立法判断。上议院的成员以贵族的世袭财产为基础，而下议院则由拥有大量财产的非贵族组成。

在历史上不平等的社会中，贵族这一等级结构一直是有益的。这就是为什么不平等的财产权和不平等的政治权利往往相伴而生。贵族是礼仪、文明和道德的典范，这些都对中产阶级追求经济私利的行为具有纠偏作用，这种追求总体上有益但具有潜在的破坏性。通过与下议院的精英合作，贵族使得政治过程免受大众的不良影响，大众除了自身的欲望和需求外，不能意识到更大的公共利益；同时也使得政治过程免受来自其他阶级的魅力型冒险家的不良影响，免受可能成为暴君的人的不良影响，这些人会利用大众煽动叛乱，从而让自己爬到有权有势的位置。贵族的影响和财富通过一种类似生物特质传递的过程来分配，这给社会和政治带来了一种更自然的影响。贵族还提供了一种将过去、现在和未来结合起来的历史维度。

贵族是自由的中流砥柱。它保护社会免受个人的专制与群氓的暴政之害。凭借其大量而稳定的财产，贵族可以承受住其他阶级破坏宪法平衡、摧毁所有人自由的活动。[34] 在没有任何派系主导的地方，当每个派系都认为有必要分享权力时，温和中庸便占上风。这导致了原则性的妥协，它可以阻止极端主义。由此产生了颁布温和法律的政府。它确保了商业阶级财产的稳定性和安全性，从而促进了经济发展。它还为社会所有成员提供了一种地位感和归属感。个人感受到他们并非独自存在于这个世界，而是社会的一部分，而这个社会又保持着令人安心的习俗。政府是为他们利益的，他们的不满将被倾听，并且政府会对之采取行动。但永远不能叫他们来决定应该做什么。这是他们的自然领导者的工作。

好政府的问题充满了两难困境。其中最复杂的问题之一涉及选民与他们选举出来担任立法者的人之间的恰当关系。当柏克在布里斯托尔当选为议会议员时，他发表演讲反对议员在如何就各种问题进行投票时听从选民指示的惯例。柏克告诉他的选民，他们选择的是这样一位立法者，他想做一名代表（representative），而不仅仅是一个受委派的人（delegate）。他确实认为选民们的利益和意见应当得到极大的尊重和关切，以至于他会为了选民而牺牲自身的舒适生活。但他并不打算迎合他们，充当受他们委派的人或传声筒。相反，他更愿意成为他们的代表。他将会听取选民的观点，并根据他自己对国家利益的理解，斟酌考虑并独立判断应当做何事（如果要做点什么的话）。柏克认为他应当为选民做出那样的判断，无论他们同意与否。此外，他和他的议会成员们为了所有人的公共利益行事，无论那些人是否拥有投票权。

柏克遵循了中世纪的共同代表（corporate representation）观念，即人们是由于他们所属的群体，而不是作为个人而拥有政治重要性。换句话说，那些没有投票权的人实际上也被代表了。他认为这个传统的代表系统运行得足够好，而不需要任何改变。因此，他反对任何将投票权给予那些并不拥有它的人的举措，认为扩大选举权是对宪法平衡的威胁。

经　济

在早期作品《自然社会的辩护》[35]中，柏克认为在自然社会中，劳动带来财产所有权，但是在人为社会或政治社会中，那些工作最多的人最终却得到的最少。在这一点上，他似乎对穷人面临的经济问题很敏感，就像他后来对源自如宗教不宽容的不正义很敏感一样。随着柏克成为工业革命背后的经济观念的支持者，这种情感也被随之抛弃，或至少有所修正。作为亚当·斯密的朋友，柏克支持自由放任的经济，反对政府管制，并支持不受限制的个人企业。

财产的本质就是财产的不平等：

> 在我们家庭中延续我们的财产这种动力，就属于其中最有价值和最有趣味的情况之一，并且最倾向于延续社会自身。它使得我们的弱点屈服我们的德性；它甚至把仁爱嫁接到贪婪上。[1][36]

贵族手中的财产是良善社会的一个必要属性。尽管在社会上有消极的方面，例如穷人们会饱受饥饿之苦，但积极的方面更多。面对 1790 年与革命时期的法国交战的英国所发生的粮食短缺，柏克反对利用政府供应来缓解饥荒。我们不应该"寄希望于缓和神的不悦，以消除我们所遭受的任何一种灾难，一场悬在我们头顶上的灾难"[37]。他认为政府干预将会违反市场的自然法则。这种干预将否定"商业法则，它们是自然法，因而也是上帝之法"[38]。劳动是一种受供求影响的商品。工人的工资是否足以维持其生计并不重要。唯一的问题在于，它对买家来说有何价值？工人贫穷是因为他们的人数太多了，因此他们必须廉价地出售其劳动力。即使将富人的所有财产重新分配给穷人也无济于事。此外，饥饿的工人（及其家人）不是政府要考虑的。他们只是慈善的对象。那些

1　译文参照［英］柏克：《法国革命论》，第 67 页。

依赖慈善的人将面临一个不完美的纯粹自愿性的系统，但柏克为他们提供的最好的东西也莫过于此了。

柏克对新兴自由企业资本主义的辩护，表达了他对社会上很多限制政府权力的观点的担忧。但他是否充分认识到资本主义的个人主义是如何压倒社会传统的？或许他误以为资本家的判断这只"看不见的手"是一种有机机制，甚至是一个不可见的上帝的工具。对于一个具有通常的敏锐判断力的人来说，柏克显然忽视了自由放任资本主义所包含的激进个人主义对他所珍视的像有机体一样相互依赖的社会的腐蚀作用。

结　论

早期现代主义者关于社会契约及其派生物的观点，例如服从政府的依据，无法解释政治义务与社会的全部本质。在反对他们的过程中，柏克为现代政治思想的宝库增添了一些宝贵的观念。柏克认为，社会义务和政治义务是由社会惯例或既定习俗在历史上塑造起来的。对于他的这个判断，我们能不假思索地加以拒斥吗？诉诸抽象的理性既不能发现这些义务的基础，也不能创造新的义务。这样的做法只会引发撕裂现存制度甚至整个社会秩序的不满和革命。取而代之的是，它们制造了混乱，在一个漂泊不定且与既定信念和惯例疏离的社会中建立了新政府。正如柏克在法国看到的那样，这些基于理性的新实体的未来将充满永恒的混乱，甚至是真实的苦难。

霍布斯、洛克以及卢梭等思想家提出了一些抽象的权利。任何诉诸这种抽象权利的革命都忽视了柏克所谓在历史中被创造的真正的人类权利。至少柏克认为，只有尊重社会传统和惯例才能保护这些权利。但他的政治思想不也存在着重大缺陷吗？例如，柏克政治思想的核心依赖于习俗、传统和历史对于创造稳定政治所起的重要作用。这些是极其真实并且重要的考虑，但更早一些的现代主义者在匆忙地为建立在平等的普遍权利这样的抽象概念基础之上的政治基础辩护时，却很少注意到它们。然而，在柏克思想突出的务实特点背后，是一种乌托邦主义。例如，柏克诉诸传统，这几乎没有给那些寻求改变自己婚姻地位、社会地位或政治地位的女性任何改变的希望。由于在英国，女人从未享有与男人平等的权利和自由，诉诸传统便很难给女性提供发展其政治权利或社会权利的机会。那么对于处在阶级社会底层，既不自由也未受到平等对待的人，柏克又提供了何种鼓励？他认为，下层阶级应该接受他们在社会中的地位。他的这个观点只有在下面这种情况下才是可以容忍的：他们很愚笨，或者贵族真的被认为是在为了所有阶级的利益而统治。这可能要求统治阶级做出牺牲，并被看到做出了牺牲，这种牺牲还要与被统治者所放弃的东西相匹配。统治阶级可能不得不放弃自己的部分财产、私人俱乐部、巨大的地产或者专属学校，以使任何为了公共利益而统治的说法听起来真实可靠。但历史上什么时候一个特权阶级会自愿这样做？或者提出这一问题就是在用乌托邦来与乌托邦较量？要想确保不自愿这样做的精英进行转变，一种经过时间考验的选择是公开反抗而非服从。英国的历史以停滞和重大变革的交替为标志。这种交替可以被视为英国政治的特征。柏克的哲学似乎更多地为前者辩护，贬低后者的价值，也贬低他热烈拥护的稳定性所要求的必要平衡。

柏克所评论的对象不总是清晰的。有时候很难分辨他什么时候针对的是英国，什么时候又在给所有的文明国家提建议。换句话说，他的提议什么时候是特殊主义的，什么时候又打算具有普遍适用性？他对诸如传统这样的事情的讨论，很大程度上可能仅限于英国。但他所倡导的宗教宽容又如何呢？设想宗教不宽容是社会宗教结构的一部分，也是某种传统的一部分，那种传统会带来一些能促成良序社会的有价值的好东西。在这种情况下，他的哲学会建议（如果有建议的话）做什么或不做什么呢？他所偏好的政策究竟是宽容还是传统？

　　启蒙思想家认为他们的计划是用科学和理性来取代宗教信仰。作为一个保守的新现代主义者，柏克质疑启蒙运动通过拥护人类理性来揭示政治知识首要原则的做法。他指出了理性的局限及其潜在的破坏性后果。他怀疑社会契约在历史上的真实性，也不相信社会契约有能力支持个人对政府的服从的道德基础，这就对现代契约论旨在支持的那些假设提出了质疑。[39] 相反，柏克重新表述了一种基于社会传统的契约论。他试图保护理性和政治不受理性本身的影响。倘若柏克通过指出启蒙运动计划的不彻底性、缺陷，以及遵循其基本命题会对其逻辑结论所带来的危险，来破坏他们的计划，那么他自己用基于历史的传统来取代理性的做法，也由于未能解决那些身处现状真正被压迫的人的需求，从而具有同样的不彻底性、缺陷和危险。必须采取一种新的方法来发掘政治思想的基础，也必须采用一种新的政治哲学传统来应对早期现代主义者和新现代主义者的局限性。

延伸阅读

Browne, Stephen H. *Edmund Burke and the Discourse of Virtue.* Tuscaloosa: University of Alabama Press, 1993.

De Bruyn, Frans. *The Literary Genres of Edmund Burke: The Political Uses of Literary Form.* New York: Oxford, 1996.

Gibbons, Luke. *Edmund Burke and Ireland: Aesthetics, Politics, and the Colonial Sublime.* New York: Cambridge University Press, 2003.

O'Gorman, Frank. *Edmund Burke: His Political Philosophy.* Bloomington: Indiana University Press, 1973.

Stanlis, Peter. *Edmund Burke: The Enlightenment and Revolution.* Piscataway, N.J.: Transaction Books, 1991.

Sternhell, Zeev. *The Anti-Enlightenment Tradition.* Trans. David Maisel. New Haven, Conn.: Yale University Press, 2010.

Whelan, Frederick G. *Edmund Burke and India: Political Morality and Empire.* Pittsburgh, Penn.: University of Pittsburgh Press, 1996.

第十四章

密尔：推进自由

导　言

　　如果说约翰·斯图尔特·密尔（John Stuart Mill，1806—1873）所受的早期教育强度过大，以至于导致了他的精神崩溃，那么这位年轻的英国人却由于发现了诗歌，并结识了一位对他的生活和思想有着最为非凡影响的女人而避免了其精神崩溃所导致的最严重后果。密尔在 25 岁时遇见了哈莉特·泰勒夫人（Mrs. Harriet Taylor），她是一位富商的妻子，也是几个孩子的母亲。在接下来的 20 年里，随着他们时常一起讨论各自的作品，他们的关系也日益加深。可以想见，尽管密尔坚持认为他们的关系是纯粹柏拉图式的，他只是想与一个启发了自己思想的人保持清白的智识关系，也仍然会有人对他们冷嘲热讽。泰勒先生似乎并不反对他们的关系，当这两位朋友在他的家里相见时，他便去自己的俱乐部用餐。密尔和哈莉特一直保持着这样的关系，直到哈莉特的丈夫去世 3 年后，那时他们才终于结婚。不幸的是，仅 6 年后哈莉特便去世了，那时密尔的好几部主要政治著作尚未完成。[1]

　　密尔的《自传》告诉我们，他是詹姆斯·密尔（James Mill，

1773—1836）的儿子，詹姆斯·密尔是一位多产的作家，主要围绕着政治以及相关主题进行写作，其作品致力于冷静的逻辑分析。年少时的密尔在家里接受了严格的教育，由他的父亲及其家人的朋友进行指导，这些人都是当时最为杰出的思想家。他从 3 岁开始学习希腊文，之后又学习了一系列其他具有挑战性的科目，包括拉丁文、代数、逻辑学、经济学以及法律。但任何能够激发其情感的课程，例如宗教或浪漫主义诗歌都被略去。这样的教育由功利主义指导，密尔的父亲协助他形成了这一哲学观点，年轻的密尔不加批判地将其接受。事实上，功利主义的教义以及它极为理性的方法给密尔留下了深刻的印象，以至于在密尔 15 岁时，也就是他的正式教育基本完成时，就完全接受了功利主义哲学。[2]

功利主义

　　把"功利"或"最大幸福原则"当作道德基础的信条主张，行为的对错与它们增进幸福或造成不幸的倾向成正比。所谓幸福，是指快乐和免除痛苦；所谓不幸，是指痛苦和丧失快乐。[1] [3]

被称为功利主义的那种哲学是杰里米·边沁（Jeremy Bentham，1748—1832）在密尔的父亲詹姆斯的协助下为政治哲学所做的伟大贡献。它可以被定义为一种以实现最大多数人的最大善（或

1　译文参照［英］密尔：《功利主义》，徐大建译，上海，上海世纪出版集团，2008 年，第 7 页。

幸福）为核心关切的哲学。[4]

功利主义者的行为规则基于一些关于人性的基本假设，这些假设与霍布斯和洛克的假设类似。他们假设所有人的本性几乎是一样的，我们都在进行着理性的计算。理性的个体主要受个人私利或者自利心的驱使。功利主义哲学对那些企图用自利心来寻求自我实现的个体有着极大的吸引力。对功利主义者来说，快乐是好的，痛苦是坏的，所有人都是追求快乐的动物。因而，人类行为便是以个人追求快乐以及避免痛苦的欲望为基础。功利主义者认为，社会不过是非常不同且相互分离的部分之总和，也即构成社会的原子式个人的总和。

在衡量社会幸福或公共利益时，所有人都被视为平等的。每个人，无论他或她的敏锐力、才智或在生活中所处的地位如何，都被算作一份。通过计算所有个人参与者的个人利益或幸福的净总额，就可以确定所提议的法律或其他政府行为能带来多少公共利益。那些相信政府的特定行为能够带来更大幸福或快乐的人被加总在一起，那些相信会招致更大痛苦的人也同样被加总在一起。如果快乐的总和大于痛苦的总和，那么公共利益就会要求政府采取行动。如果痛苦超过快乐，那么政府就不应采取行动。社会正义，或说社会衡量对错的标准即是基于一系列这样的计算；对于每一条单独的法律，也要这样计算。其结果便是形成给最大多数人带来最大幸福的社会。因此，政府的职责之一便是进行定期的调查，用来发现其公民总体上想要什么。这个过程就是卢梭所说的发现众意（the will of all）的过程。

增税的结果（以选民百分比计算）			
	快乐	痛苦	结果
投票情况 1	60%	40%	好结果：同意
投票情况 2	40%	60%	坏结果：拒绝

图表 14.1   在是否应当增税的问题上用旧的功利主义计算来确定公共利益：
两种投票情况

在功利主义哲学中，政府的任务是有限的，即增进公共利益。它可以通过消极的和积极的两种方式来实现这一点。从消极方面讲，政府采取行动以减少社会中的痛苦。它通过施加刑罚，如监禁、罚款甚至死刑等方式，以阻止对他人造成痛苦的反社会行为。政府的工作便是通过刑法来界定这样的行为，并惩罚违反法律的人，但前提是造成了痛苦。法律必须有所调整，以使惩罚与罪行相当。如果公众对一项惩罚是否过重的看法发生了变化，该法律就必须加以改变。例如，在 19 世纪的英格兰，一个不满 10 岁的儿童若偷窃了价值 2 便士的物品便会被判处死刑。随着人们态度的转变，情况便不再如此。从积极方面讲，政府可以通过奖励其想要鼓励的行为而增进社会的幸福水平。这可以采取多种形式，如对个人捐赠给慈善组织的善款予以税收减免。

除了上述规则，有限政府还应当保持中立，不能干涉守法的个人。守法者拥有按照自身意愿去行动或不行动的自由。如同霍布斯所言，在法律的沉默地带能发现他们的自由。功利主义者认为有限政府是好政府。尽管较早提倡有限政府的人比如洛克在哲学上将其建立于先在的自然状态、自然法、自然权利以及社会契约基础上，功利主义哲学却并不依赖于上述任何一种特征。它们都被痛苦和快乐原则所取代。

功利主义者是法律改革者，他们不仅对英国政治权力的变迁做出回应，也有助于扩展这种变迁。17世纪初，英格兰被一位声称君权源自神权的君主统治着。作为上帝所拣选的人，君主并不对任何世俗的权力负责。结果首先是导致了内战，然后导致了光荣革命。在此过程中，合法的统治权利由宗教许可转变为以一种不成文的契约为基础。新的立宪君主仍然需要通过世袭得到其职位，但也渐渐地需要同选举产生的下议院分享更多的权力。这意味着统治者必须接受对其曾经主张的无限权威施加约束。

尽管发生了上述变化，功利主义者认为政府并不愿意制定法律以适应工业革命后不断壮大的城市中产阶级的情绪。下议院由不具代表性的乡村精英控制着，他们倾向于维持现状。为了向着一个反映最大多数人的最大善的社会前进，功利主义者试图通过制定法律来扩大能够选举下议院的代表的选民规模。在整个19世纪，首先获得投票权的是城市中产阶级，随后工人阶级也获得了投票权。选举权的扩大使君主的权力进一步转移到下议院所选择的行政官员（首相）手中，后者由选民选举产生，因此也代表着选民。约翰·斯图尔特·密尔看到了扩大投票权的危险。

密尔对功利主义方法的修正

禽兽的快乐并不满足人类的幸福概念。人类具有一些高于动物欲望的官能，这些官能一旦被人类意识到，那么只要这些官能没有得到满足，人就不会感到幸福。……承认某些种类的快乐比其他种类的快乐更值得欲求，更有价值，这与

功利原则是完全相容的。荒谬的倒是，我们在评估其他各种
事物时，质量与数量都是考虑的因素，然而在评估各种快乐
的时候，有人却认为只需考虑数量这一个因素。[1] [5]

密尔在 20 岁时遭遇了精神崩溃，因为他丧失了对边沁功利主
义近乎宗教式的信仰。他认为，边沁倡导的幸福必须来自对其他
更高目标的追求，而不是来自将快乐作为目的本身来追求。正如
他后来所写的："我认为在所有伦理问题上最终都要诉诸功利，但
它必须是最广义的功利，建立在作为一种不断进步的存在的人类
之永恒利益的基础上。"[2] [6]

边沁的立场可以解释为："当快乐的数量相等时，高尔夫同政
治哲学一样好。"换句话说，来自某一事物的快乐并不比来自另一
事物的快乐具有更高的地位或更具优先性。所有能带给人们快乐
的事物都是平等的。

密尔对早期功利主义这种理性的但本质上是冷冰冰的计算很
不满意，原因有三。首先，他认为这种计算过于简单化：它无法
基于高级的（人类）快乐和低级的（动物）快乐之间的区分来对快
乐进行定性的计算。密尔的立场是，"做一个不满足的人胜过做一
头满足的猪，做一个不满足的苏格拉底胜过做一个满足的傻瓜"。
从质量上讲，像哲学这样的思维乐趣比打高尔夫的愉悦更有价值。
"如果那个傻瓜或猪有不同的看法，那是因为对于这个问题，他们
只知道自己那一面，而相比较的另一方（即苏格拉底之类的人）则

1　译文参照［英］密尔：《功利主义》，第 8~9 页。

2　译文参照［英］穆勒（密尔）：《论自由》，孟凡礼译，桂林，广西师范大
　　学出版社，2011 年，第 11 页。

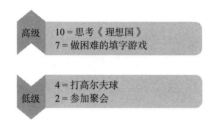

图表 14.2　密尔灵魂的高级快乐和身体的低级快乐假想实例（范围由 1 到 10）

两面都知道。"[1] [7]

其次，密尔认为功利主义过于自利。它极度关注每个人快乐的最大化，因而不承认在没有获得切实回报的情况下，为他人利益而做的牺牲，如为慈善捐款免税，具有任何积极作用。

最后，密尔认为功利主义具有太强的非社会性（asocial）倾向，它认为社会不过是其各部分的总和。与这样的原子论不同，密尔希望在他的哲学中包含更大的公共利益观。

人　性

密尔在提出他对人性的看法时，并没有将它们建立在任何自然状态的基础之上，这与他年轻时所学到的功利主义哲学相符。他还接受了其平等主义立场，相信所有人都是平等且理性的存在者。然而，早期功利主义坚持认为，所有人应被一视同仁，在进行功

1　译文参照［英］密尔：《功利主义》，第 10 页。

利主义计算时，每个人都被算作一个人。密尔反对这种无差别对待，他对人性有着更复杂的看法，认为个体虽然平等，但却有着不同的发展速度。"人性不是一部机器……而是一棵树，需要朝着各个方向去生长和发展，并且是根据使它成为一个活体生命的内在力量的倾向去成长与发展。"[1] [8]

平等要求所有个体都能自由地按其自身的节奏充分发展自己的内在潜能。这个过程应当从教育年轻人发展他们的理性能力开始，并与尽可能高的道德敏感性训练相结合。参与和实践是道德教育的途径，这种教育始于家庭，因为孩子"看到的父母间的关系便是一种教育——关于正义或专制的教育"。家庭教育就像是政治或经济的训练，这使得年轻人能够参与并实践社会性的德性。密尔将家庭视作道德社会的"关键"，因为人类最深刻的感情正是在那里发展起来的。[9]

尽管他主张每个人作为个体都应当享有平等的机会发展，但密尔增加了一种精英主义的视角。个人的发展是不平衡的，独特的差异必须得到承认。"一切睿智或高贵的事物，其创始都出自且必定出自个人，而且一般说来最先总是出自某一个人。"[2] [10] 事实上，只有极少数人，且只有那些真正愿意并且有能力为人类进步做出特殊贡献的人，才可以被称作天才。这些少数人学会了体验高级快乐和低级快乐，因此他们有着大多数人所缺乏的能将两种快乐进行比较的基础。他们知道哪种快乐才是更优越的，于是放弃了源自私利欲望满足的低级快乐（这种快乐推动着大多数人的行动），转而去追求更高质量的快乐。他们通过运用内在的独创性

1　译文参照［英］穆勒：《论自由》，第 69 页。
2　译文参照上书，第 78 页。

以及理性的智慧来解决迫切的人类问题，从而使自己的品格得到发展。

那些并非天才的人，同样既负有义务，又享有机会。"普通人的荣誉与光荣就在于能够追随这种创始，能够衷心响应那些睿智与高贵之事，并且不顾一切毅然相从。"[1][11]通过这种方式，大多数人同样能过上高质量的幸福生活。倘若当大多数人在理性地选择跟随原创性天才时便处于最佳状态，那么当他们像猿猴般模仿自利的同侪时，他们就身处最差状态。尤其当他们像暴民那样去行动时，这些群众便可能是愚蠢且自利的。他们凭借冲动而非理性行事，用作为群体中的一部分这种低级的、满足欲望的快乐取代了少数原创性思想家给予的高级快乐。

多数人的暴政

在以往，暴政被视作源自一个人或少数人的统治，而民主则反对这种专制。密尔提出，因为政府代表了人民，便认为政府永远会为了他们的利益进行统治的想法是错误的。他对人性及其后果的看法使得他指出了一个纯粹功利主义政府的一个主要危险，即在这种政府下，所有选票都被看作一票，并且由多数人进行统治。"行使权力的'人民'和权力所施与对象的人民并不总是同一的，所谓的'自治政府'也不是每个人自己治理自己的政府，而是每个人受所有其他人治理的政府。"[2][12]这样的政府，作为社会的代

1　译文参照［英］穆勒：《论自由》，第78页。

2　译文参照上书，第4页。

理人，极易被大众意见的暴政影响，这是一种非理性的多数人的专制，它把秉持不同的观念等同于会造成危险：

> 人民的意志……意味着大多数人的意志，或者人民中最活跃的一部分人的意志——也就是多数派的意志，或者使他们自己成功地被接受为多数派的那些人的意志；因此，人民也会想要压迫总体中的一部分人……[1] [13]

结果就是"多数人的暴政"[14]，在这里，多数遵从公众意见的人，利用社会或政府的权力去压制持有不同意见的个人。用早期功利主义的术语来说，这样的个人通过表达使多数人不快的观点，给多数人带来了痛苦而非快乐。密尔关心的是，多数派的一致性不能由社会或政府强加给所有人，从而变成主张一致性的暴政（tyranny of uniformity）。尽管有法律和宪政的保护，政府仍然可以采用强力去压制不同的意见，社会也能利用公众意见来压制个人。与众不同的个人很容易被体面（respectability）的压力所压迫，就像很容易被法律所压迫一样。这个问题在大型工业社会尤其突出，这样的社会强制推行一种与怪异行为敌对的"习俗专制主义"（despotism of custom）。密尔认为："对这种情形的防范，就如同对其他各种权力滥用的防范一样不可或缺。"[2] [15]独特的天才需要免受胁迫，在理性的思考和辩论中考虑和讨论个人对真理的看法。

在《论自由》中，密尔阐述了"社会所能合法施加于个人的

1　译文参照［英］穆勒：《论自由》，第4页。

2　同上。

权力的性质和限度"[1] [16]。这部作品是他深思熟虑后为孤身奋战的反抗者所做的辩护，以抵制在生活的任何方面，如宗教、科学或私人领域，对多数人观点的强制服从。他把自由作为一种个体权利来捍卫，而不依赖于任何原始契约、自然法或自然权利的"虚设"。这一点反映出他早期所受的功利主义训练及其对功利主义的修正。在一个根据结果来评判行为的道德体系中，所有的权利，包括正义、平等以及不偏不倚的对待，都以其功利为基础。当然，这意味着这些权利以它们增加幸福尤其是为天才增加幸福的能力为条件。

自　由

> 只要个人行为仅关一己利害而与他人无关，个人就无须对社会负责。对于其任何有损他人利益的行为，个人都应对社会负责，并且如果社会觉得为了自身安全必须施以社会舆论上或法律上的惩罚，则行事者还应受到相应的惩罚。[2] [17]

密尔将他对个人自由的辩护建基于"一条非常简单的原则，即对人类来说，无论个人还是集体，干涉任何人的行动自由唯一合理的目的便是自我保护"。自由在于做自己合理欲求之事，且不伤害他人。这关乎一个人的私人生活不应受他人（尤其政府）控制的部分。换句话说，政府的职责仅限于防止"伤害他人……在仅

1　译文参照［英］穆勒：《论自由》，第 1 页。

2　译文参照上书，第 113 页。

仅关涉他自己的那一部分，（个人的）独立性照理说来就是绝对的。对于他自己，对于其身体和心灵，个人就是最高主权者”[1] [18]。

对自由的论证只适用于发达国家中的成年人。野蛮人，即落后国家的人民，以及儿童都无法负责任地使用自由。在教育他们正确地理解自由而平等的讨论的好处时，必须保护他们免受自己的伤害。自由的主要目的是使人们能够发展其内在品格，这种品格会带来个人利益和社会利益。因此，如果赋予自由可能会伤害社会，或者不能带来社会利益，就像在儿童和野蛮人那里一样，那么密尔便反对引入自由。

密尔区分了两种行为：公共的和私人的。公共行为即那些涉及他人权利的行为，政府的职责便是规范这些行为。个人有自我保护的权利，因此法律可以要求人们不得伤害他人的身体。他们还必须意识到自己的社会责任：

> 尽管社会并非立于契约之上，并且即便发明一项契约使各种社会义务尽出于此也于事无益，但既然每个人都受到社会的保护，就应该因为这种利益对社会有所回报，而且既然事实上每个人都要在社会中生活，就不得不在事关他人的行为上遵守一定的界限。[2] [19]

公民有责任履行纳税、出庭做证以及教育子女等义务。然而，密尔认为公共教育是一把双刃剑。它会带来更大的一致性，因为每个人接触到的都是相同的观点。但它也能促进自由，通过让多

1　译文参照［英］穆勒：《论自由》，第10页。
2　译文参照上书，第89页。

数人接触到更高级的理智快乐和道德快乐，公共教育使得他们不再不加批判地接受多数人中的习俗。

国家还可以禁止那些可能无力抚养子女的人结婚。这种干涉是正当的，因为它能够防止儿童陷入悲惨堕落的生活，还能减少社会的人口压力。对这类公共行为的管制始终是政府的正当权力。

私人行为与公共责任无关。它们不会伤害他人，因而也不会影响其他人的权利，个人可以根据其选择来自由地实施这些行为。

自由的益处

> 如果整个人类，除一人之外，都持有一种意见，而只有那个人持有相反的意见，人类也没有很好的理由不让那个人说话，正如那个人一旦大权在握，也没有理由不让人类说话一样。[1][20]

无论政府还是社会都不应该干涉任何私人行为，因为个人的行动自由会带来双重益处。首先，它能带来个人的自我实现。如果人们能够自由地在生活中做出选择，按照他们认为最适合自己的方式去实践多种多样的生活方式，他们便能寻求自我实现。

其次，社会作为一个整体受益于密尔所倡导的自由。自由促进了人类社会的进步，而进步是社会生活的最高目标。社会进步通过新观念的引进而出现，而对新思想的压制会损害作为一个整体的社会。在密尔修正后的功利主义中，用法律来禁止新观念的引进从而让个人保持沉默，从性质上看，最终将会给被迫沉默的

1　译文参照［英］穆勒：《论自由》，第18页。

个人和整个社会进步造成痛苦，这甚至超过了任其充分表达而给大多数人的公共意见所带来的痛苦。允许个人的自由表达而非将其扼制，具有提高生活质量的功利价值，能提高每一个运用这种自由的个人的生活质量，从而还能改善作为一个整体的社会的生活质量。

自由的领域

密尔在人的生活中划定了三个领域，在这些领域中行使自由除了自愿的个人参与者之外，不会对任何人造成伤害。这些领域应当完全不受公共控制——在其中，自由是每个人的绝对权利。

第一个领域即"良心的自由"，这个领域还涉及个人意见的表达和出版。它包括了人们所说的言论自由、出版自由以及宗教自由。第二个领域是"趣味和志趣的自由"，包括爱好和职业的选择。第三个领域为"联合的自由"，指的是"为了任何不涉及伤害他人的目的而联合起来"的个人的自由结社，从而允许社会是存在许多独立的群体。这三个领域都必不可少。"大体说来，如果一个社会不尊重这些自由，就不是自由社会，无论其政府形式是什么；如果这些自由不能绝对且无条件地存在，社会也不能算是完全自由的。"[1] [21]

但当意见蔓延到行动时，密尔便设定了限制：

> 譬如说粮商乃是令穷人忍饥挨饿的罪魁祸首，财产私有无异于抢劫越货，这样的意见如果仅仅是通过报刊传播，应当不受干涉；但是，如果面对一群正聚集在粮商门前的气势

1　译文参照［英］穆勒：《论自由》，第13页。

汹汹的暴民，有人再去公然宣讲或张布告示传播前述意见，就可以正义地进行惩罚。[1] [22]

潜在伤害的直接性，以及诉诸暴民低级且冲动的本性是关键因素。密尔之所以同意给人自由，只是为了确保各种能够促进他极力捍卫的双重利益观点可以得到深思熟虑的表达。

真　理

观念完全自由的表达最终会通向真理这一目标，"一个意见的真理性就是其有用性的一部分" [2] [23]。换句话说，真理不仅仅是一个因其自身之故而受到重视的理想，还因为它对实现个人和社会的进步都有助益。个人自由不断挑战着公认的智慧，使真理得以显现。可以肯定的是，它并不是最终的真理，而是暂时的、部分的真理，可以被修正和取代。

密尔给出了三个理由来解释为什么允许自由表达与公认信念相反的意见能促进不断地发现真理。首先，一个新的意见可能是正确的，并且能取代陈旧错误的意见。例如，关于地球是宇宙中心的信念已被日心说所取代。其次，一个新观点可能有一部分是正确的。揭露公认观点中所包含的部分错误观念，有助于修正旧信念。查尔斯·达尔文的结论并未给出物种起源的终极答案，毋宁说，它们起到了纠正作用，用一种观点取代了另一种观点。最后，

1　译文参照［英］穆勒：《论自由》，第 65 页。

2　译文参照上书，第 25 页。

密尔提出了一个有趣的观点，即使一个新观念是彻底错误的，保护一个旧有的正确观念不受攻击也会把真理变成纯粹的偏见。容许错误观点的自由表达有助于巩固真理，因为当公认观点受到挑战时，人们将被迫使用证据和理性去对抗和摧毁新观念。经过多重的挑战，正确的观念才不会失去活力并完全沦为教条。"众多大有前途的聪慧之士，仅因谨小慎微就不敢沿着独立的思路勇敢前行，害怕使自己身陷被人指责为悖德渎神的境地，可是有谁能够计算世界因此遭受了多大损失呢？"[1] [24]

社会受益于使自由讨论成为可能的个人自由，因为个人自由带来了真理的进化。当自由被拒斥，社会便会受损。最大多数人的最大利益最终在于自由带来的长期社会进步。若追随密尔的功利主义先辈所含蓄提倡的短期欲望，便会阻碍发展。

有限政府

密尔还相信，如果防止政府干预除上述三个领域之外的个人行为，社会就会受益。他为政府设置的额外限制并不像良心自由、趣味和志趣的自由以及联合的自由这三种权利那么绝对，因为它们既涉及个人利益又涉及集体利益。这两种利益必须加以权衡，但一旦可能，天平就要向个人的选择倾斜。

密尔的指导原则是，只要效率允许，权力应当尽可能广泛地分散。另一方面，政府应作为信息的中心来源，以便个人能够做出自己的选择或决定。

1　译文参照［英］穆勒：《论自由》，第 36~37 页。

密尔描述了三种由个人进行决策比由政府进行决策更可取的情况。第一种情况是当个人比政府做得更好时。如果个人能够像私营经济企业那样更有效率地行动，政府就不应该干涉。

第二种情况适用于个人未必能做得更好的行动。但是如果允许他们去做有助于发掘个人原本将被扼杀的潜藏能力，那么政府可以建立某些程序，但不应干预结果。选举和陪审团审判都是这方面的例子。

第三种情况，如果政府的行动会"不必要地"增加政府权力，密尔便反对这项政府行动。他对大政府或是庞大的官僚机构抱有恐惧，因为他们都对个人自由构成了基本的威胁。正如密尔所说："在各种事务都要由官僚机构包揽的地方，任何为官僚机构所决意反对的事情都根本不可能做成。"[1] [25]

这三种情况（尤其是第三种）似乎为自由放任经济提供了强有力的支持，在这种经济中，政府在经济事务中的作用即使不是完全没有，也是最小的。但密尔再次认识到了问题的复杂性，这种复杂性阻止他走向这一简单立场。他倡导有限政府，但他青睐的方案仍涉及对经济的某种政治干预。他更愿意扩大政府的范围，以纳入长远地看旨在扩大精英规模的经济措施。随着更多的人过上从性质上说更好的生活，社会和每个人都会受益。

政治经济学

竞争也许并不是可以想象的最好的刺激物，但它目前却

1　译文参照［英］穆勒：《论自由》，第135页。

是必不可少的刺激物，而且谁也说不出什么时候进步不再需要竞争。……

固然，在财富就是权力、人人都渴望发财的时候，发财致富的路应向一切人敞开，不偏袒任何人，这是最恰当的。[1] [26]

在密尔的主要经济作品的最早版本和最终版本之间，他关于教育以及资本主义所有权的观点经历了相当大的转变。密尔总是关心个人在社会中的最大改善，而他面临的难题便是如何将这一目标和与之背道而驰的出生与地位的不平等协调起来。问题在于，如何将经济竞争的益处、最大限度的个人自由与所有人享受社会进步成果的平等机会相结合。

起初，他为私有财产辩护，试图通过普遍教育来缓和人们出生时的不正义。早期功利主义者及其洛克派前辈都认为教育能提供解决方案。密尔曾经相信教育能有所助益，并支持订立要求所有儿童都接受义务教育的法律。但后来他反对完全依赖教育的做法。他得出结论：教育并不能彻底弥补出身上的不平等，例如贫穷或疾病。在这种情况下，他赞同福利国家。福利国家并非承诺人人都享有平等经济地位的国家。相反，它承诺了最低生活标准，文明社会任何成员的生活都不能低于该标准。他还认为生育控制和立法改革可能是行之有效的措施，但他认定这些措施也仅有有限的价值。因此，尽管反对中央集权社会主义的统治或经济上的人人平等，密尔也支持通过政治和经济安排，使所有工人都能从事有价值的工作，并带来更高的生产力，同时让所有劳动人民得

1　译文参照［英］约翰·穆勒：《政治经济学原理》，下册，胡企林、朱泱译，北京，商务印书馆，1991年，第363、320页。

以参与民主决策。

密尔断言，在资本主义制度下，工人是被动的、挣工资的人，他们并不是在自治，他们与有产者之间的差距并不能为个人的独立自主和民主政府的发展奠基。由于他认为，所有现存的制度以及社会安排都只是暂时的，因而他鼓励通过要求个人积极参与经济决策的合作社来进行共同所有权（joint ownership）的试验。这些合作社将由工人集体所有，并将像资本家的公司那样相互竞争。他设想在全国范围内建立大量类似的小型集体企业，每个集体企业都由工人所有者选举产生，并由随时可撤销的经理独立运营，每个集体企业都是一场工作场所民主的实验。[27]

女性、政治与家庭

密尔在男女问题上持有强烈的平等主义信念，这些是通过他所受的功利主义教育、早期经历以及与许多独立且聪慧的女性的交往而形成的。十几岁时，他就因非法传播避孕信息而在监狱里待了一晚，后来他又与哈莉特·泰勒有着一段长期的关系，哈莉特不仅凭借一己之力打破了当时对于女性地位的刻板印象，还写了一本书以论证彻底的性别平等。

密尔认为：

> 规范两性之间现有社会关系的原则，即一个性别法定地从属于另一性别，本身是错误的，而且现在成了人类改善的主要障碍之一。我认为这个原则应代之以完全平等的原则，而平等原则

不承认一方享有权力或特权，也不承认另一方没有能力。[1][28]

他对于性别关系的观点同他关于自由的观点大致相同。无论对于男性还是女性，人类能力的最充分发展都要求个人自主，以便每个人都能为社会发展做出贡献。缺乏自主不仅会伤害个人，还会伤害整个社会。女性被剥夺了机会，男性也失去了平等伙伴的竞争和陪伴带来的智力激励，而社会则失去了进步。一种性别在政治上和法律上不正义地从属于另外一种性别，这必须被完全的机会平等所取代。

密尔详细地论证道，性别差异基于人为的、非自然的区别，这些区别与公民权无关。他认为，在机会平等成为事实之前，没有办法确定男女之间是否存在任何自然的差异。密尔指出，尽管存在着法律和社会偏见，许多女性仍然干出了一番意义重大的事业；并解释道，如果教育机会向她们敞开，她们还能做出更多伟业。精英必须由男性和女性组成，这是根本；他进一步认为，一旦性别歧视受到理性的考察和审判，那么歧视性的法律和实践就将被废除，政治以及工作场所的平等就会普遍流行。

密尔是一个"勇敢而有远见的女性主义者"，他攻击父权制家庭的各个方面，并支持政府干预家庭事务。婚姻制度是女性不平等地位的核心。它使女性成了合法的奴隶，对她们的孩子、财产或是自己的身体没有任何权利。为了结束丈夫对妻子的专制控制，他认为法律应当保护女性的权利，婚姻应当是自由订立的契约关系，只要子女能得到照顾，便可以随时解除。家庭不仅是满足某些物质需求的机构，同样也是教育场所。儿子和女儿都能从

1　译文参照［英］密尔：《妇女的屈从地位》，汪溪译，北京，商务印书馆，1996 年，第 255 页。

他们看到的父母关系中学习到"自由的德性"[29]。

尽管他呼吁在更大的社会中实行财产的集体所有制，但密尔却将财产安排以及其他的家庭关系排除在这种经济平等之外。他的确说过，只要个人所有制是一项法律，丈夫和妻子就应该对各自带入婚姻的东西拥有控制权。但除此之外，他反对平均分配，并坚持家庭内部传统的性别劳动分工。"当养家不是依靠财产，而是依靠收入来支撑时，男人挣钱、妻子管理家庭开支这种常见的安排，在我看来总体上是两人之间最适合的劳动分工。"[30] 因此，密尔认定，在婚姻中，女性生孩子、养孩子并照顾家庭，而男性则外出赚钱养家。女性的家务劳动是无偿的，密尔从未想过妻子可以从丈夫处获取薪酬，也从未想过妻子进入劳动力市场时丈夫应当分担这项工作。政治与家庭生活，公共和私人都是严格分离的，只有男性才有能力打破这一屏障。

然而，在婚姻之外，应当为女性提供和男性平等的全面的教育机会和就业机会。但密尔并不同意其妻子哈莉特的观点，她支持让所有女性既工作又结婚，而密尔认为，只有小部分单身和离异的女性，或许还有一些无须承担家庭责任的年长女性，才应被允许加入男性的行列，参与工作和政治。大多数女性要么选择从业，要么选择结婚，但不能两者皆得；男性却不必面临这一选择。密尔反对全面的性别正义，这一点源于他拒绝质疑他那个时代的传统家庭安排，而这与他关于个人自由的论证并不一致。

代议制政府

不难表明，理想上最好的政府形式就是主权或作为最后手段的最高支配权力属于社会这个集体的那种政府；每个公民不仅对该最终主权的行使有发言权，而且，至少是有时，被要求实际参与政府，亲自担任某种地方性的或全国性的公职。[1][31]

就像他关于个人自由的观念那样，密尔关于政治过程的观点源于他的人性观。他赞成民主制，在这种制度下，"最终"的权力掌握在人民手中。但是，尽管政府是一种控制大众的手段，但是当政府改善所有公民的心灵和品格并对其施以公共利益方面的教育时，它才具有最大的价值。"从没有一个民主制或多数贵族制政府……曾经达到或者能够上升到平庸之上，除非拥有最高统治权的多数能令自己接受一个或少数几个拥有更高天赋和教养之人的劝导。"[2][32]

当所有人都参与其中，但由少数精英（包括所有符合条件的男性和女性）领导时，政府才运作得最好。精英们将掌握立法和行政部门，通过明智的法律和消息来教育大众。这样，他们就能够抑制平庸大众充满欲望的要求，从而多数派就不至于陷入对自由的暴虐镇压。最好的政治制度有一种结构和政治过程能允许这种受到指导的参与，这一制度被称作代议制政府。

与自由一样，代议制政府并不适合所有民族。对落后国家的野蛮人来说，旨在让他们为自治做好准备的开明专制主义能让他们获益更多。他们必须先抛弃对习俗的本能依赖，并学会从自由且平等的辩论——这是自由的一部分——中学习，然后他们才能管理自己的事务。然而，英国等发达国家的下层阶级却完全有资

---

1   译文参照［英］密尔：《代议制政府》，汪瑄译，北京，商务印书馆，2009年，第40页。

2   译文参照［英］穆勒：《论自由》，第78页。

格参与政府，问题在于他们应当有多大的发言权。

密尔提出了一些技术上的建议，通过增强少数精英的作用来鼓励更好的辩论。即使在最为文明的国家，也应该禁止某些人进行投票。那些无法阅读或书写的人，以及那些不纳税的人，或罪犯、破产者或依靠公共福利生活的人，都应被排除于选举之外。他还允许更优越的少数人拥有多张选票，以防止无知的大众将其埋没。以教育、职业或通过一般性考试的能力为基础，每个天赋高的成年人在任何选举中都能够为他们青睐的候选人投两票或多票。

为防止多数人的暴政并确保少数派（精英）的意见在立法机关中得到尽可能广泛的表达，密尔倡导比例代表制（proportional representation）。他假定社会中存在各种各样的意见，这些意见将为了政治目的而围绕大量的政党组织起来，每个政党都准备通过理性的讨论和立法行动来提出其观点。比例代表制不同于单一名额选区代表制。从竞选的产生到密尔的时代（甚至到现在），比例代表制一直是英格兰的做法。根据该制度，在任何选区获得最多选票的立法机关候选人被宣布为获胜者。那些支持其他候选人的选民没有代表，除非当选者愿意为他们说话。结果，许多少数群体的意见在立法机关中根本得不到代表。

比例代表制是 19 世纪出现的一种观念。它旨在根据每个政党在参加选举的公众中的影响力，增加代表不同党派、利益或群体的参选者当选的机会。已经有许多方案被提出来实施比例代表制，有些方案比其他方案更复杂，但基本的方法相当直接明了。政治党派根据选举中获得的选票按比例得到立法机关的席位。例如，在一个拥有 100 个席位的立法机构中，一个得到 54% 选票的政党将获得 54 个席位；21% 选票的，21 个席位；14% 选票的，14 个席位；6% 选票的，6 个席位；3% 选票的，3 个席位。在单一名额选区制中，这种分散的选票将导致两个或最多三个政党分享所有席位，这取决于它们的支持者集中在少数几个选区还是广泛分布于各个选区。然而在比例代表制下，即使连一个选区也无法拿下的小党也能获得一个到两个席位。在上述例子中，六个政党（因而也是六种不同观点）得到了代表，而在更大的机构中甚至会容纳更多的观点。

理论上，在这两种制度下，能获得代表席位的政党在数量上都没有限制。然而实际上，密尔认为比例代表制能让更多的政党发声，让更多思想独立且具备能力的人参与进来，这些人原本是没有机会当选的。那部分未在政府任职的精英会通过在公共讨论和投票时表达意见来促进自由，在投票时，他们因为复票制和比例代表制被赋予了更大的分量。[33]

政府的结构与作用

选民的抉择被传达给一个为了指导民族国家而建立的政府。立法机构，即议会，仍然把握着主权并由两院构成。下议院的组成由基于比例代表制的选举结果决定。随着新的比例选举制的引入，那里将听到更多不同的意见。

上议院的组成与密尔所处的时代实际上有所不同。它不再主要由世袭贵族构成，而是由专业知识分子和技术精英组成，成员基于其所受的教育以及工作上的成就而受到任命。

密尔将立法机构视作旨在确定公共利益的庞大辩论团体。在讨论法律议案时，每个成员都提出个人独到的观点。公民的愿望通过这个更具代表性、更精英化的机构加以过滤，并转化为更明智的法律。代表们还把与社会长远需求相关的论点反馈给普通公民。通过定期交流，他们充当着教育的力量，教导公众对质量更好的选择与单纯的短期利益进行区分。除了颁布或否决拟定的法律外，掌握主权的立法机构还有批评并最终控制行政部门的职责。促进个人自由和社会进步的长远目标指导着立法机构的这种监督。

在密尔的方案下，行政部门如同他那个时代一样在持续地运作着。它由一小群同时担任着行政职务的立法者组成，当他们作为一个委员会共同行动时，便构成了内阁。内阁作为一个整体，以及其中的每个成员，都完全对立法机构负责。

内阁成员的工作之一便是根据内阁的考虑起草法律，随后，这些法律由议会代表讨论并批准、修改或否决。作为政府部门的负责人，内阁的个体成员也应该在他们监督的官僚机构的协助下，执行议会批准的法律。他们负责保卫国家、维持国内秩序并执行必要的服务，如维护公共道路和派送邮件。

实际上，行政部门的成员是规模更大的立法精英中的精英。密尔承认，这样一个在内阁制和个人责任制下工作的机构的运作，早在19世纪中叶的英国就建立起来了。但是他建议的选举改革和立法改革确保了这一小部分精英在促进自由和社会进步方面发挥了比他那个时代更大的作用。由于这些精英睿智聪慧，他们意识到了不侵犯个人自由的价值和必要性。政府（及其法律）仅限于维护和平，保护每个人的自由，以及为穷人提供福利。一个明智的精英不会不必要地扩大政府的权力。

结　论

密尔借鉴了其他晚期现代政治思想家的一个共同观点，这个观点表达了早期现代主义者的理性，但又对柏克等新现代主义者的批评非常敏感。对密尔来说，个人自由是推动社会进步的引擎。这在个人与集体这两极之间建立起新的联系，这种联系不同于早期现代主义者的主张，但却保留了他们对个人自由的强调。像早期现代主义者一样，他区分了公共和私人的行动领域，但与他们不同的是，密尔遵循的是早期功利主义的思想，并拒绝任何对自然状态、政治契约或社会契约、自然法或自然权利的依赖。

有限政府作为个人的伙伴，保护每个人的生命和财产免受威胁，尤其是防止多数人暴政对自由构成的危险。密尔认为，考虑到人性的特征（根据他对人性的看法），只有在一个略微不同的政治过程中，自由与平等这两种价值、个人与集体这两极，以及有机的和聚合的（aggregate）政治，才可以更加紧密地结合在一起，而不必为了一方去牺牲另一方。在这些要素中寻求平衡而非否定其中一方，这一努力不同于古代、中世纪以及早期现代主义者的观点。它也偏离了新现代主义思想家的结论，他们坚持认为自我与他人不能分开，从本质上来说，个人是集体的一部分，个人与集体的充分发展都依赖于有机政治。对密尔来说，一个人只有作为个体，作为一个表现个人品质、表达独特观点并达成自我实现的个体，才能为社会进步做出贡献。

密尔关于社会进步的观念并不是任何源于个人放弃自由的统一理想，政府或任何其他集体（如工厂）都无权要求甚至请求个人放弃自由。密尔在很大程度上仍旧是一名个人主义者，他的合作社会主义（cooperative socialism）显然不同于彻底的集体主义（total collectivism）。

但是，密尔试图平衡这几组二元对立——个人和集体，政府权力和个人自由，生产资料的合作社所有制和个人所有制，以解决政治哲学的基本困境。这种努力在多大程度上是成功的？在他的努力中是否出现了明显的不自洽？这些不自洽是否破坏了他对这些困境所提出的相当雅致的解决方案？是否既冒犯了坚定的个人主义者，也冒犯了坚决的集体主义者呢？

延伸阅读

Baum, Bruce. *Rereading Power and Freedom in J.S. Mill.* Toronto: University of Toronto Press, 2000.

Capaldi, Nicholas. *John Stuart Mill: A Biography.* New York: Cambridge University Press, 2004.

Fitzpatrick, John R. *Starting with Mill.* New York: Continuum, 2010.

Gray, John. *Mill on Liberty: A Defence.* London: Routledge, 1983.

Hollander, Samuel. *The Economics of John Stuart Mill.* Toronto: University of Toronto Press, 1985.

Kinzer, Bruce L. *England's Disgrace?: J. S. Mill and the Irish Question.* Toronto: University of Toronto Press, 2001.

Mazlish, Bruce. *James and John Stuart Mill: Father and Son in the Nineteenth Century.* New Brunswick, N.J.: Transaction, 1975.

Reeves, Richard. *John Stuart Mill: Victorian Firebrand.* New Delhi, India: Atlantic Books, 2008.

Skorupski, John. *Why Read Mill Today?* New York: Routledge, 2007.

Thompson, Dennis. *John Stuart Mill and Representative Government.* Princeton, N.J.: Princeton University Press, 1976.

第十五章

马克思：揭示历史的意义

导　言

1844 年秋，卡尔·马克思（Karl Marx，1818—1883）和弗里德里希·恩格斯（Friedrich Engels，1820—1895）在巴黎会面，当时世界尚未复苏。尽管马克思有着过人的才智和精力，但其写作风格却得益于二人的合作。恩格斯的创造性不及马克思，但他却能迅速把握到马克思时常晦涩的语言，并将其转化为振奋人心的散文，赢得大众的青睐。除文学上的技巧外，马克思还在方向、忠诚、热情和财务支持等方面依赖于恩格斯。他们是势不可当的二人组，合作发表了很多著作，并且在对方单独署名发表的著作中也有所贡献。[1]

对于学生、学者以及公众（也就是全世界）来说，卡尔·马克思可以说是漫长的政治哲学史上最受争议的人物。[2]他是知识分子、活动家、记者、小册子作家、革命组织者与评论家、公众人物与流亡者，他还是大约 50 卷学术与政治著作的作者或合著者。马克思对过往的许多事情都持反对态度，尽管他意识到过去在很大程度上构成了更为人向往的未来之基础。他是一位复杂的思想家，也是性情尖锐、能言善辩的演说家、辩论家，还是同时代许多人的批评者，在他的一生中也曾与许多人起过冲突。

除了其作品对世界事件所产生的难以估量的影响外，马克思还深刻影响了政治哲学之外的学术学科，其中最重要的当属经济学和社会学，但还包括艺术和文学。[3] 由于其理论范围广泛，意蕴丰富，很难想象任何一个学习或生活的重要方面未曾受到过他的影响。所有这一切都表明，思考的（和盲从教条的）个人可以用很多不同的方式来理解这位文学巨匠汗牛充栋的作品。进入马克思研究这一领域，仿佛踏上了一场智识的冒险之旅，相对而言，很少有其他作者或书籍能提供这样的机会。他提出的问题，他具备的深刻洞见，以及他所提出的解决方案，探讨的都是人类面临的最重大问题。诠释者在马克思的著作中发现了很多有价值的观念，他们认为这些观念能够被应用于贫困、和平、女性主义、歧视、生态学以及人类的存续等众多关切之上。由于马克思的作品数量众多，关于其作品亦有大量的评论，因而人们可以采用多种途径来研究他的作品。每一条路径都有其支持者，没有哪一种选择能完全让每一位批判家满意。

马克思与恩格斯合著了《共产党宣言》，这是他们最具影响力的著作。一个名为"共产主义者同盟"的半秘密性工人组织委托他们起草一份目标宣言，而这本在几周内写成的简短小册子便是他们给出的成果。恩格斯撰写了初稿，马克思完成了终稿，但恩格斯在一份带有其典型慷慨特点的致谢中提到，"构成《宣言》核心的基本思想是属于马克思的"[1][4]。

---

1   译文引自［德］马克思、恩格斯：《共产党宣言》，中共中央马克思恩格斯列宁斯大林著作编译局译，北京，人民出版社，1997年，第12页。

他们勾勒的纲领被遗忘了20多年，直到巴黎的一场工人起义才让它摆脱了默默无闻的命运。但倘若书中的各种细节在20年里"过时了"，并且如果其细节的重要性取决于不断变换的"历史条件"，那么其核心部分仍然有力地概括了马克思和恩格斯在其他著作中深入讨论的关键主题。[5] 它大胆、直接且极富自信，以一种直截了当、振聋发聩的散文风格呈现出一个崭新制度的基本架构，对于一部最初就是鼓动性小册子的著作来说，这种风格是很合适的。其核心是对人类史上经济与政治关系的激进分析，并采用戏剧化的革命语言表达了对资本主义的深刻批判。[6] 1848年，在法国和普鲁士爆发的革命使马克思得以回到这些他曾受到驱逐的国家，以便帮助和鼓励革命力量。然而，革命却迅速遭到镇压，马克思被迫逃往伦敦，这是他最后的家园。他将余生全都用在了研究、写作以及组织政治活动上。

马克思的问题

《共产党宣言》所要处理的核心问题是人类的苦难及其与政治和经济的关系。在过去的160年里，欧洲经历了几场重大的政治革命，它们都在为两个相关联的目标而斗争。其一是民族独立，其二是在现有民族国家内建立民主的制度或实践。大多数情况下，这些革命帮助了布尔乔亚（bourgeoisie）[7]，即不断发展壮大的资产阶级，他们寻求摆脱君主以及上层贵族的控制从而获得自由。例如，1688年的光荣革命在英格兰这个业已独立的民族国家产生了更多的代议制度，并使其从绝对君主制转变为君主立宪制。同样，在1776年《独立宣言》煽动下爆发的美国革命，通过同英国政治分离取得了民族的独立，并在新的民族国家建立起了民主制度。第三次即 1789 年法国大革命，它推翻了绝对君主制，并代之以一个有着更多民众参与的政府。

对马克思来说，这些政治起义唯有与经济相联系才可以得到理解。蒸蒸日上的工业革命在许多同样经历过政治革命的国家蓬勃发展。它产生于 18 世纪的英国，并迅速扩展到已经取得独立的美国以及大革命之后的法国。工业革命的后果遍及经济、政治和社会领域。

在经济上，主要的发展包括了制造公司里流水线上的大规模生产，而以前只有少数工人从事个人生产或小规模生产。制成品通过大规模的分散销售扩展到整个国际市场。由无产阶级或工人阶级构成的巨大劳动力量从事着工业革命所需的劳动，开采自然资源，并制造生产成品。

在政治上，马克思在这些发展中发现了企业与政府之间的密切合作。资本家作为人口中的一小部分，掌握着生产资料，获得了巨大的财富。法律和政府的强制执行机制既保护了资本家的财富，也保护了所有者增加财富的手段。

对马克思来说，工业革命的社会后果是可怕的。压迫、剥削和不正义广泛存在着。在工业革命以前，大多数人都生活在乡村或庄园和农场中，他们在那里从事农业或手工业。但由于大规模制造业的兴起，寻求工作的人们纷纷迁往拥挤且丑陋的城市。19 世纪早期，英国发布的一系列政府报告详细记录了这种转变的后果。马克思后来将这些报告作为其著作的研究基础。官方的报道描述了工人阶级的状况，尤其是那些在矿山和工厂工作的工人的状况，这些报道骇人听闻。年仅 5 岁的儿童在灯光昏暗、通风不良的建筑和矿井中危险的机器旁边劳动。他们过度劳累，食不果腹，每天像奴隶一样辛苦劳作长达 18 小时。他们被链条锁在机器上，身处致命的卫生状况中，若是不服从监工的命令便会遭到殴打，在夜里甚至会被锁起来以防止他们逃跑。当然，他们没有受过任何教育，充其量只能领到一份勉强维持生活的薪酬。成年工人所受的待遇同他们孩子的遭遇类似。他们同样处在危险的、威胁健康的条件下，长时间从事枯燥的重复性工作。在漫长的劳作后，他们回到自己在城市的家，即贫民窟中拥挤不堪且肮脏简陋的棚舍。由于没有受过教育，且工资极低，他们不断面临着失业的威胁。

在马克思的时代，那些从乡村小镇迁往日益发展的城市的第一代成年人知道他们以前的生活是什么样的，也能看到他们失去了什么。几个世纪以来，上层贵族作为拥有土地的地主与耕种土地的下层农民阶级建立起了一种传统的关系。尽管两个阶级在待遇和报酬上并不平等，但在某种意义上，他们却在从事一项共同的事业。传统的纽带鼓励贵族促使地主给予"他们的"农民一种仁慈的关怀，无论这种关怀多么微乎其微。

工业革命打破了这种传统关系。来到城市的农民面临着与其资产阶级雇主之间一种严格来说类似于商业关系的联系。大多数雇主只关心怎么用最少的投资得到最大的产出，对于其工人的个人生活、能力或过去的经历毫不关心。所有雇员都只是流水线上可以相互置换的机器人。他们的价值或货币工资都由工厂主决定，在这一方面以及其他关于生产的考虑上，供给与需求是首要因素。

在他们的乡村环境中，农民和手工业者的工作贯穿了食物或手工制品生产的整个过程。独立的手艺人购买并拥有他们的工具和原材料，既是成品的生产者，也是其所有者。他们可以看到自己的劳动成果，并对自己的工作感到骄傲。相比之下，流水线上的工业化劳动分工摧毁了工作与产品之间的这种联系。每个挣钱的工人仅仅制作成品的一部分，没有工人能声称拥有任何一件产品。工人经由创造而获得的自豪感并不是新工业秩序中的重要因素。

因而，马克思所面临的情形是一种触及工业社会方方面面的极大不正义。其问题的核心是这样一个疑问：为何有的人过着一种享有特权的生活，而有的人却注定终日劳苦且一贫如洗？

前面已经讨论过，自政治哲学产生以来，正义问题便一直是西方思想的核心。甚至在马克思进行写作之前，就已经有人提出了其他几种解释来说明新的工业无产阶级所面临的特定的不正义。许多工人认为，他们的苦难是他们使用的机器造成的，如果将这些机器摧毁，他们便能恢复以往的生活方式。在多次工厂暴乱中，机器都遭到毁坏。被判定对此事负有责任的工人因破坏私有财产而受到监禁或被驱逐，他们的工人同事则失业了（至少暂时失业了），而总体状况却丝毫未变。在资产阶级中，有的人根本看不到不正义的问题。他们对工人的生活状况以及劳动条件视而不见。如果他们确实注意到一些致使他们短暂反思工人阶级状况的骇人听闻的例子，他们可能会将其归咎于人类无力补救的"自然"原因。

当中产阶级中有思想的人试图解释无产阶级的困境时，他们通常会关注以下两个目标之一。有的人提出了一种宗教上的解释，有的人提出了一种政治上的解释。有宗教倾向的人认为原罪是问题的根源，解决方法在于道德改革；工厂所有者必须以恰当的、"基督教的"方式来对待他们的工人。必须教育工人掌握中产阶级生活方式所包含的智慧，从而让他们从酗酒和罪恶中解放出来。由政治驱动的解释则集中关注世俗制度与实践的改革。必须让工人成为政治过程中的一部分。只要他们获得选举权，就能够选出政治家，这些政治家会颁布法律来保护他们免受其所面临的恶劣条件之苦。

然而，马克思却采用了更为广阔的视角来理解无产阶级的苦难。他将前面所讨论的政治革命和经济革命置于独特的历史视角下，并得出结论：不正义是用来为经济剥削辩护的资产阶级道德的一个方面。这种道德源自代议制民主与资本主义的结合，根植于霍布斯、洛克等人的资产阶级价值观，在这种价值观中，阶级利益被等同于公共利益。[8] 此外，他断定："现代资产阶级本身是一个长期发展过程的产物，是生产方式和交换方式的一系列变革的产物。"[1] [9] 因此，社会状况即使不正义，在历史上也是无法避免的。资产阶级的崛起与最终的倒台都是命运的一部分。无论人们与个人合作还是通过制度来发挥作用，试图改革那些造成这些状况的因素只是浪费时间。资产阶级社会注定会瓦解。

方法：从黑格尔到马克思

马克思运用了一种思考政治的新方法来得出这一总体性的结论，他用那种方法来分析过去从而预见未来：

> 人们的观念、观点和概念，一句话，人们的意识，随着人们的生活条件、人们的社会关系、人们的社会存在的改变而改变，这难道需要经过深思才能了解吗？
>
> 思想的历史除了证明精神生产随着物质生产的改造而改造，还证明了什么呢？[2] [10]

1　译文引自［德］马克思、恩格斯：《共产党宣言》，第 29 页。

2　译文引自上书，第 47 页。

马克思的方法可以叫作历史唯物主义或辩证唯物主义，因为他处理唯物主义的方法既是历史的也是辩证的。为了发展这种辩证法，马克思改造了他在德国哲学家黑格尔（G. W. F. Hegel，1770—1831）的著作中发现的观念。[11] 黑格尔的方法与柏拉图的很像，要揭示出他所认为的真正的实在（reality），这种实在隐藏于个人在世界上看到的永恒变化的表象和矛盾背后。为了发现这种实在，他们必须找到一种方法来调和看似冲突对立的事物，其中一方是主体或正题（thesis）而另一方是客体或反题（antithesis），例如个人与集体。其目标是要发现一个新命题，一个能将两个对立面的真理结合起来的合题（synthesis）。调和的过程在漫长的历史中一遍遍地重复，直到达成最终的或最高的合题。

黑格尔经由一个判断得出了这个相当抽象的结论。根据他的判断，人与自然原本是统一的，后来被上帝分开，以便人类能够通过冲突获得发展和进步，但二者将在历史终结时重新统一起来。[12] 人的问题源自他们以一种个人的视角来看待它们。人们如果能通过超越个人主义、并采用一个全面视角的哲学家的眼睛来看它们，就能够获悉其本来面目，并认识到它们其实无关紧要。就如同科学家寻求普遍的、理性的自然法则那样，哲学家的任务便是利用辩证的过程来寻找历史背后更宏大的理性。

为了引导个人走向这个更宏大的理性，黑格尔集中关注三种主要的社会建制，它们在今天和当时一样重要：家庭、市民社会和国家。在最好的情况下，家庭反映出一种爱的关系，其成员的行为是为了所有家庭成员的利益，而非仅仅为了自己。但这种利他主义仅限于作为家庭成员的少数人。与这种主观的家庭相对的是市民社会这一客观建制。在这里，人们首先出于自私的动机进行合作。如洛克所言，他们联合起来维持和平以便自己能够生存，并促进个人经济目标。但要做到这一点，他们还必须作为公民进行参与、投票、纳税并服兵役。这些都是开明的自利性活动，使得人们不再狭隘地专注于家庭，而是参与到那些与婚姻没有关系的事务中去。

国家是调和主体（局限于少数人的家庭利他主义）与客体（表现了普遍自私的市民社会）的合题。[13] 它反映了一种普遍的利他主义，因为所有人都是国家的成员，促进国家的目标事关个人重大利益。经由国家，人们找到了自己的生活意义。若没有国家，个人将不再成为完整而自由的人。此处的自由就如同在卢梭那里一样，被定义为服从的自由，因为基于国家目标高于任何个人想要的任何东西这种信念，我们知道自己应该服从什么。

黑格尔打破了自私的个人主义，并倡导由服从带来的义务，然后又将国家和历史联系了起来。每一个历史事件背后都有一种特殊的理性，随着时间的推移，这种理性朝着人类进步的方向逐渐展现自身。它通过一种世界精神来发挥作用，这种世界精神被授予了一种神圣的职责，即最终要将个人从所有辩证的对立（例如人与自然、自由与义务，或个人与集体）中解放出来。在历史的任何时刻，世界精神都处于某个特定的民族国家中，那个民族国家有着能对人类进步做出最大贡献的精神和文化。这种精神激励着该国人民去引领世界。在历史的任何时候，承载着世界精神的国家都是世界历史性的民族国家（the world-historical nation-state）。它所做的一切都是正义的，不可能做错任何事，因为它的行动是为了实现历史交给它的理性或目的。

世界历史性的国家及其领导者（例如亚历山大大帝、凯撒和拿破仑）都是历史的无意识的工具，因为是历史背后的理性而非他们的自由选择决定了他们会成为领袖，其民族精神会成为占据主导的精神。当一个世界历史性的民族国家向世界传播其精神时，它便扩大了真正的自由这种普遍观念。它在战争中打败其他的小国，并为其注入一剂来自自身民族文化的有益的世界精神，这也意味着战争是实现进步的主要手段。就这样，人类就朝着自由这一最终目标进化着，一切矛盾都会在这个目标下得到调和。通过服从历史的理性，自由就会被发现。所谓历史，就是正义在世界中稳步发展。

马克思接受了黑格尔这个观点，即历史是合乎理性的正义在世界中的稳步发展。历史的目标是普遍的自由，人们通过辩证法就可以找到通往这一目标的道路。

唯物主义是马克思对黑格尔辩证历史观的重要补充。对马克思来说，只有将黑格尔的辩证法运用于物质性事物之上，人们才能对实在（也即人类历史）拥有真正科学的理解。这是因为，全部历史背后的根本驱动力实际上都是物质力量或经济力量。[14]马克思用物质力量代替了黑格尔作为进步动力的精神，并以经济范畴（或阶级）取代了黑格尔作为历史之工具的民族国家。因此，一旦人们理解了阶级动机与阶级关系，他们就能把握通过辩证的冲突和解决来实现进步的历史之目的和方向。反过来，这又能使人们参与到实践中，通过研究具体情境并采取革命行动来实现变革。正如马克思所言："哲学家们只是用不同的方式解释世界，问题在于改变世界。"[1] [15]

需要注意的是，马克思并未证明，而只是简单地假定了经济的优先地位。具体来讲，到目前为止在历史上的每个社会中，政

1　译文引自《马克思恩格斯文集》，第一卷，北京，人民出版社，2009 年，第 502 页。

治都是经济力量以及与之相伴的阶级斗争的产物。像黑格尔一样，马克思也假定历史是一系列必要的恶，具有明确的目标，这个目标对马克思来说就是一个为所有人提供经济正义的无阶级社会。因此，他确信资产阶级的灭亡"和无产阶级的胜利是同样不可避免的"[1][16]。

历史的阶段

马克思的目标通过历史上几个可以界定的阶段或时代来实现，但最后一个阶段还未到来。在写到这些阶段时，恩格斯说，在每个阶段中——

> 主要的经济生产和交换方式，以及必然由此产生的社会结构，是该时代政治的和精神的历史所赖以确立的基础，并且只有从这一基础出发，这一历史才能得到说明；因此，人类的全部历史（从土地公有的原始氏族社会解体以来）都是阶级斗争的历史，是剥削阶级和被剥削阶级之间、统治阶级与被压迫阶级之间斗争的历史；这些阶级斗争的历史包括一系列发展阶段，现在已经达到了这样一个阶段，即被剥削被压迫的阶级（无产阶级），如果不能同时使整个社会一劳永逸地摆脱一切剥削、压迫以及阶级差别和阶级斗争，就不能使自己从进行剥削和统治的那个阶级（资产阶级）的奴役下解放出来。[2][17]

1　译文引自［德］马克思、恩格斯：《共产党宣言》，第40页。
2　译文引自上书，第12页。

时代	斗争的主要阶级	政府统治的地域结构
史前时代	一个阶级	没有政府

革命

历史	统治阶级 / 被统治阶级	
古代	主人 / 奴隶（Master/Slave）	城邦
革命 a. 生产资料领域的经济革命 b. 政治、社会与宗教革命 c. 政治革命只是给了正处在衰落边缘的时代及其政治关系最后一击		
中世纪 / 封建社会	领主 / 农奴（Lord/Serf） ——相较于古代的奴隶主与被统治阶级的关系，领主的权力减弱 ——相较于奴隶，农奴更为自由	王国：从领主的庄园到神圣罗马帝国区域内的一切
现代 / 工业革命		
资本主义社会 a. 资本比土地更重要 b. 资本比头衔更重要 c. 雇佣劳动	资产阶级 / 无产阶级 ——相较于领主，资产阶级的权力变弱 ——相较于农奴，无产阶级更为自由	民族国家

到这里，描述结束，预测开始
无产阶级发起了最后的革命，向着未来过渡

后历史时代		
共产主义社会	一个阶级	没有政府

图表 15.1　马克思：历史的阶段

　　这样，人类历史的关键就在于阶级斗争的壮举。阶级斗争的起源、发展及其预示的更加美好的未来，构成了马克思观点的主要内容。

　　每个人都有维持其生命这一不可逃避的生理需求。为了满足这一需求，人们组建起经济制度，或说生产、分配以及消费的方式。在历史的每个阶段，经济力量都会产生两个主要的阶级。尽管因为每个阶段的生产方式不同，从而这两个阶级在不同阶段有着不同的名称，但它们始终相互为敌。由于统治阶级（由少数人组成）支配和剥削着被统治阶级（由大多数人组成），它们的阶级关系植根于压迫和不正义。

　　阶级起源于劳动分工。最初，这种分工是性别上的，以生育和抚养儿童为基础；后来，从事捕猎的人与种庄稼的人走向分离。随着时间的推移，这种分工演化为知识分子与体力劳动者之间的分离。例如，在古代，当政府管理经济生产时，统治阶级便包括皇帝、法老，以及文士、官僚和祭司等专业人员。在每个历史时期，统治阶级的权威都源自其经济作用；他们把控着生产活动，因而也掌握着政治权力。社会阶级和经济是基础，或说是下层建筑，复杂的上层建筑建立于其上。上层建筑包括政治、法律、宗教、家庭以及建立在经济基础之上的观念与制度。人们不是简单地选择他们喜欢的观念或政府形式；相反，这些都是由他们经济上的阶级制度决定。甚至人性也是由经济塑造的，其内容取决于社会的阶级结构。[18]经济基础决定上层建筑。

　　每个社会都会有一种意识形态，或说有一套用来为现存阶级关系辩护的价值观、信念与态度，这是社会上层建筑的一部分。统治阶级总是规定对财产进行不平等分配，从公共财富中获取更高的补偿，并在经济上剥削那些凭借自己的双手劳动的人。宗教服务于统治者，它以和平的方式来控制由此导致的下层阶级的反抗，通过描绘出天堂里的回报来使人们漠视人世间的苦难，防止人们寻找世间不公的替代性方案，从而为剥削辩护。这就是为什么马克思将宗教称为"人民的鸦片"[1][19]。

一个阶段的阶级斗争与其他阶段的阶级斗争是相关的，每种制度都会产生摧毁自身的种子。每个被剥削的阶级都会竭力推翻其统治者，并将自己确立为新的统治阶级。然而，只有当一个统治阶级由于技术的变化而在经济上变得过时的时候，它们才会被取代。当新的生产力（例如新的原材料、工具、知识、劳动力来源）与现存的生产关系和阶级关系发生矛盾时，统治阶级被取代才成为可能。随着时间的推移，经济权力转移到发展新生产力的阶级手中，旧的统治阶级注定要失败，即使拥有再多的力量也无法让其继续掌权。

但是，尽管过去的每个阶段都以一个统治阶级的倒台并被另一个统治阶级取代告终，但在摧毁了资本主义之后，这种情况将不再发生。当工人获得胜利后，他们的胜利会解放所有人，一切阶级斗争都将结束。

史前社会

最初的人类状况出现在有文字记录以前。然而，马克思的史前时期并不像霍布斯、洛克或卢梭所说的那种原始的自然状态。他们都从孤立的个人出发，但对马克思来说最早的历史阶段以部落为中心，任何决定都由集体做出。那里不存在统治者与被统治者的区分，每个人都参与到纯粹的民主之中。[20]

1　参见《马克思思格斯文集》，第一卷，第4页。

经济上，这种制度是一种原始共产主义。没有私有财产，除了必需的东西以外没有多余的财产，每个人都分享着共同的储备。然而，在这种原始经济中，只有非常基本的物质需要得到了满足，有时候甚至连这些需要也都得不到满足。如果说这里有一种简单的劳动分工，这种分工也不是人为的，而是基于年龄和性别等自然的生物学差异。女性照料孩子，体力较强者狩猎，较弱者采集食物。

部落成员之间不存在政治、经济或社会上的区分。只存在着一个阶级，所有人都是这个阶级的成员。那里不仅没有私有财产，也没有奴役和压迫，因为这些在仅够维生的经济中没有立足之地。

因为私有财产、奴役、政府以及阶级分化在史前时期都不存在，因此它们并不根植于人性。这些人为的特征和制度是在人类历史开始时引入的。人性从根本上是求合作、无私心的，并不需要它们，在未来的某个社会可以将其废除，而并不会让人性遭受任何真正的损失。

前资本主义社会

在某个时候，农业开始发展，工具制造也同时开始了。这导致了以阶级为基础的劳动分工，也导致了私有财产制度的创立，这种制度产生了一种不正义的、人为的贫困，之所以不正义，是因为一些人遭受苦难，而另一些人却兴旺发达。最早的政府是为了支持新掌权阶级的权利而建立的，必要时可以使用武力来建立，随后就产生了其他上层建筑。

在古代，辩证对立的两大阶级是主人和奴隶。主人包括酋长、战士、地主和政治家。他们生活富裕，拥有远超其基本需求的财产。大多数人都是奴隶，他们为社会生产商品，但不得不生活在人为的贫困中，因为他们只能得到其主人允许的极少的东西。受压迫的奴隶被政府置于控制着一个大帝国的城邦中，比如雅典和罗马。

一系列的革命标志着从古代向中世纪或封建社会阶段转变，这个阶段主导着整个中世纪。其中最重要的革命包括经济生产方式的变革，而与蛮族入侵罗马帝国相伴的政治革命不过是对腐朽的古代社会及其经济关系的最后一击。

在中世纪，两个辩证对立的阶级是领主和农奴。如他们的先辈那样，领主是富裕的所有者阶级，享受着相对奢侈的生活，而赤贫的农奴则是必需品和奢侈品的主要生产者。"领主"一词可以指代任何贵族，从国王（king）到皇帝（emperor）再到最低等的男爵。封建领主建立的政府从地理上说位于王国（realm）之内。根据场所的不同，一个王国可能是一个小庄园、城堡，也可能是一个帝国。无论在什么背景下，政府都是进行统治的领主用来控制其臣民农奴的手段。

由于生产方式的变化，相较于以往，中世纪的劳动者在实际上和法律上都具有更大的独立性。因此，农奴比奴隶更自由一点。尽管他们被习俗束缚在自己生活和劳作的土地上，但在法律上他们并不是领主的财产。这两个阶级通过一份不成文的契约联系在一起，根据该契约，领主提供保护和管理，农奴则贡献自己的劳动。双方都对彼此负有义务。

如果说农奴比奴隶更自由，那么领主的权力相对而言也比主人的权力小。他们有很多有效的手段去压迫自己的农奴，但是对于所有的农奴，他们不再像古代社会主人对奴隶那样，拥有生杀大权。

农奴永远无法摆脱领主而获得自由。终结封建主义的先锋力量包括让中世纪经济得以转型的新兴城市商人，资助君主与贵族作战的银行家，还有一些获得皇家特许状的城市居民，这些特许状赋予他们相对于地方领主的自主性，作为回报，他们要在政治上支持皇家。通过鼓励城市的经济发展和政治影响力，中世纪的统治者为他们自己准备好了坟墓。历史没有别的道路。

资本主义社会

> 但是，我们的时代，资产阶级时代，却有一个特点：它使阶级对立简单化了。整个社会日益分裂为两大敌对的阵营，分裂为两大相互直接对立的阶级：资产阶级和无产阶级。[1] [21]

工业革命还带来了经济生产方式的另一个重大变化，并标志着历史阶段由封建社会向资本主义社会的转变。处于辩证对立的两个主要阶级当然就是资产阶级和无产阶级。前者取代领主成为社会的主导群体，因为在现代工业经济中，资本比土地或世袭的头衔更重要。

面对经济变革，一些中世纪领主试图利用他们所掌握的政治资源和其他上层建筑资源来维系自己的特权地位。但他们在一系列资产阶级的政治起义中被赶下台，尤其是 1688 年英国革命、1776 年美国革命，以及 1789 年法国大革命。这些起义标志着政府控制从王国到民族国家的决定性转变。资产阶级按照从前的模式利用政府去统治和压迫无产阶级。

资本主义建立在雇佣劳动的基础上，工人可以自由地为开价

1　译文引自［德］马克思、恩格斯：《共产党宣言》，第 28 页。

最高的雇主工作。工人既不归资本家所有，也不受任何雇佣者或工厂的束缚。因此，他们比以前的农奴更自由。当然，与之相对的是，资本家的权力比领主更小。他们压迫被统治阶级的能力尽管仍然是实实在在的，但却遭到了削弱，尤其是就法律而言。在资本主义社会，从形式上看，法律面前人人平等。

贫困和异化

　　这种相对而言更大的自由并没有让马克思满意。如果说有什么不同的话，那就是，资本主义制度下的经济法律甚至比以前的阶段更具压迫性。正如他在谈到工人时所说的那样："他们不仅仅是资产阶级的、资产阶级国家的奴隶，他们每日每时都受机器、受监工、首先是受各个经营工厂的资产者本人的奴役。"[1] [22] 除了对资本主义的经济后果提出的广为人知的谴责外，马克思还表达了一种道德态度。他知道，许多贫穷的孩子为了微乎其微的工资每天在致命的环境下工作 12~16 个小时，而成年人，在他看来，境况也好不到哪儿去：

　　　　由于推广机器和劳动分工，无产者的劳动已经失去了任何独立的性质，因而对工人也失去了所有的吸引力。工人变成了机器的单纯的附属品，要求他做的只是极其简单、极其单调和极容易学会的操作。因此，花在工人身上的费用，几乎只限于

1　译文引自［德］马克思、恩格斯：《共产党宣言》，第 34 页。

维持工人生活和延续工人后代所必需的生活资料。[1] [23]

　　问题的核心仍然在于私有财产制度，这一制度可以追溯到历史的发端之时。在资本主义时代，私有财产源自资本家赚取的利润，即剩余价值。剩余价值是产品的原材料成本与销售价格之间的差额，这是进入或添加到原材料上的劳动的价值。正如洛克也会承认的一样，正是因为添加了劳动才导致了产品价值及其销售价格的增加。马克思认为，在任何公平的经济制度下，劳动都应该因其生产能力（即剩余价值）而获得经济回报。但在资本主义制度下它却并没有。相反，劳动者只获得了确保劳动力持续供应所需的最低工资。劳动者必须工作更长的时间，生产出超过他们所得的剩余产品，以便为资产阶级提供奢侈的生活。马克思断定，这在经济上是不正义的。

　　此外，在资本主义制度下，历史上第一次出现了生产过剩。为了通过增加销售来寻求更大的利润，相互竞争的企业生产出了超过社会消费量的产品。他们在此过程中完全漠视社会的共同利益或共同善。但他们别无选择，因为这种经济制度迫使资本家去竞争，否则他们便会失败，而失败就意味着沦为无产阶级。但是，市场将因此充斥着无法出售的商品，利润下跌，未售出的商品在仓库中腐烂；为了摆脱产品过剩，不得不削价减产；企业倒闭，工人失业，直到过剩的商品得到处理为止。这样，生产过剩的危机又让位于生产不足、萧条与饥荒等危机。

　　在一个商品超过了有产者所需的社会，失业者甚至买不起基本的必需品来维持自己的生命。当资本家阻止社会资源的最有效利

1　译文引自［德］马克思、恩格斯：《共产党宣言》，第34页。

用时，这种事情就会发生，而社会资源的最有效利用可以为每个人提供足够的商品和服务。与过去的每一个统治阶级一样，资产阶级也会利用上层建筑的全部制度来维持他们对不正义的、日益低效的制度的掌控。由此，资本主义便为自己的毁灭创造了条件。

资本主义与早先的制度一样，对人类潜能的充分发展设置了障碍。正是统一的社会环境塑造并控制着人性，正如达尔文所研究的自然控制着有机体的生命一样。它拣选并改造人类的某些才能，否定别的才能，鼓励一些能力的发展，同时又遏制另外一些能力。因此，资本主义社会中的每个人都被异化了，资产阶级和无产阶级都是如此。之所以这样，是因为个人是为了商业和利润而存在，而不是商业和利润为了个人而存在。每个人都只是将人和产品视为有益于利润的东西。人们陷入了对剩余价值的狂热追求。

包括政府在内的任何资产阶级制度，都逃不过马克思的严厉谴责。政府只代表资本家的利益。无论谁当选公职，维护这套制度都是他们的首要义务。但是马克思不仅谴责了政治和经济，还谴责了资本主义的整个上层建筑，包括它的法律、哲学、科学、艺术以及宗教。他说，资本主义最终"用公开的、无耻的、直接的、露骨的剥削代替了由宗教幻想和政治幻想掩盖着的剥削"[1][24]。

资本主义制度是为资产阶级服务的，因为它在经济上使中产阶级受益。然而，在异化这一点上，即使资产阶级也无法避免，因为这一制度在根本上对所有参与者来说都是不正义的，无论他们的经济地位如何。

资产阶级，由于一切生产工具的迅速改进，由于交通的

1　译文引自［德］马克思、恩格斯：《共产党宣言》，第30页。

极其便利，把一切民族甚至最野蛮的民族都卷到文明中来
了。……它迫使一切民族——如果它们不想灭亡的话——采
用资产阶级的生产方式；它迫使它们在自己那里推行所谓的
文明，即变成资产者。[1] [25]

与国内的异化不相上下的是国界之外的异化。为了提高利润，
消除过剩的产品，资本家拓展了世界市场。同样，对原材料贪得无
厌的追求导致了殖民地的建立，以便能持续获得那些资源。"人人
享有人权"这一资产阶级观念载入了英国《权利法案》、美国《独
立宣言》和法国《人权宣言》等革命性文件中，这些观念也与殖
民扩张相伴随。民主和自由这些普遍观念与资产阶级政治控制之
间的矛盾，使得各地的无产阶级意识到自己的真实处境，并为革
命行动做好了准备。

科学社会主义

还有许多人表达了对资本主义制度的愤慨，其中包括了想要
摧毁机器的工人和被有关工人阶级状况的报道所震惊的中产阶级
宗教改革者和政治改革者。但是马克思对资本主义的道德控诉却有
一个特殊的视角，这使他与这些人有所不同。他的观点也使其不
同于《共产党宣言》所讨论的那些人，虽然他们同样是社会主义
者，但不属于马克思这一类。他赞成其他社会主义者对资产阶级
罪恶的反对，但他并非只是谴责资本主义。他相信自己已经找到

1　译文引自［德］马克思、恩格斯：《共产党宣言》，第31~32页。

了实现真正的、重要的社会变革的行动者——无产阶级。在马克思看来，其他社会主义者对于历史根本原因的理解是有限的。他们并没有意识到历史发展的正确道路，并且他们中有很多人反对革命行动，相反，他们赞成通过小规模的试验来达成和平的改良。对马克思来说，这些观点不仅是错误的，而且会适得其反。[26]

资本主义的背后究竟是什么，以及什么是必须做的？对于这些问题的完整理解来自科学社会主义。它之所以是科学的，是因为其基于唯一正确的分析方法，即历史唯物主义或辩证唯物主义。对这种方法的运用使《共产党宣言》中的马克思主义（即共产主义）与其他类型的社会主义区分开来。马克思认为，这种方法使人们意识到自历史的开端以来就一直在进行的一个过程。在马克思之前，在没有有意识的人类参与的情况下，历史实现了其预定的目的。人类的行动同其他动物一样，都基于某种意义上的必然性。历史通过一些看似偶然的事件，例如科学发现和新大陆的发现，引导人们走向目标：

> 美洲的发现、绕过非洲的航行，给新兴的资产阶级开辟了新天地。东印度和中国的市场、美洲的殖民化、对殖民地的贸易、交换手段和一般商品的增加，使商业、航海业和工业空前高涨，因而使正在崩溃的封建社会内部的革命因素迅速发展。[1] [27]

根据这种解释，哥伦布在美洲登陆并不是他在寻找通往印度的新航线时一个偶然产生的副产品。相反，他的"发现"具有历

1　译文引自［德］马克思、恩格斯：《共产党宣言》，第28页。

史必然性，因为美洲的自然资源将成为摧毁封建主义、促成资本主义制造业的关键。即使哥伦布不知道这一点，历史的"看不见的手"却知道，并利用他来实现历史的目标。然而，自从马克思写作以来，人们便拥有了认识历史走向的手段。现在他们能够知道真正的原因以及不可避免的后果。例如，他们意识到资本主义的剥削是基于阶级和性别的。解放永远不可能来自个人的努力，或资产阶级个别成员的善意，无论其本意有多良好。人们只能联合起来粉碎资本主义，并使其生产力服务于非剥削性的目的，才足以实现解放。

性别与家庭

> 资产者是把自己的妻子看作单纯的生产工具的。他们听说生产工具将要公共使用，自然就不能不想到妇女也会遭到同样的命运。他们想也没有想到，所针对的真正问题正在于使妇女不再处于单纯生产工具的地位。[1] [28]

对马克思来说，男女之间的关系是一种最自然的关系，也是最初基于生理差异的劳动分工的原因。从根本上来说，两性的本性是相似的，都拥有同样的潜能以实现自己期望的光明未来。在此之前，两性关系仍将继续由经济因素决定。

直到部落时代后期，女性都是自由而独立的，而且实际上相当有权力。群婚是两性间的基本关系；孩子被认为是女性的后代，

1　译文引自［德］马克思、恩格斯：《共产党宣言》，第45~46页。

这种制度被称为母权制（matriarchy，mother-right）。随后，配偶制开始取代群婚，金属工具取代了石制工具。女性照顾家庭，而男性则清理森林、驯养动物并生产食物和工具。这样的劳动分工产生了剩余产品，筹集食物和制造工具的人被视为多余的土地、牲畜和奴隶的所有者。为了将这些新的财富传递给后代，父权制（patriarchy，father-right）建立并取代了母权制。男性坚持认为自己必须确定谁是他们的后代，于是将性忠诚确立为父权制家庭的一个关键方面。

　　自从"女性的具有世界历史意义的失败"发生后，婚姻关系的历史就与阶级关系的历史是平行的。[1][29]包括家庭在内的所有制度，都是为了满足经济体系需要而存在的上层建筑的一部分。它们反映了在从古代到当今的资本主义制度中同时存在的阶级冲突与性别冲突。进行统治的男性就像主导阶级关系一样主导着婚姻，他们让女性从事无报酬的家务劳动，并充当完全依赖其丈夫的生育工具。

　　在资本主义社会，契约婚姻取代了以前的包办婚姻。资本主义经济市场中个人之间自愿订立契约的原则延伸到了家庭的形成过程中。从原则上说，爱情成了婚姻的基础，但只有无产阶级才最有可能给予这种伙伴关系。在这里，资产阶级主要受经济因素驱动，就像在生活的其他任何方面一样。女性结婚是为了财富，而男性则是为了增加将来传给合法后代的财产。这种权衡利弊的婚姻（marriages of convenience）便成了"最粗鄙的卖淫"，并导致通奸。然而，如果婚姻基于爱情，其结果也不过是一种"被叫做

1　译文引自《马克思恩格斯文集》，第四卷，北京，人民出版社，2009年，第68页。

家庭幸福的极端枯燥无聊的婚姻共同体"[1][30]。

至少就社会地位、孩子的未来和物质享受而言，资产阶级女性的处境比无产阶级女性要好。这使得维护资本主义符合其阶级利益，即便废除资本主义符合其性别利益，因为私有财产是她们在父权制家庭中受压迫的根源。

无产阶级女性却不会体验到这种利益冲突。无论她们走到哪里，资本主义都像奴役她们的丈夫和孩子那样奴役她们。无产阶级的婚姻能够以爱情为基础，因为他们并无财富或财产可获得或继承。这种情况带给工人阶级的女性一种新的打击。她们作为工人受到压迫，不仅要从事生产劳动，还要繁育后代。她们外出从事低贱的工作来增加微薄的收入以补贴家用，同时还要承担料理家务和抚养孩子的全部责任。无产阶级家庭就这样培育出下一代工人。

资本主义社会作为历史运动的一部分并不是一个完全消极的处境。它不仅促进了技术水平的不断提高，还将女性纳入工人的队伍，从而为革命后的未来奠定了新的经济基础。革命终将解放包括女性在内的所有人，并建立起新的社会关系。一旦私有财产被废除，就没有人需要在经济上依赖别人。合法继承人的问题不再存在，强制的一夫一妻制也不再必要。照顾并教育孩子成了一项公共职能，父权制家庭消失了。女性可以自由地缔结包括婚姻在内的两性关系，因为这是她们自己的选择。性爱作为最自然的纽带，成为她们的动机，两性关系则以平等和互惠为特征。

---

[1]　译文引自《马克思恩格斯文集》，第四卷，第84页。

未　来

在勾勒史前时期之后的几个阶段时，马克思支持辩证式的进步。他发现，受压迫阶级的经济能力和自由都在增加，这反映出总体而言情况越来越好，即使无产阶级的条件还在恶化。马克思的描述结束于他对资本主义的阐述，而后便开始了他的预测。

当资本主义生产力达到了其效率的最低点，产生了最严重的异化并亟须变革时，无产阶级就会在最后的革命中揭竿而起，推翻资产阶级，建立起一个无阶级的社会。尽管最初的时候，无产阶级"必须把自身组织成为民族"，但最终它将"取消国家，取消民族"。这种对民族国家的反对意味着马克思倾向于支持一种小型的、城邦式的政治环境。[1][31]

尽管马克思确信无产阶级必将胜利，但这一胜利还有多久才会发生并没有被预先确定。目标或许是确定的，但达成目标的手段还有待思考。这很大程度上取决于群众的觉悟水平，这种觉悟水平能促使他们在恰当的时间发动起义。

无论反资产阶级的革命何时爆发，遵循这种革命的社会都将经历向共产主义的过渡。在过渡期间，生产资料将交给所有人共同控制。此外，人们不会再被划分为相互竞争的阶级，因此阶级斗争也会结束。

在经济上，未来终会享有史前时期所有的好处，并且不会有这个时期的任何问题。经济共产主义将会回归，这是历史的最终目标。以前导致了生产过剩的所有技术优势，如今将成为工业能力的一部分，为每个人带来经济上的富足。这意味着回到所有人

1　译文引自［德］马克思、恩格斯：《共产党宣言》，第46页。

都享有社会和经济平等的史前状况下，同时又享有原始人群无法设想的富足条件。由于共产主义社会是一个只有一个阶级（也即无阶级）的社会，因此人与人之间的差异不会被用来剥削人，也不会出现任何私有财产或用于赢利的财产。人们仍然将继续持有必要的个人财产（如衣物），但超出所需的所有权将被废除。合作将取代竞争，共享的富足将取代人为的贫困。而且：

> 当阶级差别在发展进程中已经消失而全部生产集中在联合起来的个人手里的时候，公共权力就失去政治性质。原来意义上的政治权力，是一个阶级用以压迫另一个阶级的有组织的暴力。[1] [32]

政治的未来也将代表着回到史前时期的无政府状态。[33] 那时将不再有政府、政治制度和强制。国家将会消亡，因为就如同历史上所有其他的社会制度一样，资产阶级政府只是统治阶级用于维持秩序并剥削无产阶级的工具。

正如马克思思想具有的诸多辩证复杂性一样，事实上国家也具有双重职能。尽管在历史上是必然的，但它也是一种"马基雅维利式的"骗局：国家在压迫无产阶级的同时又为它提供帮助。一方面，它具有更为积极的特征，例如普选权和个人权利，这些特征有助于无产阶级摆脱封建时代的无知，教育他们了解公共政治行动可能带来的好处。另一方面，这些好处并非为了帮助工人获得更大的自由，而是为了欺骗他们。尽管资产阶级的政治实践被认为是迫使政府必须服务于多数人的意志，但实际上它们只是

1　译文引自［德］马克思、恩格斯：《共产党宣言》，第49页。

一种愚弄大众的手段，让他们相信自己拥有权力，而事实上权力只属于少数精英。即使资本家并不亲自管理政府，他们的狗腿子也会指导政府以便满足资本主义的利益。

由于国家只是占支配地位的阶级的工具，因此当阶级斗争结束后它就会消失。如果没有阶级可供压迫，那么国家就丧失了其目的。"代替那存在着阶级和阶级对立的资产阶级旧社会的，将是这样一个联合体，在那里，每个人的自由发展是一切人的自由发展的条件。"[1] [34] 未来将会是一个新的、真正人道的历史的开始，高度发达的技术充分满足了人们的物质需要，而安全需要也不再是一个问题。在共产主义制度下，每个人都能实现自我，因为每个人都作为共同体的一部分而为自己工作。女性和男性都能发展其独特的才能，并为公共善做出贡献。由于每个人在经济上都将是平等的，他们自然会相互合作。生活在一个能看到合作之益处的社会里，他们将会意识到自己对共同体的义务，各尽所能，各取所需。用卢梭的话来说，每个人都将自由地把公意作为自己的意志。

所剩下的就是对一些事情的管理，例如基本商品和服务的生产和分配。这就是马克思所说的必然王国（the realm of necessity）。诸如街道清理或道路建设等必要的工作仍然需要做，但工作的性质将会彻底地改变。受到过共同体义务方面教育的公众将会轻松且自愿地从事这些任务。人们会临时且轮流地掌握指导这项工作的权威，他们不需要靠任何人的强迫就能完成这项工作。国家权力将"变为维护真正社会利益的简单的管理职能"。对马克思来说，这些事情是几乎任何人在没有接受特殊训练的情况下都可以做的。因此劳动分工将不复存在。即使需要对工作任务进行分工，

1　译文引自［德］马克思、恩格斯：《共产党宣言》，第 50 页。

也不会导致劳动产品的不平等分配。此外，由于最终的革命将在资本主义生产能力达到顶峰时发生，因此在一个每个人都参与协助的合作社会，此类任务不太可能要求个人花费过多的时间。[1] [35]

携手同行，每个人都能享受到最高水平的真正的人类文明。创造性、文化以及智识生活都将蓬勃发展，生产和技术还会有更深远的进步。不过，这些都将指向人类的改善，因为其创造者的目标就是为所有人提供更高水平的文明，而不是像资本主义制度下那样，为了满足个人的贪婪和支配。既然历史将会终结，至少作为阶级斗争和异化的发生场所的历史将会终结，那么就不再需要进一步的革命了。后历史时期标志着真正人道的、未被异化的人类历史的开始。

在马克思所预见的未来，经济不再是最重要的因素。它将从属于世间关于正义的看法：马克思回到了柏拉图的主题。他给我们一种令人欣慰的保证，即受压迫的无产阶级将继承这个世界，因为他们注定会取得胜利。马克思对历史的科学理解只不过证实了其结论的确定性。

结　论

《共产党宣言》的开篇似一声枪响："一个幽灵，共产主义的幽灵，在欧洲游荡。"然而这些话早就不恰当了，因为国际共产主义已不再游荡。俄国共产党的一个分支推翻了保皇党的政府，也

1　参见《马克思恩格斯文集》，第七卷，北京，人民出版社，2009年，第929页；《马克思恩格斯文集》，第三卷，北京，人民出版社，2009年，第338页。

推翻了以封建经济为主的经济制度，将俄国更名为苏联，他们声称自己以马克思的学说为基础，但他们忽略了他的很多观点，也忽视了他所坚持的另外一个观点，即最终的无产阶级革命只有在资本主义得到充分发展以后才能获得胜利。由该党宣称领导的运动不断取胜并扩大，直到世界三分之一的人口都生活在官方尊崇马克思主义的民族国家。但随着苏联解体，该党领导的运动也在俄国彻底结束了。

今天，它在俄罗斯的未来看起来希望渺茫，其为数不多的东欧追随者也在沉默中渐渐消亡。其他地方，如朝鲜和古巴，仍然只是在口头上支持一种更教条化的马克思主义。中国似乎已经远离了马克思主义的经济观念，同时却保持了一种类似于苏联的国家体制。马克思主义号召暴力革命的作用，最近更多地已被宗教的或种族的民族主义所承担。

尽管苏联已经解体，但与马克思的思想相关的论辩和出版物丝毫没有放缓的迹象。时至今日，世界各地的支持者与反对者仍然有源源不断的书籍、文章以及演讲来探讨和争论马克思作品的意义。可以肯定地说，只要还存在独立的思考者，这种情况就会继续下去。马克思的著作已经得到了广泛的阅读、解释、批评与更新，他从不缺乏支持者或反对者。

马克思显然是个新现代主义者，他将充满激情的理想主义、有机的政治与对历史的唯物主义分析相结合，这种分析指出了唯物主义在未来的终结。他所提出的替代方案曾经得到世界上许多人的热情赞扬，而且似乎有望实现，直到今天，他也仍然是西方资本主义最激进的批评者之一。

他的继承者们继续分析着资本主义的弊病，但对于消除这些弊病的最佳方法却意见不一。其中一些人，如爱德华·伯恩斯坦

（Eduard Bernstein），倾向于一种民主的解决方法，而另一些人，如列宁，则是革命者。[36] 他们都可以从马克思和恩格斯的作品中为自己的立场找到支持，他们都试图解决如下问题：马克思和恩格斯是否提出了一种共同的方法论？或说他们是否存在分歧？本章曾经暗示过，他们二人的思想是一致的，这一结论的依据部分地来源于《共产党宣言》第三部分及其对科学社会主义思想的影响。但是，一些人指出，在马克思与恩格斯合作之前，其著作中教条主义式的论调更少，他们在他的《经济学哲学手稿》中注意到一种对人类尊严和选择的强烈关怀。这些人称马克思为一种灵活的历史唯物主义的作者，并声称教条的或科学的马克思主义者正在追随恩格斯更为僵化的辩证唯物主义。有人指责恩格斯侵吞了马克思的观念，并给它套上了历史的紧身衣，这就将民主选择或自由意志都排除在外，转而赞成严格服从预先确定的历史必然性。这种争论具有超过学术的重要性，因为它关系到马克思是否要对苏式共产主义背后的观念负责。[37]

无论哪种情况，马克思和恩格斯的观念都是共产主义传播过程中的重要因素，它们对世界事件的影响是研究马克思主义的一个原因。进一步的原因则是，它们与苏格拉底对自利个人主义的质疑性批判和柏拉图的集体主义建议都有相似之处。

如今，人们意识到世界各地都还存在着受苦受难的人，他们面临贫困、极高的婴儿死亡率、疾病、奴隶般的劳动、战争，或者因公开反对不正义而被监禁或死亡。如果没有马克思的启发，没有他的作品中表达的那种道德热情，我们对这些状况是否还会有同样的关心？甚至，我们会像现在这样了解它们吗？

在现实同理想融为一体、"应然"变为"实然"之前，有思想的人们应当继续同马克思一起追问，为什么世界上会有不正义？

对此我们应该做些什么？他的政治哲学讨论了这些问题，尽管它并没有提供最终的答案。它为联合行动指明了方向和目的，而如今，由于马克思这样的哲学家所提出的问题，我们仍在进行着政治行动。

延伸阅读

Archibald, W. Peter. *Marx and the Missing Link: Human Nature.* Atlantic Highlands, N.J.: Humanities Press, 1992.

Arnold, N. Scott. *Marx's Radical Critique of Capitalist Society: A Reconstruction and Critical Evaluation.* New York: Oxford University Press, 1990.

Barnet, Vincent. *Marx.* New York: Routledge, 2009.

Carver, Terrell. *Friedrich Engels: His Life and Thought.* New York: St. Martin's, 1990.

Ferraro, Joseph. *Freedom and Determination in History According to Marx and Engels.* New York: Monthly Review Press, 1992.

Forbes, Ian. *Marx and the New Individual.* New York: Routledge, 1990.

*Gouldner, Alvin. *The Two Marxisms: Contradictions and Anomalies in the Development of Theory.* New York: Oxford University Press, 1980.

Harvey, David. *A Companion to Marx's Capital.* London: Verso, 2010.

Hook, Sidney. *From Hegel to Marx: Studies in the Intellectual Development of Karl Marx.* Ann Arbor: University of Michigan Press, 1962.

Lebowitz, Michael A. *Following Marx: Method, Critique, and Crisis*. Chicago: Haymarket Books, 2009.

Leopold, David. *The Young Karl Marx: German Philosophy, Modern Politics, and Human Flourishing*. New York: Cambridge University Press, 2007.

*Levine, Norman. *The Tragic Deception: Marx Contra Engels*. Oxford, UK: Clio, 1975.

Machan, Tibor. *Revisiting Marxism: A Bourgeois Reassessment*. Lanham Md.: Hamilton Books, 2006.

McLellan, David. *Karl Marx: His Life and Thought*. New York: Viking, 1975.

Megill, Allan. *Karl Marx: The Burden of Reason*. Lanham, Md.: Rowman & Littlefield, 2002.

Ollman, Bertell. *Alienation: Marx's Conception of Man in Capitalist Society*, 2nd ed. New York: Cambridge University Press, 1976.

Patterson, Thomas C. *Karl Marx, Anthropologist*. Oxford, UK: Berg Publishers, 2009.

Rockmore, Tom. *Marx after Marxism: The Philosophy of Karl Marx*. Malden, Mass.: Blackwell Publishing, 2002.

Seed, John. *Marx: A Guide for the Perplexed*. New York: Continuum Books, 2010.

Wolff, Jonathan. *Why Read Marx Today?* New York: Oxford University Press, 2002.

第十六章

后现代政治思想：质疑现代性

导　言

　　20 世纪伊始，人们开始用一种新眼光来看待早期现代政治思想的价值观。这些价值观帮助摧毁了中世纪时代，进而成为欧洲政治思想的基础。但是，社会的变革以及很多哲学家对这些变革的回应使许多人得出结论：这些价值观的意义早已消耗殆尽，以它们为基础的现代已经接近尾声。

　　政治思想家集中关注工业革命带来的社会和政治状况，包括迅速的城市化和人口的快速增长，以及与数不胜数的战争和革命相伴的动荡和苦难。大多数人身陷苦难，而少数人却活得很好。富人将群众的孩子送去战场赴死，而战争似乎只对特权阶级有利。通过审视这段历史，许多政治思想家认为现代性的价值观基本上是颓废的、低贱的、贪图享乐的、空洞的，甚至是虚无的。

　　早期现代政治思想家，如霍布斯和洛克，曾一度表达了对理性和科学的信仰，现代人将稳固的政治真理建立于其上，不过这种信仰已经转向了怀疑主义。这一转向始于新现代主义者对早期现代主义者结论的批判，他们指出了为政治权威或正义建立任何纯粹基础的做法所存在的局限性。哲学家埃德蒙德·胡塞尔（Edmund Husserl，1859—1938）和马丁·海德格尔（Martin Heidegger，1889—1976）认为，科学、理性以及技术已经达到了它们自身的极限，如今正阻碍着许多重要问题的解决。[1]

卢梭、黑格尔和马克思曾经质疑了早期现代主义者对个人自私的赞颂，以及由此导致的人们与其真正的、自然的根源的异化。他们宣称，唯有激进的变革才能给世界带来正义。

到了19世纪与20世纪之交出现了另一种挑战，它与上述观点互为补充，但在某些方面更具破坏性。这种挑战来自那些质疑一个根本性观念即进步观念的人，这种进步观念将所有现代主义者统一起来，无论是早期现代主义者、新现代主义者还是晚期现代主义者。心理学家西格蒙德·弗洛伊德（Sigmund Freud）和哲学家弗里德里希·尼采（Friedrich Nietzsche）在著作中都表达了对理性及其所鼓励的现代价值的批判，这或许是为现代而做的思想辩护所遭遇的最后一次突破。

西格蒙德·弗洛伊德

西格蒙德·弗洛伊德被认为是现代精神分析之父。他成年后的大部分时光都在维也纳度过，但由于其犹太人身份，1938年纳粹入侵奥地利后，他便逃往了英国。或许他对政治的主要贡献在于他的这样一种理论，即人类的心理和本性都受到文化力量和制度的压制，这种压制会影响个人的政治行为。[2]

弗洛伊德强调性和性的发展对人性的重要性。他断言，人类的性冲动会影响道德、法律以及文化价值。尽管以前的思想家已经处理过作为政治一个方面的性别角色甚至性本身，不过他们让性冲动从属于理性，并得出结论：理性才是政治更可取的基础。但对弗洛伊德来说，包括性冲动在内的人类本能从童年时期就开始发展，它们对于决定人格和激发行为都极为重要。性冲动和相关的人类激情与人类心理中的其他冲动相互冲突，带来了一种基于个人的政治，而个人内部具有相互冲突的压力。更具体地来说，人类冲动对于界定人们发展出的文化至关重要，但与此同时，人类冲动又使得人们对生活在这些文化中感到不安，因为人类境况的核心便是冲突。[3]

根据弗洛伊德的描述，人类的心理在一定程度上受基本的人性冲动（例如性欲和攻击性）控制或限制，这些冲动需要得到满足。[4] 在他的著作《自我与本我》（*Ego and the Id*）和《精神分析引论》（*The Complete Introductory Lectures on Psychoanalysis*）中，他描述了童年时孩子与父母的冲突最终在其成年后的心理中产生的三个部分：本我（id）、自我（ego）和超我（superego）。简而言之，本我代表着最基本的激情和冲动，例如性冲动或爱欲。自我代表着人类理性的一面，而超我则代表着来自家庭、教会以及政府等方面的社会压力，这些压力试图压制人的行为，或控制本我。本我不断地与自我和超我做斗争，也就是说，本我的基本人类冲动，例如性欲和攻击性，需要受到自我和超我的抑制，否则就可能会导致危险和自我毁灭的后果。

无尽的人类苦难

在弗洛伊德最为忧郁、悲观的著作《文明及其不满》（*Civilization and Its Discontents*）中，他总结了自己一生都在探寻的许多观念，并将他的精神分析理论运用到社会分析与政治（或者至少是文化）分析中。他于两次世界大战之间的 1930 年在德国写成了此书。希特勒很快就会踩着德国民主制的尸首登台掌权。在欧洲与北美，自由主义价值观和自由主义社会似乎正濒临崩溃。这本书提出了一种人性理论，一种对国家和社会的看法，也描述了人类如何与文明、人类境况以及心理本身交战。

弗洛伊德说，每个人都在追求幸福，"决定生活计划的是快乐原则，这个原则从一开始就支配着心理器官的活动"[1][5]。但是对幸福的渴望会受到三种力量的阻挠：人的身体、外部世界以及与其他人的关系。关于助长了人类苦难也即阻碍了幸福的这三个因素，他断定：

> 被我们称为文明的东西在很大程度上要为我们的苦难负责，而且如果我们放弃文明，返回原始的状态，我们将会更加幸福。我之所以说这种论点令人吃惊，是因为无论我们用什么方法来定义文明概念，这样一个事实依然确定无疑，即我们寻找各种东西来保护自己免受来自痛苦之根源的威胁，而那些东西都是这种文明的一部分。[2][6]

因此，人类苦难的主要原因就在于他们为自己所创造的文化。但无论他们对文明感到何等不适，弗洛伊德认为，原始的或前社会时代的人们可能也不会更幸福或更安全。

他将文明定义为"使我们的生活区别于动物祖先的生活的所

1　译文参照［奥］弗洛伊德：《一种幻象的未来 文明及其不满》，严志军、张沫译，上海，上海人民出版社，2007 年，第 122 页。

2　译文参照上书，第 136 页。

有成就和规范的总和。它有两个目的，即保护人类免受自然的侵害和调节人类的相互关系"[1][7]。就像霍布斯将公民社会的建立视作摆脱自然状态下的无政府和战争状态的出路那样，弗洛伊德将文明的规则和制度视作保护个人免受自然和他人引起的外部威胁的一种手段。这些威胁之所以存在，一定程度上是因为人类从本性上讲就没有合作的倾向：

> 人类并不是温和的动物。温和的动物希望得到别人的爱，而且在受到攻击时最多只会尽力保卫自己。相反，在人这种生物的本能禀赋里，我们能发现强大的攻击性成分。结果，对他们来说，邻居不仅是潜在的帮助者或性对象，而且容易激发他们去满足对他的攻击欲，没有报酬地剥削他的工作能力，未经同意就在性方面利用他，夺取他的财产，羞辱他，给他造成痛苦，折磨并杀害他。[2][8]

人类不仅受制于理性的冲动，他们还会受到满足其基本欲望（包括性冲动和攻击的冲动）的需要驱使。若没有约束，个人将会互相残杀。因此，文明，包括国家的建立，是人类的一个重大进步，因为它创造了约束本我的规则和制度，使个体生活在一起成为可能。

文明的代价

文明与社会秩序的创立并非没有代价。对弗洛伊德来说，所

1　译文参照［奥］弗洛伊德：《一种幻象的未来 文明及其不满》，第140页。
2　译文参照上书，第167页。

有人都受到功利和快乐这两种目标的驱动。一方面人们寻求快乐，但另一方面，他们又需要规则和制度来抑制其攻击的冲动，而且这两者时有冲突。换句话说，在某些情况下，本我（人类的欲望）会与自我、超我以及社会规则发生冲突。这就需要某种机制来规范人类行为，这一机制便是国家：

> 只有当比单独的个人更强大的多数人聚集在一起并联合起来对付单独的个人时，共同的人类生活才有可能。……用群体的力量来取代个体的力量构成了文明具有决定意义的一步。[1][9]

也就是说，当政治的规则成为规范人类行为的力量时，人们才能生活在一起，进入文明社会。

但是，尽管自我保存的需要是创造文明和国家的动力，但爱欲才是将社会团结在一起的凝聚力[10]：

> 爱的关系……构成了群体心灵的本质。我们的假设首先从两个暂时的想法中获得了支持。首先，群体显然是由某种力量凝聚在一起的：这种将世间的一切团结起来的壮举，若不归功于爱欲，又能归功于什么呢？[11]

换句话说，生命、爱、性以及生存的基本冲动将人们推向文明。但是，根据弗洛伊德的说法，进入公民社会也是一种社会契约的行为，这起源于——

1　译文参照［奥］弗洛伊德：《一种幻象的未来 文明及其不满》，第 147 页。

放弃本能，承认相互的义务，引入一些被宣布为不可侵犯的（神圣的）规定——也就是说，道德和正义开始了。每个人都放弃了为他自己谋取其父亲的地位并占有母亲及其姐妹的理想。[12]

由此，政治共同体的起源具有一种冲突的特征。它是遵循一个人生存本能的需要和爱欲冲动的结果，但它也源于对弑父（patricide），或弗洛伊德所谓俄狄浦斯情结（Oedipus complex）的恐惧，源于规范社会禁忌（如乱伦）的需要。[13] 国家的产生是为了规范有毁灭个人之危险的家庭力量和性的力量。

但与此同时，爱欲也驱使人类走向自由，对抗文明的要求。社会控制通过禁止攻击性的行为和性行为，激发了人们对自由的渴望。只有当人类的本能和冲动得到升华时，文明和政治社会才会成为可能。然而，文明的建立却基于对仍然是本能的东西的放弃，文化则基于仍然是基本冲动的东西遭到挫败。因此，爱欲与文明相对立，它驱使个人去反抗那些使生存成为可能的制度。[14]

尽管有着社会的压制，人们想要阻止敌对的行为或其他本能的行为却并不容易，因为这样做压抑了他们的本性。对弗洛伊德来说，"如果文明不仅强行要求人类在性方面做出这种巨大牺牲，而且还要求在进攻性方面做出巨大牺牲，那么，我们就能更好地理解，为什么人类如此难以在这种文明中感到幸福"[1] [15]。文明和社会规则的产生是由于个人需要保全自己免于死亡，但文明也妨碍了本我以及其他人类欲望的满足。最终，它妨碍了人性，表现出"爱欲（eros）和死亡本能（thanatos）之间、生存本能和破坏性

1　译文参照［奥］弗洛伊德：《一种幻象的未来 文明及其不满》，第172页。

本能之间的斗争，就像它在人类这一物种中发生的那样"[1][16]。虽然文明是本能的产物，但它压抑了人的基本冲动，这反过来导致了另一种本能攻击它的冲动。由此，社会行为和个人行为都由许多冲动组成，人类试图控制和压抑这些冲动，但这些冲动随时可能爆发，并摧毁人类和文明。

因此，人们追求文明和社会以便获得幸福，但两者都是苦难的原因。个人在与文明交战，但更重要的是，他们在与自己的灵魂交战，试图征服非理性和无意识，使其处于理性的控制之下。人性需要表达并满足这些冲动，但满足这些欲望又可能会导致死亡。文明的目标便是控制这种人类自我毁灭的倾向，同时又规范爱欲。最后，弗洛伊德怀疑，文明究竟能否控制人类自我毁灭的本性，与此同时又不至于永久地阻碍和压抑自由与人性，从而通过阻止幸福而以另一种方式摧毁人性。[17]他认为，非理性的、相互冲突的人类需求永远在挑战社会的理性秩序，并且永远有陷入战争和无政府状态的危险。

弗里德里希·尼采

弗里德里希·尼采是一位德国哲学家和古典学者，他一生的大部分时间都在瑞士度过，并在伯尔尼的一所大学任教。作为一位重要的西方哲学家，他的思想经常受到误解。尽管有人说他给纳粹德国提供了启发，但仔细阅读他的作品就会发现，他的思想并不是法西斯主义的基础，而是纳粹利用了他的著作来满足其自

1　译文参照〔奥〕弗洛伊德：《一种幻象的未来 文明及其不满》，第181~182页。

身的目的。[18] 此外，他还被描述为虚无主义者和相对主义者，但是尼采本人并不认可这些标签。

尼采同弗洛伊德一样，对文明极为悲观。他同意弗洛伊德所说的资产阶级文化阻碍了真正的人性。但弗洛伊德认为所有形式的文化都是压抑的 [19]，与之不同，尼采将基督教和早期现代的价值观视为社会的堕落对人性的胜利，以及奴隶道德对主人道德的胜利。尼采清楚地认识到，在为道德价值和政治价值寻求坚实的基础方面，理性、现代的哲学和政治的能力具有局限性。现代性如果有什么作用的话，那便是自我破坏，产生虚无主义（或对任何都不信）以及毁灭的冲动。

人性与重估价值

尼采对 19 世纪政治的批判源自他对主人道德和奴隶道德所做的区分。在描述主人道德时，他说：

> 如果规定"好"这个概念的是统治者，那么，灵魂的崇高自豪的状态就要被授予荣誉并确定等级。……须得马上指出的是，在第一类道德里，"好"与"坏"的对立大约就意味着"高尚"和"卑鄙"。……根据主人道德，则恰恰是"好人"在激起和想要激起恐惧，而"坏人"则被看作卑鄙的。[1] [20]

主人道德是强大、自由且肯定生命的统治阶级的产物。这是掌权者的道德，是那些渴望为人性赋予荣光者的道德，展现出勇

1　译文参照［德］尼采：《善恶的彼岸》，赵千帆译，北京，商务印书馆，2015 年，第 262、265 页。

士的价值观。[21]

相反，奴隶道德则源于弱者和被压迫者的价值观，这些人创造出一种攻击主人道德所做出的判断的道德。按照尼采的说法：

> 产生那一对著名对立物"善"与"恶"的病灶就在这里：权力与危险、某种特定的可怕、精细与强健，即那些最不容蔑视的东西，被放到恶之中来感知。根据奴隶道德，"恶人"激起恐惧……1 [22]

主人道德和奴隶道德的并列对尼采来说十分重要，因为正是奴隶取代主人这一历史性的行为导致了人类事务的严重衰退。他所谓的重估价值（transvaluation of values）始于苏格拉底、犹太人和基督徒用奴隶和弱者的道德取代古人高尚的道德之时。[23] 奴隶道德是怨恨的产物，它将所有否定人性的力量和活力的事物都称为善。宗教，尤其是基督教，被包含在奴隶道德的精神中，因为它赞颂了一系列彼岸的价值，这些价值否定了人类高贵的存在和个人的权力，而尼采认为这些才正是人的真正展现和伟大之处。

对尼采来说，现代性及其衍生出的意识形态如自由主义、民主等，都是奴隶道德的体现。所有人都赞同弱者的立场，拒斥曾被主人道德所倡导的肯定生命的人性价值观。现代政治是奴隶对主人的胜利，暴民对领袖的胜利，以及一系列泯灭人性的价值观对人性的胜利，这导致了对自由的否定，以及软弱无能且怨天尤人的个人的产生。

1　译文参照［德］尼采：《善恶的彼岸》，第 265 页。

现代性的危机

重估价值便是尼采所描述的现代性危机的起源。[24] 这是虚无主义的危机，是否认人类存在的现实，并错误地为道德寻求一个理性基础的做法的危机。根据尼采的观点，启蒙运动和现代性的计划并没有那么谦逊：

> 哲学家们一旦开始研究道德，便统统带上一种令人发笑的僵硬的严肃，他们要求的是某种过高的、过于自负和庄严的东西：他们想要为道德提供一个理性的基础——迄今为止的每一位哲学家都相信他已经提供了这样的基础。[1] [25]

为了给道德构建这种理性的基础，哲学家用科学和理性取代了宗教。然而科学不能充当这样一个基础："科学还不能只依赖自身做到这一点；它首先在每个方面都需要一种价值理想，一种创造价值的强力，只有服务于它，科学才能相信自己——科学永远也不创造价值……"[2] [26]

将道德建立在科学基础之上这种做法的一个缺陷是，科学本身并不能用客观的方式来区分对错。把科学作为道德之基础的另一个缺陷在于一个由宗教思想家所拥护的信念，即存在着永恒的真理。对尼采来说，并没有不变的真理[27]，"只有带着视角的看，只有带着视角的'认知'"[3] [28]。

由于尼采否认任何绝对真理的存在，并且否认理性有能力为

1　译文参照［德］尼采：《善恶的彼岸》，第130~131页。

2　译文参照［德］尼采：《论道德的谱系》，周弘译，北京，生活·读书·新知三联书店，2017年，第155页。

3　译文参照上书，第117页。

知识提供不容置疑的基础，因此他认为，试图用科学理性取代宗教作为知识的基础这种做法，产生的不是知识的确定性，而是持续不断的"理性的暴政"，这种暴政开始于苏格拉底，而后由哥白尼得以加强。这种暴政剥夺了人类的自由 [29]，使人类迈上了自我毁灭之路，这条路通向虚无主义，也即否定一切真理，甚至否定理性本身的合法性 [30]。在这个过程中，它首先使所有其他价值和知识体系都接受理性的检验，拒斥那些无法得到理性证明或支持的东西。然后理性转向自己，质疑其自身的预设，这揭露出它自己的主张也无法理性地辩护。寻求真理的理性最终毁灭了真理。

尼采对现代性的讨论建立在新现代主义者对理性的批判之上 [31]，这些批判试图限制理性，以便保护宗教信仰和上帝免受理性的审视。但现代性却无法提供这样的限制。在《查拉图斯特拉如是说》（*Thus Spoke Zarathustra*）一书中，尼采的英雄，哲学家-武士查拉图斯特拉宣称上帝已死。但尼采声称他并未杀死上帝，而真正杀死上帝的，是产生自奴隶道德和理性之暴政的腐朽文化。

对尼采来说，资产阶级文化表明，没有超验的价值，没有永恒的真理，没有自然法则，知识也没有坚实而永恒的基础。所有知识都是在特定的历史情境中由人所创造的，不存在独立于人们的创造的道德真理。资产阶级文化已然崩溃，并正处在自我毁灭之中。尼采给自己规定的任务是，宣布有必要创立一种新的哲学，一种创造新价值的哲学。然而，塑造这些价值的不可能是传统的哲学家。阐明真理的必须是领袖和立法者，他们通过他们的"强力意志"（will to power）来宣布真理。[32] 新哲学和新政治必须拒斥奴隶道德、虚无主义和理性的暴政，并将一套新颖的价值强加给世界，这套价值肯定了人性深层的崇高特质，从而在人类历史上创造出一个与当代文化彻底决裂的独一无二的时代。

尼采、弗洛伊德与后现代政治

弗洛伊德和尼采共同留下的一份遗产是，他们相信现代性有缺陷，利用科学和理性去引导人类事务的努力已然达到其极限，且已经破产了。人类事务有非理性的一面，这一面证明了科学和理性的局限，因为理性与许多其他的人类冲动相冲突，否定并阻碍了人类的自我实现、满足以及自由。两位哲学家的目标是恢复这些冲动，理解它们的运作方式，并且确定它们如何满足我们的真正需求。

弗洛伊德和尼采留下的另一份遗产，是他们对 20 世纪尤其第二次世界大战之后政治思想产生的影响。[33] 例如，弗洛伊德关于人的性欲及其与自由和解放的关系的观点，对许多思想家及其作品产生了重大影响，如赫伯特·马尔库塞（Herbert Marcuse）的《爱欲与文明》（*Eros and Civilization*）[1]、威尔海姆·赖希（William Reich）的《法西斯主义大众心理学》（*Mass Psychology of Fascism*）[2]、西奥多·阿多诺（Theodore Adorno）的《权力主义人格》（*The Authoritarian Personality*）[3]。这些作者采用弗洛伊德的概念来解释政治压迫，解释通过将人类的性欲从禁忌和社会束缚中解放出来以获取政治自由的道路，解释法西斯主义与权力主义人格的兴起和心理状态。

1　中译本见［德］马尔库塞：《爱欲与文明》，黄勇、薛民译，上海，上海译文出版社，2012 年。

2　中译本见［奥］赖希：《法西斯主义大众心理学》，张峰译，上海，上海三联书店，2017 年。

3　中译本见［德］阿多诺等：《权力主义人格》，李维译，杭州，浙江教育出版社，2002 年。

　　尼采的影响则更加模糊和复杂。他试图在一个因绝对真理的缺失而变得毫无意义的世界中创造新的意义，这种努力极大地影响了一种以存在主义（existentialism）著称的哲学的创立。[34] 形形色色的法国存在主义者如让-保罗·萨特（Jean-Paul Sartre，1905—1980）和莫里斯·梅洛-庞蒂（Maurice Merleau-Ponty，1908—1961），以及法国之外的存在主义者马丁·海德格尔，都认为宇宙中不存在固有的理性秩序，个人必须做出创造秩序与意义的选择。在政治上，存在主义遵循多种道路，其追随者的观点支持着不同的意识形态立场，从自由民主制到共产主义，甚至法西斯主义。[35]

　　尼采的三个主题，即理性的暴政与局限，现代性的计划失败了这种信念，一个初生的历史新时代需要一套新价值，还影响了其他后现代思想家。后现代主义起初作为一种对 20 世纪艺术和建筑风格的民粹主义（populist）批判而出现，这种批判认为它们是一种精英主义和威权主义。随后，它扩展到人文领域，进而发展出一些文学批评技术，这种批评技术在赋予一本书以意义时强调语言的重要性和读者的作用。与此同时，西欧和北美的许多技术领先的国家不断变化的状况导致了后工业社会的出现，在这样的社会里，作为主要经济活动形式的传统制造业正在消失。相较于以往时代，这些国家现在正更多地从事服务业，包括计算机知识的应用。这种经济转型带来了社会组织的变化，并且还包括了对人们聚集起来工作的方式、娱乐方式以及其他消磨时间的方式的新定义。后现代主义者认为，这导致了新的经济现实和政治现实，这些现实使旧的政治概念变得毫无意义，并且需要一种不同的方式来思考社会。

　　托马斯·库恩（Thomas Kuhn）和保罗·费耶阿本德（Paul Feyerabend）的著作强化了后现代主义者的主张，即科学并非一个逐渐进步的知识体系。库恩在《科学革命的结构》(*The Structure of Scientific Revolutions*)以及费耶阿本德在《自由社会中的科学》(*Science in a Free Society*)中主张，很多人都认为，科学无非就是积累新数据来构建关于世界的更好的理论和解释。他们二人都认为，科学并不仅仅是一套逐步建立知识的抽象规则。相反，科学以大量的革命或库恩所谓范式转换(paradigm shifts)为特点。在这种转换过程中，新的文化价值和假定决定了要把什么看作有效的科学理论，应该把什么叫作事实，什么才算知识。[36] 例如，库恩认为，哥白尼引发的从地心说宇宙观到日心说宇宙观的转变带来了思考世界的另一种方式，以及一种构建知识和开展科学活动的新方式。库恩和费耶阿本德的观点是，科学并不是其支持者所宣称的那种理性基础，并且在许多情况下，一种科学的认识方式实际上还可能成为其他认识方式和政治行动的障碍，因为它阻碍了解决问题的其他方法。[37]

　　理查德·罗蒂(Richard Rorty)、让-弗朗索瓦·利奥塔(Jean-François Lyotard)以及米歇尔·福柯(Michel Foucault)等后现代主义者，通过利用尼采和库恩、费耶阿本德等科学哲学家的思想，对现代主义者企图运用理性来充当伦理、政治和哲学基础的做法进行了批评。罗蒂认为，理性不能为它自己的真理提供证实。他声称，科学理性没有能力证明它是知识绝对的、唯一真正的基础。[38] 政治学和哲学必须相信这种普遍的基础主义，并寻求将伦理学和政治学建立在地方性传统和风俗以及他所谓政治学的对话模式(conversational model of politics)的基础上，这种模式考虑了一种接受了许多认识和思考世界的不同方式的多元化社会观。罗蒂认为，科学理性只是几种认识方式中的一种，没有哪种知识体系必定优先于别的体系。

　　同样，利奥塔认为，现代哲学的一个特征是将正义、政治以及科学的语言联系到一起。[39]这导致了政治学和伦理学沦为科学，这就意味着现代人相信政治和伦理问题可以通过证明以及诉诸理性来解决。然而，利奥塔认为，大约从 1960 年以来，关于"什么是知识"的看法已经发生了变化。随着计算机的出现，显而易见的是，知识和理性不是基础，而只是可供买卖的商品。知识观上的这一变化，以及社会从一种基本的工业文化向后工业文化的转变，意味着必须重新审视理性和知识的作用。知识作用的转换使政治与科学相分离，也使得我们必须承认科学和理性无法成为"宏大叙述"（grand narrative）或所有政治与社会的基础。与罗蒂一样，利奥塔也认为有多种认识和思考政治的方式，后现代社会应当认识到，科学和理性没有能力解决所有的政治问题，也不能为政府和社会提供全面的基础。

　　福柯认为，现代政治哲学将理性视作将现代知识和政治统一起来的力量。[40]但这种以人为中心的观点正在让位于以语言为中心的现实，这种现实认为，人类语言对于界定知识并将它与政治相统一来说十分重要。福柯也关注权力的作用所具有的重要性。现代政治权力设定了一个掌权的首脑（国王）或可确定身份的代理人。[41]它还假设社会有一个独特的权力中心，它决定了什么是社会可接受的，什么是社会所禁止的。福柯断言，这种权力威胁了个人行动与选择的自由。

　　总的来说，后现代主义者声称，现代性已经死亡，包括它所谓真理以科学理性为基础的主张，但一个新的即第三个政治时代正在降临。[42]对科学推理的普遍性的拒斥，正在让位于阐述一种多元的政治和正义理论，这种理论转向地方传统或微型叙事（mininarratives），以便形成每个共同体的政治与伦理价值的基础。

集中关注地方性习俗与价值旨在尊重多样性，将多样性既作为一种社会的组织形式、又作为在传统上被排除于现代话语体系之外的群体实现解放的一种手段。后现代政治学不再将理性视为定义政治真理的唯一力量，它也否认理性有能力继续像它以前那样充当解放的力量。后现代主义哲学家们希望打破科学、理性以及政治之间的联系，这种联系把界定和掌控政治权力的能力置于少数人手中。如果能够打破科学理性的统治，一个更加多样化和多元化的社会观就会出现，这样的社会观能够带来一个更为开放也更为民主的社会秩序。这将把个人从理性的暴政中解放出来，就如同理性将现代性从宗教的暴政中解放出来那样。

女性主义与后现代政治

尽管弗洛伊德和尼采影响了 20 世纪包括后现代主义在内的很多政治运动，但他们对于女性和家庭的看法却与二战后的女性解放运动形成了鲜明对比。弗洛伊德和尼采都固守自古希腊以来就一直存在的传统男女角色。然而，如同他们的前人那样，他们的论点也为旧的刻板印象提供了新的辩护。

弗洛伊德认为，男性和女性间的区别不仅仅是心理上的或社会方面的，而且具有生物学根源，这种根源可以追溯到男女的生殖细胞。他断言，在受孕期间，雄性细胞"主动地移动并寻找雌性细胞，而后者，即卵子，是静止的，且被动地等待着。基本生殖有机体的这种行为的确是人在交媾过程中的行为的范例"[43]。

因此对弗洛伊德来说，男性意味着"主动"，而女性意味着"被动"，这种男性／女性以及主动／被动的区别具有重要的意味。

首先，它暗示了男性和女性独有的性别角色。弗洛伊德认为，不存在女性的力比多（libido）或性冲动，只存在男性的力比多，它在追求其目标时无须考虑女性的同意。其次，这些区别还揭示了男女截然不同的社会角色，男性和女性注定要分别承担一家之主以及妻子和母亲这样的传统角色。对弗洛伊德来说，这些角色根植于生理或自然的基础。

在其关于女性的结论中，弗洛伊德的心理学遗产不仅贬低了女性性行为的重要性，还暗示女人似乎在心理上发育不健全，因为她们不是男人。[44] 例如，弗洛伊德描述了男孩和女孩的性发展。[45] 他追问为什么女孩对母亲的强烈依恋会走向终结，而男孩对母亲的依恋却会持续存在，并成为影响政治和国家起源的重要变量。在给出与幼年时期的照料相关的回答后，弗洛伊德得出结论说，当女孩将她们缺少阴茎归咎于母亲，并且不原谅母亲将其置于不利地位时，她们对母亲的敌意就会发展起来。以这种方式来责怪母亲便是弗洛伊德所说的阉割情结（castration complex），它包含了弗洛伊德所说的阴茎嫉妒（penis envy），在此意义上，女孩渴望拥有阴茎，渴望像男人一样，因为没有男性的生殖器官，她们会感到低人一等。阴茎嫉妒会影响女孩的多个方面，进而影响到成年女性的心理特征，包括导致性被动、性冷淡、虚荣，以及缺乏正义感等。总的来说，弗洛伊德援引生物学、女性心理学以及阴茎嫉妒，而非维多利亚时期的社会习俗和成见来解释和证成女性在社会中次要的、被动的地位以及其他传统角色。

尼采反对 19 世纪出现的为女性提供平等教育和更多权利的努力。他声称两性平等的信念是奴隶道德胜利的结果，使女性更加自立是"欧洲普遍的丑陋化最糟糕的发展"之一。[46] 自法国大革命以来，女性已经逐渐失去了影响力，因为她们已经放弃了自己在社会上的恰当角色和职能。

　　对尼采来说，男性应当被训练成战士，而女性应当被训练为战士的"玩物"或"消遣"。他说："男人的幸福是：我要。女人的幸福是：他要。"[1][47] 这意味着女性的欲望和兴趣应当通过她的男人的欲望和兴趣来满足。她最应当关心的是她的容貌，涉及政治时应该保持沉默，她应该被视为男性的财产。总而言之，尼采抨击女性的解放和女性的教育，认为这些与她们的本性背道而驰。他声称女性不应该试图像男人那样，因为即便不存在污染现代性的奴隶道德，男性也不过是真正的"超人"被腐蚀后的样子。尽管19世纪欧洲的趋势是使女性的地位更加平等，女性的作用不断扩大，但尼采却反对这两种趋势，并竭力主张继续她们的传统地位。

　　尽管尼采和弗洛伊德影响（后者的影响较小）了后现代主义，但当代女性主义者还是采用了许多后现代的观点。[48] 她们之所以这样做，是因为后现代主义与女性主义有着许多共同的观点和关切[49]，其中包括科学和理性的暴政是男性的压迫工具这个观点，而后现代主义为传统上受压迫的群体提供了机会去表达自己而不必担心会被禁言[50]。女性主义者在后现代主义的多元观念中看到了一种解放的政治观，它为女性的呼声和视角规定了新的角色和尊重。后现代女性主义思想并不像玛丽·沃斯通克拉夫特和约翰·斯图尔特·密尔那样，寻求创造一种赋予女性与男性同等的权利，从而使她们更像男性的政治，相反，它为女性描绘出多种可能的角色，她们对性别角色的判断和界定不是基于"男性"的政治模式，而是基于女性的独特经验。

1　译文参照［德］尼采：《查拉图斯特拉如是说》（详注本），钱春绮译，北京，生活·读书·新知三联书店，2007年，第71页。

后现代女性主义的一个期望是，通过与理性决裂，通过打破以"男性"作为两性范本的假定，最终为女性带来真正的政治解放。从古代经由中世纪再到现代，哲学家们提出了很多宗教、家庭以及政治上的论据来界定和捍卫女性作为妻子和母亲的传统角色。当后现代女性主义者采用从本质上由男性主导的政治世界中发展出来的政治论点和政治策略时，她们就被强加了诸多限制。通过运用一种挑战男性政治规范的观点，她们看到了一条摆脱这些限制的道路。因此，像卡罗尔·吉利根（Carol Gilligan）这样的心理学家在回应弗洛伊德的断言时主张，女性有其特有的经验，或说"声音"，这种经验值得被尊重，因为它与男性的经验不同。[51]女性视角既不比男性的好，也不比男性的差；两者只是不同而已。与从现代性逻辑中发展出来的女性主义运动的政治不同，后现代女性主义能够尊重这种差异。

21 世纪初的政治哲学

弗洛伊德和尼采是否标志着一个时代的结束和一个新时代的开始？他们在很多方面同过去决裂，但又在别的方面为一个新的时代奠定了基调，这一新时代的标志就是，严厉地质疑许多为现代政治思想（若不是过去 2500 年的思想的话）提供基础的假定。

现代哲学家试图创造一个新的"阿基米德支点"或基础，以便在上面建立政治秩序和价值。[52]这个关键支点以理性和科学为基础，取代了将中世纪世界凝聚在一起的宗教与宗教价值观。但是诉诸科学的做法首先将人类逐出宇宙的中心，随后的几个世纪又努力地以理性为基础，试图在宇宙中为人类找到新的中心。最终，通过理性来追求真理只会破坏理性本身的事业。[53]

弗洛伊德和尼采严厉地批判了现代性。弗洛伊德的观点是，文化作为人类灵魂内部斗争的一面镜子，是人类苦难的根源。爱欲与死亡本能（thanatos）之间的斗争意味着人性在同自己交战，这是一场在人们为自己创造的文化制度中上演的战争。对尼采来说，现代性的价值观是自我毁灭的，需要被取代；它们正在彻底摧毁人性。两位思想家共同的结论是，理性在控制人性、界定社会规则以及规范政治行为方面的能力是有限的。他们的遗产是鼓舞了20世纪背离科学和理性的政治运动，这场运动转而寻求承认并创立一种后现代政治来解决现代性的危机。

20世纪与人类历史上的任何一个世纪都不同。它是迄今为止最为血腥的，数以百万计的人丧生于两次世界大战和无数次因观念而引发的革命。纳粹主义、法西斯主义、共产主义以及自由主义是引发人们冲突的主要意识形态。伍德罗·威尔逊（Woodrow Wilson）总统曾表示，民族主义将成为这个世纪的一股推动力量，数以百万计的人们因其名义丧生，他们或是死于奥斯维辛的毒气室，或是死于波斯尼亚的死亡集中营。观念之重要性的证据就在于，它们造成了大量的暴力和屠杀。

20世纪还见证了第一颗原子弹的研发和使用，在下面这些问题上也爆发了激烈的争论：正义是否要求"各尽所能、按需分配"[54]；不平等若不是首先有利于社会中最少得到代表的人，是否就是专断的[55]；只要不涉及武力或欺诈，个人是否就有资格享有其全部的劳动成果[56]。第一段话代表了马克思主义的观点，第二段话代表了福利国家自由主义以及对政治和经济平等的承诺，而第三段话则涉及致力于政治和经济自由的自由市场社会所做的保守主义辩护。

　　到了 20 世纪后期，许多人怀疑政治哲学是否还有意义，或者我们是否还能谈论政治真理。也许特拉需玛科和智者赞成相对主义的做法是正确的。进入后现代主义吧。

　　后现代主义以多种方式挑战现代性的假定。首先，后现代批评家质疑现代主义者描述自然以及人与自然关系的方式。至少从 17 世纪以来，大多数现代主义者都认为人类是独立于自然与自然界的，摆脱自然状态进入社会是一种积极的进步。[57] 此外，他们普遍认为自然是某种为人类的需要服务，供人开发利用的东西。因此，科学的目标之一就是帮助人类控制和开发利用自然，以便满足他们的需求。现代主义者将自由与理性联系在一起，从理性中看到了选取目标和做出选择的能力。

　　对现代价值观的后现代挑战抨击了这种人与自然关系的观点，认为人类并非不同于自然，而是自然的一部分。这意味着现代工业文明并不具有人们所认为的那种德性，或许自然也应得到比实际上更多的尊重。因此，后现代对现代性的挑战为环保运动提供了重要的理论和智力支持。例如，环保主义者要求停止污染，停止砍伐热带雨林中的树木，这就解决了一些关于人类如何生活，如何与他人以及物理世界相处的基本问题。尽管环保要求是政治性的，但其核心也挑战着现代性更广泛也更深层的文化假定。[58]

　　其次，后现代主义挑战现代主义的第二种方式就是使被压迫的政治群体的要求正当化。如果理性话语并非评判真理的唯一标准，那么以前被视为非理性的其他类型的论点就更有可能在不受压制的情况下被人们听到。因此，由理查德·罗蒂和让-弗朗瓦斯·利奥塔发起的后现代挑战，主张不存在宏大的叙事或价值；相反，地方性的共同体和传统，或者微型叙事，都决定着它们自己的价值和真理。

这表明了后现代主义的第三份遗产，即为一种基于共同体的政治或说社群主义政治进行了辩护，在这种政治中，每一个地方性共同体，无论它被如何定义，都是自己的真理和行为的判断者。[59] 社群主义直接向现代性的各个方面发起了挑战，将政治的焦点从强调个人的自主与自由转向个人与集体（共同体）的平衡。这种转变使个体自由的各个方面都受到共同体意见的支配，个体自由的优先性在此过程中受到质疑，而这种自由在霍布斯和洛克等现代主义者攻击君主神圣的权力时举足轻重。后现代主义试图解放被压迫者的呼声，这一尝试可能正破坏着早期现代性的核心价值之一——自由与理性的联系。因此，后现代主义的社群主义价值观为解放和自由的事业带来了混杂的结果。

不过，鉴于 20 世纪末和 21 世纪初发生的事件，后现代主义的教训是深刻的。一方面，柏林墙的倒塌、苏联共产主义的崩溃以及资本主义的显著胜利使得一些人得出结论说，西方已经获胜了，现代性已经击败了它所有的敌人，历史的终点已经到来。[60] 然而，2001 年 9 月 11 日的悲惨事件的发生，使得乔治·布什总统随后向全球恐怖主义宣战，并将朝鲜、伊朗以及伊拉克列为"邪恶轴心"（axis of evil）的一部分，这引发了人们的一个担忧：观念依然重要，反映现代性的西方价值观未必已经获胜。正如一位政治理论家所描述的那样，这场战争如今可能是伊斯兰圣战组织（Jihad）与麦当劳世界（McWorld）之战，它指的是西方经济与政治全球主义与伊斯兰文化之间的冲突。[61] 最后，即使在西方内部，就观念和意识形态展开的争论也很激烈，世界各地对世界贸易组织权力的抗议就是明证。

迄今为止，后现代的挑战是否已经改变了 20 世纪和 21 世纪的政治哲学？在很多情况下，政治哲学仍然被困在自古希腊以来就一直作为问题而存在的宇宙论和形而上学问题中。因此，像柏拉图这样的哲学家就从政治理论如何模仿不变真理和宇宙实在的角度来构建了一种政治理论。柏拉图反对智者，并为绝对真理的观念辩护，智者们认为不存在这样的真理，政治相对主义是唯一的选择。中世纪思想家在宗教的基础上采取了绝对主义的立场，把对上帝的信仰置于宇宙的中心。

现代人寻求理性的大厦以便在其上树立知识和政治。科学改变了人们对现实的看法，也改变了个人与上帝在宇宙中的作用。哥白尼将人类逐出了宇宙的中心，而后牛顿又重新解释宇宙，认为它就像钟表或机器那样运行着，不需要上帝的时常介入。查尔斯·达尔文通过提出进化论，对人类这一物种的起源以及人类与其他动物的实际差别提出了质疑。随后，弗洛伊德质疑了个人能够在多大程度上控制自己的思想。最后，阿尔伯特·爱因斯坦以及其他物理学家提出了种种宇宙理论，不仅质疑宇宙的起源，还质疑它是否有一个中心。这些反复出现的挑战使得科学与宗教对立起来，导致人们怀疑关于上帝存在和人类死亡的一些最基本的假定。在此基础上，理性转向自身，并追问自己是否可以确定其断言甚至其方法的正确性。因此，到了 20 世纪末，似乎不再像过去那样有一种可行的宇宙论用以作为政治理论的稳固根基。

结　论

在经历了若干世纪的所有这些质疑后，是否有可能再对政治和正义做出一些被认为是真实的、最终的断言，并对其加以捍卫？是否有新的问题要问，或者更重要的是，是否还有任何真正不同于过去的新回答？哲学带给人的教训是不是道德相对主义和政治相对主义两者中的一个？在一个缺乏中心或定义的宇宙中，人类扮演着什么样的角色？这是否会导致哲学家去质疑人类的目标、目的、身份乃至真理的基本可能性？这些只是新千年开始之际仍然存在的一些问题。

延伸阅读

Abramson, Jeffrey B. *Liberation and Its Limits: The Moral and Political Thought of Freud*. New York: Free Press, 1984.

Appel, Frederick. *Nietzsche Contra Democracy*. Ithaca, N.Y.: Cornell University Press, 1999.

Arac, Jonathan. *After Foucault*. New Brunswick, N.J.: Rutgers University Press, 1988.

Arac, Jonathan, ed. *Postmodernism and Politics*. Minneapolis: University of Minnesota Press, 1986.

Bettelheim, Bruno. *Freud and Man's Soul*. New York: Vantage, 1984.

Feyerabend, Paul. *Farewell to Reason*. London: Verso, 1987.

Gay, Peter. *Freud: A Life for Our Time*. New York: Norton, 1988.

Harvey, David. *The Condition of Postmodernity*. Cambridge, UK: Basil Blackwell, 1989.

Janaway, Christopher. *Beyond Selflessness: Reading Nietzsche's Genealogy*. New York: Oxford University Press, 2007.

Kaufmann, Walter. *Nietzsche: Philosopher, Psychologist, Antichrist*. Princeton, N.J.: Princeton University Press, 1968.

Oppel, Francis N. *Nietzsche on Gender: Beyond Man and Woman.* Charlottesville, Va.: University of Virginia Press, 2005.

Shaw, Tamsin. *Nietzsche's Political Skepticism.* Princeton, N.J.: Princeton University Press, 2007.

Solomon, Robert C. *Living with Nietzsche: What the Great "Immoralist" Has to Teach Us.* New York: Oxford University Press, 2003.

Strong, Tracy. *Friedrich Nietzsche and the Politics of Transfiguration.* Berkeley: University of California Press, 1988.

Young, Julian. *Friedrich Nietzsche: A Philosophical Biography.* New York: Cambridge University Press, 2010.

Young-Bruehl, Elisabeth, ed. *Freud on Women: A Reader.* New York: Norton, 1990.

第十七章

观念的发明者与他们的发明：
持续的挑战

观念的重要性

观念重要吗？[1] 或者，比如相较于经济学，所有政治哲学家的著作都仅仅是无意义的空谈吗？[2]

据我们所知，政府起源于人们对人身安全的需要和降低经济匮乏程度的需求。这些都是关于公共利益或普遍福利的最早看法。在任何哲学或政治哲学出现以前，人们可以做出的政治选择是，要么生活在部落环境中[3]，要么生活在一个统治着军事帝国的君主的统治之下[4]。在每一种政府形式中，暴力都是实现政治变革的主要手段，因为两种政府形式中的决策者通常都反对变革。部落要求遵从不容变更的古老传统。军事帝国的统治者则通常是独裁者，他们像统领军队那样治理民众，要求人们完全服从他们的命令，这些命令纯粹基于他们的自身利益，而且命令的做出也只和其他精英进行过最低程度的协商。正是观念的发明才创造出了更多的政治选择。观念仍然能为我们发挥这种功能，因为我们都出生在一种文化中，这种文化类似于那些部落政权和帝国政权，会在年少时就向我们灌输一种观念：它就是最伟大的，实际上是我们应当考虑的唯一选择，公共利益要求我们完全忠诚。政治哲学研究充其量旨在提出对公共利益的不同看法。

政治行动和政治制度要么是基于政治哲学家发明的政治观念，要么是由于缺乏这样的观念。古往今来，伟大的思想家通过提出回应社会问题的新观念来回应其共同体中的危机。他们不仅过去是、现在也是才华横溢之人，他们也（像我们一样）有缺点和局限。但无论你支持他们中的哪一种观点，所有的观念都有巨大的价值，因为他们试图通过构建新的政治观念来提供解决问题的新方法，那些新的政治观念将为他们所感受到的混乱带来秩序。而且，由于他们是哲学家，他们还给出理由来支持他们关于谁应当统治、如何统治以及为了谁的利益而统治这些问题的主张。因此，他们使我们能够以比较的视角来审视我们文化的价值，对于那些可能不属于正统文化的观念，他们也给我们提供了一种理解。

无论亚里士多德关于人性和宇宙的思考，圣奥古斯丁对于两座城邦的看法，马基雅维利的精英和大众之分，霍布斯和洛克对自然状态的构想，玛丽·沃斯通克拉夫特对性别角色的批判，密尔的自由概念，马克思对资本主义的批判，还是弗洛伊德对人类心理的刻画，他们的观念都带来了变化。他们以此作为弱者的武器，用来对抗充当压迫性政权工具的其他观念。他们一直都是将政治运动和革命团结起来的旗帜，帮助推翻了君主制并建立起议会，用共和国和无产阶级专政取代沙皇和帝王，并拆除了柏林的铁幕和围墙。他们的观念可以成为团结人民的力量，但也可以被用于分裂人民，因为民族和文化可能被推向战争，以消灭那些持有相反观念并反对其民族或文化的人。

政治哲学的研究为我们呈现出过去的模式，我们可以通过人为的、抽象的但终究是有意义的术语（例如古代、中世纪以及现代）来考察这些模式。这些术语和相关的观念为我们提供了新的视角，从而使得我们能够以有助于扩大政治进步这一目标的方式去评价甚至改变当前的政府结构、组织与行为。[5] 因此，它们通过帮助我们从少数人或多数人的奴役中解放出来，提升了我们作为自由且负责任的公民采取行动的能力。[6] 我们之所以依赖它们，是因为伟大的思想家为我们提供了一些价值，我们这些人无法创造这些价值，即使与朋友和其他公民持续讨论数十年也无法创造它们。因此，倘若没有这些观念，我们又能从哪里获得这些独到的洞见呢？

连续性与变化

从柏拉图到后现代主义者，政治哲学家都使用过正义、权威、法律以及政府等术语。这是否证实了哲学家阿尔弗雷德·诺思·怀特海（Alfred North Whitehead）的观点，即西方思想"由一系列对柏拉图所做的注脚组成"？在某种意义上，政治哲学的事业具有一定的连续性，因为它通常包含着为了理解人类在宇宙中的作用而做出的努力。最近，著名天文学家史蒂芬·霍金（Stephen Hawking）在谈到理解宇宙起源的努力时说：

> 如果我们真的发现了一个完整的理论，那么其大致的原则应当及时地被所有人理解，而不只是少数科学家。然后我们所有人，哲学家、科学家以及平凡的普通人，都应该有能力参与讨论我们和宇宙为何存在这个问题。如果我们找到了答案，那将会是人类理性的最终胜利——因为到那时，我们

便能获悉上帝的心思。[1][7]

但是，随着时间的推移，这些共同术语的使用是否已经发生了巨大的变化，以至于它们对不同思想家意味着不同的东西？这将证实古希腊哲学家赫拉克利特的说法，即万物流变，正如"人不能两次踏入同一条河流"这一事实所证明的那样。

回顾过去，我们会发现两者在某种意义上都是正确的：连续的变化是生活中不变的事实。这种变化可能较慢（比如在中世纪）或较快（比如在现代和后现代）。有的人可能企图放慢变化的脚步（他们被称作"保守派"），甚至通过拒斥新观念从而扭转变革（他们被称作"反动派"），也有一些人会逐步推进变革（"自由派"），或者通过接受新观念来寻求更快的转型（"激进派"）。

理解并反思关键观念——这是政治哲学家的发明——的发展、变化以及更新使得更大的政治进步和人类自由在这样的一个世界始终是可能的。在这个世界中，特拉需玛科及其后继者与旧时的部落政权和帝国政权一样，宁愿我们专注于此地此时，停止发明和学习新观念与新实践。他们会让我们停止我们的质疑，甚至忘记观念的发明者，从而将屈服于其暴政的力量作为未来的唯一选择。

因此，新的政治观念能为我们提供一种观点，这种观点告诉我们很多关于生活意义的东西，告诉我们政治和政治思想在帮助我们建立有意义的生活（根据每个人对生活的理解）方面能发挥什么作用。通过这种方式，它们不仅帮助我们理解一个不断变化的世界，还给我们提供了一种方向感，以便发现何处需要改变。不过，它们

---

1   译文参照［英］霍金：《时间简史》，许明贤、吴忠超译，长沙，湖南科技出版社，1996 年，第 156 页。

无法给我们呈现实际的未来，未来需要我们一天一天地建设。[8] 曾几何时，君主制是政府的首选，而到了现在，通常与自由和平等相联系的各种民主形式才是人们最想要的。谁知道未来会有什么新观念出现并为人们所接受呢？发明的能力会受到历史的限制，或者如马克思所言："人们自己创造自己的历史，但是他们并不是随心所欲地创造，并不是在他们自己选定的条件下创造，而是在直接碰到的、既定的、从过去继承下来的条件下创造。"[1][9] 换句话说，观念的发明必须在 2500 多年的传统和历史中进行。

结　论

本书通过指出西方政治哲学的贡献者所考虑的主要范畴，为理解和评价构成西方政治哲学的观念提供了一个比较性的框架。这些范畴包括方法论、人性观，以及个人与集体、科学与信仰、理性与情感、性别和公民身份的关系，等等。本书也涉及其发明者所创造的新观念的内容。

古代哲学家柏拉图提出了一些关于正义和秩序的棘手问题，并展示了如何思考这些问题才能得出评判实际政府的标准。亚里士多德考虑了混合政府的作用、传统共同体以及不同种类的共同体在界定公共利益时的等级关系。

尽管大多数中世纪思想家集中关注作为政治思想和行动之中心的宗教共同体，但早期现代主义者却贬低共同体的作用，转而

1　译文引自《马克思恩格斯文集》，第二卷，北京，人民出版社，2009 年，第 470~471 页。

支持个人。马基雅维利在一个叫作民族国家的新环境下倡导个人自由，这个国家由品德高尚的公民和官员组成，而且会促进私人的自由。霍布斯强调，需要一个得到明确界定的最高权威来最大限度地减少暴力犯罪，需要一份政治契约来界定政府的权力及其界限。洛克则强调"财产"的重要性，也强调一个需要社会契约和负责任的立法机构的公民社会。

　　新现代主义者认为，早期现代主义者对个人的关注并没有带来"真正的"自由，反倒是将个人从他们"自然的"社会背景中剥离，实际上腐化了个人。他们的发明集中关注或说找到了一种将克服贫穷和异化的新型共同体。因此，卢梭强调政治平等，并强调需要以公意作为一种更小的新型共同体的基础，在这种共同体中，财富在政府的政策制定中不起任何作用。马克思指出了经济在整个历史上的作用，即作为一个共同体的基本前提条件，那个共同体将实现历史的目标，那就是为所有人实现经济正义。最后，晚期现代主义者约翰·斯图尔特·密尔试图通过考虑个人自由对个人的意义以及对社会的价值，来调和早期现代主义者和新现代主义者所强调的东西。

　　政治哲学的事业在时间的流逝中产生于人类的一种需要，即调和我们每个人在选择几种或许不相容的政治理想时所感受到的张力。本书关注的一个核心张力便是个人的作用与集体的作用之间的恰当平衡。从本性上讲，我们要想成为完整的人，似乎两者都需要。这一观察引出了几个问题。我们不断地寻求在促进政治进步的同时至少是缩小这些理想之间的鸿沟。在这一过程中，以下几个问题是值得思考的：

　　·哪位哲学家最好地调和了个人与集体？

- 其他哲学家的发明对于促成这种调和有何重要意义？
- 我们如何将这种调和应用于当下国内和国际领域我们所面临的一些实际问题？[10]
- 有些实际问题似乎并不会受到那种运用了发明者们的观念所取得的政治进步的影响，那些实际问题是什么？未来的观念发明者和作为其潜在贯彻者的我们都将面临持续的挑战，它对这种挑战会说些什么？[11]

理解我们所考虑过的所有思想家的观点，我们就能够评价所提出的"新"观念，并理解它们到底是不是真的"新"（或多大程度上只是新瓶装旧酒）。我们还应该意识到，任何观念、哲学或思想家都会受到批评，尤其是受到那些持有不同总体视角的人们批评，例如古代的、中世纪的、现代的或后现代的视角。

因此，一个人可以像严苛的智者那样对相反的价值观做出反应，批评他人价值观中的矛盾，却拒绝承认自己的矛盾。或者，一个人还可以在断定没有任何哲学能在实践中通向一个理想的世界后，发展出一种满怀讽刺、漠然冷酷的犬儒主义态度，不再为了改变而努力。最后，通过真诚地批判我们并不认同的哲学家们的观点，并且始终对进一步的批评、新观念以及更深入的讨论持开放态度，我们便可以参与到调和张力并促成政治进步的努力中来。

如果你想采用最后一种方法，那么你很可能会从思考以下问题开始：

- 我们应当（或不应当）重视哪些政治观念？
- 你会在多大程度上重视下列各项，认为它对于所有的个人以及 / 或社会而言是最好的？

——赋予个人针对政府的具体权利，特别是在身体上、政治上、经济上或社会上不受伤害的权利，或不会变得更糟的权利。包括所有人（特别是无辜者）的生命权和安全权；在被逮捕、审判或监禁的情况下得到政府官员的正义对待或公平对待，包括适当的法律程序和无罪推定；言论自由、信仰自由以及出版自由；以及加入以非暴力方式追求任何目标的团体而不受歧视和迫害的自由。

——成为有用的社会成员的权利，包括不被奴役的权利，平等的工作机会，以及自由地改变个人职业的权利。

——人人都能满足基本需求。包括能提供体面的饮食和住房的最低工资或者生活标准；普及教育、医疗保健和养老保险；以及洁净的环境。

尽管我们自己也许不能成为观念的发明者，但思考这些以及与之类似的问题，能够促使我们用自己的方式为政治哲学的事业做出贡献。然后，我们便可以遵循笛卡尔的方式说："我思，故我自由。"

延伸阅读

Abramson, Jeffrey. *Minerva's Owl: The Tradition of Western Political Thought.* Cambridge, Mass.: Harvard University Press, 2009.

Anastaplo, George. *But Not Philosophy: Seven Introductions to Non-Western Thought.* Lanham, Md.: Lexington Books, 2002.

Archibugi, Daniele. *The Global Commonwealth of Citizens:*

Toward Cosmopolitan Democracy. Princeton, N.J.: Princeton University Press, 2008.

Barber, Benjamin. *Jihad vs. McWorld.* New York: Times Books, 1995.

Friedman, Thomas. *The Lexus and the Olive Tree.* New York: Farrar Straus Giroux, 1999.

Honig, Bonnie. *Political Theory and the Displacement of Politics.* Ithaca, N.Y.: Cornell University Press, 1993.

Vincent, Andrew. *The Nature of Political Theory.* New York: Oxford University Press, 2004.

注 释

第一章 政治哲学：引入挑战

[1] Plato, *The Republic of Plato*, trans. F. M. Cornford (London: Oxford University Press, 1972), 475b.

[2] Aristotle, *Metaphysics*, ed. J. Warrington (London: J. M. Dent, 1956), A. c. 2, 982 b 17.

[3] 参见：Elman Service, *The Origins of the State and Civilization* (London: Methuen, 1975); Nicholas Postgate, *The First Empires* (Oxford: Elsevier, 1977)。

[4] W. K. C. Guthrie, *Socrates* (New York: Cambridge University Press, 1971). 也见：Alfred Taylor, *Socrates: The Man and His Thought* (Garden City, N. Y.: Doubleday, 1953)。一种前哲学的灵魂概念由古埃及人提出。

[5] 相关的问题包括：人们为什么进入社会？是什么让权威合法化？政府应该如何组织？我们应该如何定义或发现那作为公共政策或政府的法律、行动以及决议之来源的公共利益？

[6] 政治哲学是更大的政治科学领域的一个分支。其他子领域，如比较政治学和国际关系学，研究实际政府的所作所为，并利用政治哲学的洞察力确定政府的所作所为是好是坏（或介于两者之间），以及我们如何改进坏政府（或它们的某些方面）和维护好政府。

[7] 关于在更高水平上、以较为深入和细致的方式处理该主题的作品，参见：Stanley Rosen, *The Ancients and the Moderns: Rethinking Modernity* (New Haven, Conn.: Yale University Press, 1989)。

[8] *Republic*, 505a, 506b.

[9] St. Augustine, *City of God* (New York: Penguin, 1972), 429.

[10] Thomas Hobbes, *Leviathan* (New York: Bobbs-Merrill, 1958), ch. 11.

[11]　Friedrich Nietzsche, *Genealogy of Morals* (New York: Vintage, 1967), 155.

[12]　关于早期科学的相关文本，参见：Patricia Phillips, *The Prehistory of Europe* (Bloomington: University of Indiana Press, 1980); George Sarton, *Ancient Science and Modern Civilization* (Lincoln: University of Nebraska Press, 1964)。

[13]　有关 17 世纪和 18 世纪现代科学发展与社会改革运动之间相互作用的出色研究，参见：Geoffrey V. Sutton, *Science for a Polite Society: Gender, Culture, and the Demonstration of Enlightenment* (Boulder, Colo.: Westview, 1995)。

[14]　第十五章说明了马克思和恩格斯的唯物主义方法论是如何服务于理想主义事业的。

[15]　Jeffrey C. Isaac, "On Rebellion and Revolution," *Dissent* (Summer 1989): 383.

[16]　John Stuart Mill, "On Liberty," in *Utilitarianism, Liberty and Representative Government* (London: J. M. Dent, 1910), ch. II.

[17]　对有的思想家来说，集体指的是国家或其政府。国家是这样一个政治共同体，它有着完全的独立性，有一个明确划定的地理疆域，疆域内有一个有组织的政府。还有的思想家把集体等同于一个社会，这个社会包含了其阶级、经济、社会、文化、宗教以及教育等方面，并且可能会包括或排除作为权威的合法来源的国家和政府。关于国家的更完整讨论，参见：A. P. D'Entrèves, *The Notion of the State* (Oxford, UK: Clarendon, 1967)。

[18]　例如：Cyril E. Robinson, *Hellas: A Short History of Ancient Greece* (Boston: Beacon, 1955); Martin Buber, *I and Thou*, rev. ed. (New York: Scribner's, 1984)。关于存在主义，参见：Jean-Paul Sartre, *Being and Nothingness* (New York: Philosophical Library, 1943)。（*中译本见［法］萨特：《存在与虚无》，陈宣良等译，北京，生活·读书·新知三联书店，2014 年。注释中相关图书的中文版信息均为译者注，用楷体标注。*）或参见萨特部分作品的选集，它对初学者来说更易理解：*Existentialism and Human Emotions* (New York: Wisdom Library, 1957)。

[19]　Aristotle, *The Politics of Aristotle*, trans. E. Barker (New York: Oxford, 1952), I, 1260a.

[20]　《圣经·以弗所书》5:22-24。

[21]　Friedrich Nietzsche, *Thus Spoke Zarathustra*, trans. W. Kaufmann (New York: Viking, 1966), 67.

[22]　Diana H. Coole, *Women in Political Theory* (Boulder, Colo.: Lynne Rienner, 1988).

[23]　Jean Bethke Elshtain, *Public Man, Private Woman* (Princeton, N.J.: Princeton

University Press, 1981).（中译本见［美］让·爱尔斯坦：《公共的男人，私人的女人》，葛耘娜、陈雪飞译，北京，生活·读书·新知三联书店，2019 年。）

[24] Carole Pateman, *The Sexual Contract* (Palo Alto, Calif.: Stanford University Press, 1988).（中译本见［英］卡罗尔·帕特曼：《性契约》，李朝晖译，北京，社会科学文献出版社，2004 年。）

[25] 此外，托马斯·斯普拉根斯（Thomas A. Spragens）提醒我们，"即使最简单的事实陈述"也包含一些规范，而且通过塑造我们的观念，政治哲学家"也将塑造我们的政治行为（或'是'什么）"。Thomas A. Spragens, *Understanding Political Theory* (New York: St. Martins, 1976), 103-104.

[26] 这方面的正式用语是"规范性的"（normative）。规范性陈述提出的是一种主观的价值判断，区别于可检验和证实的经验性陈述。

[27] 相反的观点认为，即使人们有着表面的相似性，也应该把他们当作不平等的来对待，并且据此组织政治体系。这种观点为从柏拉图以来的许多思想家所持有。

[28] Henry David Thoreau, "Civil Disobedience," in *Walden and Civil Disobedience*, ed. O. Thomas (New York: Norton, 1966), 231. 在一份注释文献中，编者指出哥白尼实际上并未被逐出教会，但他关于太阳系的著作被罗马天主教会禁止。

[29] 将历代政治哲学的发展描述为进步的，这是在表达一种个人观点，这种观点建立在政治哲学从古代到中世纪再到现代的演变的基础之上。这种观点被一些后现代思想家拒斥，他们并不认为新的必然比旧的更好。

[30] 第十四章讨论了约翰·斯图尔特·密尔对这种两难困境的考察。他认识到，有必要保护个人自由，以免受到政治上拥有强权的个人和集体（既可能来自政府，也可能来自社会）侵害。他既反对政府实施暴政，也反对他所谓的"多数人的暴政"。密尔的前辈们在讨论个人和集体关系时含蓄地就政治进步所面临的这种双向威胁发表了意见。

[31] 例如，应注意到纳粹主义的崛起，第二次世界大战中的大屠杀，以及此后发生在世界各地的政治暴力，从 2001 年美国的"9·11"事件到波黑、卢旺达、东帝汶、苏丹和许多其他动乱地区的大屠杀。另一方面，也应注意纳粹主义以及南非种族隔离的消亡。正如罗伯特·达尔（Robert A. Dahl）在《论民主》（*On Democracy*, New Haven, Conn.: Yale University Press,1998,145）一书中对 20 世纪末民主状况的总结："20 世纪是个民主经常失败的时代，它被专制政权取代的例子发生了不下 70 起。但 20 世纪又是民主取得异乎寻常成功的时代……这使得 20 世纪成为人类民主史上

最为光辉的时代。"（译文参照［美］罗伯特·达尔：《论民主》，李柏光、林猛译，北京，商务印书馆，1999 年，第 153 页。）

第二章　柏拉图：倡导正义

[1]　关于柏拉图的生平与家庭的更多介绍，参见：A. E. Taylor, Plato: *The Man and His Work* (Cleveland: World, 1966)。（中译本见［英］泰勒：《柏拉图：生平及其著作》，谢随知等译，济南，山东人民出版社，1996 年。）

[2]　柏拉图总共写了约 27 篇与哲学话题相关的对话或谈话，以及一些书札或信件，有 7 部被认为是重要的政治著作：除《理想国》外，有《高尔吉亚篇》（关于教育在政治中的作用）、《申辩篇》、《克力同篇》、《斐多篇》（关于苏格拉底的审判、监禁以及处决）；还有《政治家篇》和《法律篇》，这些晚期作品在讨论政治时乌托邦色彩更少且更加实际。

[3]　柏拉图的《第七封书信》表明了苏格拉底在正义、人性以及政府等方面的观点的影响。

[4]　前苏格拉底时期的哲学家配得上第一批"政治思想家"美誉，因为他们是最早将政治学确定为一个独特研究领域的人。Sheldon S. Wolin, *Politics and Vision: Continuity and Innovation in Western Political Thought* (Boston: Little, Brown, 1960), 29-32.

[5]　Plato, *The Republic of Plato*, [sec.] 475d-476a. 引文出自 F. M. Cornford 的译本 (London: Oxford University Press, 1972)，这个译本被称赞为"不可或缺的"，参见：Reginald Allen, *Greek Philosophy: Thales to Aristotle*, 2nd ed. (New York: Free Press, 1985), 435。引文出处是按可以在大多数版本的《理想国》中找到的边码标注的。

[6]　*Republic*, 505a.

[7]　*Republic*, 433a.

[8]　*Republic*, 428e-29a, 429e-30b, 466a-b.

[9]　*Republic*, 440d.

[10]　例如，参见：*Republic*, 547d, 598b-c。

[11]　*Republic*, 440d.

[12]　柏拉图的"共产主义"同卡尔·马克思在多个世纪后发展起来的共产主义相去甚远。柏拉图主张的仅仅适用于少数人，其起源为阶级合作，而马克思主张的适用于全体人民，起源于阶级斗争（class warfare）。

[13]　参见：Robin Barrow, *Plato, Utilitarianism, and Education* (London: Routledge, 1975); Irving M. Zeitlin, *Plato's Vision: The Classical Origins of Social and Political Thought* (Englewood Cliffs, N.J.: Prentice Hall, 1993).

[14]　*Republic*,415a.

[15]　关于古希腊传统的女性观，参见: Arlene W. Saxonhouse, *Women in the History of Political Thought: Ancient Greece to Machiavelli* (New York: Praeger, 1985), ch. 2; Diana Coole, *Women in Political Theory: From Ancient Misogyny to Contemporary Feminism* (Boulder, Colo.: Lynne Rienner, 1988), ch. 1。

[16]　Susan Moller Okin, *Women in Western Political Thought* (Princeton, N.J.: Princeton University Press, 1979), ch. 2. 事实上，柏拉图排除了所有不相关的考虑因素，不仅排除了性别，还排除了年龄、阶级、家庭、种族、传统以及历史，参见: Jean Bethke Elshtain, *Public Man, Private Woman: Women in Social and Political Thought* (Princeton, N.J.: Princeton University Press, 1981), ch. 1。

[17]　Elizabeth V. Spelman, *Inessential Woman: Problems of Exclusion in Feminist Thought* (Boston: Beacon, 1988), ch. 1.

[18]　Wolin, *Politics and Vision*, 31.

[19]　从第 8 卷开始，柏拉图着手对政体分类，他在后来的对话《政治家篇》和《法律篇》中又有所发展。亚里士多德在发展自己的政治科学时把这些对话作为其主要的系统性纲领之一的基础。

[20]　有一种观点把柏拉图看作个人的敌人和极权主义的始作俑者，参见: Karl Popper, *The Open Society and Its Enemies,* vol. I: *The Spell of Plato,* 5th ed. (Princeton, N.J.: Princeton University Press, 1966)。（中译本见［英］卡尔·波普尔：《开放社会及其敌人》，陆衡等译，北京，中国社会科学出版社，1999 年。）

[21]　例如，参见: Dale Hall, "The Republic and the 'Limits of Politics,'" *Political Theory* 5:3 (1977): 293-313。

[22]　*Politics and Vision*, 20. 同样可见: Leo Strauss, *The City of Man* (Chicago: University of Chicago Press, 1964)（中译本见［美］列奥·施特劳斯：《城邦与人》，黄俊松译，上海，华东师范大学出版社，2022 年）; Allan Bloom, "Response to Hall," *Political Theory* 5:3 (1977): 315-20; Darryl Dobbs, "Choosing Justice: Socrates' Model City and the Practice of the Dialectic," *American Political Science Review* 88:2 (June 1994): 263-277. 柏拉图运用神话和寓言来支持理想国，这也反映出建立这样一个国家的困难，因为这里有一个矛盾: 既需要理性的哲学家来统治，又需要他们相信这样的神话。

[23]　*Republic*, 473a. 一部最近的作品运用其相当的独创与敏锐性采取了这两种立场之间的中间立场，参见: Adi Ophir, *Plato's Invisible Cities: Discourse and Power in the Republic* (New York: Barnes & Noble, 1991)。

第三章　亚里士多德：支持共同体

[1] 关于亚里士多德生平和著作的讨论，参见：Jonathan Barnes, *Aristotle* (New York: Oxford University Press, 1992)（中译本见［英］乔纳森·巴恩斯：《亚里士多德的世界》，史正永、韩守利译，南京，译林出版社，2010 年）；以及一部很经典的著作 A. E. Taylor, *Aristotle* (New York: Dover, 1955)。

[2] 亚里士多德处理与《政治学》相关主题的其他著作包括了对伦理学、形而上学、逻辑学、修辞学、心理学、动物学和物理学的讨论，其中最重要的是《尼各马可伦理学》、《论动物的生成》(*On the Generation of Animals*)（自然史）和《论灵魂》(*On the Soul*)（心理学）。

[3] 关于雅典公民身份的研究，参见：Philip B. Manville, *The Origins of Citizenship in Ancient Athens* (Princeton, N.J.: Princeton University Press, 1990)；W. G. Forrest, *The Emergence of Greek Politics* (London: Weidenfield & Nicholson, 1966)。

[4] Aristotle, *The Politics of Aristotle*, I, 1252a. 译文来自 Ernest Barker 的译本 (New York: Oxford University Press, 1952)，以下引用皆以 *Politics* 表示。页码指的是该书很多版本所采用的标准编号，格式为"卷，节"。

[5] 雅典城邦衰退的因素包括"战争、殖民、货币改革、技术革新、经济萧条、阶级紊乱以及不同文化碰撞所引起的令人不安的后果……"参见：Sheldon S. Wolin, *Politics and Vision: Continuity and Innovation in Western Political Thought* (Boston: Little, Brown, 1960), 65。

[6] *Politics*, I, 1254b.

[7] *Politics*, I, 1257a.

[8] 对于亚里士多德中道原则当代意义的相关讨论，参见：Stephen G. Salkever, *Finding the Mean: Theory and Practice in Aristotelian Political Philosophy* (Princeton, N.J.: Princeton University Press, 1990)。

[9] *Politics*, III, 1278b.

[10] 然而，亚里士多德承认，对家庭的统治是为了丈夫和主人的利益。关于亚里士多德对女人和奴隶的看法，一个富有洞见的讨论，参见：Susan Moller Okin, *Women in Western Political Thought* (Princeton, N.J.: Princeton University Press, 1979), ch. 4。亚里士多德在谈及"女人"时，并未区分自由的女人和女性（或男性）奴隶，关于这一点包含的政治含义，参见：Elizabeth Spelman, *Inessential Woman: Problems of Exclusion in Feminist Thought* (Boston: Beacon, 1988), ch. 2。

[11] Arlene Saxonhouse, *Women in the History of Political Thought: Ancient Greece to Machiavelli* (New York: Praeger, 1985), 69.

[12] *Politics*, III, 1282b. 在这里，他遵循了柏拉图晚期著作《政治家篇》和《法律篇》的观点，在这两部著作中，法治与混合阶级政府被认为比哲学王的统治更容易实现。

[13] *Politics*, IV, 1289a.

[14] 亚里士多德的分类法遵循了柏拉图在《政治家篇》中的方案。

[15] 柏拉图晚期著作中的观点与亚里士多德关于法律作用的主张一致，但是在多数人统治的问题上并不一致。

[16] 在分配城邦里的角色时，亚里士多德忽略了另一个阶级：自由劳动者。他们像女人一样，既不是公民，也不是奴隶。但是，同亚里士多德对女人有明显确定的看法不同，他并未清楚表明我们如何能分辨劳动者"就其本性而言是统治者还是被统治者"。参见：*Inessential Woman*, 199, n. 33。

[17] 大多数公民作为立法者或法庭成员参与统治；行政角色大多需要一些特殊专业知识（例如军事判断力），而普通公民一般不具备这样的能力。参见：*Politics and Vision*, 57。

[18] 对亚里士多德所说的共和政体进行的广泛讨论，参见：Mary P. Nichols, *Citizens and Statesmen: A Study of Aristotle's Politics* (Savage, Md.: Rowman & Littlefield, 1992)。

[19] *Politics*, III, 1280b.

[20] 亚里士多德在公民教育的目标上同柏拉图在理想国中训练护卫者的目标相似：为共同利益而做出自我牺牲，以维护一个良序的城邦免于衰落。然而，亚里士多德的教育方案并不包含审查制度和谎言，无论是多么高贵的谎言。

[21] Barker, *in Politics*, 247, n. 1.

[22] Alasdair MacIntyre, *After Virtue: A Study in Moral Theory* (London: Duckworth, 1981), 133.

[23] "良善生活不仅将大多数人排除在外，包括所有女人"、奴隶以及劳动阶级，"并且还有赖于这样的排除"。他们永远没有希望实现最高的德性。Susan Moller Okin, *Justice, Gender and the Family* (New York: Basic, 1989), 52.（中译本见［美］苏珊·穆勒·奥金：《正义、社会性别与家庭》，王新宇译，北京，中国政法大学出版社，2017 年。）亚里士多德的良善生活模型实际上是基于一个男性的、贵族式的理想。与此同时，他确实给女人保留了其自己的角色和身份，而不是像柏拉图那样把她们纳入一种男性化的规范。她们将"被控制，而不是被去女性化"。参见：Diana Coole, *Women in Political Theory: From Ancient Misogyny to Contemporary Feminism* (Boulder, Colo.: Lynne Rienner, 1988), 47-48。

[24] 关于亚里士多德的一些关键观念及其与当代政治问题的关系的讨论，参见：Bernard Yack, *The Problems of a Political Animal: Community, Justice, and Conflict in Aristotelian Thought* (Berkeley: University of California Press, 1993)。

第四章 西塞罗：扩大公民权

[1] 执政官是罗马共和国每年选举产生的两个最高行政长官之一。Elizabeth Rawson, *Cicero: A Portrait* (Ithaca, N.Y.: Cornell University Press, 1983); Neal Wood, *Cicero's Social and Political Thought* (Berkeley: University of California Press, 1988).

[2] 这些哲学家包括怀疑主义者和伊壁鸠鲁主义者。A. A. Long, *Hellenistic Philosophy: Stoics, Epicureans, Skeptics* (New York: Scribner's Son, 1974).（中译本见［美］安东尼·朗：《希腊化哲学》，刘玮、王芷若译，北京，北京大学出版社，2021 年。）

[3] Marcus Tullius Cicero, *On the Commonwealth*, trans. G. H. Sabine and S. B. Smith (Indianapolis, Ind.: Bobbs-Merrill, 1976).（中译本见［古罗马］西塞罗：《论共和国 论法律》，王焕生译，北京，中国政法大学出版社，1997 年。）这本书在拉丁语中名为 *De Res Publica*，于 12 世纪后消失，直到 19 世纪才被发现。

[4] Marcus Tullius Cicero, *On the Laws*, trans. C. W. Keyes (Cambridge, Mass: Harvard University Press, 1928). 这本书在拉丁语中名为 *De Legibus*。

[5] Marcus Tullius Cicero, *On Duties, trans. H. G. Edinger* (Indianapolis, Ind.: Bobbs-Merrill, 1974).（中译本见［古罗马］西塞罗：《论义务》，王焕生译，北京，中国政法大学出版社，1999 年。）

[6] Marcus Tullius Cicero, *On the Orator,* trans H. Hubbell (Cambridge, Mass.: Harvard Press, 1971).（中译本见［古罗马］西塞罗：《论演说家》，王焕生译，北京，中国政法大学出版社，2003 年。）善政的一个关键方面即说服的能力。在这部作品中，西塞罗阐述了公开演说的艺术、必需的教育，以及这些技巧对一个有效的统治者的重要性。

[7] F. H. Sandbach, *The Stoics* (London: Chatto & Windus, 1975).

[8] A. A. Long and D. N. Sedley, eds. and trans., *The Hellenistic Philosophies*, Vol. I (Cambridge, UK: Cambridge University Press, 1967), 431.

[9] *On the Commonwealth*, 122-123.

[10] 奥古斯丁比西塞罗更成功地完成了这个结合（见第五章）。

[11] 然而我们并没有。例如，我们只有《论共和国》的一部分，在已知已经

完成的 6 卷当中，有 3 卷是相对完整的，但是另外 3 卷仅以残篇的形式存在。据估计，《论法律》有 5 卷，但流传下来的只有 3 卷。

[12] 也许还有他幸存的手稿的不完整性。

[13] *On the Laws*, 329-330. 当然，从根本上说，平等建立在人们的理性思考能力和自然法的基础之上。

[14] 西塞罗认为，即使是奴隶也具备些许理性。因此，奴隶应当被其主人当作长期雇用的工人，这相当于亚里士多德所谓约定的奴隶。

[15] *On the Commonwealth*, 130.

[16] *On the Laws*, 51.

[17] *On Duties*, 44-47.

[18] 此处可以同第十章的洛克相比较。

[19] *On the Commonwealth*, 235. 在这里，西塞罗遵循了罗马的法定习俗，它让男人成为一家之主，就像他们是国家的统治者那样。参见：Arlene Saxonhouse, *Women in the History of Political Thought: Ancient Greece to Machiavelli* (New York: Praeger, 1985), 98-102。

[20] 也许西塞罗认为所有人都是理性的，但是他现实主义的一面使他意识到，人可能被坏习惯和行为所腐蚀。换句话说，理性并不总是起统治作用。正义并不总是能得到实现。

[21] *On the Commonwealth*, 129-130.（在现有中译本中未找到这段引文。）斯基皮奥是西塞罗观点的代言人。

[22] *On the Laws*, 323.

[23] 波利比乌斯（Polybius，公元前 200 年之前—公元前 118 年之后）根据亚里士多德的政府六分法对罗马政治制度进行了考察。与亚里士多德（见第三章）相反，波利比乌斯是首个正面使用"民主"一词的人，将其作为多数人的良善统治。不同于亚里士多德和西塞罗的是，他忽略了社会阶级在政府中的作用，但却强调制度的制衡。

[24] 对英国政制的一种类似看法，参见柏克的论述（见第十三章）。

[25] 对罗马来说，就像之前的雅典一样，城邦指的是那个更小的公民居住地。它们都是强权帝国，拥有广袤的属地，那里居住着不能分享政权的臣民。

[26] 他觉得这些阶级具有亚里士多德在其贵族制中看到的许多公共精神的品质。罗马元老院主要由贵族组成，并被授予终身任期，以行使其相当大的行政、立法以及审判权力。在实践中，元老院并没有法律创制权。它在行政官的要求下行动。

[27] Marcus Aurelius, *Meditations*, in *Great Political Thinkers: Plato to the Present*, ed. W. Ebenstein and A. O. Ebenstein (Fort Worth, Tex.: Holt Rinehart &

Winston, 1990), 178.

[28] 菲卢斯是一位演说家，在公元前 136 年当选执政官。他问到正义和习俗对
所有人来说是否不是一回事，这反映出正义和法律都是约定的这一观点。
关于柏拉图和智者对这个问题的不同观点，见第二章。亚里士多德在《尼
各马可伦理学》中也提出了好人和好公民的义务是否一致的问题。

[29] *On the Commonwealth*, 206.

[30] *On the Commonwealth*, 215-216.

[31] 例如，阶级冲突是任何政治体中长期存在的问题，无论是古代的还是现代
的政治体。它导致了贵族和普通公民之间的激烈斗争。将后者中最优秀
的人才吸引到共和国里服务，从而争取他们对温和政治的支持，一切使
这些成为可能的必要改革，都在元老院的阻挠下屡受挫败。参见：Mason
Hammond, *City-State and World State in Greek and Roman Political Theory*
(Cambridge, Mass.: Harvard University Press, 1951)。

[32] *On the Commonwealth*, 245-246.

[33] *On the Laws*, 44.

[34] *On the Laws*, 45.

[35] Charles Norris Cochrane, *Christianity and Classical Culture* (New York:
Oxford University Press, 1980), 54.

[36] 其中包括托马斯·阿奎那（见第六章）、托马斯·霍布斯（见第九章）、
约翰·洛克（见第十章）以及美国宪法的设计者和阐释者，特别是最高
法院。参见：Edward S. Corwin, *The "Higher Law" Background of American
Constitutional Law* (Ithaca, N.Y.: Cornell University Press, 1929)。（中译本见
［美］爱德华·考文：《美国宪法的"高级法"背景》，强世功译，北京，
北京大学出版社，2015 年。）当然，另一部受到自然法理论深刻影响的作
品是托马斯·杰斐逊起草的《独立宣言》（1776）。

[37] 后来的试图塑造全面历史以及普遍原则的政治哲学家，有时比西塞罗更成
功，包括圣奥古斯丁（见第五章）、马基雅维利（见第八章）、柏克（见
第十三章），当然还有黑格尔和马克思（见第十五章）。

[38] Sheldon Wolin, *Politics and Vision: Continuity and Innovation in Western
Political Thought* (Boston: Little Brown, 1970), 70.

第五章 奥古斯丁：贬低政治

[1] Peter Brown, *The World of Late Antiquity: AD 15—750* (London: Harcourt
Brace Jovanovich, 1971), 67.

[2] R. H. Barrow, *The Romans* (New York: Pelican, 1979), 202.

[3]　　Arlene Saxonhouse, *Women in the History of Political Thought: Ancient Greece to Machiavelli* (New York: Praeger, 1985), 126.

[4]　　当彼拉多（Pilate）问耶稣他是不是犹太人的王时，耶稣回答说："我的国不属于这个世界……"参见：《圣经·约翰福音》18:36。

[5]　　Saxonhouse, *Women in the History of Political Thought: Ancient Greece to Machiavelli*, 125-150.

[6]　　《圣经·迦拉太书》3:28。

[7]　　《圣经·马太福音》，尤其是 5-7。

[8]　　Saxonhouse, *Women in the History of Political Thought: Ancient Greece to Machiavelli*, 125.

[9]　　《圣经·以弗所书》5:22-24。也见《圣经·提摩太前书》2:9-15。

[10]　《圣经·哥林多前书》7:3-4。

[11]　《圣经·哥林多前书》7:27。

[12]　《圣经·马太福音》22:21。

[13]　《圣经·罗马书》13:1-6。

[14]　Barrow, *The Romans*, 182-184.

[15]　Charles Howard McIlwain, *The Growth of Political Thought in the West* (New York: Macmillan, 1932), 146.

[16]　Peter Brown, "St. Augustine," in *Trends in Medieval Political Thought*, ed. B. Smalley (Oxford, UK: Basil Blackwell, 1965), 9.

[17]　摩尼教（Manichaeism，或 Manichaeanism）是一种建立在二元论基础上的宗教。世界有两个本原：一个是和平与善的光明王国，一个是混乱和恶的黑暗王国。二者是平等的。在黑暗王国侵入光明王国之后，当前这个半善半恶的世界就出现了。未来的到来取决于我们。当我们抵抗邪恶时，我们会帮助将黑暗王国与光明王国再次分开。当这项任务完成时，善将胜利，永远统治的将是和平。虽然基督教也强调善和恶两个方面，但反对它们是平等的这一结论。参见：R. L. Ottley, *Studies in the Confessions of St. Augustine* (London: Robert Scott, 1919), esp. ch. 33。

[18]　包括哥特人（Goths）、汪达尔人（Vandals）和匈奴人（Huns）。

[19]　St. Augustine, *Concerning the City of God against the Pagans*, trans. H. Bettenson (New York: Penguin, 1977).

[20]　Ernest L. Fortin, "St. Augustine," in *History of Political Philosophy*, eds. Leo Strauss and Joseph Cropsey (Chicago: University of Chicago Press, 1987), 176.

[21]　St. Augustine, *The Confessions of St. Augustine* (New York: Image Books, 1960).（中译本见［古罗马］奥古斯丁：《忏悔录》，周士良译，北京，商

务印书馆，2015 年。）

[22]　他的两卷《独白》（*Soliloquies*）也是传记，在他改变宗教信仰后写成，书中探索了信仰与理性之间的关系。但该书不是抽象的讨论，反而是从漫长的祈祷开始，紧接着是一段对话，这将奥古斯丁与理性对立起来，并展示了他所提出的许多问题和疑虑，其中表现出后来在《忏悔录》中可见的那种彻底的坦率。

[23]　也以 *On the Free Choice of the Will* 著称，A. S. Benjamin 英译（Indianapolis, Ind.: Bobbs-Merrill, 1977）。

[24]　G. L. Keyses, *Christian Faith and the Interpretation of History* (Lincoln: University of Nebraska Press, 1966), 14.

[25]　Brown, "Saint Augustine," 4-15; Charles Norris Cochrane, *Christianity and Classical Culture* (New York: Oxford University Press, 1980), 411, 418.

[26]　*City of God*, 39; R. L. P. Milburn, *Early Christian Interpretations of History* (London: Adam & Charles Black, 1954), 74.

[27]　*City of God*, 431, 487-494; *Confessions*, 138-140.

[28]　Peter Dennis Bathory, *Political Theory as Public Confession: The Social and Political Thought of St. Augustine of Hippo* (New Brunswick, N.J.: Transaction, 1981).

[29]　Sheldon S. Wolin, *Politics and Vision: Continuity and Innovation in Western Political Thought* (Boston: Little Brown, 1960), 123.

[30]　*City of God*, 594.

[31]　*City of God*, 852. 后来的一些哲学家采用了类似的方法，认为历史正在走向一个可定义的终点。例如，参见第十五章对于黑格尔和马克思的论述。

[32]　Wolin, *Politics and Vision: Continuity and Innovation in Western Political Thought*, 124.

[33]　*City of God*, 311. 这是奥古斯丁如何将最初被早期基督教思想家拒绝的古典思想嫁接到基督教教义中的一个例子。

[34]　Wolin, *Politics and Vision: Continuity and Innovation in Western Political Thought*, 124.

[35]　*City of God*, 179.

[36]　*City of God*, 201, 599.

[37]　*City of God*, 571.

[38]　Marion Le Roy Burton, *The Problem of Evil: A Criticism of the Augustinian Point of View* (Chicago: Open Court Publishing Company, 1909), 216.

[39]　*City of God*, 139.

[40]　*City of God*, 593.

[41]　*City of God*, 75.

[42]　*City of God*, 890.

[43]　一本例外的著作是《论三位一体》(中译本见［古罗马］奥古斯丁：《论三位一体》，周伟驰译，北京，商务印书馆，2015年)。

[44]　现代对奥古斯丁这一主题的讨论，参见：Reinhold Niebuhr, *Moral Man and Immoral Society* (New York: Scribner, 1932)。(中译本见［美］尼布尔：《道德的人和不道德的社会》，蒋庆等译，贵阳，贵州人民出版社，1998年)。有趣的是，尽管奥古斯丁对政治采取神学方法，但他的政治评论也可能被视为苛刻的现实主义。现实主义者按照世界本来的样子而非可能的样子来看待和分析世界。他们总是警惕理想主义的欺骗，或者从更高的角度和事件可能会怎样的角度来理解事件。现实主义者也可能将政治分析为一种不同自我利益之间的冲突，如果自私的各方得不到他们想要的，那么争端最终会通过使用武力即战争来解决。

[45]　《圣经·创世记》2:22-23。

[46]　《圣经·创世记》3:16-17。

[47]　*City of God*, 1027-1029.《忏悔录》强化了这一点，参见：*Confessions*, 356。也可参见：Saxonhouse, *Women in the History of Political Thought: Ancient Greece to Machiavelli*, 137。

[48]　注意这里的讨论与第三章中亚里士多德的经济学的相似之处。

[49]　《圣经·马太福音》19:16, 21。

[50]　Etienne Gilson, *The Christian Philosophy of St. Augustine*, trans. L. E. M. Lynch (New York: Random House, 1960), 159.

[51]　"Ten Homilies of the First Epistle of St. John," in Augustine, *Later Works*, trans. John Burnaby (Library of Christian Classics, New York: Random House, 1950), Vol. VII, 8.

[52]　最近一部发展了奥古斯丁主要思想的著作是：Hannah Arendt, *The Life of the Mind: Willing* (New York: Harcourt, Brace, Jovanovich, 1978)。(中译本见［美］阿伦特：《精神生活：意志》，姜志辉译，南京，江苏教育出版社，2006年。)

[53]　*City of God*, 190-195, 503.

[54]　*City of God*, 523.

[55]　*City of God*, 508.

[56]　*City of God*, 75.

[57]　在这方面，奥古斯丁预见了早期现代主义者的观点。

[58] 《圣经·马太福音》5:38-39, 43-45。

[59] 他重复了一个故事：有个主人邀请一大群宾客吃饭，结果被邀请者拒绝了。听到他们的拒绝，主人告诉仆人："你出去到路上和篱笆那里，勉强人进来。"（那些在那里找到的人，不是被邀请的人。）《圣经·路加福音》14:17-24。

[60] John N. Figgis, *The Political Aspects of St. Augustine's "City of God,"* (Gloucester: Peter Smith, 1963), 54.

[61] John Burnaby, *Amor Dei: A Study of the Religion of St. Augustine* (London: Hodder & Stoughton, 1938), 29-42.

[62] R. A. Markus, *Saeculum: History and Society in the Theology of St. Augustine* (Cambridge, UK: Cambridge University Press, 1970), 64.

[63] 《圣经·罗马书》2:14, 15。

[64] 奥古斯丁并没有明确定义他所说的"教会"究竟是什么意思。在一个地方，他称之为上帝的选民组成的不可见的教会，包括一些尚未皈依者。在另一个地方，他指的是可见的教会，包括了真正的信徒和名义上的成员。同样，地上之城象征性地反映在国家中，但并不与它或任何其他社会团体相邻。它是不敬神者组成的共同体，包括了教会里的罪人。

[65] 参见第七章，了解新教改革中基督教思想"转向"的开始。

[66] *City of God*, 112.

[67] 详见第二章。

[68] 详见第八章。

第六章　阿奎那：使公民身份基督教化

[1] Quentin Skinner, *The Foundations of Modern Political Thought*, Vol. 1: *The Renaissance* (New York: Cambridge University Press, 1978), 50.

[2] A.P. D' Entreves, *The Medieval Contribution to Political Thought: Thomas Aquinas, Marsilius of Padua, Richard Hooker* (Oxford, UK: Oxford University Press, 1939), 35.

[3] 或写作 *Summa Theologiae*。

[4] 他并未完成这本著作的写作。他的政治思想也可以在他对亚里士多德的《伦理学》的评注（1271）和《政治学》的评注（1269—1272）中找到，但这些评注也未完成。

[5] Thomas Aquinas, *Summa Theologiae*, translated by Fathers of the Dominican Providence, 3 vols. (New York: Benzinger Bros., 1948). 这是一部巨著，分为五个部分，我引用"第一卷"时标注为 I，引用"第一卷的第二部分"时

标注为 I-II，引用"第二卷的第二部分"时标注为 II-II，引用"第三卷"时标注为 III，还有一部分是"附录"。每一部分都包含许多问题，每个问题都有若干条，每一条都会谈到阿奎那反对者的观点或异议，随后是他的答复。关于法律和政治的主要评论，参见 I-II，问题 90-108，也称为"论律法"；关于正义与神意的评论，参见 II-II，问题 47-64。

[6]　参见第五章对奥古斯丁方法论的讨论。

[7]　*Summa Theologiae*, I, 2, 3. 这里的数字代表《神学大全》第一部分第二条问题三。（此处有误，应为"第一部分问题二第三条"。）

[8]　*Summa Theologiae*, I, 1, 5

[9]　*Summa Theologiae*, I, 1, 7, [obj.] 1.

[10]　*Summa Theologiae*, I. 1, 79.

[11]　*Summa Theologiae*, I, 3, 3.

[12]　*Summa Theologiae*, I, 1, 1.

[13]　这反映了阿奎那对亚里士多德的钦佩，按照基督教标准来说，亚里士多德当然是一个异教徒。

[14]　尤其是上帝与诺亚、亚伯拉罕和摩西之间的几项圣约，以及耶稣的圣约或承诺。

[15]　*Summa Theologiae*, I, 96, 4.

[16]　*Summa Theologiae*, I, 96, 3.

[17]　Arlene W. Saxonhouse, *Women in the History of Political Thought: Ancient Greece to Machiavelli* (New York: Praeger, 1985), 147.

[18]　*Summa Theologiae*, II-II, 66, 7.

[19]　*Summa Theologiae*, II-II, 61, 3.

[20]　*Summa Theologiae*, II-II, 61, 3.

[21]　*Summa Theologiae*, II-II, 104, 5.

[22]　*Summa Theologiae*, II-II, 10, 10.

[23]　*Summa Theologiae*, II-II, 10, 1.

[24]　*Summa Theologiae*, III, 65, 1.

[25]　*The Summa Contra Gentiles of St. Thomas Aquinas*, trans. Fathers of English Dominican Province (London: Burns & Oates, 1928) III, xlviii.

[26]　对于后来那些寻求政教分离、保护个人自由和家庭不受政府影响的政治理论的政治思想家来说，这种区分将变得十分重要。特别参见第八至十章。

[27]　这就提出了一个问题：使用强迫来让人们接受教义，并以预期的方式行事，比如定期参加礼拜，这有什么价值。正如一位精明的评论家所指出的："一个建立在信仰基础上的社会，也就是一个建立在成员内在信念基

础上的社会，怎么能够为使用强迫辩护呢？" Wolin, *Politics and Vision: Continuity and Innovation in Western Political Thought*, 117.（译文参照［美］谢尔登·沃林：《政治与构想》，第118页。）回答这个问题的是奥古斯丁，他区分了"正当的"与"不正当的"强迫。Wolin, *Politics and Vision: Continuity and Innovation in Western Political Thought*, 118-119. 另见本书第五章。

[28] 或许在阿奎那的时代之前，最具说服力的例子是教皇利奥三世于公元800年为查理大帝加冕。

[29] 参见第七章。

[30] Bluhm, 173.

[31] 参见：Herbert A. Deane. *The Political and Social Ideas of St. Augustine* (New York: Columbia University Press, 1963), 234。

[32] F. Aveling, "St. Thomas Aquinas," in *The Social and Political Ideas of Some Great Medieval Thinkers*, ed. F. J. C. Hearnshaw (New York: Barnes and Noble, 1967), 103.

[33] *Summa Theologiae*, II-II, 10, 8.

[34] *Summa Theologiae*, II-II, 11, 3.

[35] 拉丁语 *gubernare* 最初的意思是管理或驾驶一艘船。

[36] "一个共同体的繁盛与福祉就在于维护其团结，或更简单地说，就在于和平。""On Princely Government," in Aquinas, *Selected Political Writings*, ed. A. P. D'Entreves and tr. J. G. Davison (Oxford, UK: Blackwell, 1954), 11.

[37] 亚里士多德对政体形式的分类，参见图表3.3。

[38] *On Princely Government*, 13.

[39] *On Princely Government*, 3, 5.

[40] 不同于亚里士多德的融合了寡头政治和民主的混合政府，阿奎那是将君主制和贵族与民主结合起来。

[41] *Summa Theolgiae*, I-II, 90, 3.

[42] In *On Princely Government*, Chs. 1-3, 5.

[43] 耶稣说："你是如岩石般的彼得，我要在这块岩石上建造我的教堂。"《圣经·马太福音》18-19。

[44] 基于托马斯主义的逻辑（Thomistic logic）。

[45] 神圣罗马帝国皇帝也是如此。

[46] Thomas Aquinas, "Tolerance and Church-State Relations," in *On Law, Morality, and Politics*, ed. W. P. Baumgarth and R. J. Regan, S.J (Indianapolis: Hackett, 1988), 254.

[47]　*Summa Theologiae*, II-II, 12a, 2c.

[48]　Harold J. Berman, *Law and Revolution: The Formation of the Western Legal Tradition*(Cambridge, Mass.: Harvard University Press, 1983), esp. 49-51. （中译本见［美］哈罗德·伯尔曼：《法律与革命》，贺卫方等译，北京，法律出版社，2008 年。）

[49]　*Summa Theologiae*, I-II, 90-97.

[50]　*Summa Theologiae*, I-II, 90, 4.

[51]　*Summa Theologiae*, I-II, 93, 1.

[52]　*Summa Theologiae*, I-II, 94, 2C.

[53]　*Summa Theologiae*, II-II, 91, 4C.

[54]　*Summa Theologiae*, II-II, 4, C.

[55]　*Summa Theologiae*, II-II, 97, 1, C.

[56]　"Tolerance," 59.

[57]　"Tolerance," 59.

[58]　在这里，阿奎那是在追随亚里士多德。参见第三章中亚里士多德对高利贷的看法，如图表 3.1 所示。

[59]　Wolin, *Politics and Vision: Continuity and Innovation in Western Political Thought*, 97.

[60]　Wolin, *Politics and Vision: Continuity and Innovation in Western Political Thought*, 135.

[61]　参见：Joseph R. Strayer, *On the Medieval Origins of the Modern State* (Princeton, N.J.: Princeton University Press, 1970).

[62]　详见第四章。

[63]　Herbert A. Davidson, *Alfarabi, Avicenna, and Averoes on Intellect: Their Cosmologies, Theories of the Active Intellect, and Theories of Human Intellect* (New York: Oxford University Press, 1992); Muhsin S. Mahchi, *Alfarabi and the Foundations of Islamic Political Philosophy* (Chicago: University of Chicago Press, 2001).

[64]　通常是出于支持一些统治者的需要，这些统治者的软弱政府有陷入无政府状态的危险，也许通常也是为了支持和加强其自身的立场，以实现某些目的，而那些目的在有的人看来可能主要（如果不是全部的话）是世俗目的。参见第八章。

第七章　路德和加尔文：重构权威

[1]　Sheldon S. Wolin, *Politics and Vision: Continuity and Innovation in Western*

Political Thought (Boston: Little, Brown, 1960), 142.

[2]　Max Weber, *The Protestant Ethic and the Spirit of Capitalism*, trans. Talcott Parsons (New York: Scribner's, 1976).（中译本见［德］马克斯·韦伯：《新教伦理与资本主义精神》，阎克文译，上海，上海人民出版社，2018 年。）

[3]　Quentin Skinner, *The Foundations of Modern Political Thought*, Vol. 2: The Age of Reformation (New York: Cambridge University Press, 1979), 114-115.

[4]　罗伦·培登（Roland H. Bainton）描绘了路德的一生，参见: *Here I Stand: A life of Martin Luther*(New York: Abingdon-Cokesbury Press, 1950).（中译本见［美］罗伦·培登：《这是我的立场：改教先导马丁·路德传记》，古乐人、陆中石译，上海，上海三联书店，2013 年。）埃里克·埃里克森（Erik Erikson）分析了路德与父亲的关系，参见: *Young Man Luther: A study in Psychoanalysis and History* (New York: Norton, 1962).（中译本见［美］埃里克·埃里克森：《青年路德：一项精神与历史的研究》，苏跃育等译，上海，上海人民出版社，2021 年。）

[5]　路德的著作被汇编成了多种集子，例如: *American Edition of Luther's Works*, ed. Jaroslav Pelican and Helmut T. Lehman (St. Louis: Concordia Publishing House and Philadelphia: Muhlenberg Press, 1955).

[6]　经院哲学是中世纪的一种主流思想，它提倡使用理性来加深人们对基于信仰而相信的东西的理解，并赋予信仰以理性的内容。这种进路是对伟大的著作，特别是（13 世纪后）亚里士多德的著作进行仔细、近乎虔诚的研究。它在托马斯·阿奎那的思想和著作中达到了很高的标准。（参见第六章。）

[7]　这是一部四卷本巨著，并以拉丁文和法文两个版本进行出版。其写作开始于 1536 年，并经常被修订；最新的一个版本晚到 1559—1560 年才出现。（中译本见［法］约翰·加尔文：《基督教要义》，钱曜诚等译，北京，生活·读书·新知三联书店，2010 年。）

[8]　Luther, "Disputation against Scholastic Theology," XXXI, clause 50.

[9]　"*On the Babylonian Captivity*," in *Works*, 308.

[10]　"*On the Babylonian Captivity*," in *Works*, 309.

[11]　John Calvin, *The Institutes of the Christian Religion*, trans. Henry Beveridge (London: James Clarke, 1949), I. vii. 2.

[12]　沃林指出："路德后来改变了他对普通信徒能力的乐观态度。"Wolin, *Politics and Vision*, 155.（译文参照［美］谢尔登·沃林：《政治与构想》，2009 年，第 162 页。）

[13]　*Institutes*, III. xxi. 2.

[14]　*Institutes*, II. iii. 21.

[15]　*Institutes*, II. ii. 13.

[16]　*Institutes*, II. iv. 20.

[17]　*Institutes*, II. viii. 7.

[18]　Gustaf Wingren, *Luther on Vocation* (Philadelphia: Muhlenberg Press, 1957).

[19]　Luther, "Whether Soldiers, Too, Can be Saved," in *Works*, 45. 也见 *Institutes*, IV. xx. 10。

[20]　直到 19 世纪的英国，10 岁以下的儿童因盗窃价值 2 便士的物品而被定罪，并可能会被处决。参见第十四章。

[21]　*Institutes*, IV. xx. 16.

[22]　七项圣礼是指圣餐礼、洗礼、坚振礼、忏悔礼、终傅礼、婚礼、按立礼。

[23]　洗礼和圣餐礼。

[24]　Luther, "Commentary on the Sermon on the Mount," in *Works*, 93.

[25]　Wolin, *Politics and Vision*, 153.

[26]　Wolin, *Politics and Vision*, 145.

[27]　Luther, "An Appeal to the Ruling Class," in *Works*, 410.

[28]　Luther, "An Appeal to the Ruling Class," in *Works*, 413.

[29]　5 世纪的一种教皇教义。这两把剑是世俗之剑和宗教之剑。所有的权力（两把剑）都来自上帝，去到教会手里，然后教会将世俗之剑交给国王。因此，国王的权力来自教会，他们在所有事情上都对教会负责。更多讨论参见第五章。

[30]　Luther, *Works*, 235-236.

[31]　Luther, "Commentary on Psalm 101," in *Works*, 195.

[32]　Luther, "Commentary on Psalm 82," in *Works*, 51.

[33]　Luther, "Secular Authority: To What Extent It Should Be Obeyed," *Selections*, 378.

[34]　Luther, "A Treatise of Good Works," *Philadelphia Edition of the Works of Martin Luther*, 6 vols. (Philadelphia: A. J. Holman Co., 1918—1932), 263.

[35]　Wolin, *Politics and Vision*, 159.

[36]　Luther, "Secular Authority," 373.

[37]　Luther, "Whether Soldiers, Too, Can Be Saved," in *Works*, 45.

[38]　Luther, "Of Good Works," *Philadelphia Edition of Works*, 271.

[39]　*Institutes*, IV. x. 15.

[40]　*Institutes*, IV. xx. 4.

[41]　*Institutes*, IV. xi. 16.

[42]　*Institutes*, II. iv. 20.

[43]　*Institutes*, II. iv. 20.

[44]　*Institutes*, II. iv. 20.

[45]　*Institutes*, II. iii. 13.

[46]　*Institutes*, IV. xi. 16.

[47]　*John Calvin on God and Political Duty*, ed. John T. McNeill (Indianapolis: Bobbs-Merrill, 1950), xxiv.

[48]　*Institutes*, IV. ix. 3.

[49]　*Institutes*, IV. ix. 3.

[50]　*Institutes*, IX. ix. 3.

[51]　*Institutes*, IV. ix. 3.

[52]　*Institutes*, IV. xx. 1.

[53]　*Institutes*, IV. xx. 31.

[54]　参见斯金纳的讨论：Quentin Skinner, *The Foundations of Modern Political Thought*, Volume II: *The Age of Reformation* (New York: Cambridge University Press, 1978), 220-238。

[55]　Luther, "Trade and Usury" (1524), in *Works*, 233-310.

[56]　一份很好的资料（尽管它的年代久远）是：R. H. Tawney, *Religion and the Rise of Capitalism* (New York: Harcourt, Brace & World, 1926)。

[57]　Arlene W. Saxonhouse, *Women in the History of Political Thought: Ancient Greece to Machiavelli* (New York: Praeger, 1985), 150.

[58]　Jean Bethke Elshtain, *Public Man, Private Woman* (Princeton, N.J.: Princeton University Press, 1981), 85. 感谢这本书，因为它提醒我注意到路德关于女性和家庭思想的一些关键方面。

[59]　Elshtain, *Public Man, Private Woman*, 85. 这与奥古斯丁和阿奎那的观点形成了对比。他们可能允许男女的灵魂在精神上平等，"但在世俗事务中，女性有一个更低等的目的，这迫使她处于屈从地位"。Diana Coole, *Women in Political Theory* (Boulder, Colo: Lynne Rienner, 1988), 67.

[60]　Elshtain, *Public Man, Private Woman*, 87.

[61]　Elshtain, *Public Man, Private Woman*, 88-89.

[62]　Elshtain, *Public Man, Private Woman*, 88-89.

[63]　Elshtain, *Public Man, Private Woman*, 86-87.

[64]　Elshtain, *Public Man, Private Woman*, 89.

[65]　Elshtain, *Public Man, Private Woman*, 84, n. 32.

[66]　Elshtain, *Public Man, Private Woman*, 84, n. 32.

[67]　Elshtain, *Public Man, Private Woman*, 84, n. 32.

[68]　Ernst Troeltsch, *Protestantism and Progress: A Historical Study of the Relation of Protestantism to the Modern World*, trans. William Montgomery (Boston: Beacon Press, 1958), 107-108. 特洛尔奇（Troeltsch）提醒我们："新教的国家理论正是基于盛行于中世纪那种基督教'自然法'"。

[69]　教会必须忍受自身改革的挑战，即反宗教改革，并将更大的独立性让给同盟的统治者，以免他们重新思考对罗马继续忠诚的政治价值。

[70]　路德和加尔文出生晚于马基雅维利，但他们的生活时间与马基雅维利是有部分重叠的。尽管如此，由于他们强调宗教救赎，他们的政治哲学基本上是前现代的，而不是早期现代的。

[71]　Wolin, *Politics and Vision*, 162-164.

[72]　关键的政治革命是英国的光荣革命、美国独立战争和法国大革命。

[73]　Franklin L. Baumer, *Modern European Thought: Continuity and Change in Ideas*, 1600-1900 (New York: Macmillan, 1977), 26-34.

[74]　参见：Wolin, *Politics and Vision*, 142-143。

[75]　参见：Boyd C. Shafer, *Nationalism, Myth and Reality* (New York: Harcourt, Brace & World, 1955)。

[76]　E. Harris Harbiggion, *The Age of Reformation* (Ithaca, N.Y.: Cornell University Press, 1955).

第八章　马基雅维利：逃离无政府状态

[1]　文艺复兴大约发生在 13 世纪中叶到 16 世纪。关于文艺复兴的背景，参见：Jacob Burkhardt, *The Civilization of the Renaissance in Italy*, 2 vols. (New York: Harper & Row, 1958)（中译本见［瑞士］雅各布·布克哈特：《意大利文艺复兴时期的文化》，何新译，北京，商务印书馆，1997 年）；Hans Baron, *The Crisis of the Early Italian Renaissance*, 2 vols. (Princeton, N.J.: Princeton University Press, 1955); J. R. Hale, *Machiavelli and Renaissance Italy* (New York: Macmillan, 1961)。

[2]　托马斯主义的综合指的是圣托马斯·阿奎那的思想，本书第六章对其进行了讨论。

[3]　这两部著作都是到马基雅维利去世后几年才得以出版。《君主论》的引文来自 Niccolò Machiavelli, *The Prince*, trans. Luigi Ricci, rev. E. R. P. Vincent (New York: Mentor, 1952)；《李维史论》的引文来自 *The Prince and the Discourses*, trans. Christian Detmold (New York: Random House, 1950)。《李维史论》的引文标注的是卷和章的编号，《君主论》的引文标注的是各种

版本里都可以找到的章的编号。马基雅维利处理政治问题的其他著作包括
《战争的艺术》(*The Art of War*, 1520)、《佛罗伦萨史》(*The History of Florence*, 1525)，还有几部讽刺剧，以及给同时代人的大量信件。马基
雅维利的所有著作从 1559 到 1897 年都被列入禁止罗马天主教徒阅读的
教皇禁书索引当中。

[4]   "人们也普遍地一致认为，关于政治行动的相同观念和相同劝告在两部著
作中都始终得到了坚持。" Sheldon S. Wolin, *Politics and Vision: Continuity and Innovation in Western Political Thought* (Boston: Little, Brown, 1960), 228-229.（译文参照 [美] 谢尔登·沃林:《政治与构想》，第 238 页。）

[5]   Arlene Saxonhouse, *Women in the History of Political Thought: Ancient Greece to Machiavelli* (Princeton, N.J.: Princeton University Press, 1979), 173.

[6]   *The Prince*, ch. 15. 如果认为他对方法、人性、权力等问题的看法比他最杰
出的前辈更为悲观的话，就忽视了他所看到的乐观潜力（这一点在这一章
中都有体现），以及前辈观点中的悲观主义。例如，回顾柏拉图或亚里士
多德关于政治衰败的论述，或奥古斯丁关于人类努力无关乎最伟大目标的
实现的论述。

[7]   *Discourses*, intro.

[8]   *Discourses*, bk. 3, ch. 37; *The Prince*, ch. 21.

[9]   Leo Strauss, *Natural Right and History* (Chicago: Chicago University Press, 1953), 177-180.（中译本见 [美] 列奥·施特劳斯:《自然权利与历史》，
彭刚译，北京，生活·读书·新知三联书店，2006 年。）

[10]   *The Prince*, ch. 3. 同时参见：*Discourses*, bk. 1, ch. 37。

[11]   *The Prince*, ch. 15.

[12]   *The Prince*, ch. 7.

[13]   *The Prince*, ch. 8.

[14]   *The Prince*, ch. 6; *Discourses*, bk. 1, ch. 10.

[15]   *Politics and Vision*, 221.

[16]   *The Prince*, ch. 24.

[17]   *The Prince*, chs. 14 and 18.

[18]   *The Prince*, ch. 18.

[19]   *The Prince*, ch. 8.

[20]   *Discourses*, bk. 2, ch. 29 title.

[21]   *The Prince*, ch. 25.

[22]   Hannah Fenichel Pitkin, *Fortune Is a Woman: Gender and Politics in the Thought of Niccolò Machiavelli* (Berkeley: University of California Press,

1984), 7, 236.

[23] Jean Bethke Elshtain, *Public Man, Private Woman: Women in Social and Political Thought* (Princeton, N.J.: Princeton University Press, 1981), 96, 99.

[24] Arlene Saxonhouse, *Women in the History of Political Thought*, 151.

[25] *The Prince*, ch. 25.

[26] Arlene Saxonhouse, *Women in the History of Political Thought*, 157.

[27] *Discourses*, bk. 3, ch. 26 title.

[28] *Women in the History of Political Thought*, 165. 适合统治的女性的例子包括凯萨琳·福丽（Catharine Forli），她的英勇行为在《李维史论》和《君主论》中都有记载；还包括马基雅维利的一部喜剧《克莉齐娅》（Clizia）中的虚构人物索芙萝妮雅（Sofronia）。

[29] *Discourses*, bk. 1, ch. 16.

[30] *The Prince*, chs. 12-14. 同时参见马基雅维利的 *The Art of War*（中译本见［意］马基雅维利：《用兵之道》，时殷弘译，吉林，吉林出版集团，2010 年）。

[31] *The Prince*, chs. 12-14.

[32] *The Prince*, ch. 12.

[33] *The Prince*, chs. 1 and 2. 确实，《李维史论》中对共和制的讨论更为充分，尽管如此，马基雅维利在《君主论》第五章明确考虑了共和制，而且他在这部著作中隐晦地谈到了很多。

[34] *The Prince*, chs. 3 and 17. 马基雅维利和他的思想导师亚里士多德一样，也注意到了其他形式的政府，并尽职尽责地提到了亚里士多德的六种政府形式（《李维史论》第 1 卷第 2 章），不过他选择了集中关注一个人的统治和很多人的统治，而不是少数人的统治。

[35] 马基雅维利一以贯之的共和主义贯穿于《君主论》和《李维史论》中，并在下列著作中得到了详细的讨论：Mark Hulliung, *Citizen Machiavelli* (Princeton, N.J.: Princeton University Press, 1983); J. G. A. Pocock, *The Machiavellian Moment* (Princeton, N.J.: Princeton University Press, 1975)（中译本见［美］波考克：《马基雅维里时刻》，冯克利、傅乾译，南京，译林出版社，2013 年）; Quentin Skinner, *Machiavelli* (New York: Oxford University Press, 1981)（中译本见［美］昆廷·斯金纳：《马基雅维里》，李永毅译，南京，译林出版社，2014 年）。

[36] *The Prince*, ch. 18.

[37] *The Prince*, ch. 12.

[38] *The Prince*, ch. 17.

[39]   *The Prince*, ch. 18.

[40]   *The Prince*, ch. 9.

[41]   *The Prince*, ch. 26.

[42]   *Politics and Vision*, 233. 在第 204~206 页，沃林讨论了《君主论》最后一章所采用的热情的、宗教化的笔调。

[43]   *The Prince*, ch. 9.

[44]   Alasdair MacIntyre, *After Virtue: A Study in Moral Theory* (London: Duckworth, 1981), 220; Volin, *Politics and Vision*, 199, 214.

[45]   例如，参见：Garrett Mattingly, "Machiavelli's Prince: Political Science or Political Satire," *The American Scholar* 27 (1955): 482-491。

第九章　霍布斯：确保和平

[1]   除了担任过几年培根的秘书之外，霍布斯还参与了一个讨论小组，该小组包括科学先驱伽利略和伽桑迪（Gassendi）。Richard Peters, *Hobbes* (Baltimore: Penguin, 1956) 一书介绍了霍布斯的生平，尤其在第 13~44 页；更新一点的著作是 Arnold Rogow, *Thomas Hobbes: Radical in the Service of Reaction* (New York: Norton, 1986)。

[2]   霍布斯的英文著作在 19 世纪被汇编成 11 卷，拉丁文著作在几年后被汇编成 5 卷。这些著作中，最重要的是他最著名的著作《利维坦》，该书出版于 1651 年。之前一部较长的著作《法的原理》(*Elements of Law*) 完成于 1640 年，这本书包含了他后来政治哲学的基本观念。《法的原理》中关于政治的部分以《论公民》(*De Cive*) 为题出版，更加偏向科学的部分叫作《论物体》(*De Corpore*)，而最后一个部分题为《论人》(*De Homine*，有关人性的讨论)。《比希莫特，或长期议会》(*Behemoth, or the Long Parliament*) 是一部英国政治与内战史，写于 1668 年，但直到霍布斯去世后才出版。

[3]   Thomas Hobbes, *Leviathan*, ed. H. W. Schneider (New York: Bobbs-Merrill, 1958), ch. 4.

[4]   *Leviathan*, intro.

[5]   请注意，尽管这样的共识，霍布斯还是反对马基雅维利的不那么科学的主张，例如，"普遍原则可以通过经验得到构筑"或"政治行为若能仿效古代英雄的方式则更有把握成功"。Sheldon S. Wolin, *Politics and Vision: Continuity and Innovation in Western Political Thought* (Boston: Little, Brown, 1960), 252.（译文参照［美］谢尔登·沃林:《政治与构想》，第 266 页。）

[6]   *Leviathan*, ch. 11. 对这个主题的详细阐述，参见：Arnold W. Green, *Hobbes*

and Human Nature (New Brunswick, N.J.: Transaction, 1993)。

[7]　C. B. Macpherson, *The Political Theory of Possessive Individualism: Hobbes to Locke* (Oxford, UK: Clarendon, 1962). 麦克弗森认为，霍布斯的人性观是为进入市场经济的个人而精心构思的：不知足且贪婪的个体作为平等的人相互交战，在自私地追求个人财富的过程中相互订立契约。（中译本见［加］麦克弗森：《占有性个人主义的政治理论：从霍布斯到洛克》，张传玺译，杭州，浙江大学出版社，2018 年。）

[8]　*Leviathan*, ch. 13.

[9]　*Leviathan*, ch. 13.

[10]　*Politics and Vision*, 258.

[11]　*Leviathan*, ch. 14.

[12]　*Leviathan*, ch. 13.

[13]　*Politics and Vision*, 262.

[14]　*Leviathan*, ch. 14.

[15]　*Leviathan*, chs. 10, 17. 许多评论者将霍布斯的政治契约称为社会契约，但由于霍布斯仅仅狭隘地关注政府的创建，因此社会契约一词最好保留给洛克和卢梭。不过也可参见：Jean Hampton, *Hobbes and the Social Contract Tradition* (New York: Cambridge University Press, 1988)。

[16]　*Leviathan*, ch. 17. 然而，自然法导致了一个人造的主权者，这难道不是很奇怪甚至看上去有些吊诡吗？进一步的吊诡在于，霍布斯的实践理性植根于非理性，因为主权者所宣布的东西最终是基于武力，而不是说服。

[17]　*Leviathan*, ch. 18.

[18]　霍布斯说，要想知道谁应当成为主权者，一个方法就是我们能"看到他有统治自己家庭的绝对能力"（*Leviathan*，ch.30）。然而，《利维坦》中不仅谈到了"被授予主权的他或他们"（第18章），而且第30章还以"论最高代表者的职责"作为标题，这指的是一个机构而不是一个人。

[19]　*Leviathan*, ch. 19.

[20]　*Leviathan*, ch. 21.

[21]　*Leviathan*, ch. 20.

[22]　*Leviathan*, ch. 12. 在他对宗教地位的思考中，霍布斯讨论了100多个主题，包括《圣经》、亵渎神明、洗礼、开除教籍、地狱、撒旦和永恒。他从《圣经》中找到权威来支持主权者既是教会首脑又是国家首脑，他捍卫英国国教会，抵抗罗马天主教会和新教神职人员的攻击；尤其参见第18、22、43章。

[23]　*Leviathan*, chs. 26, 29.

[24]　*Leviathan*, chs. 26, 30.

[25]　*Leviathan*, ch. 21. 权利是对政府提出的一项道德主张，而自由是实现了这一主张的实际状态。

[26]　*Leviathan*, ch. 27.

[27]　*Leviathan*, ch. 21.

[28]　*Leviathan*, ch. 2.

[29]　*Leviathan*, ch. 20.

[30]　Carole Pateman, *The Sexual Contract* (Stanford, Calif.: Stanford University Press, 1988).

[31]　一位作者指责他有"致命的前后矛盾"。Diana Coole, *Women in Political Theory: From Ancient Misogyny to Contemporary Feminism* (Boulder, Colo.: Lynne Rienner, 1988), 83.

[32]　*Leviathan*, ch. 17.

[33]　*Leviathan*, ch. 20.

[34]　*Leviathan*, ch. 34.（此处有误，应为第 20 章。）

[35]　*Politics and Vision*, 241.

[36]　参见：Richard Flathman, *Thomas Hobbes: Skepticism, Individuality, and Chastened Politics* (Thousand Oaks, Calif.: Sage, 1993)。该书认为，霍布斯的目的是要展示，我们如何在权威与自由、义务与个性这样的张力下生活。另一种解读参见：Leo Strauss, *The Political Philosophy of Hobbes: Its Basis and Its Genesis* (Chicago: University of Chicago Press, 1952)。（中译本见［美］列奥·施特劳斯：《霍布斯的政治哲学》，申彤译，南京，译林出版社，2003 年。）关于霍布斯对美国的影响的有趣讨论，参见：Frank M. Coleman, *Hobbes and America: Exploring the Constitutional Founding* (Toronto: University of Toronto Press, 1977)。

第十章　洛克：保护财产

[1]　参见：Maurice Cranston, *John Locke, A Biography* (London: Longman, 1957)。这本书仍然是介绍洛克生平的最佳著作之一。

[2]　君权神授论的一个主要支持者罗伯特·菲尔默（Robert Filmer）写了一本名为《父权制》（*Patriarcha*）的著作来反驳霍布斯的《利维坦》，而洛克写了《政府论》来反驳菲尔默。洛克的《政府论》下篇第 1 章简要概述了《政府论》上篇对菲尔默的反驳。关于父权主义的讨论，参见：Gordon Schochet, *Patriarchalism and Political Thought* (New York: Basic Books, 1975)。对其与性别问题关系的评论，参见：Arlene W. Saxonhouse,

Women in the History of Political Thought: Ancient Greece to Machiavelli (New York: Praeger, 1985); Diana Coole, *Women in Political Theory: From Ancient Misogyny to Contemporary Feminism* (Boulder, Colo.: Lynne Rienner, 1988); Jean Bethke Elshtain, *Public Man, Private Woman: Women in Social and Political Thought* (Princeton, N.J.: Princeton University Press, 1981)。

[3] John Locke, *Two Treatises of Government*, ed. Peter Laslett (New York: Cambridge University Press, 1988). 我在引用这本书时，大多数时候都将标点符号现代化了，引文中的斜体也被去掉了。洛克的著作涉及各种各样的主题，包括经济、知识论、教育、宗教和宽容。所有这些主题都与他的政治关切有关。洛克关于宗教理解的著作包括 1689 年发表的《论宗教宽容》(*A Letter Concerning Toleration*)，以及 1695 年的《基督教的合理性》(*The Reasonableness of Christianity*)。他的知识论著作《人类理解论》(*The Essay Concerning Human Understanding*)发表于 1690 年，《教育片论》(*Some Thoughts Concerning Education*)发表于 1693 年。

[4] John Locke, *Essay Concerning Human Understanding*, ed. Raymond Wilburn (London: J. M. Dent, 1947), bk. 1, ch. 1, sec. 1.（中译本见［英］约翰·洛克：《人类理解论》，上册，关文运译，北京，商务印书馆，2009 年。）

[5] *Human Understanding*, bk. 2, ch. 1, sec. 3; bk. 2, ch. 20, sec. 1.

[6] *Human Understanding*, bk. 2, ch. 12, sec. 1. 下列著作对洛克的方法论观点进行了发展：Neal Wood, *The Politics of Locke's Philosophy: A Social Study of "An Essay Concerning Human Understanding"* (Berkeley: University of California Press, 1983); John Yolton, *Locke and the Compass of Human Understanding* (New York: Cambridge University Press, 1970).

[7] 理查德·阿什克拉夫特（Richard Ashcraft）提出了一种对《政府论》的诠释，这种诠释将《政府论》与洛克的宗教观相联系。参见：Richard Ashcraft, *Locke's Two Treatises of Government* (London: Allen & Unwin, 1987)。

[8] *Second Treatise*, sec. 4.

[9] 乌代·梅塔（Uday S. Mehta）发现洛克关于人类理性的看法实际上危及了个性。参见：Uday S. Mehta, *The Anxiety of Freedom: Imagination and Individuality in Locke's Political Thought* (Ithaca, N.Y.: Cornell University Press, 1992)。

[10] 关于洛克人性观中人类合群的一面，参见：Nathan Tarcov, *Locke's Education for Liberty* (Chicago: University of Chicago Press, 1984)。

[11] 关于这部著作的年代问题的讨论，参见 Peter Laslett, "Two Treatises of

Government and the Revolution of 1688"，这是他对 *Two Treatises*, 45-66 的导读。

[12] 进一步的讨论，参见：Alan Ryan, *Property and Political Theory* (New York: Oxford University Press, 1984); James Tully, *A Discourse on Property: John Locke and His Adversaries* (New York: Cambridge University Press, 1980)（中译本见［加］詹姆斯·塔利：《论财产权：约翰·洛克和他的对手》，王涛译，北京，商务印书馆，2014 年）。

[13] *Second Treatise*, sec. 32.

[14] *Second Treatise*, sec. 27.

[15] Sheldon S. Wolin, *Politics and Vision: Continuity and Innovation in Western Political Thought* (Boston: Little, Brown, 1960), 341. 也见洛克的评论："滋养着一位野蛮印第安人的"食物就是这个印第安人拥有的，并且是"他的一部分"。*Second Treatise*, sec. 26.

[16] 参见：John Dunn, *The Political Thought of John Locke: An Historical Account of the Argument of the "Two Treatises of Government"* (New York: Cambridge University Press, 1969), 216.（中译本见［英］约翰·邓恩：《洛克的政治思想》，赵保庆、赵雪纲译，上海，华东师范大学出版社，2022 年。）他指出，对洛克来说，劳动者"有权利获得其劳动生产出的全部产品或者其在市场上可带来的价格"。

[17] *Second Treatise*, sec. 28. 也见：Neal Wood, *John Locke and Agrarian Capitalism* (Berkeley: University of California Press, 1984)。

[18] 麦克弗森讨论了洛克对个人所有权的证成的一些主要后果，参见：C. B. Macpherson, *The Political Theory of Possessive Individualism: Hobbes to Locke* (New York: Oxford University Press, 1962)。（中译本见［加］麦克弗森：《占有性个人主义的政治理论：从霍布斯到洛克》，张传玺译，杭州，浙江大学出版社，2018 年。）

[19] *Second Treatise*, sec. 6.

[20] *Second Treatise*, sec. 8.

[21] *Second Treatise*, sec. 19.

[22] 参见：Ruth Grant, *John Locke's Liberalism* (Chicago: University of Chicago Press, 1987)。

[23] 参见 http://politicalscience.wadsworth.com/tannenbaum2，这里用图表来比较了洛克的社会契约论和霍布斯的政治契约论。

[24] *Second Treatise*, sec. 124.

[25] John Locke, *A Letter Concerning Toleration*, ed. Patrick Romanell (Indianapolis:

Bobbs-Merrill, 1955), 28. 这是洛克关于宽容问题的四封信中最重要的一封。

[26]　参见：Mario Montuori, *John Locke on Toleration and the Unity of God* (Amsterdam: Gieben, 1983)。

[27]　关于洛克著作中宗教与政治的相互影响，参见：Ian Harris, *The Mind of John Locke: A Study of Political Theory in Its Intellectual Setting* (New York: Cambridge University Press, 1994)。

[28]　与洛克同时代的一位法国人提倡对所有群体完全宽容。关于洛克与这位法国人之间的比较，参见：Amie Godman Tannenbaum, *Pierre Bayle's "Philosophical Commentary": A Modern Translation and Critical Interpretation* (New York: Peter Lang, 1987); Amie G. Tannenbaum and Donald G. Tannenbaum, "John Locke and Pierre Bayle on Religious Toleration: An Inquiry," in *Transactions of the Eighth International Congress on the Enlightenment* (Oxford, UK: Voltaire Foundation, 1993)。

[29]　例如，虽然"他想质疑丈夫对妻子的绝对（政治）权威，以便除去父权主义支持者的军火库中这一特殊弹药"，但他也试图"在那里维持某种自然纽带，以便证明（再一次反对父权主义），由于家庭关系和政治关系是不同的类型，后者永远不能从前者得出"。*Women in Political Theory*, 87.

[30]　*Second Treatise*, sec. 85.

[31]　丹妮拉·戈贝蒂（Daniela Gobetti）讨论了洛克自然平等的假设及其在家庭环境中的应用之间的关系，参见：Daniela Gobetti, *Private and Public: Individuals, Households, and Body Politic* (New York: Routledge, 1992)。

[32]　例如，参见：Carole Pateman, *The Sexual Contract* (Stanford, Calif.: Stanford University Press, 1988)。（中译本见［英］卡罗尔·帕特曼：《性契约》，李朝晖译，北京，社会科学文献出版社，2004 年。）相反的观点参见：Melissa Butler, "Early Liberal Roots of Feminism: John Locke and the Attack on Patriarchy," *American Political Science Review* 72 (March 1978): 135-150。

[33]　*Second Treatise*, sec. 20. 也见：Julian Franklin, *John Locke and the Theory of Sovereignty: Mixed Monarchy and the Right of Resistance in the Political Thought of the English Revolution* (New York: Cambridge University Press, 1981)。

[34]　约翰·西蒙斯（A. John Simmons）将洛克的革命理论与他关于同意和自然状态的观点联系起来。参见：A. John Simmons, *On the Edge of Anarchy: Locke, Consent, and the Limits of Society* (Princeton, N.J.: Princeton University Press, 1993)。

[35]　至于洛克的社会关切及其对福利国家来说意味着什么的一种相关理解，参见：Martin Seliger, *The Liberal Politics of John Locke* (New York: Praeger,

1969)。

[36]　这种意识形态当然是自由主义民主（liberal democracy）。关于洛克对美国的影响，参见：Louis Hartz, *The Liberal Tradition in America* (New York: Harcourt, Brace & World, 1955); H. Mark Roelofs, *The Poverty of American Politics*, 2nd ed. (Philadelphia: Temple University Press, 1998); David Schultz, *Property, Power, and American Democracy* (New Brunswick, N.J.: Transaction, 1992)。关于意识形态，尤其参见：G. de Ruggiero, *The History of European Liberalism* (Boston: Beacon, 1959)。

第十一章　卢梭：建立民主

[1]　获奖论文是他的"一论"（*First Discourse*）即《论科学与艺术》（*On the Sciences and the Arts*）。在之后的几十年里，他又发表了"二论"（*Second Discourse*）即《论人与人之间不平等的起源和基础》（*On the Origin and Basis of Inequality*），一篇为狄德罗宏大的《百科全书》（*Encyclopedia*）所写的长长的词条"政治经济学"，两部小说《爱弥儿》（*Emile*）和《朱莉》（*Julie*），以及几部自传性著作，其中最著名的是《忏悔录》（*The Confessions*）。卢梭也写过诗、戏剧、一部歌剧、一部音乐词典，还有大量书信，其中一些是与政治相关的主题方面的长篇文章。对卢梭的主要政治著作的高质量研究，参见：Roger D. Masters, *The Political Philosophy of Rousseau* (Princeton, N.J.: Princeton University Press, 1968)。（中译本见［美］马斯特：《卢梭的政治哲学》，胡兴建、黄涛等译，上海，华东师范大学出版社，2013 年。）对卢梭从 1737 年到 1756 年的著作的深入分析，参见：Mario Einaudi, *The Early Rousseau* (Ithaca, N.Y.: Cornell University Press, 1967)。

[2]　尽管卢梭的《忏悔录》被批评为和事实有出入，在某些地方是一心谋私利，但它是一个主要的传记来源。也可参见：Christopher Kelly, *Rousseau's Exemplary Life: The Confessions as Political Philosophy* (Ithaca, N.Y.: Cornell University Press, 1987)。最出色的三卷本传记是：Maurice Cranston, *Jean-Jacques: The Early Life and Work of Jean-Jacques Rousseau,* 1712—1754 (Chicago: University of Chicago Press, 1983); *The Noble Savage: Jean-Jacques Rousseau,* 1754—1762 (Chicago: University of Chicago Press, 1991); *The Solitary Self: Jean-Jacques Rousseau in Exile and Adversity* (Chicago: University of Chicago Press, 1997)。

[3]　参见："Dedication" to Jean-Jacques Rousseau, *Second Discourse, in The Essential Rousseau,* trans. Lowell Bair (New York: New American Library, 1974), 127-136。

这是写给"日内瓦共和国"的。

[4]　Jean-Jacques Rousseau, *Emile,* trans. Barbara Foxley (London: J. M. Dent, 1974), 57.

[5]　参见：Hilel Gilden, *Rousseau's Social Contract: The Design of the Argument* (Chicago: University of Chicago Press, 1983)。（中译本见［美］吉尔丁：《设计论证：卢梭的〈社会契约论〉》，尚新建、王凌云译，北京，华夏出版社，2006 年。）但是，有的研究认为卢梭的著作相当明晰、前后一致，参见：N. J. H. Dent, *Rousseau: An Introduction to His Psychological, Social, and Political Theory* (New York: Basil Blackwell, 1989)。（中译本见［英］尼古拉斯·登特：《卢梭》，戴木茅译，北京，华夏出版社，2019 年。）

[6]　*Second Discourse,* 151, 163, 164. 也见：Marc Plattner, *Rousseau's State of Nature: An Interpretation of the "Discourse on Inequality"* (De Kalb: Northern Illinois University Press, 1979)。（中译本见［美］普拉特纳：《卢梭的自然状态》，尚新建、余灵灵译，北京，华夏出版社，2008 年。）

[7]　Jean-Jacques Rousseau, *The Social Contract,* trans. Gerald Hopkins, in *Social Contract: Essays by Locke, Hume and Rousseau,* ed. Ernest Barker (London: Oxford University Press, 1960), bk. 1, ch. 1.

[8]　卢梭用来表示自我关切的术语是 *amour de soi*（自爱），即一种天真无邪的、"温和"的对自己的兴趣，它既不挑战也不伤害他人。与此相反，*amour-propre*（自恋）是指一种"贪婪、好斗"的冲动，它与社会如何看待我们相关联，从而与虚荣、权力、地位、嫉妒、蔑视和控制他人等动机相联系。Diana Coole, *Women in Political Theory: From Ancient Misogyny to Contemporary Feminism* (Boulder, Colo.: Lynne Rienner, 1988), 115. 也见：Roger D. Masters, *The Political Philosophy of Rousseau,* 38-41。

[9]　*Social Contract,* bk. 1, ch. 4.

[10]　*Social Contract,* bk. 1, ch. 2.

[11]　*Second Discourse,* 176-177.

[12]　Susan Moller Okin, *Women in Western Political Thought* (Princeton, N.J.: Princeton University Press, 1979), 111.

[13]　Jean Bethke Elshtain, *Public Man, Private Woman: Women in Social and Political Thought* (Princeton, N.J.: Princeton University Press, 1981), 151-154.

[14]　*Social Contract,* bk. 1, ch. 1.

[15]　*Second Discourse,* 173.

[16]　财产将自爱这种"温和的自我关怀"转变为自恋。Diana Coole, *Women in Political Theory,* 115.

[17]   *First Discourse*, 215.

[18]   *Social Contract*, bk. 1, ch. 8.

[19]   *Social Contract*, bk. 1, ch. 6.

[20]   *Social Contract*, bk. 1, ch. 4.

[21]   图表 11.2 中描述了这个框架。卢梭的社会契约论、洛克的社会契约论和霍布斯的政治契约论的比较见图表 11.3。

[22]   *Social Contract*, bk. 1, ch. 6.

[23]   *Social Contract*, bk. 2, ch. 4.

[24]   *Social Contract*, bk. 1, ch. 8.

[25]   这是政治哲学宝库中最强大的概念之一，对这一概念的起源和发展的深入考察，参见：Patrick Riley, *The General Will before Rousseau: The Transformation of the Divine into the Civic* (Princeton, N.J.: Princeton University Press, 1986)。

[26]   *Social Contract*, bk. 3, ch. 13.

[27]   *Social Contract*, bk. 2, ch. 4.

[28]   *Social Contract*, bk. 2, ch. 3.

[29]   *Social Contract*, bk. 1, ch. 7.

[30]   *Social Contract*, bk. 1, ch. 7.

[31]   参见：Judith Shklar, *Men and Citizens: A Study of Rousseau's Social Theory* (New York: Cambridge University Press, 1969); Zev Trachtenberg, *Making Citizens: Rousseau's Political Theory of Culture* (New York: Routledge, 1993)。

[32]   *Second Discourse*, 176-177.

[33]   *Emile*, 370.

[34]   Diana Coole, *Women in Political Theory*, 108.

[35]   *Emile,* 359; *Second Discourse*, 135.

[36]   Susan Moller Okin, *Women in Western Political Thought*, 99-100, 150.

[37]   例如，参见：*Emile*, 356-357。

[38]   这些目标中的一些目标最终失败了。相关的讨论，参见：Susan Moller Okin, *Women in Western Political Thought,* 169-172。

[39]   *Social Contract,* bk. 1, ch. 8. 在这里，卢梭关注的是"积极"自由，或是说一个人所拥有的做好事和有道德的事的自由。相比之下，马基雅维利、霍布斯和洛克提倡的是"消极"自由，即在没有任何法律约束的情况下，做（或不做）一个人想做的任何事的自由。这些术语源自以赛亚·伯林的讨论，参见：Isaiah Berlin, "Two Concepts of Liberty," in *Four Essays on Liberty* (New York: Oxford University Press, 1969)。（中译本见［英］以赛亚·伯林：《自由论》，胡传胜译，南京，译林出版社，2003 年。）也见：

Daniel Cullen, *Freedom in Rousseau's Political Philosophy* (De Kalb: Northern Illinois University Press), 1993。

[40]　*Social Contract,* bk. 1, ch. 7.

[41]　*Social Contract,* bk. 2, ch. 7.

[42]　*Social Contract,* bk. 2, ch. 7.

[43]　*Social Contract,* bk. 2, ch. 12.

[44]　*Social Contract,* bk. 4, ch. 8.

[45]　*Social Contract,* bk. 4, ch. 8.

[46]　卢梭也暗示了如何将他的理论在两个不太理想的地方运用于地理条件。参见《科西嘉制宪意见书》(*Constitutional Project for Corsica*, 1761—1765) 以及《论波兰政府》(*Considerations on the Government of Poland*, 1771)。

[47]　*Social Contract,* bk. 3, ch. 1.

[48]　*Social Contract,* bk. 3, ch. 4. 纯粹民主也被称为直接民主或"真正的"民主，甚至被称为无政府状态。要求每个人都参与决定政府的所有行为，包括行政行为和立法行为，这要么是在提倡一个乌托邦，要么是在提倡一种无序的局面，这种无序局面会导致完全崩溃，因为无法让每个参与者在每次决定中全面合作。

[49]　*Social Contract,* bk. 3, ch. 10.

[50]　Joan McDonald, *Rousseau and the French Revolution: 1762—1791* (New York: Athlone, 1968). 卢梭究竟是什么意思仍然是有争议的，最近的一些书仍然对卢梭的著作有种种相互冲突的解读就表明了这一点。因此，塔尔蒙在《极权主义民主的起源》中提出的"卢梭对意识形态有何贡献"是个片面的问题。J. L. Talmon, *The Origins of Totalitarian Democracy* (New York: Praeger, 1960). (中译本见 [以色列] 塔尔蒙：《极权主义民主的起源》，孙传钊译，长春，吉林人民出版社，2004 年。) 其他几位作者则认为这是一个全面的问题。Guy Dodge, ed., *Jean-Jacques Rousseau: Authoritarian or Liberal?* (Lexington, Mass.: D. C. Heath, 1971).

[51]　不过，注意，卢梭的新现代主义是有限的。他的政治理想主义与他的经济建议不相称。他的经济建议接受某种物质不平等，但他预计，在一个简单的共同体中，这种不平等对政治关系没有多大影响。

第十二章　玛丽·沃斯通克拉夫特：使女性主义现代化

[1]　Virginia Sapiro, *A Vindication of Political Virtue: The Political Theory of Mary Wollstonecraft* (Chicago: University of Chicago Press, 1992), 203.

[2]　　Carole Pateman, *The Sexual Contract* (Stanford, Calif.: Stanford University Press, 1988).

[3]　　Thomas Hobbes, *Leviathan* (New York: Penguin, 1985), ch. 20.

[4]　　John Locke, *Two Treatises of Government* (New York: Cambridge University Press, 1992), 321-322 (para. 82).

[5]　　Carole Pateman, *The Sexual Contract,* 231.

[6]　　回想一下他著名的宣言："我思故我在。"

[7]　　Margaret Atherton, *Women Philosophers of the Early Modern Period* (Indianapolis, Ind.: Hackett, 1994),3, 4.

[8]　　Bonnie S. Anderson and Judith P. Zinsser, *A History of Their Own: Women in Europe from Prehistory to the Present,* Vol. 2 (New York: Harper & Row, 1988), 126.

[9]　　Mary Wollstonecraft, *A Vindication of the Rights of Women* (Buffalo, N.Y.: Prometheus Books, 1989), 70.

[10]　*Vindication of Rights,* 9.

[11]　*Vindication of Rights,* 69.

[12]　*Vindication of Rights,* 124.

[13]　*Vindication of Rights,* 21.

[14]　*Vindication of Rights,* 62.

[15]　*Vindication of Rights,* 29.

[16]　*Vindication of Rights,* 69.

[17]　*Vindication of Rights,* 71.

[18]　*Vindication of Rights,* 40.

[19]　*Vindication of Rights,* 31.

[20]　*Vindication of Rights,* 153.

[21]　*Vindication of Rights,* 63.

[22]　*Vindication of Rights,* 54.

[23]　*Vindication of Rights,* 49.

[24]　*Vindication of Rights,* 50.

[25]　*Vindication of Rights,* 164.

[26]　*Vindication of Rights,* 25.

[27]　*Vindication of Rights,* 158.

[28]　*Vindication of Rights,* 59.

[29]　*Vindication of Rights,* 185.

[30]　*Vindication of Rights,* 147.

[31]　*Vindication of Rights,* 138.

[32]　*Vindication of Rights,* 145.

[33]　*Vindication of Rights,* 150.

[34]　*Vindication of Rights,* 150.

[35]　*Vindication of Rights,* 206.

[36]　Mary Wollstonecraft, as cited in Virginia Sapiro, *A Vindication of Political Virtue,* p. 233.

[37]　Mary Wollstonecraft, *A Vindication of the Rights of Men,* in *The Works of Mary Wollstonecraft,* Vol. 5, ed. Janet Todd and Marilyn Butler (New York: NYU Press, 1989), 9.

[38]　Mary Wollstonecraft, as cited in Virginia Sapiro, *A Vindication of Political Virtue,* p. 233.

[39]　Susan Ferguson, "The Radical Ideas of Mary Wollstonecraft," *Canadian Journal of Political Science* 32 (September 1999): 427.

[40]　Mary Wollstonecraft, "The Wrongs of Woman," in *Mary, A Fiction, and The Wrongs of Woman,* ed. Gary Kelly (New York: Oxford University Press, 1976).

[41]　Wendy Gunther-Canada, *Rebel Writer: Mary Wollstonecraft and Enlightenment Politics* (DeKalb: Northern Illinois University Press, 2001), 155-158.

[42]　Virginia Sapiro, *A Vindication of Political Virtue,* 259-260.

[43]　Harriet Martineau, "The Woman Question," in *Harriet Martineau on Women,* ed. G. G. Yates (New Brunswick, N.J.: Rutgers University Press, 1985), 81-83.

[44]　Carol Gilligan, *In a Different Voice: Psychological Theory and Women's Development* (Cambridge, Mass.: Harvard University Press, 1982). （中译本见［美］卡罗尔·吉利根:《不同的声音》, 肖巍译, 北京, 中央编译出版社, 1999 年。）

[45]　Catherine A. MacKinnon, *Towards a Feminist Theory of the State* (Cambridge, Mass.: Harvard University Press, 1989). （中译本见［美］凯瑟琳·麦金农:《迈向女性主义的国家理论》, 曲广娣译, 北京, 中国政法大学出版社, 2007 年。）

第十三章　柏克: 为传统奠基

[1]　基于科学发现和观察而非古代和中世纪哲学纯推理的或先验的方法的实践理性, 参见: Alasdair MacIntyre, *After Virtue* (Notre Dame, Ind.: University of Notre Dame Press, 1984) （中译本见［美］麦金太尔:《追寻美德》, 宋继杰译, 南京, 译林出版社, 2003 年）; Hans Blumenberg, *The Legitimacy*

of the Modern Age (Cambridge, Mass.: Harvard University Press, 1986)。

[2]　Patrick Riley, *Will and Political Legitimacy: A Critical Exposition of Social Contract Theory in Hobbes, Locke, Rousseau, Kant, and Hegel* (Cambridge, Mass.: Harvard University Press, 1982).

[3]　Leo Strauss, *Natural Right and History* (Chicago: University of Chicago Press, 1953).（中译本见［美］列奥·施特劳斯：《自然权利与历史》，彭刚译，北京，生活·读书·新知三联书店，2016 年。）

[4]　参见第十一章。

[5]　口袋选区，即这一选区在其所有者的"口袋"里，选区所有者能够任命任何他想要的人占据下议院的席位，被任命的议员要按照选区所有者的指令进行投票。

[6]　他与几位早期的哲学家一样，承担着理论家和政治家的双重角色，包括西塞罗（见第四章）、奥古斯丁（见第五章）、路德和加尔文（见第七章）和马基雅维利（见第八章）。

[7]　在柏克作品集的众多版本中，比较容易找到的一个版本是：*The Portable Edmund Burke*, ed. Isaac Kramnick (New York: Penguin Books, 1999)。

[8]　他的一部严格意义上的理论作品是：*A Philosophical Inquiry into the Origins of Ideas of the Sublime and Beautiful* (1757), in Kramnick, ed., *The Portable Edmund Burke*, 63-81。

[9]　书名也叫：*Reflections on the French Revolution* (London: J.M. Dent & Sons, 1910)。

[10]　参见：Kramnick, ed., *The Portable Edmund Burke*, 474-499。（中译本见《埃德蒙·伯克读本》，陈志瑞、石斌编，北京，中央编译出版社，2006 年。）

[11]　参见：Kramnick, ed., *The Portable Edmund Burke*, 499-507。

[12]　参见：Kramnick, ed., *The Portable Edmund Burke*, 507-516。

[13]　*Reflections*, 87-88.

[14]　*Reflections*, 84.

[15]　参见本书第九章。

[16]　也被称为公民社会。

[17]　"An Appeal from the New to the Old Whigs," in Kramnick, ed., *The Portable Edmund Burke*, 474-499.

[18]　*Reflections*, 44.

[19]　柏克谴责法国大革命后的国民会议缺乏有财产的人。

[20]　"Letter to William Burgh, Esq.," in Kramnick, ed., *The Portable Edmund Burke*, 534-536.

[21]　*Reflections*, 93-94.

[22]　"An Appeal," in Kramnick, ed., *The Portable Edmun d Burke*, 474-499.

[23]　*Reflections*, 51.

[24]　*Reflections*, 153.

[25]　*Reflections*, 153.

[26]　"Letter to a Noble Lord," in Kramnick, ed., *The Portable Edmund Burke*, 213-229.

[27]　*Reflections*, 19-20.

[28]　*Reflections*, 241.

[29]　*Reflections*, 149.

[30]　*Reflections*, 242.

[31]　*Reflections*, 31.

[32]　他还明确构想了一个由下议院领导人所组成的部门。他们为议会提供政策指导，即便是君主也会遭到反对。

[33]　就如亚里士多德描述贵族那样。参见第三章，尤其是图表 3.2 与那里的讨论。

[34]　柏克认为，一些中产阶级的成员（比如下议院的议员和法官）作为自然贵族提供了一种使世袭贵族成为他们上级的结构。

[35]　参见：Kramnick, ed., *The Portable Edmund Burke*, 29-63。后来柏克声称这是一部讽刺作品，但"最近几个研究柏克的学者表示，他自己也不太确定自己的意图"。参见：Kramnick, 29。

[36]　*Reflections*, 49.

[37]　"Thoughts and Details on Scarcity," in Kramnick, ed., *The Portable Edmund Burke*, 194-213.

[38]　"Thoughts and Details on Scarcity," in Kramnick, ed., *The Portable Edmund Burke*, 194-213.

[39]　Richard Rorty, *Philosophy and the Mirror of Nature* (Princeton, N.J.: Princeton University Press, 1979).（中译本见［美］理查德·罗蒂：《哲学与自然之镜》，李幼蒸译，北京，商务印书馆，2003 年。）

第十四章　密尔：推进自由

[1]　除了在他去世后出版的《自传》外，密尔的主要作品还包括经典的《论自由》（*On Liberty*, 1859）；两本重要的方法论著作《逻辑学体系》（*System of Logic*, 1843）和《功利主义》（*Utilitarianism*, 1863）；《政治经济学原理》（*Principles of Political Economy*, 1848），这本书巩固了他作为当时英国

主要经济学家的地位；《代议制政府》（*Considerations on Representative Government*，1861）；以及他对维多利亚时代性别关系的批判《妇女的屈从地位》（*The Subjection of Women*，1869），这本书并不像哈莉特·泰勒更早的作品《女性的解放》（*Enfranchisement of Women*，1851）那样影响深远。

[2]　关于密尔的生平或教育的更多资料，参见：Bruce Mazlish, *James and John Stuart Mill: Father and Son in the Nineteenth Century* (New Brunswick, N.J.: Transaction, 1975); Joseph Hamburger, *Intellectuals in Politics: John Stuart Mill and the Philosophical Radicals* (New Haven, Conn.: Yale University Press, 1965)。

[3]　John Stuart Mill, *Utilitarianism*, in *Utilitarianism, Liberty, and Representative Government* (London: J. M. Dent, 1910), ch. I.（这里的引文和密尔的原文略有出入，且引文也不是在《功利主义》第1章，而是在第2章。）

[4]　一种更充分的解释，参见：John Plamenatz, *The English Utilitarians*, 2nd ed. (New York: Oxford University Press, 1958)。

[5]　*Utilitarianism*, ch. I.

[6]　Mill, *On Liberty*, in *Utilitarianism, Liberty and Representative Government*, ch. I. 另见：Jack Jackson, *A Guided Tour of John Stuart Mill's Utilitarianism* (Mountain View, Calif.: Mayfield, 1992); John M. Robson, *The Improvement of Mankind: The Social and Political Thought of John Stuart Mill* (Toronto: University of Toronto Press, 1968)。

[7]　*Utilitarianism*, ch. II.

[8]　*On Liberty*, ch. III.

[9]　Diana Coole, *Women in Political Theory: From Ancient Misogyny to Contemporary Feminism* (Boulder, Colo.: Lynne Rienner, 1988), 140-142.

[10]　*On Liberty*, ch. III.

[11]　*On Liberty*, ch. III.

[12]　*On Liberty,* ch. I.

[13]　*On Liberty*, ch. I.

[14]　*On Liberty*, ch. I. 密尔使用的这一术语来自托克维尔《论美国的民主》（*Democracy in America*，1835—1840）。

[15]　*On Liberty*, chs. I, III.

[16]　*On Liberty*, ch. I.

[17]　*On Liberty*, ch. V.

[18]　*On Liberty*, ch. I. 另见：John Gray, *Mill on Liberty: A Defence* (London: Routledge,

1983)（中译本见［英］约翰·格雷：《密尔论自由》，毛兴贵译，北京，中国政法大学出版社，2015 年）；Gertrude Himmelfarb, *On Liberty and Liberalism: The Case of John Stuart Mill* (New York: Knopf, 1974)。

[19] *On Liberty*, ch. IV.

[20] *On Liberty*, ch. II.

[21] *On Liberty*, ch. I.

[22] *On Liberty*, ch. III.

[23] *On Liberty*, ch. II.

[24] *On Liberty*, ch. II.

[25] *On Liberty*, ch. V.

[26] John Stuart Mill, *Principles of Political Economy*, ed. Donald Winch (New York: Penguin, 1985), bk. IV, ch. vii, sec. 7, and ch.vi, sec. 2.

[27] Samuel Hollander, *The Economics of John Stuart Mill* (Toronto: University of Toronto Press, 1985).

[28] John Stuart Mill, *The Subjection of Women,* in *The Feminist Papers*, ed. Alice Rossi (New York: Columbia University Press, 1973), 196.

[29] Susan Moller Okin, *Women in Western Political Thought* (Princeton, N.J.: Princeton University Press, 1979), 280; *Subjection*, 211, 212, 214.

[30] *Subjection*, 213.

[31] John Stuart Mill, *Representative Government*, in *Utilitarianism, Liberty and Representative Government*, ch. III.

[32] *On Liberty*, ch. III.

[33] 参见：Dennis Thompson, *John Stuart Mill and Representative Government* (Princeton, N.J.: Princeton University Press, 1976)。

第十五章　马克思：揭示历史的意义

[1] 在马克思和恩格斯笔下的大量著作中，核心作品除《共产党宣言》（*Communist Manifesto*，1848）外，还包括《1844 年经济学哲学手稿》（*Economic and Philosophical Manuscripts*，1844）、《德意志意识形态》（*The German Ideology*，1846）、《资本论》（*Das Kapital* [*Capital*] [Vol. 1, 1867]），以及恩格斯的《家庭、私有制和国家的起源》（*The Origin of the Family, Private Property, and the State*，1884）。《资本论》第 2、3 卷是在马克思去世后由恩格斯进行编辑的。

[2] 在马克思的众多传记中，兼具可读性和学术价值的当属：David McLellan, *Karl Marx: His Life and Thought* (New York: Viking, 1975)。（中译本见［英］

戴维·麦克莱伦：《马克思传》，王珍译，北京，中国人民大学出版社，2008 年。）

[3]　例如，参见：Edward J. Ahearn, *Marx and Modern Fiction* (New Haven, Conn.: Yale University Press, 1991)。

[4]　"Preface to the English Edition of 1888," in *Manifesto*，translated by Samuel Moore (London: Penguin, 1967). 关于恩格斯的职业生涯，参见：Terrell Carver, *Friedrich Engels: His Life and Thought* (New York: St. Martin's, 1990)。关于他们的合作，参见：Carver, *Marx and Engels: The Intellectual Relationship* (Bloomington: Indiana University Press, 1983)。

[5]　*Manifesto*，"Preface to the German Edition of 1872" and "Preface to the English Edition of 1888." 这场起义就是著名的 1871 年巴黎公社运动，它建立起一个仅持续了两个月就惨遭镇压的政府。有趣的是，由于资产阶级未能统一德国，《共产党宣言》便号召中央集权。但马克思在 1871 年发表的关于巴黎公社的小册子《法兰西内战》（"The Civil War in France"）却赞美政治上的地方分权，以便削弱高度统一的法国。《法兰西内战》可在以下文集中找到：Robert C. Tucker, ed., *The Marx–Engels Reader*, 2nd ed. (New York: Norton, 1978), 618-652。

[6]　参见：N. Scott Arnold, *Marx's Radical Critique of Capitalist Society: A Reconstruction and Critical Evaluation* (New York: Oxford University Press, 1990)。

[7]　马克思经常在贬义上使用法语中的"中产阶级"（middle class）一词。在马克思的作品中，它指的是拥有生产资料并雇佣工人阶级成员的资本家。资产阶级取代了旧有贵族，成为掌握经济权力和政治权力的统治阶级，但它不同于今天所说的中产阶级。关于进一步的讨论，参见：Tom Bottomore, ed., "Bourgeoisie," in *A Dictionary of Marxist Thought* (Cambridge, Mass.: Harvard University Press, 1983)。

[8]　换句话说，马克思认为资产阶级行事就像亚里士多德的寡头集团，他们不正义地将少数富人的利益等同于所有人的利益。

[9]　*Manifesto,* sec. 1.

[10]　*Manifesto,* sec. 2.

[11]　引发这种视角的黑格尔的伟大著作有《逻辑学》（*The Science of Logic*，1812—1816）、《法哲学原理》（*The Philosophy of Right and Law*，1821）, 以及在他去世后出版的《哲学史讲演录》（*Lectures on the Philosophy of History*）。

[12]　参见《圣经·创世记》。黑格尔曾经是神学专业的学生，他的哲学中明显表现出宗教的重要性。然而，他预计人与自然的和解将在现世实现，这一

观点使他区别于奥古斯丁等宗教作家。

[13] 有些关键特征有助于统一黑格尔所言的国家，对此的进一步讨论，参见：David Schultz, "Hegel's Constitutionalism," *Commonwealth: A Journal of Political Science* 4 (1990): 26-46。

[14] 马克思的唯物主义源于他与一群以青年黑格尔派著称的德国哲学家之间的关系，这些哲学家运用黑格尔的方法来批判普鲁士的政治。其中一位是路德维希·费尔巴哈（Ludwig Feuerbach），他写了《基督教的本质》(*The Essence of Christianity*, 1841)一书，马克思尤其欣赏这本书，因为它采用了唯物主义立场。不过，马克思拒斥了费尔巴哈的个人主义，这明确体现在他的《关于费尔巴哈的提纲》("Theses on Feuerbach", 1845)中。

[15] *Marx–Engels Reader*, 145. 至于马克思利用了黑格尔的什么观点，又为之补充了什么观点，参见：Sidney Hook, *From Hegel to Marx: Studies in the Intellectual Development of Karl Marx* (Ann Arbor: University of Michigan Press, 1962)。

[16] *Manifesto*, sec. 1.

[17] "Preface to the English Edition." 另见：Joseph Ferraro, *Freedom and Determination in History According to Marx and Engels* (New York: Monthly Review, 1992)。恩格斯所说的生产方式（mode of production）同与之紧密相关的术语生产资料（means of production）是有区别的。生产资料包括工人、机器以及生产商品的工具。资本家拥有或掌握着生产资料，这赋予了他们经济权力和政治权力。生产方式指的是生产资料的组织方式，例如，手工业者个人独自劳动（中世纪），或工厂里的集体劳动（资本主义社会），或者（也许最为重要的是）资本与劳动（资本主义社会），又或者，集体共同拥有并共同使用生产资料（共产主义社会）。

[18] W. Peter Archibald, *Marx and the Missing Link: Human Nature* (Atlantic Highlands, N.J.: Humanities, 1992).

[19] *Marx–Engels Reader*, 54. 关于马克思主义作为一种世俗神学的讨论，参见：Neil Reimer, *Karl Marx and Prophetic Politics* (New York: Praeger, 1987)。

[20] 关于马克思对原始社会的描述，一种学术来源是：Lewis Morgan, *Ancient Society, or Researches in the Lines of Human Progress from Savagery through Barbarism to Civilization* (New York: Holt, 1974)。（中译本见［美］路易·摩尔根：《古代社会》，杨东莼等译，北京，商务印书馆，2012年。）该书最初出版于1877年。

[21] *Manifesto*, sec. 1. 也可参见：Anthony Brewer, *A Guide to Marx's Capital* (New York: Cambridge University Press, 1984)。《资本论》是马克思论证最有力

的学术著作，以他对资本主义生产方式的研究为基础。这项研究的某些方面早在《1844年经济学哲学手稿》中就能找到，马克思后来对英国资本主义演变的分析大大扩展了这项研究。

[22]　*Manifesto*, sec. 1.

[23]　*Manifesto*, sec. 1. 还可参见：Bertell Ollman, *Alienation: Marx's Conception of Man in Capitalist Society*, 2nd ed. (New York: Cambridge University Press, 1976)。

[24]　*Manifesto*, sec. 1.

[25]　*Manifesto*, sec. 1.

[26]　*Manifesto*, sec. 3. 在其他著作中，马克思的确考虑了在某些国家和平地过渡到社会主义的可能性，参见：*Marx–Engels Reader*, 523。

[27]　*Manifesto*, sec. 1.

[28]　*Manifesto*, sec. 2. 马克思对两性关系的评论散见于很多著作中，他早期的《经济学哲学手稿》便开始了这个问题的讨论。马克思的同伴们对这一问题最有力的考察要数恩格斯的《家庭、私有制和国家的起源》。

[29]　*Marx–Engels Reader*, 736.

[30]　*Marx–Engels Reader*, 742.

[31]　*Manifesto*, sec. 2.

[32]　*Manifesto*, sec. 2. 从他的早期著作开始，马克思就认为朝着共产主义的过渡可以分阶段进行，其中包括了一个"无产阶级革命专政"阶段。*Marx–Engels Reader*, 220, 538. 不过，他对此并没有详细的说明，也可参见：Hal Draper, *Karl Marx's Theory of Revolution*, Vol. 3: *The Dictatorship of the Proletariat* (New York: Monthly Review Press, 1986)。

[33]　马克思是少数几个支持无政府主义的重要政治哲学家之一，他认为无政府主义是处理他所发现的问题的首要要求。大多数哲学家都赞成政府扮演着一个恰当的角色，要么帮助人们过得更好，或者至少作为一种保护手段，使人们免受无限制的自由带来的危险。

[34]　*Manifesto*, sec. 2. 也可参见：Ian Forbes, *Marx and the New Individual* (New York: Routledge, 1990)。

[35]　*Marx–Engels Reader*, 441, 732.

[36]　Eduard Bernstein, *Evolutionary Socialism* (New York: Schocken, 1961); V. I. Lenin, *State and Revolution* (New York: Vanguard, 1929).

[37]　例如，参见：Erich Fromm, "Foreword," in *Karl Marx: Early Writings*, ed. T. B. Bottomore (New York: McGraw-Hill, 1964); Norman Levine, *The Tragic Deception: Marx Contra Engels* (Oxford, UK: Clio, 1975); Alvin Gouldner, *The*

注 释 509

Two Marxisms: Contradictions and Anomalies in the Development of Theory (New York: Oxford University Press, 1980)。

第十六章　后现代政治思想：质疑现代性

[1]　Edmund Husserl, *The Crisis of European Sciences and The Transcendental Phenomenology*, trans. David Carr (Evanston, Ill.: Northwestern University Press, 1990). （中译本见［德］胡塞尔：《欧洲科学的危机与超越论的现象学》，王炳文译，北京，商务印书馆，2001 年。）Martin Heidgger, *Being and Time*, trans. J. Macquannie and E. Robinson (New York: Harper & Row, 1962). （中译本见［德］海德格尔：《存在与时间》，陈嘉映、王庆节译，北京，商务印书馆，2016 年。）

[2]　Peter Gay, *Freud: A Life for Our Time* (New York: Norton, 1988), 547.

[3]　Bruno Bettelheim, *Freud and Man's Soul* (New York: Vantage, 1984), 101, 107.

[4]　Charles Brenner, *An Elementary Textbook on Psychoanalysis* (New York: Doubleday, 1957), 18.

[5]　Sigmund Freud, *Civilization and Its Discontents* (New York: Norton, 1989), 25.

[6]　*Civilization*, 38.

[7]　*Civilization*, 42.

[8]　*Civilization*, 69.

[9]　*Civilization*, 42, 49.

[10]　*Civilization*, 108-109.

[11]　Sigmund Freud, *Group Psychology and the Analysis of the Ego* (New York: Norton, 1959), 23-24.

[12]　Sigmund Freud, *Moses and Monotheism, trans. K. Jones* (New York: Knopf, 1939).

[13]　*Civilization*, 51-52.

[14]　Jeffrey B. Abramson, *Liberation and Its Limits: The Moral and Political Thought of Freud* (New York: Free Press, 1984), 8-9.

[15]　*Civilization*, 73.

[16]　*Civilization*, 81-82.

[17]　*Civilization*, 112.

[18]　Walter Kaufmann, *Nietzsche: Philosopher, Psychologist, Antichrist* (Princeton, N.J.: Princeton University Press, 1968); Steven E. Aschheim, *The Nietzsche Legacy in Germany: 1890—1990* (Berkeley: University of California Press, 1992), 233.

[19]　*Freud: A Life for Our Time*, 547; *Freud and Man's Soul*, 101.

[20]　Friedrich Nietzsche, *Beyond Good and Evil* (New York: Vintage, 1966), 204, 207.

[21]　Friedrich Nietzsche, *Twilight of the Idols*, in *Twilight of the Idols and the Antichrist* (New York: Penguin, 1968), 92.

[22]　*Beyond Good*, 207.

[23]　Friedrich Nietzsche, *On the Genealogy of Morals*, in *On the Genealogy of Morals and Ecce Homo* (New York: Vintage, 1967), 34; *The Antichrist*, in *Twilight*, 117; *Beyond Good*, 108; *Twilight*, 29-30.

[24]　Nietzsche, *Ecce Homo,* in *On Genealogy*, 310. 尼采在那里将《善恶的彼岸》描述为"对现代性所有至关重要的方面的批判，包括对现代科学、现代艺术乃至现代政治的批判"。

[25]　*Beyond Good*, 97.

[26]　*On Genealogy*, 153.

[27]　*On Genealogy*, 150.

[28]　*On Genealogy*, 119.

[29]　*Twilight*, 33.

[30]　*On Genealogy*, 155.

[31]　Tracy Strong, *Friedrich Nietzsche and the Politics of Transfiguration* (Berkeley: University of California Press, 1988), 37.

[32]　*Beyond Good*, 136.

[33]　事实上，在《瞧！这个人》(*Ecce Homo*, 326) 中，尼采预测他的名字将在某一天与重估所有道德和质疑对"道德世界秩序"的信仰联系在一起。

[34]　Vincent Descombes, *Modern French Philosophy* (New York: Cambridge University Press, 1979); *Politics of Transfiguration*, 9.

[35]　Sonia Kruks, *Situation and Human Existence: Freedom, Subjectivity, and Society* (Boston: Unwin Hyman, 1990).

[36]　Thomas S. Kuhn, *The Structure of Scientific Revolutions* (Chicago: University of Chicago Press, 1970). （中译本见［美］库恩：《科学革命的结构》，张卜天译，北京，北京大学出版社，2022 年。）

[37]　Paul Feyerabend, *Farewell to Reason* (London: Verso, 1987), 106-107. （中译本见［美］保罗·费耶阿本德：《告别理性》，陈健等译，南京，江苏人民出版社，2021 年。）

[38]　Richard Rorty, *Philosophy and the Mirror of Nature* (Princeton, N.J.: Princeton University Press, 1980), 316-320.

[39]　Jean-François Lyotard, *Just Gaming* (Minneapolis: University of Minnesota Press, 1985), 22-23.

[40]　Michel Foucault, *The Order of Things* (New York: Vintage, 1973), 384-386.

[41]　Michel Foucault, *Power and Knowledge* (New York: Pantheon, 1980), 82-96; "Truth and Power" and "Panopticism," in *The Foucault Reader*, ed. P. Rabinow (New York: Pantheon, 1984), 56-60, 206-214.

[42]　David Harvey, *The Condition of Postmodernity* (New York: Basil Blackwell, 1989), 113-121, 327-329.（中译本见［美］戴维·哈维：《后现代的状况》，阎嘉译，北京，商务印书馆，2013 年。）

[43]　Sigmund Freud, "Femininity," in *Freud on Women: A Reader*, ed. Elisabeth Young-Bruehl (New York: Norton, 1990), 344.

[44]　*Freud on Women*, 20, 41.

[45]　Sigmund Freud, "Some Psychical Consequences of the Anatomical Distinction Between the Sexes," in *Freud on Women*, 304.

[46]　*Beyond Good*, 162.

[47]　Friedrich Nietzsche, *Thus Spoke Zarathustra*, trans. W. Kaufmann (New York: Viking, 1966), 67.

[48]　Linda J. Nicholson, "Introduction," in *Feminism/Postmodernism*, ed. L. J. Nicholson (New York: Routledge, 1990), 1-16。这份文献很好地概述了女性主义与后现代主义的联系。

[49]　Sondra Farganis, "Postmodernism and Feminism," in *Postmodernism and Social Inquiry*, ed. D. R. Dickens and A. Fontana (New York: Guilford, 1994), 101-126.

[50]　Sandra Harding, *The Science Question in Feminism* (Ithaca, N.Y.: Cornell University Press, 1986); *Whose Science? Whose Knowledge? Thinking from Women's Lives* (Ithaca, N.Y.: Cornell University Press, 1991).

[51]　Carol Gilligan, *In a Different Voice: Psychological Theory and Women's Development* (Cambridge, Mass.: Harvard University Press, 1982).

[52]　Hannah Arendt, *The Human Condition* (New York: Anchor Books, 1959), 234-236.（中译本见［德］汉娜·阿伦特：《人的境况》，王寅丽译，上海，上海人民出版社，2009 年。）

[53]　*Politics of Transfiguration*, 76; Alasdair MacIntyre, *After Virtue* (Notre Dame, Ind.: University of Notre Dame Press, 1984), 38.

[54]　Karl Marx, "The Critique of the Gotha Program," in *The Marx–Engels Reader*, ed. Robert C. Tucker (New York: Norton, 1978).

[55] John Rawls, *A Theory of Justice* (Cambridge, Mass.: Harvard University Press, 1971). （中译本见［美］约翰·罗尔斯：《正义论》，何怀宏等译，北京，中国社会科学出版社，2009 年。）

[56] Robert Nozick, *Anarchy, State and Utopia* (New York: Basic Books, 1974). （中译本见［美］罗伯特·诺齐克：《无政府、国家与乌托邦》，何怀宏等译，北京，中国社会科学出版社，1991 年。）

[57] Shane Phelan, "Intimate Distance: The Dislocation of Nature in Modernity," in *In the Nature of Things: Language, Politics, and the Environment*, ed. J. Bennett and W. Chaloupka (Minneapolis: University of Minnesota Press, 1993), 44-64.

[58] 参见：Jane Bennett, *Thoreau's Nature: Ethics, Politics and the Wild* (Thousand Oaks, Calif.: Sage, 1994)。

[59] Michael Sandel, ed., *Liberalism and Its Critics* (New York: New York University Press, 1984). 这是一本很好的社群主义者文集，他们对很多现代主义的假定提出了质疑。

[60] Francis Fukuyama, *The End of History and the Last Man* (New York: Avon Books, 1993). （中译本见［美］弗朗西斯·福山：《历史的终结与最后的人》，陈高华、孟凡礼译，桂林，广西师范大学出版社，2014 年。）

[61] Benjamin R. Barber, *Jihad v. McWorld* (New York: Times Books, 1995).

第十七章　观念的发明者与他们的发明：持续的挑战

[1] 关于观念之实在性的讨论，请回顾柏拉图（见第二章）。

[2] 进一步的讨论，参见马克思（见第十五章）。

[3] 相关例子包括《圣经·旧约》中的希伯来人，梭伦以前的雅典人，匈奴人，哥特人以及现代世界中数量不断减少的原住民民族，他们大多见于世界欠发达地区。

[4] 例如古代的亚述、巴比伦与埃及。

[5] 关于政治进步，较早的定义参见第一章。下述问题或许值得思考：你最认同哪些政治思想家与政治观念？哪些观念最有利于政治进步？（注意以上两个问题不一定相同。）你在多大程度上能够更好地捍卫你自己的政治观念，以应对来自各个哲学家所提出的替代方案的挑战？关于观念的发明者及其建议的重要性，你的困惑在多大程度上减少了（或是增多了）？

[6] 的确，如果没有政治哲学，自由或者任何其他的政治观念指的会是什么呢？看看奥威尔式的（Orwellian）宣传者对观念的歪曲滥用便可获悉回答该问题的线索。

[7] Stephen Hawking, *A Brief History of Time: From the Big Bang to Blackholes* (New York: Bantam, 1990), 175.

[8] 本书并未讨论的一位晚期现代哲学家阿尔贝·加缪（Albert Camus）在一本书中曾说，我们注定要建设自己的未来。参见：Albert Camus, *The Myth of Sisyphus and Other Essays* (New York: Random House, 1955)。他在另一本书中就我们如何才能做到这一点提出了自己的想法，参见：Albert Camus, *The Rebel: An Essay on Man in Revolt* (New York: Random House), 1956。

[9] Karl Marx, "The Eighteenth Brumaire of Louis Bonaparte," in *The Marx–Engels Reader*, ed. Robert C. Tucker (New York: Norton, 1978), 595.

[10] 例如，设想一下，你是某国的公民，这个国家在政治上、经济上以及道德上都濒临崩溃。领导人已经辞职，你必须参与选择继任者。领导人一职有两名候选人，每个人都将提出振兴国家的计划，每个人都有着不同的领导风格以及不同的价值观、计划和观念。你的任务是追踪他们的竞选活动并选择其中一位担任该职位。候选人：苏格拉底和特拉需玛科。

[11] 例如，思考一个持续存在的问题：是否可能采用一种不损害任何观点的人道的方式来调和传统学说和现代学说、传统政府和现代政府？2001年9月11日的惨剧让美国人深刻地认识到了这一挑战。或者，思考一下控制核武器、生化武器以及其他大规模杀伤性武器的问题。思想家的观念是否能为我们指明富有成效的方向，还是说我们需要新的观念？

译后记

近年来，随着政治哲学日益成为"显学"甚至"第一哲学"，国内外学者撰写政治哲学导论性著作可谓蔚然成风，由此衍生的各类著作亦是群星璀璨。在众多类似的政治哲学导论著作中，唐纳德·坦嫩鲍姆这本《观念的发明者》却能屹立其中，独树一帜。本书自1998年出版以来，先后于2004年和2012年发行了第二版和第三版，而正值我们的翻译工作处于校对收尾之际，本书又于2023年3月发行了第四版。可见其在国外有着不小的影响力，同时又广受读者欢迎。《观念的发明者》一书何以能做到从无数精品佳作中脱颖而出？

首先，作者以一种独到、精妙的方式构建起了思想家之间的联系。本书与很多别的导论作品一样，对政治哲学发展历程进行了贯穿古今的完整介绍，由此也避免了部分作品只局限于个别历史时期而不可避免的割裂，让很多本就缺乏政治哲学背景的初学者不至于在面对阅读内容时一头雾水。但是，试图把握整个政治哲学的脉络同样充满挑战，篇幅的有限势必面临哲人的取舍问题。即使已对选材计划了然于胸，如何安排各具特色的哲人而使其不至于僵硬冲突亦十分棘手。唐纳德·坦嫩鲍姆显然成功克服了这些问题。他笔下的哲人虽时代有别却亦敌亦友，在各自的时空里相互喊话，历史的脉络在本书中从未割裂，而是环环相扣。我们可以看到亚里士多德在其哲学主张和城邦构想中对柏拉图的致敬与反叛；也可以看到霍布斯、洛克似孪生子般默契，同时摇起理性的大旗向以奥古斯丁、阿奎那为代表的信仰派哲人开战；卢梭也紧随其后，将以社会契约论为进路证成国家的奋斗推至高潮；不过令他没想到的是，自己的学说将遭到柏克和沃斯通克拉夫特的双重批判……本书之所以能融贯有序地呈现如此精彩的论辩，得益于作者所采用的独特框架。作者在每一章都围绕哲人的方法、人性观，以及他们如何处理公私、两性以及个人与集体等与政治密切相关的二元关系，来尽可能展现哲人思想的全貌，这样的处理方式毫不生硬，不仅是进行政治哲学学习的有效路径，也为初学者提供了一种切实可行的学习框架和思考方式。

其次，作者成功地平衡了文风浅畅性与术语专业性之间的张力。唐纳德·坦嫩鲍姆在葛底斯堡学院多年的从教经历，使他掌握了丰富的教学经验，通过与学生的密切交流，他更能预判初学者可能产生的认知困惑，相关的表述障碍都在本书中一一得到避免。大量的学术期刊和论文撰写经验使他形成了简洁有力的文风，与此同时，其思想的深刻性又能不断地向读者发起挑战，让阅读的过程不会过于平滑顺畅，使读者仿佛置身于一场持续的思维历险中。在阅读本书的过程中，读者不会感到有一位傲慢严肃的学究在对自己卖弄学识，反而像是在与一个极富学识的朋友进行慷慨激昂的论辩。

再次，作者使问题意识与哲学史的学习保持了很好的平衡。我曾与一位友人探讨过，在体验哲学的过程中，问题意识和哲学史哪个更重要。对此，我的看法可以由一个比喻展开。哲学不是高耸入云的山峦，因为山峦将以顶峰为终点。哲学更像是一片漫无边际、难以穷尽的海域，在航行过程中新事物永远涌现，永远没有终点。在这片海域中，问题意识就像是航船上的人，不断扬起船桨，自主地调整方向。哲学史就像是海上的风浪，顺着它走，在航行过程中会更为迅捷顺畅，同时它也会暴露私心，将你领向别的航线；不凭借其力，或者逆着它走也是可行的，只是在这片海域的探索之路会更为波折艰险。由此我们可以体会两者的地位和不同。问题意识是哲学发展的驱动力，是个人尚在其中发挥作用的体现，如果丧失了问题意识，哲学的进程必定会落入窠臼、停摆终结，如此也不再有哲学和史学研究的区分。哲学史在这一过程中虽不是必需的，却是十分重要的。对于大多数时常沉思、志在探索的普通人来说，学习哲学史有助于我们的哲学思考，为我们呈现从古至今的天才头脑在面对各种发人深省的哲学问题时所采取的对策，使我们无须从头开始，一级一级地为哲学搭建地基。即使我们将问题意识放在核心地位，也不能狂妄自大地轻视哲学史的重要作用，毕竟很少有人生来就是天才。但对国内很多哲学学习者来说，一不注意就容易完全被哲学史的话语体系主导，将其奉为圭臬。为了防止类似的后果，哪怕是介绍哲学史的导论类书籍也应当贯穿问题意识。因此，一本出色的哲学导论书籍，必定需要对两者做出极好的平衡，而《观念的发明者》无疑成功达到了这一点。作者在每一章都设置了丰富的问题，它们的出现都显得毫不突兀，而是顺着哲人的思考进路水到渠成。对这些问题的思考有助于增强我们对各个学说的理解，还能在持续地反思批判中迸发新的问题，推动哲学的海域向前扩展。

　　国内外学者在研究政治哲学的过程中，由于各自的学术传统和学术共同体的差异，会对如何理解政治哲学发展的进程、把握政治哲学家的观点进行不同的取舍，《观念的发明者》作为一本国外的政治哲学导论，一定程度上能与国内的导论著作形成知识的互补，并为国内读者提供一种领略政治哲学魅力的别样视角。例如，一些在历史上产生过很大影响的思想家（如柏克、弗洛伊德）在国内的政治哲学导论作品中往往着墨不多，如玛丽·沃斯通克拉夫特这样的女性思想家更是难以从导论类书籍中了解到。对于在我国产生重大影响的马克思主义政治哲学，我们也很少将其放在整个西方政治哲学发展历程中把握。因此，本书的重要性之一在于，能为不少读者弥补上述知识的空缺。

除了上述理由外，阅读本书或许还有着更为深层次的理由。政治哲学对我们这个时代以及我们个人来说是非常重要的，这一点似灵魂般充溢在本书的每个角落。政治哲学是一门古老的学科，当西塞罗说苏格拉底"把哲学从天上带到了人间"时，无疑看到了苏格拉底对政治生活的哲学追问，这种追问使得哲学部分地脱离象牙塔，踏上通向俗世的道路。早在小国寡民、战乱不断的古典时代，人类就已经无法脱离对正义问题的思考，而当时的人理所应当地居于国家之中，国家之正当性也就无须证成。到了信仰为尊的中世纪，为调和教会与世俗的危机，哲人们不得不为上帝援引几分理性的证成。当进行到被启蒙的风雨席卷的现代，信仰和宗教大厦摇摇欲坠，我们需要为人与政府间的地位构成提供全新的理性论证。而政府一旦建立，人能够在政治生活中享有更全面充分的权利时，我们又开始全盘反思自古以来两性间的不公地位。与此同时产生的一系列关于自由、平等和正义的问题至今都尚待解决，人类的政治探索永远在路上，不可能抵达终点。此外，政治哲学与每个人息息相关，我们难以脱离政治生活而存在，早在古希腊时亚里士多德便得出了肯定的结论："脱离城邦生活的，非神即兽。"通过持续不断的政治思考，我们可以保持一种对政治问题的敏锐洞察力，更为清醒地看待政治、社会与人生，最终实现"我思，故我自由"的理想境界。

本书译自 2012 年的第三版，这一版对此前的第二版[1]做了较大的内容变动，作者在前言里已经对此做了详细说明。本次重新迻译此书，正是希望将作者的新思路和新灵感传递给国内读者。此次翻译是毛兴贵老师带着我和莫娇师姐在课余时间完成的，自 2021 年 12 月开始，到 2023 年 3 月结束，历时一年多。本书共有 17 章，前言至第 4 章、第 13—17 章由夏琬清翻译初稿，第 5—12 章由莫娇翻译初稿，毛老师修改并统校了全部译稿。在整个翻译工作中，毛老师付出了最大的心力，其对翻译工作用心之诚、对后辈关切之至无不令我动容。此外，整个翻译工作之所以能圆满完成，还在于毛老师对"信达雅"三言身体力行地强调。翻译最根本的是"信"，"无信"是对原作者的一种不尊重，这样的作品不应该被称作翻译，顶多称为一种借鉴原作者思想的二次创作，若是服务于时代的目的，也许尚能给自己援引一些正当理由，但是就翻译工作本身来看，应当尽可能还原作者的本意。因此，在翻译过程中遇到疑难，我们三人总是一起讨论，尽量避免任何错漏与模糊。与此同时，"达"亦是十分重要的，如果只是埋头追求"信"而忽视"达"，实在是对翻译作品读者的不尊重，殊不知多少读者宁可拼命提升外语能力，也不愿对那些味同嚼蜡的劣质翻译作品多看一眼。不过，看似与"信"和"达"并列的"雅"却是极难

1　中译本见［美］唐纳德·坦嫩鲍姆、戴维·舒尔茨：《观念的发明者——西方政治哲学导论》，叶颖译，北京，北京大学出版社，2008 年。

达到的。这不仅要考验译者的学术功底和对原文的理解，还要考验译者的文字把控能力，如此才能将原意以一种极富汉语美感的方式呈现出来。尽管离"雅"的境界还有不少的路程，但我们已在"信"和"达"的基础上尽力去接近"雅"，希望本书的译文能不至于违背读者的预期，译文中的不足与疏漏，也望读者不吝赐教。

此次翻译的历程，可以说是与我本科的关键学习阶段难分难舍，不仅大大增益了我的外语理解能力和理性思考能力，更是为我敞开了政治哲学的大门，使我意识到这一领域是何等有趣且充满挑战，又是与我们当下何等相关。在无数个伏案翻译的夜晚，纵使周遭寂静非凡，我也会因译出的文字而心潮澎湃，注视着窗外的万家灯火，想着自己尚有大把的年华与激情去破除一切腐朽的锁链，去推动秩序朝着更为公正的方向变革，便会更加急切地渴望破晓来临。

此次翻译的完成得益于各方的支持。首先要感谢毛兴贵老师给予我和莫娇师姐这个宝贵的翻译机会，这不仅使我们在学业和技能上受益良多，还为今后的学术道路奠定了深厚的基础。对于翻译工作应有的素养和经验，老师无不倾囊相授，他在整个翻译过程中尽心竭力为本书的翻译提供了质量保证。此外，还要感谢我的师姐莫娇，她虽有繁忙的研究生学业，仍然严谨认真地完成了半数的翻译篇幅，还与我一起相互校对了各自的译文，为译文的整体流畅性做出了重要贡献。本书的翻译参考了叶颖老师翻译的第二版，在此深表谢意！感谢丛书主编、西湖大学张卜天教授和中信出版社的信任，也感谢中信出版社编辑团队为本书出版做出的努力。感谢家人和朋友为我的整个翻译过程提供了安静舒适的环境，使自己闲暇时能全身心投入翻译工作之中。这是我在哲学领域参与完成的第一部作品，仅仅是浩瀚无边的哲学之旅的一个开始，希望在未来能朝着更远大的目标迈进，开拓更为广阔辽远的星辰大海。

夏琬清

2023 年 3 月 30 日

于重庆北碚